KB230749

북한 '새세대'의
가치지향 변화

북한 '새세대'의
New generation
가치지향 변화

이인정 지음

KSi 한국학술정보㈜

✱ 책머리에

국민윤리교육을 전공한 지 17년의 세월이 흐르고, 박사학위를 취득한지
도 3년에 접어들었다. 부끄러운 글을 함부로 세상에 내어 놓기 어렵다는
마음과 함께, 바쁜 강의 일정과 개인사들로 인해 자꾸만 미루어 두게 되
었다. 그럼에도 불구하고 외람된 글을 통해 더 많은 비판과 채찍질을 받
고자 하는 바람 가운데 내놓고자 용기를 내게 되었다. 본 책은 박사학위
논문을 바탕으로 출판한 것이며, 향후 더 전문적인 연구를 위한 방향 제
시의 의의를 지닌다.

사회 구조는 일정한 정도의 안정성(安定性)과 지속성(持續性)을 지니고
있으며, 구성원들에게 공식적인 가치지향(價値志向, value orientations)을
제시하면서 사회 질서의 유지와 통합을 시도한다. 그러나 사회 구조는 고
정불변하는 것이 아니라 변동성(變動性)을 지니고 있으며, 구성원의 가치
관 역시 상대적으로 더딜지언정 사회 변동에 따라 변화할 수 있다. 본 글
은 북한 사회가 1980년대 후반에서 1990년대 중반까지 경험했던 대내외적
환경 변화에 주목하면서, 북한 '새세대'의 가치 변화 추세를 살펴보고자
시도하였다.

북한 체제는 대내적으로는 당을 장악하고 있는 단일한 지도자에 의존하
고 있으며, 대외적으로는 폐쇄적인 구조를 지니고 있는 체제이다. 북한 체
제는 지도자의 교체나 급격한 사회 변동을 경험하지 않았으며, 북한 당국

이 체제 안정과 질서 유지를 위해 제시해 온 공식적 가치지향 역시 큰 변화 없이 지속되어 왔다. 그러나 1980년대 이후 북한 사회는 사회주의권의 변화로 인한 고립과 경제 침체, 핵 문제와 관련한 외교적 불안, 지도자의 사망, 자연재해 등의 대내외적 환경 변화를 경험하였다. 급격한 사회 변동은 변화된 사회에 적합한 새로운 제도와 가치관이 형성되기 전까지는 아노미(anomie)적인 혼란 상태를 발생시킨다. 과거와 현재의 규범이 갈등하거나 혹은 규범이 존재하지 않는 듯한 이러한 아노미 상태에서는 다양한 규범과 가치가 공존하게 되면서 일탈 행동이 증가하기 쉽다.

특별히 청소년 시기는 신체적 성숙과 함께 인격적 성숙이 이루어지는 시기이다. 따라서 이 시기에 경험하게 되는 다양한 사회적 상황과 인간관계들은 기본적인 가치와 태도를 결정하는 데 매우 중요한 역할을 한다. 만일 이 시기에 경제적 기반이 붕괴되어 물질적 결핍이 발생하게 되면, 도덕적 가치관 등 이후 단계의 발달에 지장을 줄 수 있다. 또한 스트레스가 누적되거나 정신적 충격이 발생할 경우 불안이나 무기력감 등의 심리적 장애 등이 발생할 수 있다. 더 나아가 기본적인 욕구 불만이 장기간 누적되고 애정 결핍이 발생할 경우 좌절감과 공격적인 태도가 형성될 수 있다.

'새세대'라 불리는 북한의 청년 계층은 식민 통치나 전쟁 경험으로 인한 심리적 장애를 지니고 있지는 않으나, 식량난으로 인한 욕구 결핍과 가족의 질병 및 사망을 경험하였다. 또한 학교 등의 사회화 기관을 통해 지식과 기술 및 도덕적 가치들을 학습하는 대신, 생존을 위한 물질적 필요성에 따라 자구적 경제 활동에 개입하게 된다. 더구나 어린 시절 가족 및 놀이 집단을 통해 정서적 안정을 얻는 대신, 정규화된 집단에 소속되어 경직된 규율에 따라 생활하는 과정에서 스트레스를 경험하게 되기도 한다. 뿐만 아니라 북한과 같이 흥미를 자극할 수 있는 별다른 여가수단이 존재하지 않는 경우, 동년배 집단에 소속되어 일탈 행위를 학습할 가능성도 존재한다. 따라서 이러한 상황이 지속될 경우 청소년의 정상적인 도덕적 발달에 지장이 있을 수 있으며, 북한 당국이 공식적으로 인정하는 가치들에서 벗어난 가치관과 태도를 형성할 가능성도 있다.

이러한 가정하에 본 글은 14세에서 30세까지의 학생 청소년과 근로 청년들을 대상으로 하는 김일성 사회주의 청년동맹 기관지 「청년전위」 기사 분석을 통해 북한 새세대의 가치 변화 추세를 살펴보았다. 어떤 가치관이 다른 시대에 비해 유독 강조되고 있을 경우, 이는 그러한 가치관이 확립되어 있다는 의미라기보다는 오히려 그것이 부족하거나 긴급하게 필요해서일 가능성이 있다. 따라서 「청년전위」 기사 중 청소년들의 가치나 태도를 암시한다고 여겨지는 개념의 빈도를 기간별로 비교할 경우, 북한 새세대의 개인적인 내면적 가치관은 확인하지 못할지라도 전체적인 새세대들의 가치지향(價値志向)은 추측할 수 있다고 여겨진다.

이러한 과정을 통해 확인한 북한 새세대의 가치지향의 특징은 다음과 같다. 첫째, 새세대의 혁명 의식 약화와 일탈을 우려하는 기사가 증가하고 있다. 둘째, 식량난으로 인한 생존의 갈림길에서 새세대들의 사회·경제적 관념의 변화가 초래되었을 가능성이 있으며, 개인주의와 소유주의를 지적하는 기사가 증가하고 있다. 셋째, '혁명의 간고한 시련'을 경험하지 못한 혁명의 제3, 제4세대의 경우 보다 자율적이고 비교적 개성적인 가치 체계가 나타날 수 있으며, 이로 인한 규범의 약화 경향을 지적하는 기사가 증가하고 있다. 넷째, 문화적 측면의 가치관 변화와 관련하여 '황색바람, 황색풍조' 등을 지적하는 기사가 증가하고 있으며 '제국주의 사상문화적 침투'와 '남의 식'에 대한 경계 차원에서 높은 빈도로 사용되고 있다.

이를 토대로 기사 분석에 사용된 29개 가치 항목들 중 각 시기별 상위 개념을 살펴볼 경우, 그 시기의 특징적인 문제점과 관심사를 확인할 수 있게 된다. 우선 1983년에는 김일성의 혁명 력사에 대한 기사가 많이 게재되는 과정에서 '낡은 사상'에 대한 비판 기사가 가장 많았다. 1988년은 제13차 세계청년학생축전 등의 대외 행사를 의식하는 가운데, 부정적 기사는 줄어드는 반면 희망적인 논조의 기사가 증가한다. 1993년은 '돈, 황금만능, 물욕'과 같은 경제적 측면이 압도적이며, '비사회주의적 요소, 불건전한 잡사상, 부르죠아 사상' 및 '낡은 사상' 등의 사상적 측면이 높게 나타난다. 1998년은 '비사회주의적 요소, 불건전한 잡사상' 항목과 '황색풍조'와 같은 사상·문화적 측면에 대한 지적이 가장 자주 나타났다.

이러한 변화 추세는 1980년대에서 1990년대에 걸쳐 심화된 것으로, 이 두 시기의 사이에 발생했던 일련의 정치·경제·사회·문화적 측면의 환경 변화와 함께 이해하는 것이 필요하다. 하나의 문화 체계 속에 존재하는 다양한 하위문화는 유기적 관련성을 맺고 기능적으로 연결되어 있다. 따라서 하나의 부분적인 문화 요소가 변화하게 될 경우 이러한 변화는 다른 문화 요소에 영향을 미치게 된다. 또한 이러한 변화가 확산될 경우 문화 체계 전체가 변화하기도 한다. 사회 구조와 문화 체계는 구성원의 가치관에 영향을 미치며, 역으로 가치관의 변화는 사회 구조에 영향을 미칠 수 있다. 따라서 북한 새세대의 가치 변화가 실재할 경우 이는 결국 북한 사회 구조의 변화를 초래할 수 있는 요인으로 작용할 수 있다.

그러나 본 글에서 기사 빈도 분석을 통해 확인된 변화가 실제적인 북한 새세대의 가치 변화를 확인하게 해 준다고 볼 수는 없다. 즉 북한 새세대의 실제적인 가치관을 확인하는 것이라기보다는, 북한 당국의 관심사와 교양 목표의 변화를 확인하게 하는 데 그칠 수도 있다. 그러나 가치 항목의 변화 추세에서 발견되는 특징은 실제적인 새세대의 가치 변화 추세를 일부분이나마 반영해 주는 것으로 해석할 수 있다. 또한 과거에서 현재로 올수록 특히 강조되는 가치 항목이 있다면, 이는 실제적인 새세대의 가치관의 변화에 있어서 중심 되는 항목으로 눈여겨봐야 할 부분이라고 여겨진다. 따라서 기사 분석을 통한 간접적 방식임에도 불구하고 이를 바탕으로 북한 새세대의 가치관의 변화 방향과 특징을 살펴보고자 하는 것은 북한 사회를 연구하는 데 있어서 의의를 지닐 수 있다고 생각하는 바이다.

끝으로 이 책을 펴내면서 많은 도움을 주신 분들에게 감사의 말씀을 드리고 싶다. 우선 부모님과 동생, 주변에서 격려를 아끼지 않았던 친구들에게 감사를 돌린다. 무엇보다도 가장 어려울 때 많은 지도와 격려를 아끼지 않아 주신 은사이신 이온죽 교수님께 마음깊이 감사를 드리고 싶다. 은사님의 지도가 없으셨다면 오늘의 내가 있었을 수 없었음을 명심하는 가운데, 앞으로도 많은 지도편달을 통해 더 나은 연구 활동을 추구할 수 있기를 기원한다. 또한 서울대학교 국민윤리교육과의 교수님들 및 심리학과 명예교수이신 차재호 교수, 통일연구원 서재진 박사께 감사를 돌린다. 선배이신 오기성, 박균열, 박찬석, 서강식, 김태훈 교수께도 깊은 감사를 돌리며, 윤영돈 조교와 차승주 조교, 신동철 군과 김정미 양에게도 감사를 돌린다. 무엇보다도 좋은 책을 출간하게 도와주신 한국학술정보(주)의 편집진과 박주선 씨에게 감사드리면서, 향후 더 나은 연구를 위해 노력하고자 한다.

2007년 8월
저자 이인정 사룀

✱ 목 차

I. 서 론

1. 연구 목적

사회 구조는 일정한 정도의 안정성(安定性)과 지속성(持續性)을 지니고 있기 때문에 사회 구성원이 바뀌더라도 어느 정도의 지속성을 지닌다. 마찬가지로 사회 구조 내의 구성원들의 가치관 역시 한번 특징지어지게 되면 어느 정도의 지속성을 지닐 수 있다. 그러나 사회 구조는 또한 변동성(變動性)을 지니고 있기 때문에 시대 환경 속에서 변화할 수 있으며, 구성원들의 가치관 역시 일정 정도 변화할 수 있다. 또한 사회 변동이 발생하더라도 한 사회의 유지와 통합을 위해 당국이 제시하는 공식적인 가치지향(價値志向, value orientations)[1]은 비교적 지속적일 수 있으나, 사회 구성원들의 내면에는 그와는 다른 비공식적인 가치가 발생할 가능성도 있다.[2]

1) F. R. Kluckhohn and F. L. Strodbeck, *Variations in Value Orientations*, New York: Row, Peterson & Co., 1961, 이온죽, "북한주민의 의식구조", 「북한 사회의 체제와 생활」 서울: 법문사, 1993, p.243. 이온죽 교수에 의하면 "가치관 (values)이나 가치 의식은 개인의 수준에서 갖는 생각이고 이것을 사회의 수준에서 논의할 때는 사회구성원들의 집합적인 가치의식의 방향을 일반화하는 뜻으로 가치지향이라는 말을 쓰는 것이 보통이다."라고 본다. 관련 연구로는 이온죽, "북한사회의 가치지향과 인간관계 특성", 「북한사회연구-사회학적 접근」 서울: 서울대학교출판부, 1988, pp.236-292 참조.

2) 이온죽 교수는 의식 구조와 가치관을 살펴보게 될 경우 일종의 괴리현상이 어느 정도 존재하고 있다고 보았다. 공식적 가치관은 지배적인 세력이 공식적으로 설정하고 표방하는 가치관으로서 상당 부분이 사회 규범 속에 반영되어 있으며, 지배 세력은 구성원들이 이러한 공식적 가치 지향에 걸맞은 가치관을 지니고 이를 따르기를 기대한다. 그러나 인간이 실제로 지니게 되는 가치관은 이와 무관하게 각 개인이나 집단이 추구하는 현실적인 이해 관심과 욕구에 의하여 좌우될 수 있는 여지가 많다는 것이다. 가치관에 따르는 개인의 사회적 태도 역시 공적 맥락에서 행동할 때에는 '다른 사람들이라면 이 상황에서 일반적으로 어떤 가치를 선호할까'를 염두에 두고 일정한 규범적인 태도를 취하게 되지만, 개개인의 실생활 속에서는 현재 자신이 지니는 이해관계를 반영하여 실용적인 태도를 취하게 되기도 한다고 보았다. 이온죽, 「북한사회의 체제와 생활」 서울: 법문사, 1993, pp.243-244.

이러한 가능성은 북한 사회 내에서도 일어날 수 있는 것으로, 특별히 북한의 '새세대'[3] 청년들에게 있어서 가치관의 변화를 이끌어낼 수 있을 것으로 예측되는 배경들을 정치·경제·사회·문화적 측면으로 나누어 살펴보자면 다음과 같다. 첫 번째로, 정치적 측면의 가치 변화와 관련된 배경요인은 1990년대 중반 '사회주의 고난의 행군'으로 명명되는 국가적인 위기라 할 수 있다. '고난의 행군' 기간을 거치면서 이전까지 주민을 통제하는 가장 핵심적이고 효과적인 수단이었던 당국의 배급 체제가 거의 붕괴되었으며, 이로 인해 주민들이 희망하는 생필품을 충분히 공급하지 못하게 되었다. 따라서 이리한 경제적 위기는 사회주의 경제 제도의 문제점을 인식하게 하고, 배급제를 비롯한 전반적인 국가 제도와 체제에 대한 전통적인 권위를 실추시키는 배경으로 작용할 수 있다. 또한 이 과정에서 기존의 사회 구조가 부분적으로 해체되는 가운데 비판 의식이 성장할 수 있으며, 다양한 방식의 체제 이탈과 저항이 발생할 수 있는 배경이 되었다.

식량난을 포함한 국가적 위기가 주민들의 심리 상태에 미치는 영향에 대한 분석은 최근 들어 많은 연구가 이루어지고 있다.[4] 그러나 이러한

---

3) '새세대'라는 개념은 북한 「로동신문」이나 「청년전위」 등의 매체에서 청소년, 청년, 젊은이 등의 대용어로 사용되고 있으며, 최근으로 올수록 그 사용 빈도가 더욱 높아지고 있다. 북한에서 사용하는 '새세대'는 혁명의 제3, 4세대로도 자주 불리며, '일제 강점기의 고통과 미제의 잔악상을 경험하지 못하고 사회주의에서 나서 자란 세대'를 의미한다. 구체적으로는 김일성과 함께 해방을 위한 혁명 활동을 벌인 혁명의 제1세대, '조국통일전쟁'이라 부르는 한국전 참전과 관련된 혁명의 제2세대에 이어 지칭되고 있다. 일반적으로 학업을 마친 뒤 일터에 진출한 청년 로동자와 농민들을 포함하여 '혁명의 제3세대, 4세대' 식으로 통칭되는 경우가 대부분이며, 고등중학교 졸업을 앞두고 농촌과 탄광 부문으로 진출하기로 결심한 학생들을 대상으로 한 환영사에서는 '혁명의 제4세대'라는 독립된 명칭을 사용하기도 했다. 「로동청년」, 1993. 2. 28.

4) 관련된 선행 연구들로는 서재진, 「북한의 사회심리 연구」 서울: 통일연구원, 1999; 좋은벗들 편, 「사람답게 살고 싶소」 서울: 정토출판, 1999; 좋은벗들 편, 「북한 이야기」 서울: 정토출판, 2000; 좋은벗들 편, 「북한사회-무엇이 변하고 있는가」 서울: 정토출판, 2001 등이 있다. 이외에도 김승철, 「북한동포들의 생

국가적 위기가 북한 사회 내에 살고 있는 구성원 계층별 및 세대별로 어떤 영향을 미쳤으며, 이로 인하여 가치관과 태도의 변화가 어떤 정도로, 어느 방향으로 이루어지고 있는지에 대해서는 충분한 수의 연구가 존재하지 못하고 있는 실정이다. 우선 Dollard 등(1939)에 의하면 '욕구 불만'은 공격성으로 표출되게 되는데, 북한 사회 역시 경제 위기로 인해 기본적인 생존의 욕구가 충족되지 못할 경우 좌절감(frustration)이 발생하면서 공격적 행동(aggression)으로 연결될 수 있다.[5] 그러나 사회주의 사회의 특징이라 할 수 있는 강력한 사회 통제 기제들과 북한 사회 특유의 오랜 정치사회화교육 등이 이러한 공격 행동을 억제하는 역할을 할 가능성이 있다. 이러한 경우 욕구 불만과 좌절감이 어떠한 형태로 드러나 가치관의 변화를 초래하게 되는지 살펴볼 필요가 있다.

가치관과 태도의 변화를 초래하는 두 번째 요인은 상기한 경제 침체에 대응하는 양식으로서 주민들의 자구적인 노력이 요청되면서, 북한 내에서 제2경제라는 사적(私的) 경제 영역이 확대되었다는 점이다.[6] 배급제 붕

활문화양식과 마지막 희망」서울: 자료원, 2000; 김태현, 노치영, 「재중북한이탈여성들의 삶」서울: 하우, 2003; 박현선, 「현대 북한사회와 가족」서울: 한울, 2003; 구인회 「경제위기와 청소년 발달-가족의 경제적 상실이 청소년 교육성취에 미치는 영향」서울: 집문당, 2003 등 참조.

5) 이상행동에 관한 심리학적 원인을 살핀 연구들에 의하면, 욕구불만, 전쟁, 질병, 식량부족 등은 스트레스를 유발하여 안정성이 일시적으로 위협을 받거나 가치(價値) 체계가 흔들리게 된다고 한다. J. Dollard, L. Doob, N. E. Miller, O. H. Mowrer & R. R. Sears, *Frustation and aggression*, New Haven, Conn.: Yale University Press, 1939; R. G. Barker, T. Dembo & K. Lewin, Frustration and regression, *University of Iowa Studies in Child Welfare*, 1941, 18, No.1 참조; 이현수, 「이상행동의 심리학」서울: 대왕사, 1976, pp.103-106.

6) 최수영에 의하면 제도적·법적으로 인정되거나 확인되지 않은 이러한 경제 활동은 비록 형태와 정도가 다르더라도 모든 사회에 존재한다고 한다. 이는 제2경제와 관련된 '지하경제, 은폐경제, 비공식경제, 암흑경제, 비관측경제, 비기록경제, 그림자경제, 불법경제, 범죄경제, 변칙경제, 제2경제, 비밀경제' 등 다양한 명칭이 사용되고 있는 것과도 관련된다고 본다. 최수영, 「북한의 제2경제」서울: 민족통일연구원, 1998, p.1.

괴 이후에 이루어지는 사적인 경제 활동은 식량과 생필품의 획득이 이전처럼 정치적 순종에 대한 보상으로서가 아니라 개인의 능력에 전적으로 맡겨지는 과정이 된다. 또한 국가로부터 벗어나 개인의 노력이 중요해지면서 주민들과 '새세대'의 전체적인 경제관념의 변화가 초래될 수 있다. 이는 북한 사회에서 전통적으로 강조해 왔던 금욕주의 이념이 약화되면서 대체(代替) 차원에서의 개인 소유주의, 물질주의, 배금주의 등의 가치관이 만연되고 있다는 다양한 문헌과 증언 기록 등에서 확인할 수 있다.

세 번째로, 사회적 측면의 가치 변화 요인으로는 북한 사회의 '혁명의 세대교체'를 들 수 있다. 한국전쟁 이후 50여 년의 세월이 흐르면서, 김일성과 항일투쟁을 함께한 혁명의 '제1세대'와 조국보위전쟁 참전 로병 '제2세대'의 비율이 급격히 줄어들고 있다. 북한 당국은 '사회주의제도하에서 태어나고 자라난 새세대'들이 국가와 사회의 주인으로 등장하고 있다는 데 주목하고 있으며, 계급교양을 강화하지 않을 경우 청년들이 '사소한 애로와 난관 앞에서도 주저하게' 되어 대를 이어 혁명을 계속해 나갈 수 없다고 우려하고 있기도 하다.

마지막 네 번째는 문화적 측면의 가치 변화 요인으로서, 이는 길게는 1959년 이후의 북송 교포와 1980년대의 재미교포 방문, 짧게는 1989년 평양축전 개최 이후의 서방 자유주의 문화의 유입, 또한 중국이 개방되면서 중국으로부터 유입되어 온 정보, 상품, 자본주의적 암시장의 성행이 주민들의 가치 의식에 미친 영향에 주목하고자 하는 것이다. 이러한 영향력은 북한 당국이 언론 매체를 통하여 '자유주의 황색바람'을 경계하면서 '맹아 시기부터 꽉 눌러놓아야' 하며 '모기장을 단단히 칠 데 대하여' 자주 강조하고 있다는 데서도 감지할 수 있다. 이러한 가능성은 특히 '새것에 민감' 하고 '혁명적 시련을 겪지 못하고 당의 품속에서 행복만을 알며 자라난' 북한 새세대의 경우 더욱 높다고 볼 수 있다.

이상과 같은 다양한 변동 요인들과 관련하여 북한 주민의 가치관이 변화할 수 있는데, 이는 특히 성숙하지 못하고 변화에 민감한 미완(未完)의 청소년들의 경우에는 더욱 중요한 요인으로 작용할 수 있다. 언론 매체와 문헌 기록, 귀순자 및 탈북자들의 증언 기록 문헌 등에서 발견할 수 있는 사실은 북한 당국의 노력에도 불구하고 최근 북한의 새세대 내에서 사상적인 동요 내지 가치관의 변화가 부분적으로 나타난다는 점이다. 부분적인 문화 요소는 다른 문화 요소 및 전체 문화의 변화에 영향을 미칠 수 있는 전체성(全體性)을 지니고 있다. 따라서 하위문화로서의 새세대 청소년 계층의 가치관 변화가 확산되게 될 경우 다른 문화 요소나 다른 계층의 가치관 변화에 미칠 수 있으며, 더 나아가 전체적인 사회 구조에 변동을 초래할 가능성이 존재한다.

　이러한 문제의식 가운데 본 글은 1980년대 후반 이후의 북한의 대내외적인 환경 변화와 관련하여 북한 「청년전위」 기사에 드러난 새세대의 가치 변화 추세를 살펴보고자 한다. 연구의 주된 대상으로는 변화에 민감하고 권위에 도전적인 특성을 지니는 북한 새세대들의 가치관에 주목할 것이다. 특별히 새세대의 가치관이 북한의 공식적인 가치지향으로부터 부분적으로 벗어나거나 혹은 상반되는 측면이 드러나는지 살펴보고자 한다. 1980년대 이후 북한 ‘새세대’의 가치 변화와 관련하여 예상되는 내용을 가정의 형식을 빌려 정리하면 다음과 같다.

　첫째, 1990년대 중반의 사회주의 ‘고난의 행군’으로 명명되는 국가적인 경제 위기는 북한 새세대의 사상적인 약화와 관계가 있을 수 있다. 북한 사회의 극심한 경제적 위기는 식량 등 기본적인 생존의 조건을 어렵게 하면서 욕구 불만을 누적시키게 된다. 이는 결국 기존의 공식적 가치관에 대한 권위와 복종을 감소시키고, 비사회주의적 요소가 확산될 수 있는 배경이 될 수 있다. 이에 따라 북한 새세대에게 있어서 간접적으로나마 비판 의식이 자라날 수 있으며, 이에 더불어 조직 관념의 약화와 조직 이탈이 가속화될 가능성이 존재한다.

둘째, '제2경제의 확산'은 북한 새세대의 사회·경제적 가치관의 변화와 관련이 있을 수 있다. 상기한 경제 위기에 의해 배급제가 붕괴하게 되면서 북한 사회 내에는 자구적인 위기 극복 노력이 발생하게 된다. 이 과정에서 사적인 경제 활동이라 할 수 있는 제2경제가 확산되게 되며, 이에 따라 경제관념의 변화가 발생할 가능성이 있다. 예컨대 전통적으로 강조해 왔던 금욕주의와 집단주의 가치관이 부분적으로 쇠퇴하면서 개인주의, 소유주의, 물질주의, 배금주의 등의 가치관이 나타날 수 있다.

셋째, 혁명의 세대교체는 북한 새세대의 규범적 가치관의 약화와 관련이 있을 수 있다. 항일 혁명 경험과 한국 전쟁과 같은 외집단과의 갈등 경험이 부족한 혁명의 제3, 제4세대로의 교체는 집단 내부의 결속력 약화를 가져올 수 있다. 이와 같은 집단 결속력의 약화는 새세대의 개성과 자율성의 증진을 가져올 수 있다. 이러한 경향이 확산될 경우 전통적으로 강조해 온 집단적 가치관과 공산주의 도덕규범의 영향력이 약화될 수 있다. 또한 전통적 규범의 영향이 약화되는 아노미적 상태에서는 북한 새세대의 규범적 가치관이 혼란을 겪는 가운데, 사회 범죄와 일탈이 증가할 가능성이 있다.

넷째, 개방의 확대는 북한 새세대의 문화적 가치관의 변화와 관련이 있을 수 있다. 북한의 대내외적 환경의 변화는 당국으로 하여금 개혁·개방의 필요성을 인식하게 하는데, 이 과정에서 외부의 정보가 유입될 수 있다. 북한 당국이 '모기장' 이론을 통해 부르죠아 횡색비람으로 불리는 자유주의 사조의 유입을 경계하고 있으나, 선택적인 개방만을 선호하는 당국의 의도대로 개방이 이루어지기는 현실적으로 어려움이 있다. 특별히 1989년의 평양축전 등의 부분적인 개방 노력은 북한 사회에 자유주의적 문화 요소를 유입시키는 발단이 되었을 수 있다. 또한 당국을 통해 접하게 되는 구소련과 동구 사회주의권의 붕괴 사실은 북한 주민과 새세대들에게 있어서 체제와 제도의 권위를 약화시키는 역기능으로 작용했을 가능

성이 있다. 또한 언론 매체를 통해 전달되는 구사회주의 국가들의 실상은
당국의 의도와는 달리 바람직하지 않은 정보적 영향력으로 작용할 수 있
다. 더욱이 1990년대 중반의 사회주의 '고난의 행군'기 동안 식량을 구하
기 위해 중국을 출입한 주민들을 통해, 개방 이후의 중국 및 남한 사회의
발전과 관련된 정보가 확산될 수 있다.

2. 연구 방법 및 범위

(1) 연구 방법

본 글에서는 김일성사회주의청년동맹 기관지인 「청년전위」[7] 기사 분
석을 통해 북한 새세대들의 가치관을 간접적으로 살펴보고자 한다. 본 연
구에서는 내용 분석법 위주의 문헌 연구(document analysis, 文獻硏究)
방식을 취하고자 한다. 본 글에서 사용하고자 하는 문헌 자료의 성격[8]
은 공식적(公式的) 자료이며, 자료 분석 기법은 문서적 증거(documentary
evidence)를 시간 단위를 정해 표집하여 수량적 빈도를 비교하여 분석하

---

7) 「청년전위」는 원래 1946년 11월 1일 북한의 청년 조직인 '북조선 민주청년동맹'
　창립과 함께 발간하기 시작한 「민주청년」이라는 명칭으로 시작된 일간지이다.
　이는 1964년 동 연맹의 명칭이 '조선사회주의로동청년동맹'으로 바뀌자 그 이
　름도 「로동청년」으로 개칭되었으며, 1996년 1월 이 동맹이 다시 '김일성사회주
　의청년동맹'으로 바뀜에 따라 1월 19일 「청년전위」로 명칭이 바뀌어 발간되고
　있다. 본 글에서는 현재 사용되고 있는 「청년전위」로 통칭할 것이며, 1996년
　이전의 자료를 특정적으로 지칭할 때는 「로동청년」으로 부르기로 한다.
8) 문헌 연구의 유형은 자료의 성격(性格)과 자료 분석의 기법(技法) 두 차원으
　로 나누어 살펴볼 수 있다. 자료의 성격은 자료의 공식(公式)성과 비공식(非公
　式)성의 여부에 따라 나뉘며, 문헌 자료의 분석 기법은 양(量)적 분석과 질
　(質)적 분석으로 나뉜다. 김경동, 이온죽, 「사회조사연구방법-사회연구의 이론
　과 기법」 서울: 박영사, 1986, p.319.

는 방법을 취할 것이다. 분석 단위로는 북한 새세대의 가치관과 관련된 특징적인 단어나 용어들을 포함한 주제(the theme)를 기록 단위로 삼는다.

일반적으로 사회학에서 자주 사용하는 방법으로는 설문 조사 방법, 면접법, 참여관찰 등이 있다. 또한 심리학에서는 실증적인 측정을 통한 인과관계의 규명과 법칙화를 중시하는 가운데 실험적 방법을 중시하는 경우도 존재한다. 그러나 인간의 가치, 의식, 의도, 동기, 심리 등과 같은 내면적이고 주관적인 심층에 대한 연구는 수량(數量)적 접근법으로는 한계를 지닐 수 있으며, 따라서 질적(質的) 접근법을 시도할 것이 요청된다.

그러나 북한 사회의 폐쇄적인 특성상 이상과 같은 방법론들은 커다란 한계를 지닌다. 예컨대 본 글의 주제와 같이 북한 새세대의 가치관을 연구하고 가치관 변화의 개별적 사례를 제대로 분석하기 위해서 북한 지역에 들어가 직접적인 조사를 벌이는 것이 필요하다. 그러나 북한 사회의 경우 직접 북한 지역에 들어가 현장연구법(field research) 혹은 사례 연구를 벌이는 것은 거의 어렵다. 더구나 북한 새세대를 직접 만나 면접이나 참여관찰로써 자료를 얻어내는 것은 거의 불가능하다고 할 수 있다. 따라서 본 연구에서는 직접적인 설문이나 면접, 관찰 대신 그 차선책으로서 내용 분석 방법을 선정하였다.

그러나 문헌을 통한 내용분석법의 경우에도 연구 대상이 되는 자료의 양과 질이 매우 중요한 역할을 한다. 특별히 「청년전위」와 같은 북한의 공식적 자료는 그 특성상 낭국의 의도가 개입되고 김얼이 이루어진 자료라는 점에서 근본적인 한계가 존재한다. 따라서 이러한 공식적 자료에 의존하여 새세대의 가치관 변화의 전모를 알아내는 것은 어려움이 있다. 따라서 이러한 자료를 통해 북한 새세대의 가치관을 확인하기 위해서는 문헌에 담겨진 당국의 정책적 의도를 넘어서서 행간(行間)에 숨은 의미를 해석하기 위한 노력이 매우 중요해진다. 예컨대 어떤 시기에 어떤 행위나 가치관을 부정적인 것으로 규정하면서 비판을 가하고 있는 교양 기사가 존재할 경우, 그러한 행위나 가치관은 그 시기의 북한 사회가 주된 관심을 갖고 있는 문제점일 가능성이 있다는 것이다.[9] 또한 어떠한 행위나 가치관에 대한 지적이 과거 시기에 비해 급격히 증가하고 있을 경우, 문제가 되고 있는 행위나 가치관이 실제로 증가하고 있을 가능성이 있다는 추측을 할 수 있다.

또 다른 한계로는, 내용 분석을 통해 빈도의 변화를 찾아냈다 할지라도 이것이 곧장 북한 새세대의 가치관 변화의 내용과 정도, 및 변화 시기를 정확히 나타낼 수 있는지에 대해서도 의문이 있다는 것이다. 북한 신문은 부정적 행위에 대한 사실적 보도에 힘쓰기보다는, 해마다 거의 같은 내용의 기사를 미리 준비해 두고 정해진 날에 싣는 경우가 많다. 또한 북한 사회는 '위에서 아래로' 명령이 전달되는 전체주의적이고 획일적인 특성을 지니고 있어서, 문제점이나 의견이 '아래로부터 위로' 올라가 전달되는 데 시간이 걸리거나 그 과정에서 은폐되기 쉽다. 이러한 이유들로 인해 기사 내용의 변화나 빈도의 차이가 발견되더라도 북한 사회 내에서 그러한 행위가 문제가 된 시점보다 상당 기간 지나서야 공식적으로 기사로 등장하는 경우도 자주 있다.[10]

따라서 본 글을 통해 확인하고자 하는 북한 새세대의 가치관의 변화 추세라고 하는 것은 어디까지나 「청년전위」 기사의 분석을 통해 드러난 변

---

9) 예컨대 신문이나 소설 등을 통해 살펴볼 때, 부조리를 비판하는 내용과 관련해서는 김일성에 대한 반항, 기타 저항 운동, 북송 교포들의 태업이나 탈출 등이 있음을 눈치 챌 수 있다. 이온죽, 「북한 사회의 체제와 생활」 서울: 법문사, 1993, pp.273-274.
10) 예컨대 선행 연구들이나 귀순자 및 탈북자들의 증언 기록 문헌들에 의하면 배급의 중단은 1992-1993년경부터 심각한 상태였던 것으로 알려진다. 그러나 본 글에서 조사한 바 1993년의 「로동청년」(현재의 「청년전위」) 기사 내용에서는 식량난과 관련된 직접적 표현은 거의 등장하지 않거나, 등장하더라도 '일시적인 난관'과 같은 간접적 표현으로 매우 낮은 빈도로 등장했다. 뒤에서 살펴보겠지만, 식량난에 대한 표현 대신 '돈, 물질'에 대한 기사의 빈도가 증가함으로써 이러한 경제적 어려움을 추측할 수 있을 뿐이다.

화에 불과하다. 따라서 북한 새세대들에 대한 직접적이고 경험적인 검증을 결여하고 있으며, 당국의 교양 목표의 변화 추세에 더 가까울 수도 있다. 따라서 연구 결과로서 드러날 북한 새세대의 가치지향은 정확히 과학적으로 '측정'되고 법칙화될 수 있는 확실성을 지니는 사실(fact)이라기보다는 추측한 것에 지나지 않을 수 있다. 그럼에도 불구하고 제한된 상황과 자료 가운데 가급적 가능한 한 냉정한 제3자적 관점에서 주관을 배제한 객관적이고도 체계적인 내용 분석을 통해 타당성이 인정되는 연구 결과를 내기 위한 노력이 필요할 것이다.

이상과 같은 자료의 한계를 인정하는 가운데, 본 글은 가치관의 변화와 관련한 사회심리학 이론 및 사회 변동론을 이론적 근거로 사용하고자 한다. 따라서 본 글은 북한 사회가 경험한 대내외적 환경 변화와 관련하여 북한 새세대의 가치관에 있어서 변화가 나타날 수 있다는 잠정적인 가정을 둔 뒤, 개별 사례들을 토대로 이를 확인하는 연역(演繹)적 방법을 기초로 한다. 더불어, 북한 문헌 자료에 등장하는 구체적이고 개별적인 사례들로부터 북한 새세대의 가치관 변화와 관련된 결론을 도출하는 방식의 귀납(歸納)적 방법을 병행하여 사용하고자 한다.

버클리에 의하면 체계(system, 體系)는 "일정 기간 동안 어느 정도의 안정성을 가지고 인과적인 관계 속에 직접 혹은 간접적으로 관련되어 있는 구성 요소들의 복합체"라 할 수 있다.[11] 한편 변화(變化)라는 개념 속에는 변화 이전의 상태 혹은 안정(安定)적으로 유지되고 있거나 유지되기를 바라는 상태가 존재한다는 의미가 내포되어 있다. 모든 살아 숨쉬는 유기체는 안정과 변화의 두 측면을 모두 지니고 있으며, 사회 체계 역시 체계 유지와 안정을 희망하는 구심력과 변화를 시도하는 원심력을 동시에 지닌다.

그런데 폐쇄된 환경 가운데 처해 있는 유기체의 경우 단순하고 미분화

---

11) W. Buckley, *Sociology and modern systems theory*, Englewood Cliffs, Nj: Prentice-Hall, 1967, p.41.

된 기능만으로도 생존에 어려움이 없으나, 개방된 환경 가운데 처하게 되면 그에 적응하기 위한 내부적 복잡성과 다양성이 필수적으로 요청된다. 따라서 유기체는 변화하는 환경에 적응하는 과정에서 새로운 기능을 획득하거나 불필요한 기능이 쇠퇴하기도 하지만, 환경 적응에 필요한 다양성을 획득하지 못할 경우에는 도태되기도 한다. 사회 체계 역시 폐쇄적이고 비교적 안정적인 환경에서는 단순하고 획일적인 적응 체계만으로도 어느 정도의 체제 유지가 가능하지만, 개방되고 변화하는 환경을 접하게 되면 새로운 환경에 걸맞은 다양한 적응 체계와 복잡성을 갖추어야 하게 된다.

북한과 같은 사회는 지도자 한 사람의 가치관과 대내외적 인식이 대부분의 정책과 제도의 유형을 결정짓는 정치적 구조를 지니고 있다. 또한 북한은 폐쇄적인 구조 가운데 수십 년간 지도자의 교체 없이 비교적 안정적으로 유지되어 왔다. 따라서 북한 당국이 체제의 안정과 유지를 위해 제시해 온 공식적 가치지향 역시 별다른 변화를 보이지 않았다. 과거와 같이 비교적 안정적인 대내외적 환경 가운데 처해 있을 때는 이처럼 단순하고 폐쇄적인 체계라 하더라도 비교적 안정적으로 유지될 수 있다. 그러나 1980년대 후반 이후의 대내외적 환경 변화는 북한 사회에 새로운 대응 양식을 요청하게 되었다. 이는 기존의 사회 제도와 공식적인 가치지향이 지니는 체제 유지와 사회 통제 효과를 약화시키게 된다. 따라서 사회 구성원들 내면에서는 공식적 가치지향에서 일부 벗어나거나 혹은 아예 공식적 가치지향과 대립되는 가치관들이 나타날 수 있다.

예컨대 구사회주의권의 붕괴라는 상황 변화에 대응하고 체제 안정을 추구하기 위해, 북한 당국은 '우리식' 사회주의나 '조선민족제일주의' 등을 내세우게 된다. 그러나 생존을 위한 경제적 기반이 충족되지 못하는 상황에서 이러한 공식적 가치지향은 과거와 같은 영향력을 발휘하지 못할 수 있다. 또한 당국의 가치에 대한 수용 정도는 세대 및 계층별로 차이가 나타나기도 한다. 더 나아가, 당국을 통해 한 번 걸러져서 들어온 구소련과 동구 사회주의 국가들의 붕괴 사실 자체가 오히려 사회주의 이념적 정당성을 부분적으로 약화시키는 정보의 역할을 할 가능성도 있다.

더욱이 환경 변화로 인한 충격이 당국을 거치지 않고 직접 북한 주민들에게 전달되는 경우도 발생하는데, 이 경우 당국의 공식적인 가치관의 영향력은 보다 약화될 수 있다. 예컨대 당국이 많은 기대를 걸고 오랫동안 준비해 왔던 평양축전 등을 개최한 이후, 외부에서 흘러든 상품과 정보 등의 문화적 요소가 당국이 의도했던 것과는 다른 영향을 제공했을 가능성이 있다. 더구나 이러한 축전 비용이 과도하게 지출된 것은 이후 대내외적 환경 변화와 복합적으로 작용하면서 북한 사회의 경제 위기를 초래하는 배경이 된다. 이상과 같이 사회주의권의 붕괴나 평양축전 이외에도 사회주의 경제 체제가 지니는 자체적인 한계, 95년 이후 연속으로 발생한 수해 등의 자연재해, 김일성 사망이라는 대내 정치적 문제, 핵 문제와 관련된 대외적 위기 등은 새세대들의 가치관 변화를 촉진하는 복합적인 배경 요인으로 작용하게 될 가능성이 있다.

(2) 자료의 범위

1) 「청년전위」 기사(article) 내용 분석

본 글에서 주된 분석 대상으로 삼고 있는 것은 북한의 새세대 청소년과 관련된 기사를 비교적 가장 다양하고 풍부하게 게재하고 있는 김일성사회주의청년동맹 기관지 「청년전위」의 기사이다. 「청년전위」는 원래 1946년 11월 1일 북한의 청년 조직인 '북조선 민주청년동맹' 창립과 함께 발간하기 시작한 「민주청년」이라는 명칭으로 시작된 일간지이다. 이는 1964년 5월 12일 동 연맹의 명칭이 '조선사회주의로동청년동맹'(이후 '사로청'으로 약칭)으로 바뀌면서 기관지의 명칭도 「로동청년」으로 개칭되었다. 이는 다시 1996년 1월 사로청 대표자회에서 '사로청'이 '김일성사회주의청년동맹'(이후 '청년동맹'으로 약칭)으로 바뀜에 따라 1월 19일 「청년전위」로 명칭이 바뀌어 발간되고 있다.

청년동맹은 북한의 유일한 청소년 사회단체로서, 만 14세(고등중학교 5 학년)부터 30세까지의 학생, 근로자, 군인 등으로 구성된다. 이들은 당의 후 비대 기능을 수행하여 노동당 다음의 핵심적 체제보위집단 역할을 하는데, 구체적으로는 공산주의 건설의 교대자로서 임무 완수와 조직활동을 통한 사상교양활동 전개, 소년단 지도 및 농촌지원 등을 한다. 1996년 1월 개칭 과 함께 조직의 위상이 더욱 높아졌으며, 1998년 1월 전원회의 이후 10여 년간 제1비서로 있던 최용해가 해임되고 이일환이 후임으로 선출되었다.

청년동맹 기관지로서 「청년전위」는 "자라나는 새세대 청년들을 위대한 수령님과 당에 끝없이 충직한 참다운 주체형의 혁명가로, 주체위업의 믿 음직한 계승자로 키우며 그들을 당의 로선과 정책 관철을 위한 투쟁에로 고무 추동하여 온 사회의 주체사상화와 주체사상의 세계사적 승리를 앞당 기기 위한 투쟁에 적극 이바지"하는 데에 신문 발간의 의의를 두고 있다. 「청년전위」의 기사 내용은 「로동신문」에서 제기하고 있는 여러 문제들을 청소년과 결부하여 소화한 것들이 대부분이다. 특히 1994년 7월 김일성 사망 이후 3년 동안 신년공동사설이 「로동신문」, 「조선인민군」과 함께 「청 년전위」에 실리는 등 중요한 역할을 해 왔다.

원래 북한의 신문은 당성, 이데올로기성, 교양성을 띤 보도 내용만이 허 용되고 있으며, 다양성이나 독자성, 시사성, 흥미성 등이 결여되어 있다고 지적된다.[12] 김일성은 "북한 신문에 펠레통(feuilleton: 프랑스어로 풍자 혹은 비판적이거나 부정적인 기사)을 쓰는 것도 그만두었다. …… 우리는 사람들의 결함만을 들춰내는 이러한 교양방법을 교조주의의 쓰레기통에 집어던졌다. 우리 신문은 펠레통을 쓰는 것이 아니라 모범적인 사실, 감동

---

12) 한병구, "북한의 신문", 유재천 편, 「북한의 언론」, 서울: 을유문화사, 1989, pp.122-123.

적인 아름다운 이야기에 대하여만 쓰고 있으며, 그것으로 사람을 교양하고 있다"고 밝히고 있다.[13] 따라서 북한의 신문이나 소설 등에서 부정적인 사례나 사회 문제가 지적되는 경우는 많지 않으며, 더구나 현실에 대한 비판이나 체제에 대한 부정적인 기사가 존재할 것으로 기대하기 어렵다. 이러한 실정상 교양 차원이나 지적 차원을 모두 포함하여 부정적인 언급이 조금이라도 등장하는 기사를 찾아내어 행간을 읽는 것이 매우 중요해진다. 따라서 본 글에서는 「청년전위」 중 선정된 기간 동안의 모든 세부적인 기사(article) 전수(全數)를 분석 대상으로 삼았다.

기간 선정과 관련하여 1980년대 이후의 전수(全數) 조사가 가장 바람직하겠지만, 「청년전위」의 경우 자료 입수의 한계가 존재한다. 우선 1999년도 이후의 「청년전위」 자료 입수가 거의 곤란하며, 1998년 이전 시기라 하더라도 부분적으로 누락되어 입수 불가능한 연도가 존재한다.[14] 따라서 본 글에서 분석에 사용할 「청년전위」 자료는 1980년대를 대표하기 위한 1983년과 1988년 두 해와, 1990년대를 대표하기 위한 1993년과 1998년 두 해로 정하였다. 즉 1983년, 1988년, 1993년 그리고 1998년의 「청년전위」 기사 내용 중 새세대와 관련된 특징적인 개념과 표현들을 기간별로 비교하였다. 이를 바탕으로 최근으로 올수록 높은 빈도로 사용되고 있는 핵심 개념들을 확인함으로써 북한 새세대의 가치 지향과 그 변화 추세를 살펴보고자 하였다.

---

13) 「김일성저작집 2」 (평양: 조선로동당출판사, 1968), p.581.
14) 가급적 최근의 것을 함께 조사하고자 했으나, 통일원 자료실 북한자료센터가 소장하여 열람을 허용하고 있는 「청년전위」 자료 중 가장 최근의 것이 1998년에 불과하였다. 또한 분석 기간의 체계성을 고려하여 매 5년 단위로 비교 분석하고자 하였으나, 「로동청년」 중 1980년도 이전 자료는 1970년과 1971년만 입수 가능했다. 즉 1969년 이전 자료와, 1972년부터 1979년까지의 자료가 누락되어 있기 때문에 분석 기간에 있어서 연속성과 체계성이 다소 부족한 문제가 존재한다. 또한 「청년전위」로 명칭이 바뀐 해인 1996년의 경우에도 자료 입수가 곤란하였다. 이와 같이 최근 자료의 부족에 대한 문제점을 보완하기 위하여, 그 대안으로 청년절(8. 28)이 제정된 1991년부터 2003년 8월까지의 「로동신문」 기사를 추가하여 조사하였다.

  연도 선정 기준과 관련하여, 1983년 기사는 북한 사회 내에서 주체사상의 위상이 확고해지고 김정일의 후계 구도가 공식적으로 지명되는 시기를 배경으로 하여 이루어진다. 우선 1980년 10월에는 노동당 제6차 대회가 개막되고 김정일이 공식적인 후계자로 지명되며, 1982년 3월에는 「주체사상에 대하여」가 김정일에 의해 제시되기도 했다. 이어 1983년에는 '팀스피리트 83'과 관련하여 북한 내에 준전시상태가 선포되고, 미얀마 아웅산 암살 폭파 사건 등으로 인한 위기가 고조되었던 시기이기도 하다.

  한편 1988년이라는 해는 동구 공산주의 국가의 붕괴, 통독 등의 사건이 발생하기 이전 시점으로서 대외적인 환경 불안 요소가 비교적 적었던 해이다. 또한 1989년의 평양축전을 앞두고 있는 시점으로서 비교적 개방적이고 희망적인 사회 분위기가 지배적이었던 때이기도 하다. 이 시기는 경제적 위기가 표면화되기 이전이며 자유주의 문화 요소의 유입도 비교적 적었던 시대이다. 따라서 대외적인 환경이 비교적 안정적이며 대내적인 사회 불안 요소도 비교적 적었던 시기이다.

  반면 1988년에서 1993년 사이에는 급격한 국내외적 환경 변화가 존재했으며, 변화의 내용도 정치, 경제, 사회, 문화 등 다양한 측면에서 발견되고 있다. 이 시기에는 우선 구소련 및 동유럽 공산주의 국가의 붕괴라는 대외적 환경 변화가 존재한다. 정치적으로는 노동당 제6기 19차 전원회의에서 김정일 군 최고사령관 추대가 이루어지고 사회주의헌법의 대폭 개정이 이루어지기도 한 시기이다. 경제적으로는 1980년대 말부터 누적되어 온 경제 침체가 표면화되어 배급제가 붕괴하기 시작하는 시기이다. 또한 문화적으로는 평양축전 이후의 개방의 후유증이 존재하는 시기이다.

  한편 1993년과 1998년 사이에는 이전 시기와 같은 굵직한 대내외적 사건이 존재하지는 않는다. 특별히 1998년은 1990년대 중반의 '사회주의 고난의 행군'을 경험한 직후의 시기라는 점을 특징으로 삼을 수 있다. 또한 식량난에 기인한 체제 위기가 조금씩 극복되면서 '강성대국'을 표방하는 김정일 체제로의 이행을 준비하는 시기라 할 수 있다. 그러나 1990년대 후반은 경제적 어려움을 극복하기 위해 시도한 개혁 · 개방의 후유증이 존재하며, 대외 원조에 대한 반대급부로서 사상 · 문화적 혼란의 위협이 존재하는 시기라 할 수 있다.

대상 선정 기준과 관련하여, 본 글에서는 1980년대의 청년들과 1990년대의 청년들의 가치 변화에 주목하고자 하였다. 청년 동맹에 소속되는 연령대는 14세에서 30세의 학생 청소년과 근로 청년들로서, 간혹 예외적으로 이보다 어린 학생이 가입하는 경우가 존재한다. 따라서 본 글에서 1980년대의 청년이라고 할 경우 대략 1950년대 중반 이후에서 1960년대 후반에 걸쳐 출생한 세대가 해당된다고 할 수 있다. 반면 1990년대 청년들의 경우에는 대략 1970년대 초반 이후에서 1980년대 초반에 걸쳐 출생한 세대로 볼 수 있다. 한국 사회로 말하면 전자는 소위 '386 세대'를 포함한 그 직전 시기의 세대이며, 후자의 경우는 소위 '신세대'라고 불리는 세대의 경우와 부분적으로 유사하다고 볼 수 있다.

분석 단위와 관련하여, 본 글에서는 해당 연도의 기사 내용에 '새세대' 혹은 '청년'의 가치 특성을 유의미하게 담고 있는 개념이나 주제 항목 전체를 분석 대상 개념으로 한다. 선정 기준은 첫째, 새세대와 관련된 기사의 종류가 사설이건 정론이건 수필이건 단순 취재이건 상관없이, 독립된 제목을 달고 있는 경우 하나의 기사 단위로 파악하였다. 북한의 언론 매체의 경우 예컨대 가장 비중 있게 다루고자 하는 기사를 1면 상단부에 제시하는 경우가 많으나 본 글에서는 이러한 차이를 고려하지 않았다. 또한 동일한 사설이라 하더라도 한 면 내에서 차지하는 기사의 양도 중요한 의미를 지니지만, 본 글에서는 기사의 양과 비중에 대해서도 차이를 두지 않고 기사가 등장하는 빈도만을 중요하게 파악하였다.

둘째, 입수 가능한 모든 기사를 조사 대상으로 하되, 새세대의 가치 특성이 한 번이라도 등장한 기사를 분석 대상으로 선정하여 계수하였다. 북한 언론 매체의 경우 시대에 따라 혹은 연도에 따라 연재되는 주된 내용은 큰 차이가 없으나, 연재 형식 등은 부분적인 차이를 지닌다. 예컨대 '공산주의도덕교양실'을 연재하여 청년들에게 요구하고자 하는 도덕적 측면을 제시하는 경우도 있고, '술어해설'을 통해 그 시기에 있어서 중요한 의미를 지닌다고 파악되는 개념들을 해설하는 경우도 있다. 또한 '토론회' 등을 개최하거나 '예술영화'에 대한 청년들의 감상 수기 형식의 글을 연재하기도 한다. 따라서 청년들의 가치 특성을 드러내지 않는 단순한 정치적 기사나 경제적 동원 및 외교적 측면의 기사는 대상에 포함시키지 않았다.

셋째, 한 기사 내에 각기 다른 가치 항목을 나타내는 개념들이 등장할 경우 중복을 허용하여 각 항목을 모두 인정하였다. 예컨대, 한 제목 내에 포함된 하나의 기사 내용에서 '황색바람'이라는 문화적 측면과 '무규율성'과 같은 조직 생활 측면이 모두 발견될 경우, 각각을 모두 인정하여 중복하여 추출한다. 비교적 이전 시기의 기사에는 하나의 기사 안에 하나의 항목만이 발견되는 경우도 많았으나, 1998년으로 올수록 하나의 기사 내에 중복된 항목을 여러 개 포함하는 기사들이 많이 발견된다. 따라서 최근 기사들의 경우 기사 한 편 내에 등장하는 가치 항목의 수가 많아지게 되며, 연도에 따라 총 기사 수에 대한 가치 항목의 수가 큰 차이를 보이는 경우도 있다.

넷째, 한 기사 내에 어느 한 개념을 반복적으로 사용하여 강조하였더라도 그 강조점을 인정하지 않고 단지 한 번 등장한 것으로 파악하였다. 예컨대 '청년들 속에서 황색바람을 몰아내자'라는 제목의 사설 내에서 '황색바람'과 '황색풍조' 등의 단어가 반복적으로 등장하더라도 단지 한 번 등장한 것으로 여겨 계수하였다. 이러한 원칙에 따라 반복을 통한 강조점을 인정하지 않고 계수하더라도, 시대별 변화 추세를 확인하는 데는 큰 지장이 없다고 여겨진다. 그 예로, '황색바람'은 1980년대에는 아예 등장하지 않는 반면 1998년 기사에서는 가장 높은 빈도를 나타내는 개념이 된다.

이처럼 과거에 사용되지 않던 개념이 새로이 등장한다는 것은, 시대 변화에 따라 청년들의 교양을 위해 당국이 제시하는 가치 항목이 변화되기 시작하고 있다는 것을 의미한다고 볼 수 있다.

다섯째, 기간별로 사용된 개념의 빈도를 비교하되, 빈도 차이만 비교하는 것이 아니라 사용되는 맥락을 함께 살피고자 하였다. 즉 각 시기에 따라 사용된 동일한 주제 항목이라 하더라도, 사용되는 맥락에 있어서 중요한 차이를 보일 경우 이 역시 주목하여 비교하였다. 예컨대 '공공재산애호관리'라는 제목을 통해 등장하는 기사의 빈도 자체는 시대별로 큰 차이가 없으나, 사용되는 내용에 있어서는 상당한 차이를 보인다. 1980년대의 경우에는 내부 예비 마련과 절약을 강조하는 것이 주된 내용이었으나, 1990년대 후반으로 올수록 국가 재산에 '손을 대는 행위', 즉 절취 및 절도와 관련된 기사가 제시되는 경우가 많아진다.

마지막으로, 조사한 기사의 수 및 추출된 가치 항목의 수량이 연도별로 차이가 있는데, 이는 그해에 특징적인 해설 양식이나 주제가 약간씩 다른 데 기인한다. 북한 언론의 특성상 매해별로 기사의 내용이 큰 차이를 두지 않고 날짜별로 전년도와 비슷한 기사를 싣는 경우가 많다. 또한 사회주의 언론 특성상 부정적 사례에 대한 직접적 지적이 드러나는 경우도 매우 드물다. 따라서 매해마다 등장하는 수준의 일반적인 독려 기사나 단순한 교양 차원의 지적에 그치고 있을 경우에는 주목하지 않았다. 반면, 이전 시기와 유사한 기사 내용을 싣고 있더라도 그 안에 구체적인 부정적 사례나 변화된 가치관이 반영되어 있는 것으로 여겨질 경우 유의미한 가치 특성으로 주목하였다.

연도별 기사 수의 차이와 관련하여, 우선 1983년의 경우에는 새세대의 가치 특성이 드러난 기사의 총수가 비교적 많은 편이다. 이는 이 시기에는 '낡은 사상' 혹은 '종파주의, 사대주의' 등의 부정적 가치가 등장하는 김일성의 혁명 업적 기사가 매우 자주 실리고 있는 데 기인한다. 또한 '절약' 및 '예비물자' 관련 기사들은 지면이 매우 작지만 기사 수는 매우 많은 편이다. 반면 1988년은 축전 준비를 위한 기사가 급증하면서 부정적 사례가 매우 적어서 선정된 기사 수가 적다. 그러나 1993년의 경우에는 '뒤떨어진 청년'들의 개별적인 과오 사례들이 다수이고, '돈가방'을 주워 주인에게 주는 등의 '공산주의적 미풍' 토론이 자주 열려서 기사 수가 늘었다. 한편 1998년의 기사는 하나의 기사 내용 내에 매우 많은 항목들이 중복하여 등장한다는 특징이 있어서 기사의 수가 매우 적다. 또한 언론에 싣는 것 자체가 부정적 효과를 초래할 가능성이 있는 문화적 측면의 기사들이 많아서 토론회나 투고 기사 등이 매우 적게 등장한다. 조사에 사용한 자료의 기간과 수량은 다음 〈표 1〉과 같다.

〈표 1〉「청년전위」 기간별 분석 자료의 수량

대상 연대	기사 수	개념 항목	대상 연도	기사 수	개념 항목
1980년대	317편	569개	1983년도	246편	379개
			1988년도	71편	190개
1990년대	470편	1031개	1993년도	398편	829개
			1998년도	72편	202개
〈계〉	선정한 기사 편수 총 787편		추출한 항목의 수 총 1600개		

분석에 사용한 가치 항목과 관련하여, 본 글에서는 사상 및 조직생활 측면, 사회·경제적 측면, 규범·도덕적 측면, 문화적 측면 네 가지로 분류하였다. 이 네 가지 분류는 하위에 총 29개의 가치 항목으로 다시 세분화되어 기간별 사용 빈도를 분석하는 데 사용된다. 이러한 분류는 글의 Ⅶ장인 '북한 새세대 가치 지향의 변화 추세'를 살펴보기 위한 분류 항목과 상통하는 것이다. 「청년전위」 기사 분석을 위해 분류한 기사의 핵심적인 주제 항목들을 내용별로 나타내면 다음 표와 같다.

우선 〈표 2-1〉은 북한 새세대들의 사상적 측면의 변화와 사상적 약화 여부를 확인하기 위한 가치 항목이다. 또한 이러한 사상적 약화가 당과 조직에 대한 태도의 변화를 가져올 가능성과 관련하여 조직 생활 측면의 가치 항목 분류가 제시되어 있다. 조직 생활 측면에서는 당과 조직의 명령에 대해 '나태, 안일'과 같은 소극적 일탈을 드러낼 수 있는 항목과 '조직 이탈'과 같은 적극적 일탈을 드러내는 가치 항목으로 분류하였다. 한편 〈표 2-2〉는 사회·경제적 가치관의 변화를 확인하기 위한 분류로, 개인주의적 가치관과 물질주의 가치관과 관련된 가치 항목들이 주를 이룬다. 〈표 2-3〉은 규범·도덕적 측면의 분류로, 사회 범죄와 같이 적극적 형태의 저항 및 술 등으로의 도피, 도덕기풍의 해이 현상을 확인하고자 하였다. 〈표 2-4〉는 문화적 측면의 분류로, '황색바람', '자유주의' 및 일상적 문화생활과 관련된 가치 특성을 확인하고자 하였다.

〈표 2-1〉「청년 전위」 내용 분류 - 사상 및 조직생활 측면

분류	항목	항목별 내용
사상적 측면	〈1〉	비사회주의적 요소, 자본주의, 부르죠아, 불건전한 잡사상, 반동적 사상요소
	〈2〉	제국주의와 자본주의 환상, 전쟁공포, 염전
	〈3〉	낡은 사상
	〈4〉	수정주의, 교조주의, 사대주의, 허무주의, 종파주의, 기회주의
조직생활 측면	〈5〉	조직을 싫어함, 조직생활을 부담으로, 비조직성, 무규율성, 총화에 빠짐, 반발심
	〈6〉	불성실, 출근 안함, 권태, 나태, 안일, 해이, 편안
	〈7〉	팔짱끼고 무관심, 무책임, 대답과 보고만, 자리지킴, 형식주의, 보수주의, 소극성, 주인답지 못한,
	〈8〉	요령주의, 조건타발, 말공부, 흥정, 자의적 해석, 5분열도함
	〈9〉	무력, 시무룩, 울상, 찡그림, 뒤구멍, 겁을 먹고, 오물쪼물, 패배주의

〈표 2-2〉「청년 전위」 내용 분류 − 사회·경제적 측면

분류	항목	항목별 내용
경제적 측면	〈10〉	황금만능, 물욕, 돈, 재물, 물질, 금전, 농민시장
	〈11〉	호화, 부귀영화, 사치, 향락, 허례허식
	〈12〉	남의 것, 외제, 다른 나라 상품, 색다른 물건
	〈13〉	경제 도덕, 청렴, 순박성, 검박, 깨끗한 양심
사회적 측면	〈14〉	노동 사랑, 일하기 싫어함
	〈15〉	나, 개인주의, 이기주의, 개인의 리익, 공명

〈표 2-3〉「청년 전위」 내용 분류 − 규범·도덕적 측면

분류	항목	항목별 내용
규범적 측면	〈16〉	말썽, 뒤떨어진 청년, 과오, 질서 문란, 교양 대상자
	〈17〉	쾌락, 먹자판, 놀이판, 담배, 술판, 술풍
	〈18〉	공공물과 국가사회재산의 애호 관리
도덕적 측면	〈19〉	인사, 예의 자리양보, 례의도덕, 친절, 웃사람 존경
	〈20〉	공산주의 도덕규범, 도덕기풍, 사회주의적 생활양식
	〈21〉	교통도덕, 공중도덕, 고속도로, 준법의식
	〈22〉	언어예절

〈표 2-4〉「청년 전위」 내용 분류 − 문화적 측면

분류	항목	항목별 내용
문화적 측면	〈23〉	황색바람, 황색풍조, 황색물, 황색먼지, 황색병균
	〈24〉	양풍, 미국식 생활양식, 날라리풍, 왜색왜풍, 이색적
	〈25〉	록크, 쟈즈음악, 녹화물, 유희집, 색정적인 그림
	〈26〉	퇴폐, 부패타락, 말세기적, 부화방탕, 패륜패덕, 유흥
	〈27〉	자유화, 자유주의
	〈28〉	옷차림, 몸단장, 몸가짐, 머리단장, 신발차림
	〈29〉	청소, 향토꾸리기, 위생, 생산문화, 생활문화

2) 기타 문헌 자료

본 글에 사용한 기타 문헌 자료로는 「로동신문」과 기타 국내외의 문헌 연구 자료 및 증언 기록 등을 부분적으로 사용하였다. 북한의 「로동신문」은 1946년 9월 1일 북조선 공산당기관지 「정로」(正路)와 조선신민당 기관지 「전진」(前進)을 통합하여 조선로동당 중앙위원회 기관지로 새로 발간한 것으로, 최초의 공산당 기관지인 「정로」의 창간일인 11월 1일을 「로동신문」의 창간일로 잡고 있다. 「로동신문」은 30주년 기념 사설에서 "김일성의 혁명사상을 지도적 지침으로 하고 그의 혁명 사상과 로선을 해설·선전하며 구현함으로써 수령을 정치사상적으로 옹호 보위하기 위한 당의 사상적 무기이다"(「로동신문」, 1975. 11. 1.)라고 천명하고 있다.

북한과 같은 사회주의 체제의 신문은 현실에서 나타나는 사회 문제나 사건들을 객관적으로 보도하는 기능을 중시하지 않는다. 북한 신문 역시 당국의 의도를 표명하고, 당 정책을 주민들에게 제시하고 교양하는 데 주된 기능이 있다. 따라서 「로동신문」의 사설 및 기사들은 북한 당국이 관심을 갖고 있는 문제를 간접적으로 확인하게 해 준다. 이러한 점에서 「로동신문」과 같은 북한의 공식적 언론 매체는 당국의 입장과 관심사를 반영해주는 중요한 기초 자료로서의 의의를 지닌다.[15]

본 글에서도 북한 당국의 관심사를 파악하기 위해 「로동신문」 사설 제목 분석 및 기사 내용 분석을 부분적으로 활용하였다. 우선 「로동신문」 사설 제목 분석의 경우 1988년 1월 1일 이후부터 2002년 12월 31일까지의 입수 가능한 북한 로동신문 사설 전수(全數)를 대상으로 하여 사설의 제목을 조사하였다. 분석을 위하여 사용된 「로동신문」 분석 기간은 15년간

---

15) 이온죽 교수에 의하면 「로동신문」의 분석은 "북한 사회의 성격이나 변동의 특성을 객관적으로 파악하기 위한 경험적 자료가 드물거나 입수 불가능한 상황에서 중요한 자료로서의 지위를 확보하게 된다."고 보았다. 이온죽, "「로동신문」 사설 분석에 의한 북한사회 변동의 추적: 1952-1987", 앞의 책, 1988, pp.135-137.

이며, 사설 편수는 입수가 불가능하거나 부분적으로 누락된 것을 제외하고 총 1653편이다. 가장 많은 사설이 실린 해는 1990년으로 201편이며, 가장 적은 사설이 실린 해는 1998년으로 52편에 불과하다. 특별히 북한 사회에서 경제적 위기가 심화되기 시작한 1994년부터는 사설의 수가 100편 이하로 줄기 시작하였다. 또한 2000년부터는 ‘사설’ 대신 [정론]과 [해설]이 늘어나면서 사설의 빈도가 줄어들었다. 본 글에서 조사한 연도별 「로동신문」 사설 수는 다음 〈표 3〉과 같다.

〈표 3〉 「로동신문」 연도별 분석 자료의 수량

연도	사설 수(편)	연도	사설 수(편)	연도	사설 수(편)	연도	사설 수(편)
1988	175	1992	169	1996	64	2000	60
1989	168	1993	136	1997	76	2001	55
1990	201	1994	71	1998	52	2002	96
1991	183	1995	76	1999	71	합계	1653

분류와 관련하여, 사설의 제목이 불분명하거나 세 가지 이상의 분류 개념에 걸쳐 중복된 제목을 가지고 있는 소수의 사설 제목은 그 내용을 토대로 하여 분류하였다. 분류 방식은 이온죽 교수의 분류 방식을 따라 대분류 주제로 정치, 경제, 국제관계, 사회, 문화 부문 등 다섯 가지로 분류하였다.[16] 그러나 1990년대 중반경에는 사설의 수 자체가 급격히 줄어들고 있어서 빈도 분석에 있어서의 신뢰도 부분에 있어서 한계가 존재할 가능성이 있다. 따라서 본 글에서는 대내외적 환경 변화에 따른 북한 사회의 변화 추이를 파악하게 해 주는 큰 틀로서만 「로동신문」 사설 제목 조사 결과를 활용하였다. 예컨대 1990년대 중반경 경제적 어려움이 극심

---

16) 부문별로 사용된 중분류 항목은 1952년부터 1987년까지 「로동신문」 사설 제목 분석에서 제시된 이온죽 교수의 분류를 토대로 삼았다.

해질수록 오히려 경제 관련 사설의 비중이 줄어들고 있으며, 반대로 '김일성', '주체', '군, 군사력' 등의 정치 관련 사설의 비중이 늘어나는 경향이 있다.

분석 기간과 관련하여 1988년을 기점으로 잡은 근거는 다음과 같다. 첫째, 1952년부터 1987년까지의 「로동신문」 사설 제목 분석을 통한 북한 사회 변동을 추적한 충실한 선행 연구가 존재한다. 둘째, 1988년이라는 연도는 국제 관계에 있어서 1989년의 동구 사회주의 국가의 붕괴와 1989년 베를린 장벽 붕괴, 1990년 통독 등이 발생하기 이전 시기이다. 따라서 그 이후 시기와의 비교에 있어서 기준으로서의 의미가 존재한다. 셋째, 이 시기는 북한 사회의 배급 체계에 큰 문제가 발생하지 않고 있던 시기로서, 극심한 경제적인 곤란을 경험하게 되는 1990년대 중반과 비교할 수 있는 기준의 역할을 한다.

한편 사설 제목의 내용과 빈도의 차이를 살펴보면, 북한 사회의 큰 변동의 틀을 부분적으로 추측할 수 있다. 예컨대 사회주의 '고난의 행군'으로 불리는 1990년대 중반의 경제난을 사이에 두고, 1990년대 초반과 1990년대 중반 이후의 사설 제목은 다소 차이를 보인다. 즉 1980년대 후반과 1990년대 초반까지는 '에너지' 관련 사설이 상당수 눈에 띄지만, 원자재의 부족으로 공장의 가동률이 급격히 떨어진 1990년대 중반경에는 오히려 이러한 사설이 거의 발견되지 않는다.

한편 본 글에서는 「로동신문」 사설 제목 분석 이외에, 1991년부터 2003년까지의 「로동신문」 기사 내용 분석도 일부 포함하였다. 우선 1991년 8월 28일 청년절 제정 이후 2003년까지 13년에 걸쳐, 청년절 전후 시기 동안의 「로동신문」 기사 내용을 살펴보았다. 청년절 전후 기간 「로동신문」에 등장한 북한 새세대의 가치관과 관련된 기사는 1991년부터 2003년까지 총 36편이다. 이외에도 2003년 1월 1일부터 8월 31일까지의 「로동신문」의 모든 기사를 대상으로 '새세대'와 관련이 있는 기사 내용을 조사하여 확인하였

다. 이에 사용된 2003년의 「로동신문」 기사 수는 총 35편으로, 이는 1998
년 이후 「청년전위」 문헌 부족을 보충하기 위한 자료로 사용하였다.

  이외에도 본 글의 추가적인 문헌 자료로는 우선 가치 변화와 관련된 사
회심리학과 사회변동론 문헌들을 활용하였다. 또한 북한 사회 및 북한 정
치와 관련된 다양한 선행 연구 문헌 및 글들을 참고하였다. 또한 '사회주
의교육테제'와 '사로청규약', 북한 소설[17], 증언 기록 문헌, 재중(在中) 탈
북 주민을 대상으로 한 통계 자료 문헌 및 인터넷 자료 등도 부분적으로
활용하였다.

---

17) 일찍이 북한 소설에 대해 깊이 있는 분석을 통해 북한 주민의 의식 구조를
  밝힌 바 있는 이온죽 교수에 의하면, "(소설은 허구이기는 하지만) 소설 작품
  들을 대하면 살아 있는 사람들의 일상적인 삶의 모습에 가까이 가는 듯한 느
  낌을 받는다"고 한다. 또한 그는 소설과 같은 자료는 동시에 이중적 역할을
  할 수 있는데, 그 하나는 북한 당국이 표방하는 공식적 가치 지향을 그대로
  읽을 수 있는 자료의 역할을 한다는 것이고, 또 하나는 주민의 일상적인 삶과
  생각을 있는 그대로 노출하여 표현, 묘사하는 측면이 있다는 뜻에서 비교적
  사실적인 자료로 볼 수 있다고 한다. 이온죽, 앞의 책, 1993, pp.239~240.

Ⅱ. 가치 변화의 이론적 배경

1. 가치관과 태도의 형성과 변화

가치관(values)과 태도(attitudes)에 대한 전통적 정의들은 학습적 및 인지적 접근들과 관련하여 다양한 이론적 입장 가운데 발생하였다. 따라서 가치와 태도에 대한 각 정의에는 다양하고 상이한 개념이 내포되는 경우도 있다. 오늘날 보편적으로 사용하는 정의들은 학습적 접근과 인지적 접근에서 나온 요소들을 종합하여 이루어지고 있는 경우가 많다. 가치관과 태도는 신념(belief), 의견(opinions) 등의 유사한 개념과 비교하는 과정을 통해 보다 명확한 이해가 가능할 수 있다. 여러 유사 개념 중 가치와 태도는 상기한 다른 개념들에 비해 더 많은 일반적 일치점을 보이는 개념으로, 주로 행동과의 관계와 관련하여 구분이 이루어질 수 있다.

(1) 가치관과 태도의 형성

1) 가치관과 태도에 관한 전통적 정의

Rokeach(1973)에 의하면 가치(價値)는 "개인적 또는 사회적으로 보다 바람직한 그 무엇에 대한 생각"이다. 또한 가치관은 "여러 가치들에 관한 사람의 생각"으로서, 복수성을 강조한 개념이라 할 수 있다. 한편 한 개인 속에서 가치들이 일정한 위계를 형성해 존재할 경우를 지칭하는 '가치체계'(value system)는 가치들의 조직적 성격을 강조할 때 사용하는 개념이다. 일반적으로 가치 혹은 가치관(values)이라는 개념은 대개 사람들이 '바람직하다고 여겨 성취하기를 원하는 것'으로서, 주로 개인(個人)의 수준에서 지칭할 때 사용하는 명칭이다. 반면 가치 개념을 사회(社會)의 수준에서 논의할 때는 사회 구성원들의 집합적인 가치의식의 방향을 일반화하는 뜻에서 '가치 지향'(value orientations)이라는 명칭을 사용하기도 한다.

　가치관과 태도는 신념(belief), 의견(opinions) 등과 유사한 개념으로 사용되는 경우도 있다.(홍대식, 1994: 190-191.) Fishbein과 Ajzen은 신념(信念)들이란 "어떤 대상이 특정의 특징들을 가지고 있다는 주관적 확률을 나타내는 진술들"이라고 정의한다. 신념은 '우리 선생님은 부지런하다'와 같이, 대상에 관한 명제들의 진위(眞僞)를 주장하거나 대상과 특징 간의 관계를 진술하는 개념으로, 비교적 인지(認知)적인 특성이 강하다. 그러나 '나는 우리 선생님을 좋아한다'라는 문장의 경우, 가치관과 태도는 인지적인 측면보다는 감정적인 느낌 혹은 정서에 가까운 것으로 볼 수 있다. 따라서 신념과 가치의 관계에 있어서, 한 개인은 어떠한 대상에 대해 인지적으로 갖게 된 신념들을 종합하여 가치관을 지니게 되는 경우가 많다. 그러나 '우리 선생님은 좋은 사람이다'와 같이 가치 판단을 포함하고 있는 '평가적 신념(evaluative beliefs)'의 경우에는 명확한 구분이 곤란해지기도 한다.

　한편 의견(意見)은 '구체적으로 주어진 어떤 쟁점에 대한 태도의 표명'에 가까운 것으로, 주로 인지적 측면에 해당하는 좀더 좁은 개념이다. 따라서 의견들은 주로 입증 가능한 사실 판단과 관련된 문제들을 취급하는 반면, 가치와 태도는 경험적 혹은 논리적 입증이 어려운 개인적 기호나 선호를 포함하는 경우도 많다. McGuire(1960)에 의하면, 의견은 "사상들이나 관계들의 확률에 관한 개인의 판단들을 포함"하고 있는 반면에, 가치 및 태도들은 "사상들이나 관계들에 대한 개인의 소망들이나 욕망들을 포함"하고 있는 것으로 간주된다. 이와 자주 혼동하여 사용되기도 하는 개념인 여론(public opinion)은 '서울 지역의 모든 성인 남자들'과 같이 특정의 특징들을 공통으로 갖고 있는 사람들의 큰 집단들 혹은 대중들이 공유하고 있는 견해들을 일컫는다.

　반면 가치와 태도는 상기한 다른 개념들에 비해 더 많은 일반적 일치점을 보이는 개념으로, 주로 행동과의 관계에 의해 구분이 이루어질 수 있다. McGuire(1959)는 가치는 "어떤 특수 대상이나 상황을 초월하여 행위의 양식을 결정하고 존재의 목적을 반영하는 역할"을 하며, 태도란 "특정대상에 초점을 맞춘 몇몇 신념의 지속적인 조직으로서 개인의 선호 방식을 결정하는 역할"을 한다. 또한 가치는 "인간의 행동을 좌우해 주는 궁극적이고 근본적인 의식의 목표이자 내용(內容)"이며, 태도는 "일상의 주어진 상황에서 행동을 나타낼 수 있는 심리적 성향이자 행동(行動)적 측면"이다. 따라서 한 개인이 지닌 가치 가운데 어떠한 '바람직한 것'과 관련된 가치는 태도 속에 내재하면서 태도를 좌우하게 되며, 태도는 행동의 방향을 결정해 주는 요인이 된다.

이를 구체적으로 살펴볼 경우 차재호(1994: 1.)에 의하면, 가치 혹은 가치관(values)이란 대개 사람들이 '바람직하다고 여겨 성취하기를 원하는 것', '바람직하다고 권하는 목표나 목적에 대한 생각', '선택 또는 선택적 행위를 할 때 중요성 여부와 정도를 가려주는 기준 혹은 표준에 대한 의식', '대상을 평가하고 판단하는 행위의 표준'으로서, '옳고 그름, 선악을 가리는 도덕적, 윤리적 규범의식' 등을 의미하게 된다. Kluckhohn에 의하면, 가치는 "바람직한 것에 대한 생각"(the conceptions of the desirable)으로서, 이러한 가치들은 개인의 태도들과 신념들의 체계 내에서 가장 중요하고 중심적인 요소가 된다. Kluckhohn에 의하면 가치관이나 가치 의식은 개인(個人)의 수준에서 갖는 생각이고, 이것을 사회(社會)의 수준에서 논의할 때는 사회 구성원들의 집합적인 가치의식의 방향을 일반화하는 뜻으로 '가치 지향'(value orientations)이라고 본다.[18]

또한 가치의 문제를 종합적으로 다루어 연구한 Rokeach(1973: 5-10)는 가치를 "특정한 행위양식이나 존재의 목표 상태가 반대되는 또는 역이 되는 행동 양식이나 존재 목표 상태보다 개인적으로 또는 사회적으로 더 낫다는 지속적 신념"으로 보았으며,[19] 다른 표현으로는 "개인적 또는 사회

---

18) F. R. Kluckhohn and F. L. Strodbeck, *ibid.*, 이온죽, 앞의 책, 1993. pp.242-243.

적으로 보다 바람직한 그 무엇에 대한 생각"으로 나타냈다.[20) 한편 가치관(價値觀)은 "여러 가치들에 관한 사람의 생각"으로 정의하여 복수성을 강조한 개념이며, 한 개인 속에서 가치들이 일정한 위계를 형성해 존재할 경우를 지칭하는 '가치체계'(value system)는 가치들의 조직적 성격을 강조한 개념이다.

요컨대 가치관이나 가치체계라 하게 되면 단순한 태도나 가치보다는 더욱 일반화되고 조직화된 개념으로 사용되는 셈이다. 따라서 가치관은 인간 행동과 사고에 질서와 방향을 부여하는 원칙인 동시에 중심적 신념이며, 행동의 표준이나 지침, 선호의 기준 및 평가의 기능을 지니게 된다. 그러나 차재호(1994)의 연구에 따르면 '바람직한 것'을 의미하는 가치(價値)가 반드시 행동을 유발하기만 하는 것은 아니며, 때로는 가치가 행동(行動)의 합리화 혹은 변명에 쓰이는 도구의 역할을 하기도 한다.

Parsons와 Shils(1962)는 가치관의 기능으로, ① 인지적 판단의 타당성, 자료의 적절성, 그리고 문제의 중요성을 검토하는 인지적 기준, ② 만족을 얻기 위해 대상의 적절성을 검토하는 평가적 기준, ③ 행동의 결과를 검토하는 도덕적 기준으로 요약하기도 했다. 그에 따르면 도덕성(morality)은 가치관을 구성하는 중요한 요소로서 행동의 결과를 평가하는 기준이 된다. 즉 도덕성이란 사회적 행동이나 대인관계의 행동을 평가하는 일반적 지침으로, 무엇이 정당하고 무엇이 정당하지 않은가를 결정한다.

가치는 대개 일상적인 대화에서 사용될 수 있을 정도로 사회적으로 용납되는 것들을 내용으로 한다. 따라서 가치란 태도나 행동의 무의식적인

---

19) "An enduring belief that a specific mode of conduct or endstate of existence is personally of socially preferable to an opposite of converse mode of conduct or end-state of existence", M. Rokeach, *The nature of human values*, N. Y.: Rree Press, 1973, p.5. 차재호, 앞의 글, p.1.

20) "A conception of something that is personally or socially preferable", ibid., p.10. 차재호 교수에 의하면 로키치의 가치 개념은 사물(事物)의 속성이나 소유물이 아니라 사람의 속성이나 소유물을 의미한다고 보았다. 차재호, 앞의 글, p.2.

원천이라 할 수 있는 '욕구의 인지(認知)적 표상'이라고 불리기도 한다. 그러나 차재호(1994)에 따르면 모든 욕구가 가치로 연결되는 것은 아니며, 이러한 연결은 개인이 표명한 가치가 그 개인의 '신념(信念)'을 나타낼 수 있을 때 가능해진다. 이러한 가치관은 부모나 학교 교육을 통해 개인에게 주입되기도 하고, 때로는 상황에 의해 행동이 유발된 이후 그 행동을 합리화하는 과정에서 발생하기도 한다.[21]

다양한 가치들은 서로 체계를 이루어 공존하고 조화를 이룰 수 있으나, 때로는 다양한 가치들이 갈등을 일으킬 경우도 존재한다. 다양한 가치들을 구분하기 위해 Rokeach(1973)는 '종국적 가치'(terminal values)와 '도구적 가치'(instrumental values)의 개념을 사용하였다. 그에 따르면 종국적 가치는 '존재 양식으로서 바람직한 것'을 가리키며, 도구적 가치는 '행위 양식으로서 바람직한 것'을 가리킨다. 또한 그는 이외에도 개인에게 바람직한지, 사회를 위해 바람직한지에 따라 '개인적 가치'(personal values)와 '사회적 가치'(social values)를 구분하기도 했다.[22]

한편 태도(態度)에 대한 전통적 정의들은 학습적 및 인지적 접근들과 관련하여 다양한 이론적 입장 가운데 이루어졌다. 따라서 오늘날 보편적으로 사용하는 정의들은 학습적 접근과 인지적 접근에서 나온 요소들을

---

21) 차재호 교수에 의하면, 가치관의 '주입'의 경우는 주로 연령이 어릴 때 문화와의 접촉을 통해서 문화 속의 가치가 개인의 의식 안으로 침투하는 것을 말한다. 반면 '합리화'의 경우는 개인이 자신의 행동 혹은 주변 사람의 행동을 이해하거나 합리화하는 과정에서, 그 합리화에 사용된 가치가 내면화되는 것으로 파악했다. 차재호, 앞의 글, pp.3-4.
22) 차재호 교수는 이러한 두 구분을 결합하여 4 가지의 가치 분류를 통해 한국 사회의 가치관을 연구하였다. 그 구분은 ① 개인적 가치(종국적 - 개인적 가치), ② 사회적 가치(종국적 - 사회적 가치), ③ 능력 또는 자아실현적 가치(도구적 - 개인적 가치), ④ 도덕적 가치(도구적 - 사회적 가치) 네 가지이다. 그는 이 분류를 통해 구한말의 가치목록을 제시하였는데, 해당되는 내용으로는 각각 ① 마음의 평화, 자유, 구원, 무사안일, 권력, 부, 아들, 정서적 성숙, ② 세계평화, 평등, 정치적 자유, 자손번창, ③ 인내, 책임감, 근면, ④ 정직, 인정(compassion), 우애, 부정부패의 배격 등이라고 보았다. 차재호, 앞의 글, p.2.

종합하여 이루어지는 경우가 많다. 태도의 정의와 관련된 학습적 관점에 따르면, Allport(1935: 810)는 태도란 "경험을 통해 조직된 것으로서, 이것에 관련되어 있는 모든 대상들과 상황들에 대한 개인의 반응에 직접적이거나 역동적인 영향을 주는 정신적 및 신경적 준비 상태"라고 제안했다. 이는 과거의 경험이 개인에게 영향을 미침으로써 개인의 가치와 태도를 형성한다는 것을 강조하는 관점이다. 또한 그는 태도를 '어떤 특정의 양식으로 반응하려는 자세'라고 파악하는 가운데 행동적 의미들을 강조했다.

반면 인지적 관점은 개인을 '사려성 있고 적극적으로 구성하는 유기체'로 간주하면서, 태도의 기원과 형성보다는 개인의 현재의 주관적 경험에 관심을 둔다. 김정희 등(1993: 414-417.)은 태도를 "어떤 대상에 대하여 호의적 혹은 비호의적으로 반응하게 만드는 체제화된 성향"으로 정의한다. 또한 Krech와 Crutchfield(1948)는 태도를 "개인의 세계의 어떤 측면에 대한 동기적 · 정서적 · 지각적 및 인지적 과정들의 지속적인 구성체"로서 정의했다.(홍대식, 1994: 185)

요컨대 인지적 관점에 따르면, 어떤 특정한 대상이나 생각 및 사람에 대한 태도는 인지적, 감정적 및 행동적 요소들을 지니는 지속적인 지향성(志向性)이라고 간주된다. 여기서 태도의 인지적 요소(cognitive component)는 특정의 태도 대상에 관해서 개인이 갖고 있는 모든 사실과 지식 및 신념(belief)으로 구성된다. 또한 태도의 평가(evaluation) 혹은 감정적 요소(affective component)는 대상에 대한 개인의 모든 선호 감정이나 정서로 구성된다. 마지막으로 태도의 행동적 요소(behavioral component)는 대상에 대한 사람의 반응 준비성이나 행동 경향성으로 구성된다.

2) 학습적 접근: 연합, 강화, 모방

위에서 살펴본 바와 같이 학습적 접근은 가치와 태도 역시 학습되는 일종의 습관(習慣)들로서 파악하고자 하는 관점이다. 이 관점은 개인이 비교적 수동적으로 자극에 접하면서 정보들과 사실들을 습득한다고 본다. 이 과정에서 개인은 그러한 사실들에 연결된 감정들과 가치들을 학습하게 되며, 이를 통해 가치와 태도가 형성된다는 것이다. 학습적 접근은 학습에서 적용되는 원리들이 가치와 태도의 형성에 결정적인 역할을 한다고 보는데, 학습을 통제하는 과정과 기제들 중 대표적인 것은 연합, 강화, 모방 등을 꼽을 수 있다.

첫째, 개인은 연합(association)을 통해 정보들과 감정들을 습득할 수 있다. 자극들이 동시에 그리고 동일한 장소에서 나타날 때에 형성되는 연합의 과정은 한 개인이 타인 및 사물에 대해 갖게 되는 태도들을 형성한다.[23] 북한 주민들은 오랫동안 일제 강점기의 경험에 대한 회상기 학습을 받아 왔으며, 남조선은 미제의 괴뢰 정부 밑에서 착취당하고 있는 것으로 배워 왔다. 또한 구소련과 동구권은 '자본주의 황색바람'을 막지 못해 붕괴되었으며, 중국은 자본주의를 도입한 이후 타락하고 있다고 학습한다. 또한 외부 정보에 대한 당국의 통제에 바탕을 두고 북한은 '무상 교육'과 '무상 치료'가 이루어지는 '지상낙원'으로 학습해 왔다.

그러나 이러한 연합 과정은 동일 장소에서 동시에 발생할 경우 정상적으로 이루어지는 것이다. 따라서 기존에 학습된 내용과 현실적으로 경험한 내용이 다를 경우 연합을 통한 태도 형성 과정에 혼란이 발생할 수 있다. 예컨대 1990년대 중반경 식량을 구하기 위해 중국으로 이탈하는 주민이 늘어났는데, 이 과정에서 남한 및 중국의 발전 상황을 접하게 된다. 즉 새로운 정보가 유입되고 새로운 학습이 발생하게 되면 기존의 학습된 가치관에 갑작스런 혼란과 좌절감을 가져올 가능성이 있다. 따라서 강력한 정치사회화 교육과 정보의 통제하에 있었던 북한 기성세대와, 정치 학습

---

23) 만일 역사 시간에 혹은 부모님을 통해 나치스 돌격대원의 제복을 입은 비열해 보이는 군인을 우리에게 보여주고 나치스라는 단어를 적대적 음성으로 말하면, 우리는 부정적 감정과 '나치스'라는 단어 간의 연합을 형성하게 된다. 홍대식, 앞의 책, pp.195-196.

이 미완성인 상태에서 새로운 정보의 유입을 경험한 새세대의 경우 가치와 태도 형성에 있어서 차이가 발생할 수 있다.

둘째, 학습은 또한 강화(reinforcement)를 통해서 일어날 수 있다. 예컨대 어느 과목을 수강한 뒤 학점이 좋을 경우 그와 비슷한 관련 과목을 수강하는 행위는 강화될 수 있으며, 따라서 장차 더 많은 관련 과목을 수강하게 되기 쉽다. 여기에 그 과목에 대한 선호에 대한 스스로의 공개적 언급이 이루어지고 주변 사람들의 동조가 존재할 경우, 그러한 태도는 더욱 강화될 가능성이 있다. 북한 사회는 전통적으로 소박성, 검소, 금욕주의 등의 가치를 강조해 왔으며, 그에 상반되는 물질주의와 황금만능주의는 자본주의 사회의 가치관으로 비판해 왔다. 그러나 사회·경제적 상황의 변화로 인해 생존을 위한 물질적 측면이 주된 관심사가 되면서 기존의 학습된 가치는 혼란을 겪게 된다. 만일 물질적 관심을 지니고 행한 행위의 결과가 개인에게 유익했을 경우 그러한 행위는 보다 강화될 것이다. 또한 '물질'을 추구하는 본인의 의지가 확고해지고 주변 사람들이 동조할 경우, 이러한 물질주의적 태도는 더욱 강화될 가능성이 있다.

북한 사회에서 1980년대까지는 경제적으로 여유로운 북송 교포나 해외에 친척을 둔 북한 주민은 주로 감시의 대상이었다. 이러한 사회적 분위기에서는 서비스 업종이나 상행위에 종사하면서 경제적인 이익을 취득하는 일이 그다지 선호되지 않았다. 그러나 1990년대 중반을 거치면서 생존을 위한 사적 경제 활동이 중요한 역할을 하게 되면서, 경제적 이익 추구에 대한 인식이 변화되기 시작한다. 특별히 북한 사회의 제2 경제의 확산은 사적인 경제 활동을 통해 경제적인 부(富)를 축적한 계층을 발생하게 하였다. 이 과정에서 1980년대부터 장사를 시작했거나 외화를 보유하고 있는 '부자'들에 대한 선호와 동경심이 증가했으며, 이는 물질적 측면에 대한 강화 요인으로 작용하게 된다. 따라서 새세대 중에는 노동당 입당을 통한 정치적 성공보다는 장사를 통한 경제적 성공을 더욱 가치 있는 것으로 여기는 태도 변화가 발생할 수 있다.

셋째, 사람들은 자신에게 있어서 강력하고 중요한 타인들에 대해 모방(imitation)하기 쉽다. 예컨대 어린 시절의 정치·사회적 태도들의 중요한 원천은 가족이며, 청년기 이후에는 또래들의 가치관과 태도를 모방하기 쉽다. 북한 사회에서는 전통적으로 크게는 ‘김일성’의 카리스마적 권위와 가르침을, 작게는 정치·사상적 영웅들 따라배우기 등을 강조해 왔다. 그러나 1990년대 중반 국가의 배급 체계가 붕괴되고 가족 단위로 경제적 위기에 대처하는 경우가 늘어나면서, 가족 구성원 간의 유대 및 가족을 통한 가치 및 태도의 전수가 더욱 강화되게 된다. 또한 획일적인 사상 교육과 정보에 식상한 새세대들은 동료들 중 ‘안테나 높은 사람’이 가져다주는 정보 등에 관심을 가지게 된다. 따라서 어리게는 꽃제비 집단, 성장해서는 무리 지어 생산 활동을 벌이는 ‘돌격대’ 등 청년 집단 내의 가치관에 좌우되는 경우가 늘고 있다.

이처럼 한 개인이 지니게 되는 가치관과 태도는 그가 학습하고 축적해 온 모든 연합, 강화, 모방을 기초로 형성된다. 또한 한 개인이 타인이나 대상에 대해 궁극적인 평가를 내릴 때는 그가 학습한 정(正)적 및 부(不)적 요소들의 수와 강도에 달려 있다. 즉 개인이 어떠한 대상에 대하여 특수한 감정을 연관시키는 것을 학습하게 될 경우, 대상에 연결되는 감정의 강도에 따라 대상에 대한 태도가 영향을 받을 수 있다. 즉 강한 부정적 감정을 학습한 태도 대상에 대해서는 강한 부정적 태도를, 약한 부정적 감정을 학습한 대상들에는 약한 부정적 태도를 보이게 된다.

한편 연합의 강도는 태도의 접근가능성(accessibility), 즉 대상과 연합하여 감정이 작동되는 정도와 관련된다. 비교적 강하게 학습된 연합들, 즉 높은 접근가능성을 지니는 대상들은 그러한 대상에 대한 반응을 충분히 학습한 셈이 된다. 따라서 어떤 강한 자극이나 ‘점화어’(prime)를 제시받게 될 경우 그 대상에 대한 감정이 신속하고도 자동적으로 작동될 수 있다. 반면 비교적 약하게 학습된 연합 즉 낮은 접근가능성을 지니는 대상들은 그러한 대상에 대해 비교적 덜 신속한 감정적 반응을 보인다. 이와는 달리 별다른 긍정 혹은 부정적 감정 요소를 지니지 않고 있는 중립적 대상의 경우, 강력한 감정 요소를 지니고 있는 다른 대상과 연합되는 경우가 있다. 이러한 연합 과정에서 '감정의 전이'(transfer of affect)가 발생하게 되는데, 이를 통해 중립적 대상은 연합된 다른 대상의 강력한 감정 요소를 취하게 된다.24)

북한 새세대에게 있어서 '미 제국주의'라는 대상에 관련된 부정적 감정의 강도는 매우 높은 반면, 업무에 있어서의 '형식주의, 요령주의', '담배와 술판' 등의 행위에 대한 부정적 감정의 강도는 다소 약할 수 있다. 따라서 강한 부정적 감정을 지닌 대상에 비해 약한 부정적 감정을 지닌 대상 행동에 대한 태도 변화가 보다 용이할 가능성이 있다. 따라서 북한 당국은 이러한 행위들과 관련하여 부정적 혹은 긍정적 감정 요소를 전이시키기 위해 자극 점화를 시도하는 경우가 있다. 예컨대 최근의 영화에서는 과거와는 다른 태도 대상들, 즉 새세대의 조폭성, 관료주의, 술판, 망나니짓을 하는 과오 등에 집중하는 경우가 많다. 따라서 당국은 영화를 통해 이러한 대상들을 집중적으로 교양하면서 부정적인 감정의 작동을 시도하기도 한다.

3) 인지적 접근: 인지적 일관성과 인지적 처리

인지적 접근에 의하면 개인은 자신의 인지 구조들 내에서 조리(條理)성과 의미를 추구하는 존재이다. 따라서 개인은 인지 구조 속에 서로 일관되지 않는 신념들이나 가치들이 공존할 경우 일관성을 회복하고자 노력하게 된다고 본다. 또한 한 개인이 자신의 인지 구조와 일관되지 않는 어떤

---

24) 어떤 정치후보자가 폭력집단에 가입했었다는 정보를 접하게 되면, 우리는 그 후보자에 대해서 즉각 훨씬 더 부정적인 느낌을 가지게 된다. 홍대식, 앞의 책, pp.195-197.

새로운 인지에 당면하게 될 경우에도 이러한 비일관성을 최소화시키고자 노력한다는 것이다. 이러한 인지적 접근 중 균형 이론과 인지-감정 일관성 이론을 살펴볼 수 있다.

균형 이론(balance theory)의 첫 번째 가정은 개인의 인지 체제들 중 몇 개는 인지적으로 균형되어 있고 몇 개는 균형되어 있지 않다는 것이다. 한편 두 번째 가정은 불균형된 형태들은 균형된 형태들로 변화되는 경향이 있다는 것이다. 개인은 타인에 대해 균형된 인지 형태로 지각하기를 원하며, 일관되고 균형 있는 사회적 관계를 유지하고자 한다. 따라서 개인의 인지 체제가 불균형 상태에 있을 경우 균형을 회복할 때까지 지속적으로 균형 압력이 발생한다.

Newcomb(1968)은 균형 압력과 관련하여 '불균형된' 상태와 '비균형된' 상태를 구별하고 있다. 균형 압력은 현실적으로 개인적 호감 여부와 밀접한 관련이 있으며, 호감이 있는 대상과 태도가 일치되는 것이 인지의 균형을 가져오는 경우가 많다. 반면 호감이 떨어지는 대상의 경우에는 자신의 태도가 불균형 상태에 있더라도 굳이 '균형'을 회복하고자 하는 압력을 느끼지 못할 수 있다. 더 나아가 이러한 불균형 상태를 일부러 지속하거나, 혹은 자신의 관심 대상에서 지워 버리는 것이 인지적인 균형과 일치를 회복하는 길이 될 수도 있다.

이를 북한 사회에 적용해 보자면, 북한 당국은 언론 매체를 통해 북한의 새세대들에게 '공중도덕', '공산주의적 미풍' 등의 공식적 가치관을 강조해 왔다. 북한 사회 내에서 지도자 혹은 당 관료들에 대한 청년들의 감정적 선호가 강할 경우에는, 당국이 옳다고 생각하는 공식적인 가치관을 내면화하는 것이 균형 회복이 된다. 그러나 1990년대 이후 김일성의 사망과 지도자 교체, 식량난, 자연재해 등으로 인해 북한 당국과 지도자에 대한 청년들의 호감이 과거보다 낮아졌을 가능성이 있다. 이 경우 청년들은 과거와는 다른 균형 압력과 태도 변화를 보일 수 있다. 예컨대 청년들은 군이 당국과의 '균형'을 회복하고자 하는 압력을 느끼지 못하는 가운데, 당국과의 관계를 관심 대상에서 지우고 사적인 자율성을 추구하고자 할 가능성이 높다. 더 나아가 당국이 공식적으로 지향하는 가치를 거스르는 비공식적 가치를 지니는 것이 오히려 인지적인 균형과 일치를 회복하는 길로 작용할 가능성도 있다.

　균형 이론은 균형을 추구하는 개인의 태도 변화의 양식은 다양할 수 있다고 본다. 태도 변화의 다양성은 상대에 대한 호감이 있더라도 항상 그와 태도를 일치시키지 않는 경우를 설명하는 데 도움이 될 수 있다. 균형 회복을 위한 다양한 변화 양식을 결정하는 요인과 관련하여 우선 '최소노력의 원리'(least effort principle)를 살펴볼 수 있다. 이 원리는 개인은 가급적 최소한의 감정 관계만을 변화시키면서 균형된 체제를 일으키고자 한다는 것이다.(홍대식, 1994: 197-199.) 예컨대 본인은 낙태를 지지하는 반면, 낙태를 반대하는 상대방에 대한 호감이 강할 경우 나타날 수 있는 변화 양상은 다양하게 나타난다. 즉 상대방에 대한 호감을 철회하거나, 혹은 낙태를 반대하는 쪽으로 자신의 태도를 변경하거나, 상대방도 실은 낙태를 지지하고 있을 것이라고 잘못 지각하면서 현실을 왜곡하는 경우 등이다.

　북한 새세대들의 태도 변화 양식도 다양성을 지닐 가능성이 있다고 가정할 때, 최소 노력의 원리에 따라 변화 양식을 추측해 볼 수 있다. 앞서 밝힌 바와 같이 북한 당국에 대한 지지나 선호는 1990년대 이후 부분적으로 감소하거나 혹은 철회되는 부분이 존재하지만, 아직까지는 북한 사회 내에는 지지할 만한 다른 대상이 존재하지 않는다. 또한 체제의 권위 약화와 조직의 이탈 경향이 늘어난다고 할지라도, 여전히 학교와 사회단체 등을 통한 조직의 영향력이 존재한다. 그럼에도 불구하고 새세대들 속에서 공중도덕에 대한 해이 현상에 대한 언론 지적이 갈수록 증가하고 있다면, 이는 균형 이론이 시사하는 태도 변화의 다양성 측면과 관련하여 고려해 볼 수 있다.

따라서 북한 새세대들의 변화 양식은 균형 이론의 최소 노력의 원리에 부합하는 양식으로 결정될 수 있다. 우선 당국에 대해 호감과 지지가 존재함에도 불구하고 당국의 공식적 가치인 '공중도덕, 준법'을 지키기를 원치 않거나 실제 지키지 않는 경우가 존재하고 있을 경우, 다양한 태도 변화 양식이 나타날 수 있다. 우선, 당국의 가치 지향을 따라 자신이 공중도덕을 지키는 쪽으로 태도를 변화시켜 순종하는 경우가 있다. 혹은 자신의 생존이나 경제적 이익을 위해 규범에 대한 불순종을 반복하면서 당국에 대한 지지를 철회할 수도 있다. 마지막으로, 당국 역시 새세대들이 공중도덕을 지키지 않고 무질서한 것을 실은 그다지 혐오하지 않거나 이해할 것이라고 지각하면서 현실을 왜곡하고 있을 가능성도 있다.

한편 이러한 균형 이론 이외에, 인지－감정 일관성(cognitive-affective consistency) 이론의 기본적 관점은 개인은 자신의 인지와 자신의 감정을 일치시키고자 한다는 것이다. 우선, 어떤 대상이나 사건과 관련하여 획득한 지식들은 그에 대한 개인의 감정적 선호를 결정하게 되며, 대상에 대한 감정은 그에 대한 평가로 이어져 개인의 신념에 영향을 준다. 역으로, 어떤 대상이나 사건에 대한 개인의 감정적 선호나 평가는 그에 부합하는 인지적 요소들을 선택적으로 수용하게 하기도 한다. Rosenberg(1960)은 최면술 유도 방법을 사용하여 인종 문제에 대한 피험자의 감정을 반대로 변화시켰는데, 이러한 감정 변화가 일어나자 피험자들에게는 변화된 감정에 부합하는 새로운 인종 문제 관련 지식들을 수용하려는 태도가 나타났다.

이와 같이 감정적 선호나 평가의 변화는 새로운 인지적 요소를 수용하려는 태도 변화를 초래하게 된다. 이는 북한 사회와 같이 지도자 한 사람이나 당국의 교양 내용이 주민과 새세대들에게 강한 영향력을 발휘할 수 있는 사회에서 큰 시사점을 줄 수 있다. 즉 김정일 위원장의 개인적 감정이나 선호가 담긴 언급 한 마디나 과학·예술 분야에 대한 언급 한 마디는 주민들에게 매우 큰 인지적 변화를 초래할 수 있다. 예컨대 북조선의 과학·기술의 낙후를 지적하는 것은 사대주의적 태도로 비판받기 쉽지만, 김 위원장이 이를 언급할 경우에는 '도약을 위한 신사고'로 인식될 수 있다. 또한 1990년대 이후 언론 매체에서 종종 등장하고 있는 '팔이 없는 옷'이나 '깊게 파인 옷', '속이 비치는 옷' 등이 당국에 의해 권장될 경우, '자본주의적인 날라리풍'이 아니고 '현대적 미감'으로 인식되면서 광범위한 변화를 초래할 가능성도 있다.

이상과 같은 인지적 균형 이론과 인지-감정 일관성 이론은 인간이 가치와 태도를 변화시키는 동기 차원의 설명에 주된 관심을 갖는다. 반면 인지와 정보의 처리 접근은 인간이 가치와 태도를 변화시키는 과정 차원의 설명에 주된 관심을 갖는다. 인지적 처리 접근은 '여러 가지 인지들을 평가하고 처리하는 과정'을 통해 개인의 가치와 태도가 형성되고 변화한다고 파악한다. 인지적 처리 접근은 태도가 정적 및 부적 요소들의 합계에 의해서 결정되게 된다는 점에서 학습적 접근과 유사성을 지닌다. 그러나 인지적 처리 접근에서 인간은 다양한 대안을 놓고 이해득실 여부를 판단하기 위해 사색과 반성을 시도하는 합리적인 의사결정자로 간주된다. (홍대식, 1994: 201-202.) 관련된 이론들로는 인지적 반응 이론, 기대-가치이론, 세부검토 가능성모형 등을 살펴볼 수 있다.

첫째, 인지적 반응 이론(cognitive response theory)에 따르면, 개인은 어떤 가치나 태도를 지니기 이전에 다양한 측면에서 개인의 이해득실과 관련한 사고 과정을 거친다. 그러나 이러한 인지적 반응들이 반드시 계산적인 평가나 객관적 이해득실을 반영하는 것은 아니며, 때로는 개인의 주관적 선호나 감정적인 평가들을 나타내는 경우도 있다. 인지적 반응 관점의 핵심 가정은 개인은 그가 접하게 되는 어떤 정보들에 대한 단순한 수동적 수용자가 아니며, 때로는 정보들에 대해서 인지적 반응들을 일으키는 적극적인 정보처리자가 된다는 것이다.

둘째, 기대-가치이론(expectancy-value theory)은 개인의 어떤 선택이 가져다줄 것으로 기대되는 가치에 관심을 갖는 관점이다. 개인은 가치와 태도를 결정하거나 행동으로 옮기는 데 있어서 여러 가지 결과들을 고려한 뒤 가장 유용성이 크다고 기대되는 것을 선택한다. 따라서 개인은 가장 확실해 보이면서 좋은 효과들을 일으킬 것으로 기대되는 선택을 하며, 그렇지 못한 선택은 거부하게 된다. 인지적 처리 접근을 북한 사회에 적용하면, 북한 새세대들은 공식적으로 강조되는 이념적 가치인 '금욕주의, 집단주의'와 생존을 위한 '실용주의, 물질주의' 가치관이 상충될 경우에 이것이 초래할 것으로 기대되는 이해득실을 살피는 가운데 가치와 태도를 결정하게 될 것이다.

셋째, 세부검토 가능성모형(elaboration-likelihood model)에 따르면, 개인은 각 상황에 따라 매우 상이한 양식들로 정보를 처리할 가능성이 있다. 적절한 상황에서는 인지적 처리 이론에서처럼 대안들에 대해 심사숙고하여 검토하고 평가할 수 있으나, 그렇지 못한 상황에서는 학습 이론에서처럼 정보의 권위와 상관없이 보다 자동적이고 감정적인 방식으로 반응할 수도 있게 된다. 즉 동일한 정보가 주어진다 할지라도 관련 조건이 충족되어 있는 상황과 그렇지 못한 상황에 따라 다른 대응이 나타날 수 있다는 것을 의미한다.

북한 사회에서 새세대들의 정치사회화를 위해 사용해 온 교양 방식이나 교양 목표는 오랫동안 큰 변화 없이 유지되어 온 사항이다. 이러한 당국의 교양은 기본적인 생활 조건이 충족되어 있는 적절한 상황일 때 최선의 기능을 발휘할 수 있다. 예컨대 기본적인 생존을 위한 배급이 이루어지던 1980년대까지는 당국의 경제 동원을 위한 독려와 호소에 귀 기울이는 것이 가능하다. 또한 교육과 복지 등 사회주의 체제의 장점과 자본주의의 부패상을 대비시키는 당국의 교양에 순응하면서 체제에 대한 우월성을 인식할 수 있다. 또한 일제 시대의 비참했던 생활에 대한 당국의 회상기 학습을 수용하여 현재의 생활을 대비시키면서 금욕주의적으로 살아갈 수 있다.

그러나 급격한 대내외적 환경 변화와 배급 체계를 비롯한 가족·교육·생산 등의 제반 사회 구조가 해체되는 등의 상황 변화는 새세대들의 대응 양식을 변화시킬 수 있다. 더구나 중국 접경 지역을 통한 정보의 유입이 이루어질 경우에는, 새세대들에게 있어서 당국이 의도하지 않은 다양한 대응 양식이나 정서적인 반응이 발생할 수 있다. 예컨대 1990년대 중반 식량난이 심화되면서 언론 매체 등에서는 일제 시대에 대한 회상 학습이나 항일혁명 당시의 고난의 행군 관련 기사를 통한 교양을 강화하였다. 그러나 이러한 회상 학습의 의도와는 달리, "일제 시대에도 죽을 먹고 살았는데 김정일 시대에 와서 다 죽게 되었다"는 식의 반응이 나타나게 될 수도 있다. 또한 한국전 당시의 미 제국주의의 잔인성에 대한 교양을 시도한다 하더라도, 굶어 죽는 것보다는 차라리 "빨리 전쟁이 나서 총에 맞아 죽으면 죽는 것이 힘들지 않다"는 식의 반응을 보일 수 있다.

(2) 가치관과 태도의 변화

1) 동조(conformity)를 통한 변화

동조란 타인들이 어떤 행위를 하고 있기 때문에 자신 역시 어떤 행위를 수행하는 것을 의미한다.(홍대식, 1994: 558-566) 암실에서의 착시 효과를 연구한 Sherif(1935)에 의하면, 피험자는 자신이 먼저 생각하고 있던 답변이 있더라도 그것을 수정하여 타인들과 비슷한 답변을 하는 쪽으로 변경하려 하는 경향이 있다고 한다.[25] Asch(1951)의 직선 길이 실험 역시 피

---

25) 대학생들은 캄캄한 방에 앉아서 한 개의 광점을 제시받으면서 불빛이 얼마나 움직였는지를 추정하라는 지시가 주어졌다. 이 연구는 자동운동효과(autokinetic effect)라 알려져 있는 지각적 착시를 활용한 것으로서, 어둠 속에서 보이는 하나의 광점은 실제로 정지되어 있을지라도 움직이는 것처럼 보인다. 이러한 상황의 애매성으로 인해 각 피험자들의 시초의 추정치는 5cm에서 24cm까지 매우 큰 차이를 보였다. 시행이 반복되자 제시된 실험협조자들의 추정치들과 매우 비슷해졌다.

험자들이 정확한 답을 알고 있음에도 불구하고 틀린 대답을 하는 다른 많은 사람들과 의견을 같이한다는 것을 발견하였다.[26] 즉 많은 사람들은 자신의 지각이 확실히 옳다는 것을 알고 있을지라도 공적 반응이 요구될 때에는 다른 사람들이 하는 것과 동일한 반응을 제시한다는 것이다.

개인이 동조하게 되는 상황과 관련하여, 개인들은 지식이 많고 믿음직하고 호감이 가는 의사전달자의 설득에 영향을 받는다. 또한 상대 집단의 '정보적 영향'(informational influence)과 자신의 확신 정도에 기초해 동조하게 된다. 한편 개인들은 규범적 영향(normative influence)에 따라 기대에 부응하기 위해 동조하게 되기도 한다. 개인은 이탈 혹은 반대 등의 비동조 행위가 가져올 것으로 기대되는 잠재적 부담들과 동조의 이익을 인식하면서 집단 기준에 따르게 된다. 이외에도 동조에 영향을 주는 집단 상황의 중요한 특징들은 집단에 대한 몰입(혹은 투신, commitment to the group), 집단의 규모, 집단의 만장일치, 개별성화(individuation) 및 독자성의 욕구 등이 있다.

첫째, 동조는 집단에 몰입된 정도와 집단과의 유대감에 영향을 받는다. '몰입(沒入)'(commitment)이란 "어떤 개인에게 어떤 관계를 유지시키게끔 작용하는 긍정적이며 부정적인 모든 힘(압력)들"을 의미한다. 개인이 집단에 몰입되게 하는 긍정적(肯定的) 압력으로는 다른 성원들에 대한 호감, 집단의 목표 성취 가능성에 대한 믿음, 집단이 함께 잘 일한다고 느끼는 것, 집단 소속으로 인한 이익, 집단의 가치들과의 동일시 등이 있다. 반면 개인이 집단에서 이탈되지 못하게 하는 부정적(否定的) 압력은 대안 부재(不在), 집단에 투자한 시간과 정열이 너무 클 경우 등이다. 이외에도 집단의 응집성(cohesiveness)의 강도는 동조에 대한 잠재적 압력으로 작용한다.

---

26) 피험자들은 두 개의 카드 속에 있는 네 개의 직선들을 동시에 제시받고, 길이가 가장 비슷한 직선을 고르게 지시받았다. 여기에 몇 명의 실험협조자들이 일률적으로 틀린 답을 할 경우, 피험자들은 약 35%의 경우들에서 동조했다.

둘째, 동조는 다수(多數) 측의 규모가 증가함에 따라 어느 정도 증가된
다. Asch(1951)의 실험에서는 가장 큰 동조를 일으키기 위한 최적의 집
단 규모가 3인이나 4인이라고 결론지었으나, Milgram 등(1969)의 실험27)
과 Mann(1977)의 버스 정류장 실험에서는 집단 규모가 크게 증가할수록
동조가 증가한다고 보았다. 그러나 Wilder(1977)의 연구에 의하면 집단
규모는 동조량에 거의 영향을 주지 못하며, 오히려 외부 집단이나 개인들
에게서 나온 독립적 의견들의 수가 동조에 주 효과를 가지고 있다는 것이
다. 이를 정리하면, 일반적으로 다수 측의 증가는 동조량의 증가를 가져오
지만, 역으로 다수 측이 형성되지 못하거나 감소할 경우 동조가 감소할
가능성이 있다. 특히 소수 집단이더라도 독립적인 단위로서 행동하고 있
는 것으로 간주될 경우, 사람들의 숫자와 상관없이 동조의 변화를 가져올
수 있다.

북한 사회와 같이 폐쇄된 사회 내에서는 일반적으로 당국의 견해나 다
수 측의 견해와 같은 주류의 정보가 동조 압력을 가해 왔다. 그러나 외부
집단으로부터의 독립된 정보가 유입되거나 혹은 일관된 입장을 취하는 소
수 집단이 존재할 경우 동조의 변화가 나타날 수 있다. 특별히 북한의 공
적인 언론 매체에서는 해마다 같은 날 같은 기사내용이 실리는 경우가 많
다. 따라서 이와 같은 정보에 식상해 있거나 불신감을 지니는 새세대들의
경우에는 지하 정보 혹은 '소문', 라디오 청취 등을 통한 외부 정보에 더
큰 관심을 가질 수 있다. 따라서 만일 일관된 외부 정보가 지속적으로 유
입되거나, 혹은 북한 내 소수 집단이 이러한 정보에 기초한 독립적인 의

---

27) Milgram 등은 뉴욕시의 매우 혼잡한 거리에서 실험협조자들이 멈춰 서서 길
    건너편의 사무실 건물의 60층 창문을 올려다보면, 실험협조자의 수 증가에 따
    라 얼마나 많은 지나가는 다른 사람들이 그것을 따라 하늘을 쳐다보게 되는
    지를 알아보는 실험을 하였다. 한 사람이 올려다보았을 때에는 행인의 4%만
    이 올려다보았고, 다섯 사람의 협조자들에서는 16%, 열 사람에게서는 22%,
    열다섯 사람에서는 40%로 증가했다. 홍대식, 앞의 책, pp.565-566.

견을 제시할 경우 북한 사회 내의 동조에 변화가 발생할 가능성이 있다.

셋째, 집단의 만장일치 여부가 동조의 증가에서 중요한 역할을 한다. Allen과 Levine(1971)의 연구에 의하면 만장일치된 의사 결정에서는 커다란 동조의 압력이 발생하지만, 그렇지 않을 경우에는 동조량에서 뚜렷한 감소를 보인다. 부동의자의 권위나 전문성과는 상관없이, 부동의자의 존재 자체는 다수 측에 대한 신뢰와 동조를 감소하게 한다. 또한 "임금님의 새 옷"(The Emperor's New Clothes)에서처럼, 자신의 독립적인 의견과 동일한 입장을 취하는 타인의 존재는 비동조의 위험을 줄이고 자신감을 강화시켜 준다. 이는 전체주의 체제에서 언론의 자유를 반대하고 사회주의 체제에서 부정적인 정보나 사건·사례를 드러내지 않으려 하는 경향과 관련된다. 즉 당국의 공식적 가치에 동조하지 않는 구성원이 존재한다는 것을 인식하게 되는 것 자체가 전체 집단의 동조의 감소를 가져올 수 있다는 것이다. 이는 북한에서 자살이나 탈북과 같은 체제 이탈을 체제에 대한 도전으로 여기고 정치적으로 강하게 처벌하는 이유와도 관련이 있다.

2) 인지 부조화(cognitive dissonance) 이론

인간은 자신이 지니고 있는 가치와 태도에 따라 행동을 결정짓게 되지만, 때로는 행동이 먼저 이루어진 뒤 그에 대한 합리화를 위해 가치와 태도 변화가 뒤따르게 되기도 한다. 이것은 가치 및 태도와 개인의 행동 사이의 일관성을 향한 압력이 존재하고 있다는 가정과 관련된다. 인지 부조화는 개인이 경험한 상황이나 수행한 행동이 자신의 가치·태도와 조화되지 못할 때 생기게 된다. 이러한 부조화는 마치 생리적 충동처럼 심리적 긴장을 일으키게 되며, 따라서 개인은 일관성과 조화(consonance)를 회복하고자 시도하게 된다.

개인이 일상생활에서 의사 결정을 할 때, 최종적으로 선택된 결정은 기존에 개인이 지니고 있던 신념들 중 일부와 갈등을 일으킬 수 있다. 예컨대 개인이 선택한 결정은 선택되지 않은 쪽의 모든 장점 및 선택된 쪽의 모든 단점과 대비된다. 이러한 경우 개인은 자신이 선택한 것의 장점을 부각시키거나, 혹은 반대로 선택되지 않은 사항의 장점을 낮추고 단점을 부각시킴으로써 부조화를 감소시키고자 한다. 따라서 사람들이 의사 결정을 한 후에는, 자신이 선택한 쪽에 대한 호감을 증가시키고 선택하지 않은 쪽에 대한 호감을 감소시키게 된다.

　Brehm(1956)의 연구는 이를 경험적으로 증명한 연구로, 상품의 선택 전과 선택 후 두 번 이루어진 평가에 변화가 있는지를 비교하였다. 이 연구의 실험 집단은 자신이 좋아하는 상품을 스스로 선택하여 제공받은 집단으로서, 높은 부조화 조건을 보이는 실험 집단과 낮은 부조화 조건을 보이는 실험 집단으로 나뉜다. 첫 번째 평정에서 대부분의 상품의 가치를 비슷하게 평정했던 집단은 포기한 상품의 장점으로 인해 높은 부조화 조건을 보이게 된다. 이들은 상품 제공 이후 행한 두 번째 평정에서는 스스로가 선택한 상품에 대한 평가를 증가시키고 선택하지 않았던 상품에 대한 평가를 감소시키는 경향이 있었다. 반면 좋아하는 상품과 싫어하는 상품의 격차가 커서 낮은 부조화 조건을 보이는 피험자들은 두 번째 평정 시의 변화가 상대적으로 적었다. 한편 위의 두 실험 집단과 달리 통제 집단은 스스로가 선택하여 상품을 제공받은 것이 아니라 높게 평가한 물건들 중 하나를 단순히 제공받은 집단이다. 따라서 이들은 부조화가 발생하지 않은 집단으로서, 두 번째 평정 시의 변화가 나타나지 않았다.

　인지 부조화는 자신이 지니고 있었던 신념이나 태도와 어긋나는 행위, 즉 '태도와 상위한 행동'(attitude-discrepant behavior) 혹은 '역(逆)태도적 행동'을 수행했을 때 발생하게 된다. 자신의 신념이나 태도와 부조화되는 행위를 이미 수행했을 경우, 그 행위를 하지 않았다고 스스로 납득시키기는 것은 불가능하다. 따라서 인지 조화를 위한 압력이 발생할 경우 대부분은 행위 자체보다도 자신의 가치나 태도를 변화시킴으로써 해소될 수밖에 없다. 요컨대 역태도적 행위의 수행은 부조화를 발생시키며, 이는 개인의 가치나 태도를 변화시키려는 압력을 제공하게 된다. 역태도적 행위에 따르는 부조화 감소 노력을 유발하여 태도 변화를 유도하려면, 그 행위를 유발하는 데는 충분하지만 정당화 요소를 제공하면서 부조화를 감소시키는 데는 불충분한 정도의 유인과 압력이 적절하다.

우선, 태도와 상위한 행동을 요구하는 상대에 대한 호감도는 그 행위에 대한 유인의 역할을 하기 때문에 부조화를 감소하게 하며, 태도의 변화 압력도 감소하게 한다. Zimbardo(1965) 등은 실험자의 요구에 의해 메뚜기를 먹는 불쾌한 행위를 수행할 때 피험자들이 일으키는 부조화에 대해 연구하였다. 쾌활하고 친절한 실험자는 피험자들의 호감을 유발했으며, 이는 메뚜기 먹는 일에 대한 정당화 요인으로 작용했다. 따라서 이 경우 피험자들에게 더 적은 부조화가 유발되면서, 메뚜기 먹는 불쾌한 일을 유쾌한 일로 여기는 태도 변화를 덜 나타냈다. 반면, 냉정하고 공격적인 실험자와 함께한 피험자들은 더 많은 부조화를 경험하게 되었으며, 메뚜기 먹는 일을 유쾌한 일로 여기도록 스스로의 태도를 더 많이 변경시켰다.

개인이 역태도적 행동을 수행하도록 하기 위한 또 다른 영향력으로는 보수 등의 유인이 있다. 보수는 개인이 역태도적 행위를 수행하는 데 대한 새로운 인지 요소를 제공하면서 행위를 정당화한다. 따라서 개인이 해소해야 할 부조화가 감소되면서, 이미 수행한 행위를 정당화하기 위해 자신의 가치·태도를 변화시키는 노력을 덜 해도 되게 된다. 예컨대 Festinger와 Carlsmith(1959)의 연구에 의하면,(홍대식, 1994: 221-222.) 지루한 과제를 수행하는 조건으로 상대적으로 더 적은 보수를 받은 피험자들은 오히려 그 과제가 더 재미있다는 것을 발견했으며, 비슷한 다른 실험에도 참가할 의향이 높다고 진술했다. 반면 많은 양의 보수를 받은 피험자들은 보수 자체가 조화적 요소의 역할을 하였기 때문에, 지루한 과제에 대한 태도를 긍정적으로 변화시키지 않았다.

탈북민과 귀순자들은 나름대로 북한 사회에 대한 문제의식을 지니고 북한을 이탈한 계층임에도 불구하고, 그들이 대표적으로 꼽고 있는 북한 체제의 장점들은 무상 교육 및 무상 치료 등의 복지 부문이다. 1990년대의 경제난 이후 북한 내 복지 서비스는 거의 중단되었음에도 불구하고, 북한 출신 주민들은 대부분 '체제는 좋은데……'로 단서를 붙이는 등 향수를 품는 경우가 존재한다. 그들이 북한에서 살고 있을 동안 북한의 복지 부문을 자랑스럽게 여기는 태도를 지니는 데는 그다지 큰 외부적인 압력이나 보수를 통한 유인이 필요하지 않았다. 따라서 이러한 부문들을 자신들이 살아온 사회의 장점으로 더욱 높게 평가하는 방향으로 의도적으로 합리화하는 경향이 나타나기 쉽다.

반면 탈북민에게 있어서 북한의 '주체사상'이나 '군(軍)' 관련 사항은 자신감이나 자부심의 대상으로서 덜 부각되는 경우가 많다. 이는 주체사상을 내면화하는 것이나 군입대 문제는 강한 정치적 압력을 배경으로 하는 측면이 강하다는 것을 고려해야 할 것이다. 이외에도 집단주의나 충성심 등의 사상 교양 및 '청년돌격대 지원' 등과 같은 부문 역시 강한 정치적 압력을 배경으로 한다. 따라서 이러한 사상의 내면화나 군입대, 돌격대 지원 등에 부과된 강력한 압력은 부조화를 감소시키는 역할을 하게 된다. 따라서 북한 새세대들은 지루한 사상 총화 시간 동안이나 건설 현장 근무 기간 동안을 억지로 참고 보낼 뿐, 스스로의 태도를 변화시켜 '즐겁고 소중한 시간'이라고 받아들이기 위한 근본적인 노력을 시도하지 않게 된다.

한편 개인이 역태도적 행동을 수행하도록 하기 위한 영향력 중에는 위협 등의 압력이 있다. Aronson과 Carlsmith(1963) 및 Freedman(1965) 등의 연구에 의하면, 위협이 지나치게 클 경우 사람들은 더 적은 부조화를 경험하고 따라서 더 적은 태도 변화를 일으키게 된다. 아동들에게 장난감 중 한 개를 금지하면서 처벌 위협을 가할 경우, 아동들의 복종은 지각된 처벌의 위협과는 조화되지만 장난감에 대한 태도와는 부조화된다. 따라서 위협이 심할수록 부조화는 더 적어지며, 위협이 덜 심할수록 더 많은 부조화가 나타난다. 장난감들에 대한 재평정을 실시했을 때, 약한 위협하의 아동들이 심한 위협하에서보다 금지된 장난감에 대한 평가를 더 많이 감소시켰다. 즉 아동들은 약한 위협하에서 발생하는 보다 큰 부조화를 해소하기 위해, 장난감을 평가 절하하는 식으로 대응한다는 것이다.

이러한 관점에서 북한 사회에서 1980년대 후반부터 증가하기 시작했던 남한 노래 열풍을 살펴볼 수 있다. 남한 노래는 초기에는 연변 노래로 알려졌으나 당국이 이에 대해 강한 사상 투쟁과 금지를 벌이면서 오히려 남한 노래인 것이 드러났다. 북한 사회에서는 '모기장' 논리를 내세우면서 외래 자유주의 요소를 강하게 금지하였는데, 이는 오히려 이러한 외부 요소들에 대한 북한 젊은이들의 호감을 감소시키지 못하게 하였다. 강한 억압하에서 유통되는 외래 자유주의 문화 요소들은 약한 억압하에서보다 더 적은 부조화를 유발하며 태도 변화 역시 더 적게 나타나게 된다. 따라서 외래 문물에 대한 호감과 관심을 포기하도록 태도를 변화시키기보다는, 겉으로는 포기하는 듯하더라도 내면적으로는 여전히 더욱 높은 관심과 선호를 계속 유지하고 있을 수 있다. 실제로 강력한 색출과 투쟁에도 불구하고 외래 문물에 대한 주민의 관심이 줄어들지 않자, 결국 북한 당국은 남한 노래 중 허용 가능한 건전한 곡을 선정하여 부를 수 있도록 정책이 선회하기도 했다.

2. 사회 변동과 가치관 및 태도의 변화

자연 현상의 변화는 단순하고 명확한 존재 법칙에 따라 몰가치적 인과 관계를 지니면서 이루어진다. 그러나 인간의 의식과 가치관이 함축되어 있는 사회 현상의 변화는 복합적이고 다양한 요인들과 관련되어 발생하게 된다. 그런데 개인의 의식 체계와 사회 구조의 관계는 상호 의존적인 동시에, 상호간에 영향력을 미치는 관계이기도 하다. 따라서 사회·경제적 구조의 변동은 개인의 의식 차원의 변동에 영향을 미치며, 개인의 의식 변화와 가치관의 변화 역시 사회 구조에 영향을 미친다.

한편, 문화를 "한 사회가 공유하고 있는 지식, 기술, 가치, 태도 및 의식주 등 생활양식의 총체"로 정의할 때, 인간의 가치관과 태도 등은 한 사회의 문화를 구성하는 요소가 된다. 그런데 문화가 지니는 속성 중에는 공유성, 학습성, 축적성, 전체성 등과 함께, 고정불변하지 않고 끊임없이 변화한다는 변동성이 존재한다. 따라서 개인의 가치 변화는 한 사회의 문화적 변동을 초래하는 요인 중 하나가 될 수 있으며, 역으로 개인의 가치 변화는 그가 일생을 거쳐 경험하게 되는 사회·문화적 변동의 일부라고 볼 수도 있다.

(1) 사회·경제적 변동 이론

1) 진화론(social evolutionism)

북한 사회가 대내외적 환경 변화에 능동적으로 대응하면서 체제를 유지하고 발전하기 위해서는 다양한 제도적 적응 체계와 기능의 분화가 요청된다. Darwin(1959)은 『종의 기원(On the Origins of Species)』을 통해, 인간 종의 발전은 동물로부터 연속적인 생물학적 변화를 거쳐 이루어진다고 주장했다. 그에 따르면 인간 종의 발전은 우연적(random) 과정의 결과이며, 자연 선택(natural selection)의 결과이다. 모든 유기체는 생존을 위하여 식량 및 극한적 기후로부터의 보호를 위한 자원을 필요로 한다. 그러나 일정한 한계에 이르면 환경에 가장 잘 적응한 생물만 생존하며 그렇지 못한 생물은 소멸하게 된다. 그가 중시한 돌연변이(mutation)라는 생물학적 기제는 한 종 내에서 일부 개체의 유전자가 우연하게 변화되어 생물학적 특성이 변화되는 것을 가리킨다. 어떤 돌연변이는 생존 경쟁에서 유리한 점으로 작용하는 경우도 있는데, 이러한 종 내의 사소한 변화는 전체 종의 생존과 멸망을 좌우하는 광범한 변화를 일으키기도 한다.

이와 같은 생물학적 진화론은 단순한 생물에서 복잡한 생물로, 미분화된 상태에서 분화된 상태로 생물 종의 발전 과정이 진행된다는 관점을 지닌다. 이러한 생물학적 진화론에 바탕을 둔 사회적 진화론 역시 인류 문명사회의 역사적인 발전은 야만 사회에서 미개 사회를 거쳐 문명사회를 향하여 복잡성이 증가하는 방향으로 진보한다고 파악한다. Giddens(1989)의 설명에 의하면, 수렵·채집 사회는 그 이후 시기의 농업 사회에 비해 상대적으로 단순한 구조를 지니며, 뚜렷한 지배 집단이나 정치 조직의 분화가 존재하지 않는다. 반면 전통 국가는 규모가 크고 복잡해지면서, 계급의 분화 및 정치, 법, 문화적 제도가 발생한다. 마지막으로 문명화된 산업 사회는 이전 유형보다 더욱 복잡하고 수많은 기능을 지닌 제도와 조직으로 발전된다.

그런데 생물학적 진화론에서 단순한 유기체가 복잡한 유기체로 발전하는 것은 복잡성의 증가를 의미한다. 이러한 복잡성의 증가는 기능상의 분화(differentiation)와 상통하며, 이러한 복잡한 기능 분화는 물질적 환경에 대한 적응력과 관련된다. 즉 복잡한 기능 분화를 지니고 있는 유기체일수록 환경에 대하여 더 큰 적응력과 생존력을 보이게 된다. 진화론자들에 따르면, 인류 사회의 발전 역시 복잡한 기능 분화를 지닌 사회일수록 큰 생존 가치(survival value)를 지니게 된다고 본다.

그러나 사회적 다위니즘(Social Darwinism)은 생물체와 마찬가지로 인간 사회도 생존을 위해 서로 투쟁한다고 보면서, 도덕적으로 우세한 사회 형태로 진보하는 것을 진화로 보았다. 이러한 관점에 따라 서구의 현대 사회는 생존을 위한 투쟁에서 최상층에 위치하게 되며, 인류 사회 진보의 최고 단계가 된다. 따라서 사회적 다위니즘 사상은 '유럽 중심적' 세계관 가운데 유색 인종에 대한 백인의 우월성을 정당화하는 데 이용되었다. 이러한 인종적 편견은 유럽 강대국 간의 '아프리카 쟁탈전'으로 연결되기도 하였으나, 인간 문화의 다양성을 인정하는 인류학이 발전하면서 1920년대 후반경 쇠퇴하였다.

이상과 같은 19세기의 사회적 다위니즘은 모든 인류 사회는 단순성에서 복잡성을 향해 동일한 발전 단계를 거치게 된다고 보는 관점이다. 사회학의 창시자로 알려진 Comte 역시 이와 같은 인류의 진보적 발전을 인정하면서, 실증주의적인 방법으로 그러한 발전을 통제할 수 있다고 보았다. 그는 인간의 발전 단계를 신학적(神學的) 단계, 형이상학적(形而上學的) 단계, 실증적(實證的) 단계의 3단계로 나누었다.(S. Chodak, 1973: 26-27) 또한 인간이 환경의 변화에 반응하고 자신의 태도와 행동을 재평가하는 과정에서 인간 능력의 증가가 나타나는 것이라고 보았다.

Spencer 역시 사회를 유기체로 파악하면서, 사회도 유기체처럼 단순하고 동질적인 사회로부터 점차 복잡하고 분화된 체계로 움직인다고 보았다.(J. H. Turner & L. Beeghley, 1981: 101) 그는 사회 진보란 안전, 재산, 행동의 자유 등과 같은 인간의 요구를 확대시키는 과정이라고 보았다. 또한 모든 것은 다양성과 분화에 따라 점차 이질화되어 왔으며, 이처럼 동질성을 이질성으로 변형하는 것이 진보 과정에서 필수적인 것으로 보았다.(L. A. Coser, 1976: 59) 그러나 그는 이러한 사회 진보는 변형이나 전환 및 가속화될 수 없는 것으로, 단선적이고 자연적이며 지속적인 성장 발전이라고 보았다.

이러한 단선적(unilinear) 진화론을 비판하면서, 다선적(multilinear) 진화론은 모든 사회에 단일한 변동 경로가 존재하지는 않는다고 보았다. 다선적 진화론 역시 환경에 보다 잘 적응하기 위해 각 사회가 더 복잡하고 효율적인 방향으로 진행한다는 데는 동의한다. 또한 사회 발전의 정도를 파악하는 데 있어서 복잡성과 분화의 수준을 중시한다는 것도 공통적이다. 그러나 문화와 문명은 전체적으로 고립되어 단일한 유형으로 발전하는 것이 아니라, 분산되고 복선(複線, polilinearly)적으로 발전되는 것이라고 본다. 따라서 지식, 관습, 문화 유형 등의 발전과 결합은 사회마다 다양할 수 있다고 본다.(나창주, 1986: 82)

Parsons는 생물학적 진화의 확장으로 사회 진화를 파악하면서도 현실적인 사회 발전이 다양할 수 있다고 인정하는 대표적 학자이다. Parsons가 중시한 개념인 진화적 보편자(evolutionary universals)는 유기체에게 강력한 생존 가치를 가져다주는 발전 요소이다. 예컨대, 자연 세계의 진화적 보편자로서 시력(vision)은 더 넓은 환경에 대해 반응을 조정할 수 있게 하면서 적응이 용이하도록 해 준다. 따라서 시력이 좋은 유기체는 그렇지 못한 유기체에 비해 더 큰 적응력을 지니면서 높은 단계로 발전할 수 있다. Parsons가 중시한 인류 문화의 진화적 보편자는 언어를 통한 커뮤니케이션이며, 이외에도 종교, 친족, 기술 등에 주목한다.

Parsons의 사회 진화론은 특별히 단순한 사회 구조에서 복잡한 사회 구조로 변화하면서 나타나게 되는 사회 제도의 분화 과정에 관심을 가졌다. 예컨대 오스트레일리아의 토착 사회와 같은 초기적 사회 형태는 종교 활동 및 수렵·채집의 경제 활동 등이 모두 친족 관계와 통합되는 등 낮은 분화 수준을 보인다. 그 다음 단계인 '발전된 원시 사회'가 되면 종교적 혹은 계급적 분화를 포함하는 계층 체계가 나타나며, 농업 혹은 목축을 행하는 정착생활을 한다. 다음 단계인 전통적인 문명국가들과 같은 '중간 사회'에서는 사회 규모가 확대되면서 귀족 지배자에 의해 통치되는 관료 조직, 화폐 교환, 전문화된 법률 체계 등이 나타난다. Parsons의 사회 진화론의 정점이자 가장 강력한 생존 가치를 지니는 단계는 '산업 사회'가 된다. 이 단계는 전체 인구에 대한 강력한 정치적 지도력을 지니고 있으며, 명확히 구별되는 사회 체계와 대중 민주주의의 발전이 나타난다.

이러한 진화적 발전과 관련하여, White는 인간이 생산한 물질, 신념, 태도, 조직 및 제도를 포함한 문화의 진화에 관심을 갖는다. 그에 의하면 문화는 자연의 엔트로피에 직면하는 인간을 돕기 위해 에너지를 이용하고 통제하는 체계이다. 그는 자연의 진보 과정에서 물질과 에너지는 덜 조직적이고 덜 균일하게 확산되지만, 문화의 진화 과정에서는 보다 고차원적으로 조직되고 집중된 에너지 사용이 이루어진다고 보았다. 또한 새로운 에너지 발견과 새로운 발명 등에 따라 문화의 진화 과정은 지속적으로 증가한다고 보았다.(나창주, 1986: 24-25)

한편 Marx 역시 물질적 환경과의 상호 작용 가운데 사회가 변화한다고 보았다는 점에서는 진화론과 마찬가지이다. Marx가 보는 사회 변동과 발전은 인간과 자연 간의 계속적인 생산관계의 결과이다.(Giddens, 1971: 35) 모든 사회는 경제적 토대 혹은 하부 구조(infrastructure)를 기반으로 하며, 여기서 발생한 변동은 정치, 제도, 문화 등의 상부 구조(superstructure)에 적극적인 영향을 미친다는 것이다. 그러나 Marx에 의하면 인간은 자신의 생산수단을 생산한다는 점에서 동물과 구분된다. 즉 그는 진화론이 중시한 적응이라는 관점에 주목하는 대신, 인간은 환경에 능동적으로 관여하면서 물질세계를 인간 목적에 복종시키는 존재라고 파악한다. 이러한 능동적인 인간 활동은 생산력(forces of production)의 확장 과정으로 드러나며, 사회의 경제적 진보를 가져다주게 된다. 또한 인간은 고립된 개인으로서가 아니라 생산과정에 포함되는 개인들 간의 생산관계를 기반으로 하여 관계를 맺는다. 이러한 인간의 진화적 발전 단계에 따라 특정한 생산형태와 소유관계와 관련을 맺는 고대 아시아, 봉건시대, 근대의 자본주의적 생산형태가 나타나게 된다는 것이다.(L. A. Coser & B. Rosenberg, 1976: 592)

한편 Marx는 점진적 사회 변동의 관점에서 벗어나, 대립과 투쟁을 통한 변증법적 해석(dialectical interpretation of change) 가운데 혁명적 이행의 형태로 사회 변동이 발생한다고 보았다. 생산력에서의 변동은 상부 구조에 속하는 기존의 제도들에 있어서 모순과 긴장을 발생하게 한다. 이러한 긴장이 첨예해지면서 변화를 향한 압력이 커지고, 변화를 향한 계급투쟁의 강도가 높아지게 된다. 따라서 계급 혁명을 통해 기존 제도가 해체되면서 결과적으로 새로운 유형의 사회 질서가 산출된다는 것이다. 그러나 Marx 의 관점은 초기 문명이나 인도, 중국, 일본의 동방 문명의 발전에 대한 설명에는 한계를 지닌다. 또한 전통적 국가는 군대의 확장과 정복의 결과로 형성되었는데, 이 경우 정치·군사적 측면은 하부 구조의 부산물로서가 아니라 오히려 경제적인 부 축적의 수단으로 작용하기도 했다.

2) Weber의 변동관과 프로테스탄티즘

북한 새세대의 가치관과 태도와 같은 정신적 측면의 변화가 사회 변동에 미치는 영향력과 관련하여 Weber의 변동론을 살펴볼 수 있다. Weber 는 물질세계에 대한 적응으로서 사회 변동을 설명하는 진화론적 관점을 비판하면서, 단일 이론을 통해 사회 전체를 해석하려는 관점으로는 인간 사회 발전의 다양성을 설명하기 어렵다고 보았다. 또한 Weber는 Marx와 같이 인간의 모든 측면을 경제적 요인으로 환원하여 해석하는 시도에 대해서도 비판하면서, 인간 사회의 발전과 변동에 있어서 군사, 정치, 이념 등의 다양한 요인들도 중요한 역할을 한다고 본다. 따라서 Weber는 경제적 환원주의나 단일 이론을 추구하기보다는 사회 변동에 있어서 영향력을 지니는 몇 가지 요인들을 살펴보는 것이 보다 바람직하다고 보았다.

Weber의 관점에서 사회 변동에 영향을 행사하는 주요한 요인들은 물리적 환경, 정치 조직, 문화적 요인 등을 들 수 있다. 첫째, 진화론적 입장과 마찬가지로 물리적 환경은 사회 발전에 일정 정도 영향을 미친다고 본다. 특수한 환경과 기후 조건을 지닌 사람들은 나름의 고유한 생활양식을 조직하고 특유의 관습을 발전시킬 수 있다. 대부분의 초기 문명은 비옥한 토양을 바탕으로 발생했으며, 이동과 교류가 용이한 지역적 특성 역시 변동에 중대한 역할을 한다. 둘째, 경제적 측면의 반영으로 정치 제도를 파

악하였던 Marx와는 달리, 정치 제도와 조직이 사회의 발전에 많은 영향
을 미친다고 보았다. 예컨대 유사한 경제적 생산 체계를 지닌 사회라 하
더라도 다양한 유형의 정치 질서가 존재할 수 있으며, 정치 및 군사적 측
면의 독자적인 역할이 존재한다고 보았다. 셋째, 의사소통 체계와 같은 문
화적 요소는 물질적 자원에 대한 통제력을 증가시키면서 대규모 조직의
발전을 가능하게 했다. 더욱이 언어와 문자 등의 상징체계는 기록과 역사
에 대한 의식을 발전시키면서, 사회 변동과 진보에 대해 능동적으로 노력
할 수 있게 하였다. 또한 지도력(leadership)과 같은 문화적 요인이 사회
적 상황과 결합하게 될 경우에도 사회 변동에 중대한 역할을 한다.

한편 Weber에게 있어서 사고방식과 종교는 사회 변동에서 특히 중요한
역할을 하는 부문이다. Weber는 「프로테스탄트 윤리와 자본주의 정신」
(1976)을 통해, 고대 로마 멸망 이후 오랫동안 중국이나 인도 등에 비해
그다지 주목받지 못하던 서구 사회가 경제 발전을 이룩한 배경을 탐구하
였다. Weber는 근세 이후의 특징인 합리화(合理化) 경향의 확산에 주목
했는데, 근대적 자본주의의 발전은 부(富)를 단순한 탐욕으로서가 아니라
합리적으로 추구하였다는 데 기인한다고 보았다.(최문환, 1981 : 20-21) 따
라서 부를 축적하려는 욕망은 어느 사회에서나 존재할 수 있으나, 특별히
서구에서는 종교적 태도와 결부된 독특한 '자본주의 정신'이 존재하였기
때문에 이러한 경제 발전이 가능했다는 것이다.

그가 말하는 자본주의 정신이란 초기 자본주의적 상인들과 산업가들이
지니고 있었던 신념과 가치의 집합을 의미한다. 초기의 자본가들은 대부
분 신교(protestantism) 중 청교도주의(puritanism)를 따랐으며, 대다수가
칼뱅주의의 관점을 받아들였다. 자본주의 발전의 직접적인 근원으로서의
칼뱅주의의 교리는 첫째, 인간은 이 세상에서 하나님의 영광을 위하여 부
르심을 받은 대로 한 가지 소명(직업)에 종사해야 한다는 것이다. 둘째,
구원은 특정한 개인들에게만 예정되어 있으며, 구원의 예정은 마치 그림

자와 같이 물질적 번영과 직업에서의 성공을 통해 확인할 수 있다는 것이
다. 이러한 칼뱅주의는 신의 은총과 구원을 확인하기 위해 경제적 성공을
이루고자 하는 욕구를 제공하였다. 또한 진지하고 검소하게 금욕주의적으
로 생활해야 한다는 것을 가르치면서, 축적된 부를 방탕하게 사용하지 않
고 재투자하도록 이끌었다.

이와 같이 근대의 사회·경제적 발전을 종교와 연결지어 연구한 Weber
의 분석은 이와 유사한 많은 연구와 비판들을 불러일으켰다. Weber는
"부에 대한 추구 자체가 종교적·윤리적 의미를 벗어나 순수하게 세속적
정열과 결합하는 경향이 있다."[28]고 지적한 바 있다. 실제로 자본주의 정
신이 초기의 소명 의식 및 금욕주의의 이상과 달리 변질되고 있다는 많은
비판이 존재한다. 또한 많은 후속 연구들에 의하면, 서구뿐 아니라 다른
지역에서도 이러한 정신적 가치들이 사회 변동과 발전을 수반할 수 있다
고 주장되기도 한다.

3) 사회·경제적 변동과 물질주의

북한 사회의 대내외적 환경 변화와 새세대의 가치관 변화를 관련짓기
위해서는 사회·경제적 변동이 개인의 정신적 측면에 미치는 영향에 관한
연구들을 살펴볼 필요가 있다. 선행 연구들에 의하면 사회·경제적 상황
의 변동은 개인의 정신 건강과 인간관계에 영향을 미칠 수 있다.
Jahoda(1988: 13-23)는 실직 등에 의한 경제적 어려움은 개인의 안정적인
생활과 사회적 접촉의 기회를 중단시키면서 개인의 자기정체감에 위기를
초래한다고 보았다. 또한 경제적 불안으로 인해 부정적 감정의 수준이 높
아지면서 정신 건강에도 악영향을 미친다는 것이다. Fryer와 Paine(1986)
역시 이러한 경제적 어려움은 부정적인 자기평가(negative self-esteem)를

---

28) Max Weber, *The Protestantism Ethic and the Spirit of Capitalism* (London:
    Allen and Unwin. First pub. 1904-5), pp.181-182.

증가시키고, 우울과 불안 증상을 초래한다고 보았다.

한편 Elder(1974) 등의 연구에 의하면 이러한 사회·경제적 변동은 안정된 가족 관계를 변화시키면서 개인의 정신적 측면에 영향을 미치기도 한다. 예컨대 경제적 어려움에 직면하게 되는 가족은 가족 관계에서 의사소통과 동의(consensus)의 수준이 낮으며, 화합을 경험하는 정도도 낮게 나타난다는 것이다. Voydanoff(1990)에 의하면 경제적 어려움을 경험하는 가족은 부부 사이의 지지(spouse support)가 적으며, 논쟁이 빈번하게 발생하고 가족응집력(family cohesion)이 감소하게 된다. Liker와 Elder(1983) 역시 소득의 상실은 부부관계의 질(marital quality)과 부적인 관계를 지니고 있으며, 부부간의 갈등과 적대를 초래하고 지지를 감소시킨다고 주장하였다. 국내 연구로서 정기선(2000)은 실직자, 재취업자, 실직 경험이 없는 지속취업자 가구를 대상으로 한 연구에서, 남편의 실업이 경제적 궁핍을 통해 부인의 정신건강에 영향을 미칠 수 있다고 주장하였다. 노혜련(2000) 역시 실직으로 인한 부부 관계의 악화가 이혼, 별거, 가출 등의 가족 해체와 관련이 있음을 주장하였다.

이러한 연구들에서 특히 주목할 것은, 부모의 실직이나 소득 상실과 같은 경제적 상실(economic loss)이 아동과 청소년들에게는 더욱 광범위한 부정적 영향을 가한다는 것이다. McLanahan과 Sandefur(1994) 등에 의하면 아동과 청소년 계층은 경제적 조건의 변화에 가장 취약한 집단이며, 또한 이 시기의 부정적 경험은 평생에 걸쳐 지속적이고 누적된 영향을 미치게 된다. Voydanoff(1990)의 연구에서도 경제적 스트레스는 아동과 청소년 건강과 부적인 관계를 지니며, 심리적 복지(psychological well-being)나 행동 및 성취 행위에 영향을 미친다고 보았다. 부모 실직과 아동의 정서상 문제의 관계를 다룬 국내 연구로는 이훈구, 윤소연, 정혜경(1998)이 있는데, 비실직 가정에 비해 실직 가정의 초등학생 자녀가 높은 수준의 우울, 불안 상태가 나타남을 밝혔다. 구인회(2003) 역시 외환 위기와 실업 등의 경제적 상실은 청소년의 발달과 교육 성취에 영향을 미친다고 보았다.

한편 Elder와 Caspi(1988) 등은 경제적 궁핍(economic hardship)과 소득 상실은 부모의 양육방식을 일관적이지 못하게 만들기 때문에 청소년의 심리적 적응에 어려움을 초래한다고 보았다. Simons 등(1992)도 경제적 압박감으로 인해 부모의 심리적 스트레스와 부부갈등이 증가할 경우, 이는 부모의 양육 행동에도 부정적 영향을 미친다고 보았다. 또한 경제적 압박감은 금전적 문제를 둘러싼 부모와 청소년의 갈등을 초래하게 되며, 이 과정에서 부모는 자녀에 대한 강압적인 태도와 적대적 행동을 표출하기 쉽다.

이와 관련하여 Conger와 Elder(1997)에 의하면 부모의 가혹한 처우는 청소년 자녀의 자기가치(self-worth)에 대한 느낌을 훼손하고, 부모의 지속적인 거부와 분노 표출은 자기 능력에 대한 신뢰에 손상을 가한다. 또한 자기 신뢰(self-confidernce)를 상실한 청소년은 자신의 학구적 노력이 결실을 맺을 것이라는 확신을 결여하게 되어 학업성취에 장애를 받을 수 있다. Brody 등(1995)도 부모 사이의 갈등을 포함한 가족 내의 갈등이 이에 노출되는 청소년에게 상당한 심리적 스트레스를 가한다고 주장한다. 화합적인 가족관계를 경험한 청소년은 자신의 충동이나 행위를 규제하는 면에서 우월한 반면, 갈등적인 가족관계의 경험은 청소년의 자기규제력, 성취기대와 자신감을 낮아지게 만든다. 또한 Dubois 등(1994)은 부정적인 부모·자녀 관계에서는 부모와의 유대감(bonding) 결여로 인해 무단결석 등을 비롯한 비행 행위에 청소년이 참여하는 것을 스스로 억제하는 기능이 약화된다고 보았다.

한편 이러한 경제적 상실에 관한 연구뿐 아니라, 기본적인 경제적 욕구의 충족이 이루어지기 이전과 그 이후의 경제적 측면의 가치 변화에 관한 연구들도 존재한다. 우선 Inglehart(1977: 21-22)는 정치학 분야에서 물질주의와 탈물질주의 개념을 도입하여 연구한 학자이다. 그에 의하면 안전 욕구(physical security)와 생존 욕구(economic security)로 대표되는 생리적 욕구 충족은 가장 일차적인 관심 대상이 된다. 안전 욕구는 강력한 방위력, 범죄와의 싸움, 질서 유지의 가치를 포함하며, 생존 욕구에는 경제 안정, 경제 성장, 물가상승과의 싸움 등이 포함된다(정성호, 1983: 42). 그런데 이러한 일차적 욕구 충족에 관심이 집중될 경우 물질적 가치(materialist values)를 선호하게 되며, 삶의 조건(condition of life)과 관련된 물질주의 가치관이 확산될 수 있다.

반면 탈물질주의적 가치(post-materialist values)의 경우에는 사회적 욕구와 자기표현 욕구의 충족이 중요해진다. 이러한 탈물질주의는 삶의 질(quality of life)을 중시하는 관점으로, 심미적 욕구 충족과 사상·언론의 자유, 자유로운 발언권 등이 포함된다.(정성호, 1983: 42) 한 개인에게는 이러한 물질주의적 가치관과 탈물질주의적 가치관이 공존할 수 있으나, 최소한의 신체적 안전과 개인의 경제적 욕구 충족이 불충분할 경우 물질주의적 욕구가 보다 우선시된다. 따라서 물질주의적 목표의 달성이 이루어지기 전까지는 탈물질주의적 가치가 감추어지게 되며, 물질주의적 목표의 달성이 이루어진 뒤 비로소 탈물질주의적 목표가 드러나게 된다.

Inglehart(1990)에 의하면 서구 사회에서 전후(戰後) 지속적인 경제 성장과 안정 속에서 자라난 높은 교육수준을 지니고 있는 젊은 층의 경우 물질주의적 가치보다는 탈물질주의적 가치에 더 많은 관심을 보이고 있다. 즉 복지, 신변에 대한 안전, 국가 안보 등의 삶의 조건과 같은 가치보다는 소속감, 존경을 비롯한 삶의 질과 같은 가치를 중시하는 것이다. 또한 이러한 탈물질주의적 가치관을 지닌 개인은 정치 참여에 많은 관심을 지니고 있으며, 기존 체제에 대한 지지가 상대적으로 낮은 경향을 보인다. 따라서 자신이 추구하는 가치를 드러내기 위해 기존의 세대와는 다른 정치 행동을 보이는 비율도 늘어난다고 보았다.

Inglehart(1990) 이외에도 Bell(1973)이나 Huntington(1974) 등에 의하면,

산업사회에서 탈산업사회로 이행하는 과정을 통해 체제 내부의 구조적 변화와 가치 변화가 발생하는 경우가 나타난다. 조찬래 등(2003)에 의하면 탈산업사회로의 이행은 고용 노동인구의 절반 이상이 기술전문직 혹은 금융 분야에 고용되어 있는 사회로 정의된다. 선진 민주국가들에서는 1980년대 이후 이러한 이행이 이루어지면서 지식과 정보를 기초로 한 사회체제로 전환되었다. 이러한 전환에는 특별히 교육의 기회가 확장되고 정보를 다룰 수 있는 익숙한 능력을 보유한 노동 인구의 증가가 중요한 기여를 했다.

이와 관련하여 Converse(1972)는 소득, 교육, 매스컴, 여행 등의 증가가 가치의 변화를 일으킨다고 주장하기도 했다. Inglehart(1977: 21-27) 역시 경제 성장, 교육의 보급, 기술 혁신, 직업 구조의 변화, 매스컴의 발전 및 연령층의 경험의 차이 등이 가치 변화에 영향을 주는 것으로 인정하였으나, 특별히 인간이 성장기에 겪은 물질적 풍요와 번영에 가장 큰 관심을 보였다. 예컨대 전쟁의 위협이 소멸하면서 국민 소득의 향상과 복지 예산의 확대가 이루어질 경우, 인간의 경제적 및 신체적 안전이 증가하게 된다. 따라서 전쟁을 경험하지 않고 물질적 안정 속에서 자라난 젊은 세대는 전쟁을 경험한 그들의 부모나 조부모와는 다른 가치관을 지닐 수 있다.(조찬래 외, 2003: 30-33)

한편 이와 같은 물질적 소득 수준의 증가는 기술의 혁신이 많은 역할을 하였는데, 이러한 기술 혁신은 매스미디어의 보급과 교육 기회의 확대에도 영향을 미친다. 특별히 매스커뮤니케이션의 발전은 사회 내에서 개인의 역할에 대한 새로운 자각을 일으키면서 정치 참여를 확대시킨다. Bell(1973: 21)은 공업 노동이 제3차 산업, 즉 지식 산업에 의해 계속적으로 대체되면서 지식의 창조와 이용에 있어서 새로운 계층을 이룩해 낼 수 있는 구조를 보장해 준다고 보았다. 이 과정에서 탄생하는 지식 산업의 기술자와 관리자들은 과학적이고 전문적인 목표를 지향하게 되며, 이들은 기존 조직의 엘리트와는 정치적 전망과 가치 및 행위에 있어서 차이를 보일 수 있다.

또한 소득과 직업 구조의 변화는 교육 기회의 확대를 초래하기도 하는데, 이는 국민 전체의 지적 수준의 향상과 함께 정치의식의 발전에 긍정적인 작용을 할 수 있다. Feldman과 Newcomb(1969: 20-31)에 의하면 대학(大學)은 학생을 보다 자유로우면서도 비권위주의적으로 만들며, 자민족 중심주의적 태도를 버리게 하며, 정치문제에 보다 많은 관심을 가지게 한다고 보았다. 따라서 대학생은 가족의 영향력을 벗어나 자신의 가치를 형성하는 중요한 단계를 경험하게 되며, 이 단계에서 새로운 가치관과 자유로운 정치적 태도를 형성하게 된다는 것이다.

Inglehart는 Maslow의 이론을 기초로 하여 인간 생활에서의 풍요로움이 가치 변화에 영향을 준다고 보고 두 가지 가설을 설정한다. 첫째는 희소가치 가설(scarcity hypothesis)로서, 개인의 선호는 사회경제적 환경을 반영하면서 비교적 부족하게 공급되는 것에 가장 큰 가치를 둔다는 것이다. 둘째 가설은 사회화 가설(socialization hypothesis)로서, 사회경제적 환경과 가치 선호는 시차를 두고 점진적으로 나타난다고 보는 관점이다. 이는 개인의 사회경제적 환경을 반영한 가치 선호가 즉각적으로 나타나는 반응이 아니라, 자신이 성인이 되기 이전에 경험한 사회경제적 환경을 반영하여 기본 가치를 형성하게 된다는 것이다. 따라서 세대별로 개인의 인격형성기에 경험하였던 사회경제적 상황을 바탕으로, 장기간에 걸쳐 가치선호의 차이가 발생한다.(조찬래 외, 2003: 37-38)

Abramson과 Inglehart(1986, 1995: 1-3)는 가치 변화에 있어서 세대 간의 차이에 관심을 가졌는데, 특별히 인격형성기 혹은 성인 이전 시기의 사회경제적 환경이 가장 중요한 영향을 미친다고 보았다. 예컨대 경제적으로 풍요롭지 못한 환경에서는 경제 발전이 개인의 삶에서 가장 중요한 역할을 차지한다. 그러나 일정 수준의 발전이 이루어지게 되면 경제발전의 영향력이 줄어들면서 삶의 질(質)에 관심을 가지는 세대 간의 변화를 경험하게 된다. 물론 이 경우에도 생활 주기효과(life cycle effect)를 반영하면서 연령이 증가함에 따른 다소 물질주의적인 방향으로의 가치 변화는 존재할 수 있다. 그러나 경제적 풍요를 경험하면서 성장한 젊은 층이 노령화될 경우, 풍요를 경험하지 못하고 성장한 세대에 비해 물질주의적인 가치관을 비교적 덜 지닌다는 것이다.

(2) 사회 변동과 청년기의 가치관 변화

1) 청년기의 개념과 이론

청년기는 일반적으로 아동기와 성인기의 중간 단계로서, 부모에게 의존해 오던 아동이 한 사람의 독립된 성인으로 성장하기 위한 과도기라 할 수 있다. 청년기를 뜻하는 'adolescence'라는 단어는 라틴어의 '성장하다'의 의미로서, '급격하게 성장하는 변화의 시기'라는 뜻'을 내포하고 있다. 20세기 초까지만 하더라도 청년기는 독립적인 발달 단계로 간주되지 않았으며, 아동기에서 바로 성인기로 넘어가는 것으로 여겨졌다. 그러나 경제 발전과 직업의 다양성 및 복잡성의 증가는 공식적 교육 체계하에 보호되는 청소년 시기를 요청하게 되었다. 더욱이 의무교육 기간을 16세까지로 규정한 미국의 법률 제정은 아동과 청년을 법적으로 성인과 분리시키는 계기가 되었다.(장휘숙, 1999: 19-20.)

최초로 청년기에 대한 과학적 연구를 수행한 미국의 심리학자 스탠리 홀(Hall)은 「청년기」(Adolescence, 1904)라는 책을 통해 다윈(Darwin)의 진화 과정을 인간 발달에 적용하고자 시도하였다. 그에 의하면 인생 초기의 영아들은 종의 역사에서 '원숭이 같은' 단계이며, 8-12세의 아동들은 수렵이나 어로로써 생계를 유지하는 원시 인류의 시기와 유사한 것으로 가정하였다. 결국 그에게 있어서 청년기는 '야만인이 문명인이 되기 위하여 원시적 충동을 문명인의 그것으로 변화시키는 과정'이 된다. 따라서 청소년들이 경험하는 혼란이나 질풍노도(疾風怒濤, storm and stress) 현상은 문명인이 교양을 갖추기 위해 원시적 충동을 조화시키는 과정에서 나타나는 불가피한 현상이 된다. 김정희 등(1993: 194.)도 청년기는 아동으로부터 성인으로 이행하는 '변환기'(transitional period)적 성격이 강하므로 대단히 불안정하고 동요가 심한 특징이 있다고 보았다.

이외에도 청년기의 정의는 다양한데, Ramsey(1967) 등과 같이 연령을 기준으로 10대를 청년기로 분류하는 경우도 있다. 이인정과 최해경(1995: 75.)에 의하면 청년기는 일반적으로 제2차 성징이 시작되는 12-13세경에서 22-23세경의 시기를 의미한다. 최근에는 12-17세경의 청소년기 전기와 18-22세경의 청소년기 후기로 세분화하는 경우도 있다. 이 경우 청소년기 전기는 급속한 신체적 변화와 인지적 발달을 경험하는 시기이며, 청소년기 후기는 자아정체감 확립과 더불어 성인생활을 준비하기 위한 여러 가지 과제에 집중하는 시기가 된다.

또한 생물학적 발달 단계와 관련된 정의로, Douvan과 Gold(1966)에 의하면 청년기는 생식 기관과 2차 성(性)특징들이 나타날 때 시작하여 생식체계의 완전한 성숙과 함께 끝난다고 간주되기도 한다. Freud(1920)에 의하면 청소년기는 심리 성(性)적 발달 단계 중 마지막 단계인 생식기(genital stage)에 해당한다. 생식기는 사춘기로부터 성적으로 성숙되는 성인기 이전까지의 시기로 심한 생리적 변화를 특징으로 하는 격동적 단계이다. 이는 보통 11-13세 정도에 시작되며, 여자 어린이가 남자 어린이보다 1-2년 정도 빨리 시작한다. 이 시기는 생리적 요인들로 인해 그동안 억압되었던 성적 감정들이 크게 강화되면서 충동이 자아의 방어를 압도하는 경우도 발생한다. 원초아가 우세할 경우에는 지나치게 쾌락을 추구하거나 공격성, 범죄 행동이 왕성해질 수 있으며, 반대로 자아가 너무 강하면 불안을 경험하거나 방어 기제가 과도하게 발달한다.

한편 인지(認知)적 관점에서는 추상적인 사고를 통하여 인과 관계를 추론하는 형식적 조작사고의 출현을 청년기의 기준으로 삼게 된다. Inhelder

와 Piaget(1958)에 의하면, 11-15세 사이에 시작되는 형식적 조작 사고는 현재의 구체적 사태의 한계에서 벗어나 모든 가능성에 대한 체계적인 가설 설정과 추상적이며 연역적인 추론을 가능하게 한다. 따라서 이는 청년기 동안 사고의 융통성을 증가시키고, 행동을 평가하기 위한 새로운 인지능력을 발달시키면서 가치관 확립에 기여한다.

Erikson(1982)의 성격 발달 8단계 중 청년기는 '정체감 대 정체감 혼란'(identity vs. identity confusion)의 시기에 해당한다.[29] Erikson의 자아정체성(ego identity)은 "개인이 자신의 자아가 연속성과 동일성을 갖는 것으로 경험하고, 또한 그렇게 행동하도록 하는 능력"으로서, 이는 인생에서 겪게 되는 많은 혼돈과 위기를 경험하고 극복하는 과정을 의미한다.[30] 청년기의 정체성 확립은 개인의 신체적 특성, 능력, 흥미, 욕구, 동일시, 성(性)역할 및 방어기제 등의 통합적인 자기상(self-image) 정립을 의미한다. 따라서 이 기간 동안의 청년들의 자아 탐색은 정체성의 확립을 위한 일종의 역할 실험적 성격을 갖는 '결정 유예 기간'(moratorium)이 된다.

Sullivan 역시 대인 관계의 변화와 관련된 기본적 혼란과 불안감에 대처하는 능력의 발달에 의거해 다음 단계로 성숙하게 된다고 보았다. 청년

---

29) 에릭슨의 심리사회적 자아발달 단계는 다음과 같다. ① 유아기(출생부터 1세경): 기본적 신뢰감 vs 불신감-희망, ② 초기아동기(1세 반부터 3세경): 자율성 vs 수치심과 회의-의지력, ③ 유희기(4-5세경): 주도성 vs 죄의식-목적, ④ 학령기(6세부터 11세경): 근면성 vs 열등감-능력, ⑤ 청소년기(12세부터 20세경): 자아정체감 vs 자아정체감 혼란-성실성, ⑥ 성인 초기(20세부터 24세경): 친밀 vs 고립-사랑, ⑦ 성인기(25세부터 65세경): 생산성 vs 침체-배려, ⑧ 노년기(65세 이후): 통합 vs 절망-지혜, Erik Erikson, *The life cycle completed: A review*, New York: Norton, 1982, pp.55-57.

30) 예컨대 자신의 생애를 시간적으로 계획할 수 있는 시간 개념의 균형 대 혼돈, 자신의 가능성에 대한 자아확신 대 무력감, 자신이 할 수 있는 일에 대한 역할 실험 대 부정적 자아, 자신이 성취할 수 있는 일과 수준에 대한 성취기대 대 과업마비, 남성 혹은 여성으로서의 성적 특성을 확립해 가는 성적 자아 대 양성적 혼돈, 가정 또는 사회에서 지도자로서의 자신의 역량을 탐색해 가는 지도성의 확립 대 현실과 이상 간의 분리 등을 포함한다.

이전기(preadolescence)에는 타인에 대한 친근감 욕구로 대인 관계 지향
이 표출되지만, 청년 초기(early adolescence)에 이르면 친밀감의 욕구와
안전의 욕구 및 성적 욕구를 조화시켜야 하게 된다. 이 과정에서 경험하
는 혼란을 거쳐 청년 후기(late adolescence)에 이르면 각 개인은 보다 다
양한 대인 관계를 형성하면서 사회적 역할을 수행하게 된다.

이외에도 사회학적 관점을 중시한 Sebald(1968)에 의하면, 청년기는 사
춘기(思春期)에 시작된 뒤 사회가 그들의 성인됨을 법적으로 인정할 때
이루어진다고 본다. 또한 Zimring(1982)과 같이 "사회적 자유가 허용될
때 시작되고, 연령의 대다수가 법적, 경제적 그리고 도덕적 책임을 질 수
있을 때 끝난다"고 청년기를 정의하면서, 청년기의 개인차를 인정하려는
관점도 있다.

2) 청년기의 심리적 특성

청년기의 심리적 특성에 대한 입장은 매우 다양한데, 우선 생물사회적
입장은 생화학적 변화 혹은 개인의 신체 성장에 기인하는 변화에 주목하
는 관점이다. 대표적인 학자인 홀(Hall, 1904)은 청년기의 생물학적 변화
와 정서적 성숙 및 사회적 기대로 인해 질풍노도와 같은 갈등과 혼란의
심리가 발생한다고 보았다. 그러나 Rae(1983)나 Douvan과 Adelson 등
(1966)은 모든 청소년들이 갈등과 혼란을 겪는 것은 아니며, 상당수의 청
소년들이 부모나 기성세대와 심각한 갈등 없이 청년기를 보내기도 한다고
비판한다.

Barker(1956)는 「청년기 동안의 신체 성장이 갖는 신체심리적 의의」
(Somatopsychological Significance of Physical Growth in Adolescence)를
통해 신체 발달의 심리 사회적 의미에 관심을 가졌다. 특히 그는 신체 부
위에 따라 성장 비율과 성장 시기에 있어서 차이를 나타내는 현상인 '비
동시적 성장'(asynchronous growth)과 성장 급등(growth spurt)에 주목하

였다. 이 과정에서 청년들은 동년배 집단을 제외하고는 아동과 성인 어느 집단에도 소속하지 못하는 주변인(marginal man)이 되며, 그로 인한 정서적 긴장과 반항적 행위가 발생할 수 있다는 것이다.

한편 Freud의 발달 단계에서 청년기는 '생식기'에 해당하는데, '잠복기' 동안 무의식 속에 억압되어 있던 오이디푸스(Oedipus) 콤플렉스와 엘렉트라(Electra) 콤플렉스가 재출현하는 시기이다. 따라서 억압된 성충동이 야기하는 내적 긴장이 청년기의 혼란으로 나타난다고 설명했다. 이 시기의 청년들은 자율성과 정서적 독립을 획득하기 위하여 부모나 권위 인물에 대해 적대적 태도를 취하는 반면, 동년배 집단이나 이성에 대해서는 애착을 증가시키는 경향이 나타난다. 또한 이러한 충동과 긴장에 대해 운동과 독서 등으로 승화시키려는 노력을 하기도 한다.

한편 그의 딸 Anna Freud(1958)는 사춘기 이후 본능적 욕구의 재출현으로 인한 혼란을 청소년 발달에서 나타나는 정상적 현상으로 보았다. 청년기에는 아동기와 달리 자아방어기제(ego defense mechanism)를 사용하게 되는데, 이는 "스스로의 자존심을 유지하고 불안을 회피하기 위해 자신에게 위협적인 충동과 정보를 속이면서 갈등이나 좌절에 반응하는 무의식적 반응"으로 정의된다. Freud(1936: 42-50.)는 「자아와 방어기제」를 통해, 특정 발달 단계에서 특정한 본능적 충동과 연관되어 각각의 방어기제가 발생한다고 주장하였다.

Freud가 제시한 열 가지 방어기제는 투사(projection), 퇴행(regression), 투입(introjection), 역전(reversal), 자기에로의 전향(turning against self), 격리(isolation), 취소(undoing), 반동 형성(reaction formation), 억압(repression), 승화(sublimation)이다. 이 중 '투사', '퇴행', '역전', '자기에로의 전향' 등은 어릴 때부터 나타나는 방어기제인 반면, '억압'과 '승화'는 발달 과정상 후기에 나타난다고 본다. 이외에도 현재 사용되는 방어기제를 추가하면 부인(denial), 치환(displacement), 금욕주의(asceticism), 주지화(intellectualization), 합리화(rationalization), 동일시(identification) 등이 포함된다.[31]

우선 억압(repression)은 용납되기 어려운 충동들을 무의식 속으로 밀어 넣음으로써 심리적 긴장에서 벗어나려는 방어기제이다. 오이디푸스 콤플 렉스와 같은 충동들은 무의식 속에서 의식 속으로 침투하려는 작용을 하 면서 때로 불안을 일으키게 된다. 따라서 죄책감을 불러일으키거나 처벌 받을 위험이 있는 욕구들을 행동으로 표현하지 않고 무의식(無意識)에 가 두어진다. 유사 개념으로 억제(suppression)는 고통 회피를 위해 일시적으 로 욕망이나 충동을 제외시키려는 의식(意識)적인 통제 과정을 뜻한다. 또한 금욕주의(asceticism)는 성적 소망과 같은 본능적 욕구나 무의식과 연합된 행동들을 거부하려 하는 일종의 자기 부정 태도이다.

한편 치환(displacement)은 충족될 수 없는 무의식적 욕구를 다른 대상 물을 통하여 대리 충족시킴으로써 긴장을 완화시키는 방어기제이다. Freud 에 따르면, 어떤 사람이나 대상에게 향한 애정이나 공격적 충동과 같은 욕 구는 사라질 수 없지만, 그 충족을 위한 대상이 옮겨지는 것은 가능하다. 승화(sublimation)는 치환의 한 유형으로서, 성적인 충동이나 공격적 충동 을 사회적으로 승인되는 방식으로 바꾸는 과정을 말한다.

투사(projection)는 자신의 느낌, 생각, 충동들을 다른 사람의 탓으로 돌 리는 과정이다. 이는 편집증(paranoid)적 경향이 있는 사람들이 주로 사용 하는 방어 기제로서, 자신의 내적 적대감을 타인에게 투사시켜 다른 사람 들이 자신을 미워한다고 망상을 가지게 된다. 반면 동일시(identification) 는 자신의 자아를 위협할 만한 강력한 대상을 만났을 때, 그 대상의 우월 한 가치나 특성을 자기 것으로 내면화함으로써 자신의 나약함을 은폐하려 는 과정이다.

합리화(rationalization)는 그럴듯한 설명이나 이유를 붙여서 불쾌한 현

---

31) 장휘숙, 위의 책, pp.168-170; 김정희, 앞의 책, pp.350-354; 이인정, 최해경, 앞의 책, pp.152-159.

실을 피해 보려는 과정으로, '신 포도 기제'와 '단 레몬 기제'라고 불리는 두 유형이 있다. 우화에서 유래하는 '신 포도 기제'는 자신이 바라던 것을 얻지 못했을 때 그것의 가치를 깎아내림으로써 마음의 평안을 누리려 하는 과정이다. 반면 '단 레몬 기제'는 반대로 자신이 인정하고 싶지 않은 일을 억지로 받아들여야 할 때, 그것이 마치 바라던 일인 것처럼 생각하는 과정이다.

반동 형성(reaction formation)은 무의식적 공포의 표출과 관련하여, 자신이 가지고 있는 생각이나 감정과는 반대되는 방향으로 행동하는 것이다. 한편 부인(denial)은 당면한 상황을 받아들이기 두려울 때 외적인 위협으로 연결되는 방어 기제이다. 이외에 주지화(intellectualization)는 개인이 갈등과 불안을 경험하고 있는 문제에 대해 지적(知的)인 토론을 벌임으로써 개인의 불안을 회피하려는 방어기제이다.

한편 충동과 욕구에 주목한 Freud와 달리, Erikson(1959, 1968)은 인간 행동에 있어서 자아(ego)를 성격의 자율적 구조로 간주하면서 중시하였다. 또한 개인의 자아 발달이 사회 제도 및 가치 체계의 변화 등에 밀접하게 연관되어 있다고 여겼다. 나아가 심리적인 위험을 극복할 수 있는 인간 능력에 대한 신뢰를 바탕으로, 심리사회적 위기(psychosocial crisis)를 통한 개인의 성장에 관심을 가졌다.[32] 예컨대 Erikson의 성격 발달 8단계에서 청년기의 특징인 '정체감 확립'은 이전 단계의 위기들을 긍정적으로 해결한 결과로 나타나게 된다. 확고한 자아정체감을 지닌 사람은 개별성, 통합성, 지속성을 지닐 수 있으며, 자신의 신념, 가치관, 정치적 견해, 직업 등에 있어서 스스로 의사 결정을 할 수 있게 된다. 그러나 정체감을 확립하지 못했거나 반사회적 행동을 일삼는 부정적 정체감을 지니는 청소년들은

---

32) H. Maier, *Three theories of child development: The contributions of Erik H. Erikson, Jean Piaget, R. R. Sears, and Their applications*, New York: Harper & Row, 1969, pp.17-19.

다음 단계인 '친근감 대 고립감의 위기'를 해결하는 데 곤란을 겪게 된다.

자아정체감의 확립과 관련하여 Marcia(1966: 145-160.)는 청년 후기의 대학생들이 경험하는 네 가지의 정체감 상태를 기술하였다. 대학은 '청소년 들을 유예 상태에 머물면서 역할 실험을 가능하게 하며, 그 결과로서 정체 감 형성이 이루어지도록 인도하는 기관의 역할을 한다. 그는 청년들이 자 신의 삶의 방향을 결정하기 위한 선택의 단계인 위기(crisis)와, 행동을 수 행하기 위한 의미 있는 선택에 대한 투신(commitment)이라는 두 차원을 가정하였다. 이러한 두 차원에서 발생하는 정체감 상태는 첫째, 위기 극복 에 성공하여 확고한 신념체계를 확립한 정체감 획득(achievement), 둘째, 부모 등 의미 있는 타인의 가치와 기대를 무조건 수용하는 유질(항복, foreclosure), 셋째, 자기 정의(self-definition) 획득을 위해 노력하는 유예 (moratorium), 넷째, 위기도 겪지 않고 결정도 하지 않는 정체감 혼란 (diffusion)의 단계 등으로 나뉜다.

한편 사회인지적 입장[33]의 대표적 심리학자인 Bandura(1977)는 청소 년의 가치관 및 태도에 있어서 관찰학습(observational learning)을 중시하 였다. 연령의 증가에 따라 관찰학습의 대상이 되는 사회적 모델은 부모에 서 형제자매, 친척, 동년배, 교사 및 TV나 영화 등 대중매체의 주인공으 로 확대된다. 청소년은 관찰을 바탕으로 성공적 수행이 가능할 것인지에 대한 자기효능감(sense of self efficacy)에 기초하여 의사 결정을 하게 된 다. 그는 일반적으로 모델의 성과 연령이 관찰자와 비슷할 때, 지위가 높

---

33) 사회인지적 조망은 인지 발달에 관심을 갖는 인지과학(cognitive science)과 사회적 발달에 관심을 갖는 사회적 발달과학(social development science)이 결합되어 이루어진 이론적 조망이다. 사회인지적 조망은 청소년에 대한 멕켄 드러스(McCandless)의 동기 이론(drive theory)에서 시작되었는데, 그는 외적 자극과 외현(外現)적 행동만을 인정한 행동주의자들과는 상이하게 개인의 동 기 상태에 해당하는 내적 자극을 중요시하였다. 그에게 있어서 학습이란 외현 적 행동이 내적 자극인 개인의 동기나 욕구를 감소시킬 수 있을 때 가능하게 된다. 장휘숙 앞의 책, p.58.

고 존경받을 때, 유능하고 막강하면서 매력적일 때 관찰자가 모델의 행동을 모방할 가능성이 더 크다고 보았다. 이러한 효율성 기대(efficacy expectation)에 따라 청소년은 동년배 집단의 행동이나 언어 혹은 의복 스타일의 모방 정도를 결정하고, 도덕적 가치관과 사회적 행동 및 성(性)행동을 결정한다는 것이다.[34]

한편 사회문화적 관점은 청년기에 이루어지는 사회적 규범과 관습, 문화적 기대와 의식적 행사(rituals), 집단 압력, 과학기술 등의 영향에 관심을 가진다. M. Mead(1928)는 「사모아에서의 성인기 도래(Coming of age in Samoa, 1928)」를 통해 생물학적 결정론(biological determinism)을 반박하고, 문화적 요인에 의한 다양성에 주목하고자 하였다. Benedict는 문화적 조건화(cultural conditioning)에 따른 청년기 역할 경험에서 나타나는 불연속성(discontinuity)에 주목한다. 그에 의하면 문화가 발달된 나라일수록 아동의 역할과 성인의 역할이 뚜렷이 구별되는데, 급격히 발생하는 역할 변화 과정에서 정서적 긴장과 갈등이 발생할 수 있다고 보았다.

사회적 맥락(context)을 중시하는 관점의 대표자인 Lewin(1948)은 장이론(field theory)을 제시한 사람으로, 아동기와 성인기 사이의 과도기적 특성을 지니는 청년기 특성에 주목한다. 청년들은 신체적으로 성인이지만 사회·경제적으로는 의존적 특성을 지니게 되는데, 이러한 주변인(marginal man)적 지위는 청년들에게 상충되는 역할 요구를 발생하게 한다고 보았다. 한편 Lerner(1975)의 발달적 맥락주의(developmental contextualism)는 성장하는 개인과 생태학적 맥락 사이의 상호작용에 초점을 맞추는 이론이다. 그는 물리적 환경, 상황, 가족, 동년배 등 개인의 발달에 영향을 미치는 사회적 변인들의 상호작용 체계인 맥락(context)과의 역동적 상호

---

34) A. Bandura, *Social learning theory*, Englewood Cliffs, N.J.: Prentice Hall, 1977; A. Bandura & R. H. Walters, Aggression, In H. W. Sterensor (ed.) *Child Psychology*, Chicago: National Society for the study of Education, pp.364-415.

작용(dynamic interactionism)에 주목한다.35)

　마지막으로 인지발달적 조망은 개인의 문제 해결 방식에 주목하면서, 개인의 성장에 따라 발생하는 사고 과정의 질적 변화에 관심을 갖는다. 대표적 학자로 Piaget와 Inhelder(1958)는 인지 발달에서의 평형(equilibrium)을 중시했는데, 이 개념에는 동화(assimilation)와 조절(accommodation)의 상보적 과정이 중요한 역할을 한다. 동화란 개인이 이미 가지고 있는 기존의 인지 구조에 일치하는 정보를 받아들이는 과정이며, 조절은 기존의 인지 구조와 경험이 일치하지 않을 때 구조 자체를 변형시키는 과정이다. 개인에게 인지적 갈등이나 인지적 불평형 상태가 발생하면 이를 평형 상태로 회복하고자 노력하게 되는데, 이 과정에서 기존의 인지구조를 변화시켜 적응한다는 것이다.36)

3) 사회 변동과 청년 심리의 변화

　앞 장에서 살펴본 바와 같이 사회·경제적 변동은 가치관의 변화를 초래하며, 특별히 아동과 청소년은 이러한 사회 변동에 더욱 민감하게 반응한다. 청년기는 자아정체감이 확립되고 명확한 가치관과 태도가 형성되는 시기이다. 또한 부모 중심의 인간관계가 확대되면서 생활의 맥락이 확장

---

35) 이는 생물학적-유전적 경향을 갖는 유기체를 사회문화적 맥락 속에 삽입되어져 있는 존재로 개념화한다. 생물학적 혹은 유기체적 변인들은 맥락적 변인들에 영향을 주고 또한 맥락적 변인들에 의해 영향을 받는다고 가정되며, 어떤 유기체도 타인으로부터 완전히 독립적일 수 없으며 개인의 발달은 사회적 상호작용 현상에 해당한다고 보는 관점이다. R. M. Lerner, M. Karson, M. Meisels & J. R. Knapp, Actual and perceived attitudes of late adolescents and their parents: the phenomenon of the generation gaps, Journal of Genetic Psychology, 126, pp.195-207.

36) 인지 발달 과정에 필수적인 네 가지 요소로 Piaget와 Inhelder가 제시한 요소들은 신경계의 성숙, 물리적 환경 내에서의 사물과의 상호작용, 사회적 상호작용 그리고 평형(equilibrium) 혹은 인지 재조직화의 자기규제 과정을 중시했다. 장휘숙, 앞의 책, pp.135-137.

되는 가운데 가치관의 혼란을 경험하기도 하는 시기이기도 하다. 이러한 청년 시기에 급격한 사회·경제적 변동이 발생할 경우에는 이에 대응하는 적절한 적응 양식을 갖추는 데 곤란을 겪을 수 있다. 따라서 청년기에 발생할 가능성이 있는 부정적 정서나 심리적 장애 혹은 비행과 같은 이상 행동에 관한 연구들을 살펴볼 필요가 있다.

첫째, 행동주의 심리학과 같이 모든 행동은 학습에 의해 습득되는 것으로 간주하는 입장이 있다.[37] 이 관점에 따르면 이상 행동이란 잘못된 학습에서 오는 바람직하지 못한 특정 반응이거나, 혹은 극복하기 어려운 스트레스로 인해 발생하는 장애가 된다. 둘째, 인본주의 심리학에서는 바람직하지 못한 사회적 환경이나 잘못된 학습, 혹은 지나친 스트레스나 개인의 자아 방어 등을 이상 행동의 원인으로 삼는다. 즉 이러한 요인들에 의해 개인의 성장이 왜곡되어 청년기의 심리적 장애가 발생한다는 것이다. 셋째, 부적응 혹은 이상 행동의 근본 원인을 바람직하지 못한 대인 관계에서 찾고자 하는 입장도 존재한다. 개인은 생리적 욕구나 심리적 욕구를 충족시키기 위해 타인에게 의존해야 하는데, 이러한 발달 과정이 장애를 받을 경우 부적응 행동을 유발하게 된다는 것이다.

이상 행동에 관한 대부분의 이론들은 한 개인의 발달 과정에서 발생하는 심리적 스트레스나 상실 등이 정서적 장애를 발생하게 한다고 주장한다. 발달 과정에서 발생하는 심리적 혹은 사회적 상실은 발달에 필요한 사회적 자극을 감소하게 만들며, 이는 심리적 장애와 사회적 비행으로 연결될 수 있다. 예컨대 대인 관계에 있어서 애정 결핍이 존재할 경우, 공격적 행동, 지나친 공포, 도벽 및 가출 등이 나타나는 경우가 있다. 또한 어

---

37) 행동주의 심리학적 모델은 러시아의 생리학자 파블로프의 연구결과에 기반을 두고, 왓슨, 돈다이크, 스키너 등의 심리학자에게 계승되어 발달되었다. 돈다이크(E. L. Thorndike)의 '효과의 법칙'에 의하면, "보상을 받은 반응은 강화되거나 학습되지만, 혐오적 결과를 가져오거나 벌을 가져오는 행동은 소실되거나 약화"된다. 이현수, 앞의 책, pp. 43-51.

린 시절의 정신적 외상을 통해 안정성이 위협을 받거나 가치 체계가 흔들릴 경우에도 이러한 정서적 장애가 발생하기도 한다. 더욱이 사회적 지위의 박탈과 같은 사회적 상실이나 실업 등의 경제적 상실은 안정감과 자기 존중감의 상실로 연결될 수 있다. 특히 기본적 욕구의 결핍 상태가 해결되지 않고 지속될 경우, 이러한 스트레스가 고착되어 적응 방법을 습득하지 못하게 되기도 한다. 특별히 전쟁, 질병, 식량 부족, 욕구 불만, 사회적 고립 등은 스트레스를 유발하는 원인으로 알려져 있는데, 이러한 원인들은 1990년대 북한의 국가적 위기 상황과 깊은 관련을 지니는 배경이다.

다음으로 청소년기에 나타날 수 있는 부정적 감정이나 정서와 관련된 설명을 살펴볼 수 있다. Newman 등(1987: 336.)에 의하면, 청소년기는 감정이 격하고 기복이 심한 시기이다. 따라서 청소년에게서 발견될 수 있는 다양한 감정 중에는 우울, 공포와 불안, 외로움, 죄책감, 분노, 수줍음이나 수치심 등의 부정적 정서가 존재한다. 우선, 청소년기에 나타나는 대표적인 심리적 장애 유형인 불안 장애(anxiety disorders)는 "어떤 불길한 일이 마치 일어날 것처럼 막연한 두려움과 긴장감을 느끼는 증상"으로서, Clark(1994) 등에 의하면 청년기에 경험한 극심한 불안이 성인기에까지 지속되는 경우가 많다고 한다.

이러한 불안 이외에도 청년기의 발달 과정에서 나타나는 변화로 인해 혼란을 겪거나 희망이 좌절될 경우, 극단적 슬픔이 지속되는 우울증이 발생하기도 한다. 이현수(1976: 243-244; 251-252.)에 의하면 우울이 발생할 경우 동년배 집단에 대한 지향성은 강화되는 반면, 타인에 대해서는 회피와 공격성으로 대응한다고 한다. 또한 장휘숙(1999: 416-417.)은 가출, 절도, 무단결석, 발작적으로 화를 내는 것(temper tantrum) 등을 통해 타인이 관심을 가져 주기를 기대하면서 간접적으로 호소한다고 주장한다. 다양한 유형 중에서 이별이나 사별(死別) 등으로 인한 상황적 우울증(situational depression)은 비교적 쉽게 해소될 수 있는 종류이지만, 이 역시 반복될 경우 무기력감을 유발할 가능성이 있다. Seligman(1974)의 '학습을 통해 얻어진 무기력감 모델'은 개인이 스트레스 장면에 직면할 경우 무기력감과 더불어 불안과 우울을 경험한다고 주장한다. Bibring(1953) 역시 자신의 열망을 성취할 만한 능력이나 기력이 없음을 자각하게 되면 충격과 우울증에 빠진다고 보았다.

이상과 같은 정서적 장애를 회피하고 자존심을 유지하기 위하여 청소년기 이후에는 방어 기제(defense mechanism)를 사용하기도 한다. 앞서 살펴본 Freud의 방어 기제에 관한 설명 이외에도, 장휘숙(1999: 168)은 "자신의 욕망이나 목표 행동을 속이면서 좌절과 갈등에 반응하는 개인의 대처 양식"으로 방어 기제를 정의한다. 이는 사람들이 위협적인 충동이나 외부의 위험에 직접적으로 대응하기보다는, 자아를 보호하기 위해 무의식적으로 현실을 왜곡하는 과정을 뜻한다. Taylor와 Brown(1988)에 의하면 방어 기제는 정신 건강을 향상시키고 적응을 돕는 순기능을 한다. 그러나 방어 기제가 성공적으로 기능하려면 스스로를 기만하고 있다는 것을 인식하지 못하는 가운데 방어가 이루어져야 한다. 이는 결국 일종의 왜곡이라는 점에서 병리적인 것으로 볼 수 있으며, 방어 기제를 과다하게 의존할 경우 다른 자아 기능이 발달하는 데 어려움이 초래될 수도 있다.

이러한 청소년기의 부정적 정서와 이상 행동은 급격한 사회 변동과 밀접한 관련이 있다. 이현수(1976: 110-112)에 의하면, 사회 변동은 그 자체로서 개인의 적응 문제를 초래한다. 사회적 규범이나 관례가 기술의 발전을 쫓아갈 수 없을 경우에는 문화 지체 현상이 발생하고 아노미 상태를 경험하게 된다. 이러한 아노미적 상황에서는 정서적 혼란과 사회 갈등이 증가하면서 반사회적 행위가 늘어난다. 한편 사회 변동은 정서적 장애의 증가를 초래할 뿐 아니라 장애의 유형을 변화시키기도 한다. 예컨대 급격한 사회 변동이 존재하고 복잡한 사회 구조를 지닌 사회에서는 과도하게 많은 금지 사항으로 인한 신경증의 발생빈도가 높다. 반면 변화가 적은 미개발 사회에서는 거짓말이나 도벽처럼 개인의 정서적 미성숙과 관련된 반사회적 행위가 많다.

그런데 이와 같은 정서적 장애는 인종 차, 사회경제적 계층, 도시 규모, 전쟁, 실직 등의 경제적 타격, 가족 불화 및 해체 등과도 상당한 관련이 있다. 우선, 인종과 관련된 열등의식, 차별과 관련된 사회적 스트레스와 경제적 약점들은 정서적 장애의 발생과 관련이 있다. 또한 중산층보다는 빈민층에서, 농어촌보다는 대도시에서 정서적 장애가 월등히 많다. 프랑스 혁명 이후나 미국의 남북전쟁 이후에도 정서적 장애가 크게 증가하였다. 가장 뚜렷한 관련 요인은 실직과 같은 경제적 타격으로서, 감각 상실, 실망, 분노, 알코올 중독 및 자살의 증가를 초래하기도 한다. 예컨대 미국 경제가 어려웠던 1907년, 1929년, 1933년경에는 자살자의 수가 증가한 반면, 전시(戰時)와 1930년 중반에는 자살자가 오히려 감소하기도 했다. 이 외에도 생활 기반을 자주 옮기거나 방황하는 것 역시 정서적 장애를 초래하며, 역으로 정서적 장애의 결과로 생활 기반이 불안정해지기도 한다.

급격한 사회 변동이 발생한다 하더라도 건강한 개인은 자신의 대응 양식을 어느 정도로 변화시키면서 적응할 수 있다. 그러나 다양한 심리적 장애가 존재할 경우에는 환경 자극에 반응하면서 자신의 성격 특질이나 행동을 수정하는 것이 곤란해질 수 있다. 우선 심리학에서 말하는 성격 장애는 환경과 관계를 맺는 데 있어서 융통성을 보이지 못하면서 결함, 불안, 혼란을 경험하는 것이다. 한편 아동기나 청소년기의 행동 장애(conduct disorder)는 성인기의 반사회적 성격장애로 이어질 가능성이 있다. 또한 청소년기의 정체감 장애(identity disorder)는 성인기로 이어질 경우 경계선 성격장애(borderline personality disorder)와 연결될 가능성이 있다.

이와 같이 급격한 사회 변동 등으로 인해 청년기에 경험하게 되는 심리적 장애는 반사회적 행동 혹은 비행 등의 이상 행동으로 연결될 가능성도 있다. 통계적(統計的) 관점에서는 '어떠한 기준이나 평균에서의 일탈'을 이상 행동으로 규정하는데, 사회적 기준에서 벗어난 비행의 경우 이러한 이상 행동의 정의에 포함될 수 있다. 사회적(社會的) 관점에서 Scheff(1966)는 이러한 행동을 "다른 사람에게 기대되는 표집인 사회적 규범과 규율에 위배"되는 경우로 파악하였다. 비행(非行)에 대한 법(法)적 정의는 "미성년자가 법률에 위배되는 행동을 하는 것"을 의미하지만, 일반적 의미로는 청년기에 일어나는 도덕적, 사회적, 법률적 측면에서의 옳지 못한 행동을 가리킨다. 이러한 비행을 두 가지로 나누면, 우선 청소년에게만 금지되는 무단결석, 가출, 약물남용 등의 '지위범행'(status offenses)의 경우와, 사회 전체적으로 금지되고 있는 살인, 폭행, 절도, 매춘 등의 '범법 행동'을 모두 포함할 수 있다.

　이러한 사회 규범에 대한 일탈과 비행은 청소년 발달 단계의 특성과도 관련된다. 청년 초기인 10대 초반의 청소년들은 국가 지도자나 경찰관 등의 공권력이나 국가 규범에 대해 비교적 긍정적인 태도를 지닌다. 그러나 형식적 조작 능력이 발달하는 청년 중기 이후에는 정치·사회적 사고가 보다 추상화되면서 권위에 대한 태도 변화가 나타난다. Adelson(1971)의 연구에 의하면 연령(年齡)에 따라 정치적 권위에 대한 존경심이 감소하고, 보다 합리적이고 일관성 있는 정치적 이데올로기를 형성한다고 주장한다. Merelma(1971) 역시 이 시기의 청년들은 정치인들의 능력과 의도를 부정적으로 지각한다고 한다.

　반사회적 행동 혹은 비행의 원인과 관련해서도 다양한 관점이 존재한다. 우선 정신분석 이론은 이러한 이상 행동을 유년기의 불행한 경험에서 초래된 성격 장애의 증상으로 간주한다. 예컨대 사회화되지 못한 공격 양식, 불안에 대한 방어 기제의 부족, 죄의식의 결여 혹은 반대로 죄의식 가운데 자신을 처벌하고자 하는 욕구 등을 원인으로 파악한다. 한편 인지(認知)적 관점에서 Specht와 Craig(1987: 168-170.)에 의하면, 도덕적인 가치를 통합하는 데 실패하는 등 청소년의 인지적 발달이 문제가 있을 경우 비행이 발생한다고 본다. 또한 Erikson(1959)은 정체감을 확립하지 못한 청소년들이 부모나 사회의 가치관을 거부하고 새로운 역할 실험을 시도하는 과정에서 혼란이나 좌절을 회피하기 위한 일시적 수단으로 비행이 나타난다고 본다.

비행에 대한 사회 통제(social-control) 이론은 청소년이 부모나 학교 및 각종 사회단체에 강하게 소속되어 있을수록 비행을 저지를 가능성이 적다고 본다. 한편 Merton(1937)은 개인이 가정이나 사회로부터 재정이나 교육 등에서 사회적 혜택을 얻는 것이 불가능할 때 비행이 유발된다고 한다. McCandless(1970)는 이를 '차단된 기회 이론'(blocked opportunity theory)라고 부르면서, 비행을 하류 계층 특유의 현상으로 파악하였다. 그러나 Cohen(1955)은 이를 반박하면서, 청소년들은 경제적 부(富)보다는 사회적 지위(status)에 더 많은 관심을 갖는다고 보았다. 청소년이 지니게 되는 지위로서의 학교는 주로 중류층의 가치를 대변하는 집단으로서, 이 과정에서 소외를 경험한 하류 계층 청년들이 비행에 가담하게 된다고 본다.(장휘숙, 1999: 370-371; 384-385.)

한편 학습 이론은 일반적으로 도덕적 판단(判斷)보다는 도덕적 행위(行爲)의 발달에 관심을 지니는 입장으로, 도덕적 행동과 반사회적 행동 역시 다른 행동들처럼 학습되는 어떤 것으로 파악한다. 전통적 학습 이론가들은 보상과 처벌에 의해 도덕성 발달이 이루어진다고 주장하는 반면, 사회 학습 이론가들은 타인의 행동을 관찰(觀察)한 결과로서 도덕적 행동을 학습한다고 주장한다. Bandura(1977)에 의하면 개인은 모델의 행동에 대한 관찰학습(observational learning)을 통하여 도덕적 행동과 금지된 행동을 학습하게 된다. 이러한 학습은 타인이 칭찬과 처벌을 받는 것을 통해 강화될 수 있으며, 역할 모델이 되는 사람이 반사회적 행동을 할 경우 비행을 저지를 가능성이 높아진다.

청년기의 비행 가능성에 있어서 가장 직접적인 영향력을 행사하는 요인

은 동년배 집단이라 할 수 있다. Pryor과 McGarrell(1993)은 청년들이 동
년배에 대해 갖게 되는 강한 동일시(同一視)와 의존(依存) 경향은 그들이
저지르는 "비행의 가장 강력하고 단일적인 예언자"의 역할을 한다고 본
다. Steinberg와 Silverberg(1986)에 의하면 반사회적 행동을 일삼는 동년
배 집단에 대한 동조 경향성은 약 15세경에 절정에 달한다고 한다. 특별
히 부모의 애정에 결핍을 보이는 청소년들은 심리적 지원과 자신의 보호
를 위해 동년배 집단에 동조한다. 또한 학교에서의 적응 실패도 비행 집
단 가담 가능성을 증가시키는데, 이 경우 동년배 비행 집단은 문제 청소
년들의 안전기지(secure base)로서의 기능을 하기도 한다. Hoffman(1980)
에 의하면 비행 집단이나 일탈된 청소년 하위문화의 가치에 동조하는 청
소년들은 보다 낮은 수준의 도덕성 발달 단계로 퇴보하기도 하며, 비행
청소년 집단은 일탈된 가치를 지속시키는 역할을 한다.

Ⅲ. 경제적 위기와
새세대의 사상 · 이념적 약화

1. 사회주의 '고난의 행군'과 정치적 권위 약화

'고난의 행군'은 1930년대 후반 김일성 빨치산 부대가 겪었던 상황에서 유래한 명칭이다. 이후 1956년 8월 종파사건을 전후한 시기에도 고난의 행군이 언급되기도 했으며, 세 번째 고난의 행군은 1996년 신년 공동사설에서 기본사상으로 제시되면서 사용되었다. 이러한 사회주의 '고난의 행군' 정신은 1990년대의 경제난을 극복하기 위해 주민들의 희생을 요구하고 사회적 일탈을 막기 위한 차원에서 강조되었다. 이 구호는 1998년 이후 '사회주의 강행군'으로 대체되면서, "사회주의 경제 건설에서 새로운 비약을 이룩"하고 "혁명적 군인정신으로 살며 투쟁할 것"을 선동하게 된다.(「로동신문」, 1998. 1. 8)

1990년대 이후 '고난의 행군' 정신을 강조하는 기사는 1996년 이전에도 부분적으로 드러난다. 예컨대 '위대한 승리에로 이어진 고난의 행군'(「로동청년」, 1993. 12. 30.)이라는 기사에서 김정일은, "고난의 행군은 혁명투쟁의 길에 가로놓였던 난관을 주동적으로 타개하고 항일무장투쟁을 중심으로 한 전반적 조선혁명을 새로운 앙양에로 이끌어 올린 승리의 행군이었습니다."라고 밝히고 있다. 이 기사에 의하면 '고난의 행군'은 "1938년 12월 상순부터 1939년 3월 말까지 100여 일 동안에 걸쳐 진행된 고난의 행군은 혁명 앞에 조성된 난국을 맞받아 뚫고 나감으로써 조선혁명의 새로운 앙양을 마련한 영웅적인 투쟁 로정"을 뜻한다. 이 기사에서는 북한의 회상기 학습에서 자주 등장하는 '강냉이 몇 알마저 모아두었다가 허기진 대원들에게 나누어' 주는 일화나, '한 홉의 미시가루' 이야기 등이 등장하기도 한다.

기사는 이어서, "고난의 행군은 또한 혁명하는 사람들은 난관 앞에 동요하거나 물러서지 말아야 하며 그 어떤 희생도 무릅쓰고 난관을 맞받아 뚫고 나가면 역경을 순경으로 전환시킬 수 있고 혁명투쟁에서 반드시 승리할 수 있다는 귀중한 진리를 간고한 투쟁을 통하여 확증하여 주었다."
고 평가한다. 따라서 "우리 청년들은 고난의 행군을 하나의 지나간 력사
적 사실로만 알고 있어서는 안된다."면서, 모든 청년들은 "고난의 행군 시
기에 항일혁명투사들이 발휘한 불굴의 투쟁정신을 본받아 원쑤들의 책동
이 악랄해질수록 부닥치는 난관을 과감히 뚫고 나가며 우리식 사회주의를
끝까지 지켜나가야 할 것"이라고 강조한다.

(1) 사회주의 '고난의 행군' 발생과 전개

1990년대의 북한의 경제난과 관련된 공식적인 '고난의 행군'은 1995년에
서 1997년 사이에 걸쳐 진행된다. 그러나 실제적인 북한의 경제적 곤란은
1980년대에서부터 누적되어 온 것으로, 그 파급은 1990년대 전체와 그 이
후까지 이어진다. 즉 북한 경제 체제의 구조적 모순 위에 1980년대 말 이
후 사회주의권이 붕괴하면서 에너지 부족이 심화되었다. 이는 비료, 자재
등의 부족으로 이어져 1990년대 초부터 배급제가 정상적으로 작동하지 못
하게 하였다. 이러한 북한 사회의 경제적 곤란은 1997년을 전후하여 남한
및 서방의 대북 지원 등이 현저히 증가하면서 일정 정도 약화되기 시작하
였다. 이와 관련하여 1997년 10월 8일 김정일의 노동당 총비서 취임을 전
후하여 북한의 정책 노선에 변화가 나타났으며, 1997년 12월에는 '고난의
행군' 종료가 선언되기도 하였다.[38]

그러나 이러한 국가적 위기의 후유증은 1990년대 후반 이후까지도 이어
진다. 이는 1998년의 북한 언론 매체들에서 등장하는 '고난의 행군' 관련
기사에서는 과거형뿐 아니라 현재형이 사용되고 있기도 하다는 데서도 미
루어 짐작할 수 있다. 예컨대 '청년들은 위대한 령도자 김정일동지의 령도

---

38) 박형중, 정세진, "고난의 행군과 북한주민의 일상생활 변화" 민족화해협력범국민
협의회 정책위원회 편, 「북한주민의 일상생활과 대중문화」, 서울: 오름, 2003, p.40.

따라 최후승리를 위한 사회주의 강행군에서 돌격대, 결사대가 되자'라는 제목의 신문 기사에서는, "최근 몇 해 동안 우리 인민들과 청년들이 진행한 '고난의 행군'은 참으로 어려운 시련이였으며 자주적 인민의 삶을 계속 누리느냐, 아니면 노예가 되느냐 하는 결사전이였습니다."(「청년전위」, 1998. 2. 7.)라고 평가한다. 또한 '청년들은 당의 위업에 충실한 청년전위가 되자'는 제목의 사설에서는 "경애하는 장군님께서는 온 나라가 '고난의 행군'을 하는 어려운 시기에도 언제나 우리 청년들을 제일로 사랑하시며 청춘의 아름다운 희망과 꿈도 빛나게 실현시켜 주시고 그들이 조국과 혁명을 위한 길에서 청춘시절을 값있게 보내도록 따뜻이 손잡아 이끌어주고 계신다."(「로동신문」, 1998. 8. 28.)고 밝히고 있는 등, 1990년대 후반까지도 그 후유증이 남아 있는 것으로 보인다.

1) '고난의 행군'의 발생 배경

가. 북한의 사회주의 경제 건설 노선

북한의 경제 건설 노선의 첫 번째 특징은 자립적 민족 경제 건설노선을 추구한다는 데 있다. 이는 "나라를 부강하게 하고 인민생활을 높이는 데 필요한 중공업 및 경공업 제품들과 농업 생산물들을 기본적으로 국내에서 생산 보장할 수 있도록 경제를 다방면으로 발전시키고 현대적 기술로 장비며 자체의 튼튼한 원료기지를 닦아 모든 부문들이 유기적으로 연결된 하나의 종합적인 경제체계"를 의미한다.[39] 북한은 완전한 인민경제의 자립을 위해 사회주의 경제 건설에 필요한 최소한의 원자재만을 수입하고자 했으며, 수출은 원자재 수입에 필요한 외화 획득의 방편으로만 활용하였다. 이러한 노선으로 인해 구소련 및 중국에 집중된 대외 경제 관계를 구

---

39) 권영경, "북한경제의 현황과 변화전망", 통일부 통일교육원, 「2002 북한 이해」, 서울: 통일부, 2002, pp.129~135.

축하면서 지속적으로 내부자원의 활용을 높이고자 노력하였다. 따라서 북한의 대외 무역 의존도는 매우 낮은 수준에 머무름으로써 1970년대 세계 석유 위기와 같은 대외 경제 환경의 변동에도 큰 영향을 받지 않았다. 그러나 이러한 북한의 경제 노선은 국제 분업 질서로부터 유리된 '폐쇄 경제'(closed economy)로 이어져, 국제 경제 환경 변화에 대응하기 어렵게 만들었다. 이는 결국 북한 경제 침체의 원인이 되었으며, 1990년대 이후 사회주의 경제권의 붕괴라는 국제 경제 환경 변화까지 겹치자 적응하기 어려웠다.

북한의 경제 건설 노선의 두 번째 특징은 중공업 우선 불균형 성장 정책이라는 데 있는데, 이는 '자립적 민족 경제'를 전면적으로 구현하기 위한 수단으로 중공업 우선주의에 기초한 불균형 성장 전략도 채택하여 왔다. 김정일은 "우리 나라의 실천적 경험이 보여주는 바와 같이 다방면적으로 종합적으로 발전된 자립경제를 건설하자면 중공업을 우선적으로 발전시키면서 경공업과 농업을 동시에 발전시키는 로선을 견지하여야 합니다."(「로동청년」, 1983. 8. 18.)라고 지적하기도 했다. 이는 결국 사회주의 공업화의 중심을 중공업의 선차적 발전에 두고자 하는 입장으로, "기계제작 공업을 핵심으로 하는 강력한 중공업을 창설하여야 자립적 공업체계를 확립하며 인민경제의 전면적 기술재건도 실현"할 수 있다는 것이다.

이는 구소련과 마찬가지로 생산 수단을 공급하는 중공업 부문을 우선적으로 육성하여 급속한 경제 발전을 이룩하려는 방식이다. 구체적으로는 한정된 자원을 통해 생산재 생산 수단 부문을 집중 육성시킨 뒤, 여기서 산출되어 나오는 생산물을 다시 생산재 생산 수단 부문에 재투자하려는 방식이라 할 수 있다. 그러나 이러한 중공업 우선 정책은 시장 확대에 있어서 한계를 지니며, 농업 부문이나 소비재 경공업 부문의 낙후를 초래한다. 중공업 부문에 편중된 재정 지출을 해 온 북한은 결국 공업 총생산 증가율이 1970년대 이후에 둔화되기 시작하여 1980년대 이후부터는 감소하는 추세로 나타났다.

세 번째는 군사·경제 병진 노선으로서, 과거 사회주의 국가들은 체제 경쟁에서 힘의 우위력을 확보하기 위해 군수 산업 육성과 사회주의 경제 건설을 동시에 추진하는 경제 정책을 시행하였다. 이러한 병진 노선은 북한에서는 1966년 공식적으로 채택된 이래, 북한 총예산에서의 군사비 비중이 급격히 증가하고 '군산복합형' 산업으로 발전되어 나갔다. 따라서 제1경제(민간경제)와 제2경제(군수경제)40)로 단절되는 경제 구조를 지니게 되었으며, 절반 이상을 차지하는 것으로 추측되는 군수 산업으로 인해 경제 발전이 제약되었다고 파악된다. 그럼에도 불구하고 2003년 신년공동사설에서는 "우리의 사회주의 강성대국 건설위업은 새로운 국면을 맞이하였다."면서, "우리는 혁명의 근본 리익으로부터 출발하여 국방공업을 중시하고 여기에 선차적인 힘을 넣어야 한다. …… 국방과 원군은 최고의 애국사업이다. 전체 인민들은 군사를 국사중의 국사로 내세우고 국방력 강화에 최대의 힘을 넣어야 한다."(「로동신문」, 2003. 1. 1.)고 다시 강조하고 있다.

나. 중앙계획체계의 약화와 배급제 붕괴

계획 경제는 당 조직과 더불어 사회주의 체제의 핵심적인 제도로서, 공업 생산 부분에서의 '계획의 세부화' 원칙과 소비재 공급에서의 국영상업망을 통한 '배급제'를 핵심 원칙으로 한다. 계획 경제 체제의 운영 원칙인 계획의 세부화는 인민 경제의 모든 생산 부문에서 조업과 자재수송이 정상적으로 이루어질 때 가능하다. 따라서 '인민경제 선행부문', 즉 원료, 연료, 동력생산과 수송이 앞서서 발전해야만 다른 부문의 자재보장, 협동생산, 수송이 보장될 수 있다. 그러나 1990년대의 북한의 에너지 부문이 침체하게 되자 그 여파는 전 부문으로 확산되었다.

---

40) 북한에서는 군수부문을 관장하는 기구를 제2 경제위원회라 부르는데, 이는 뒤에서 제시될 비공식적 경제를 지칭하는 제2경제와는 다른 개념이다. 최수영, 앞의 책, p.1.

　따라서 1990년대 이후 국가계획위원회 산하 중앙자재연합상사로부터의 자재 공급 체계가 붕괴한 이후, 당국은 하부 경제 단위가 생산과 투자 그리고 분배를 위해서 최소로 필요로 하는 자원을 공급하는 데 어려움을 겪고 있다. 그러나 이는 에너지 위기가 표면화되기 이전인 1980년대에도 언론 매체를 통해 자주 등장했던 주제이기도 하다. 예컨대 "곤란 앞에서 실망할 줄 모르고 난관 앞에서 굴할 줄 모르며 새로운 승리를 향하여 계속 전진하는 것은 우리 인민의 혁명적 기개입니다."라는 김일성의 말을 인용하는 기사에서는, "자기에게 맡겨진 혁명과업을 자기 자신이 책임지고 수행하자면 자기 힘을 믿고 우에서 대주어도 좋고 대주지 않아도 제힘으로 한다는 립장을 가져야 한다. 만일 사람들이 이런 입장을 가지지 않는다면 조그마한 난관이 가로놓여도 그것을 뚫고 나갈 생각은 하지 않고 우만 쳐다보거나 남이 도와줄 것만 바라게 되며 나중에는 패배주의자로 되고 만다. 유감스럽지만 우리에게도 한때 이런 현상이 있었다."(「로동청년」 1983. 6. 1.)는 지적이 나타나고 있다.

　결국 '증산과 절약 투쟁'만을 강조하던 과거의 방식을 이어가면서, 각 공장·기업소에게 투자 재원의 자체 조달을 요구하고 있다. 따라서 각급 생산 및 지역 단위는 중앙의 지원 없이 원자재, 인민소비재, 식량 등을 부분적으로 자체 해결하는 데 나서고 있다. 이러한 정책의 일환으로 군(郡)과 지방 산업공장은 각각 200정보와 50정보 이상씩 자체 원료기지를 확보하고, 각 기관은 각 지방의 특색에 맞는 공장을 건설하여 주민들이 산과 들에서 채취한 자연물로 식료품을 생산하고 있다. 각급 기관 및 기업소 등은 자체의 부업 농장과 텃밭 등을 통해 나온 생산물로 식량을 충당하며, 일부는 장마당 등지에 내다 팔아 필요한 생필품을 구하기까지 하였다.[41]

　이러한 경향은 특히 경공업 부문의 육성과 관련한 조직 개편, 군(郡)의 자립성 강화, 그리고 지방 산업 육성으로 이어진다. 북한 당국은 외환 부

---

41) 북한문제연구소, 「최근 북한실상」 1992. 6. pp.15-17.

족에 따른 수입 감소, 중앙재정의 어려움 등으로 인해 지방에 재정을 충분히 공급할 수 없게 되면서, 군(郡)에 보다 많은 권한을 부여하고자 하는 경향을 보인다. 당국은 이를 위해 군이 하나의 독립된 단위로서 원재료의 조달, 상품의 생산 및 대외 무역뿐 아니라, 임금도 군의 수입에 따라 독자적으로 설정할 수 있도록 했다.

이러한 당국의 노력은 언론 매체들을 통해서도 드러난다. 예컨대 '민족음식점을 꾸리고 운영'이라는 제목의 「로동신문」 기사에서는 당국이 지방의 민족음식과 가공방법들을 발굴하기 위한 사업을 진행하고 있으며, 수안군의 메밀국수집, 사리원시의 찰떡, 녹두지짐, 쑥떡을 비롯한 여러 가지 민족음식점, 연산군의 단고기 전문 식당 등 지방산업 육성에도 힘을 쏟고 있다고 밝히고 있다. 이어서 "력사적으로 내려오는 민족유산을 옳게 살리는 것과 함께 민족의 새로운 우수성을 끊임없이 창조해 나가야 한다."는 김정일의 말을 인용하면서, "황해북도 안의 일군들과 근로자들이 민족음식을 전문으로 하는 식당들을 새로 건설하거나 보수하여 놓고 여러 가지 특색 있는 민족음식을 많이 만들어 인민들에게 봉사하고 있다."(「로동신문」 2003. 6. 23.)고 밝히고 있기도 하다.

한편 북한의 1992년 신(新)무역체계 도입은 무역 전담 부서뿐만 아니라 모든 경제 부서와 지방 경제기관들도 무역 업무를 행할 수 있도록 허용했다. 북한은 매년 초 외화벌이사업 목표량을 책정하여 당, 정, 군 기관에 하달하여 전 주민이 외화벌이 사업에 참여하도록 했다. 따라서 각 생산 및 지역 단위는 생존을 위해서 독자적인 외화벌이사업을 구상하여 경쟁적으로 대외 무역에 뛰어들고 있는데, 여기서 벌어들인 외화는 자체적인 필요 충족을 위해서도 사용된다. 예컨대 경작지가 적어 식량이 부족한 함경북도의 경우 어획되는 명태를 전량 중국으로 수출하여 쌀이나 옥수수를 구입하고 있으며, 각급 공장 기업소 유휴노동자들에게 하루 일과 대신 5 그루의 나무를 해 오게 하여 수출하기도 한다. 또한 청진시는 나남구역

은덕동에서 나오는 도자기용 점토를 일본에 수출하여 부족한 유류를 수입하기도 한다.

또한 시·군급 지방 행정경제위원회에서는 파철, 고철 등을 수집하여 중국에 수출하면서 식량과 교환하기도 한다. 1991년 11월부터 1992년 5월까지 북한 신의주시와 중국 단동시는 파철과 밀가루를 교환했는데, 수집할 파철의 할당량을 임의 배정함으로써 공장 등에서는 사용 가능한 기계까지 폐기 처분하여 할당량을 채우는 부작용도 나타났다. 1990년대 이후의 북한의 언론 매체에서는 이처럼 국가재산에 손을 대는 '암초'와 같은 행위 등이 특히 자주 등장한다. 예컨대 "혁명과 투쟁은 말로만 하고 실천 행동에서는 제집 재산이나 늘이기 위해 뛰여다니는 사람"을 경계하면서, "사회주의 사회에서는 모든 것이 국가와 전체 인민의 재산으로 되어 있다. 때문에 그것을 자기의 것으로 만드는 것은 나라의 살림살이를 좀먹는 해독행위로 된다."(「로동청년」, 1993. 10. 10.)고 비판하고 있기도 하다.

더 나아가 중소규모의 기관, 기업소 등은 노임이나 원자재 문제 등을 자체 해결하기 위해 '부업' 명목의 비공식(非公式) 외화벌이 사업을 펼치고 있다. 이들은 독립된 외화벌이 사업체를 조직하지 않으면서 외화벌이를 하며, 따라서 사전에 할당된 일정 목표액의 외화를 국가에 귀속시킬 의무를 지지 않고 사적으로 축적하게 된다. 이 과정에서 신무역체계에 의해서 허용된 다양한 무역 집단의 실무자들에게서는 국가적 이익에 대한 고려보다 자신이 속한 집단이나 자신의 사적 이익 창출에 집착하는 등 '본위주의' 경향이 나타나기도 한다.

이러한 사적 이익 추구 과정에서 드러나는 본위주의 경향은 언론 매체의 지적에서도 확인할 수 있다. 예컨대 본위주의는 그 "본질에 있어서 공명주의, 리기주의"이며, "개인이기주의의 변종이며 집단적 혁신운동에 커다란 저애를 주는 자본주의 사상잔재"라는 것이다. 따라서 "집단주의에 기초하고 있는 사회주의 사회에서는 본위주의가 허용되지 말아야 하며, 만일

본위주의가 허용되고 조장되면 개별적 단위나 부문의 사업은 물론 나라의
전반적 경제발전에 커다란 영향을 주게 된다. 경쟁을 벌리는 데 본위주의
가 조금이라도 허용되고 조장되면 집단의 사상적 단결에 지장을 주게 되
고 생산에서 높은 집단적 혁신을 일으킬 수 없게 된다."(「청년전위」, 1998.
6. 11.)고 강하게 비판하고 있는 데서도 이러한 경향을 짐작할 수 있다.

2) 사회주의 '고난의 행군' 전개 양상

가. 식량난과 질병, 아사, 난민의 발생

북한 사회의 식량난은 1970년대 중반경 도입되었던 이른바 '주체농법'
및 사회주의 집단 영농 생산방식의 모순 등이 누적되어 발생했다. 1980년
대까지만 하더라도 배급량을 줄이거나 구소련과 중국의 지원으로 식량 부
족을 충당해 왔다. 그러나 1990년대 이후 사회주의 국가들의 경제 지원
단절, 농업 관련 물자와 기술 협력의 중단, 비료 등 농업 원자재 생산의
감소 등으로 인해 식량 생산이 격감하였다. 더구나 1995년도 이후 3년 연
속 자연재해까지 겹치면서 농업 기반이 붕괴되어, 소위 '고난의 행군' 시
기인 1995~1998년 동안에는 가장 낮은 생산량을 보였다.

북한의 국가 독점적 배급 체계는 과거 중간간부와 일반 주민에 대한 가
장 효율적인 통제 기구 중 하나로 기능해 왔다. 그러나 이는 1992-1993년
경 불규칙해지기 시작하여, 1997년경에는 거의 대부분의 지역에서 식량배
급이 중단되었다.[42] 따라서 김일성과 김정일 생일 등에 이루어지는 약간
의 배급을 제외하고는, 간부를 제외한 대다수 주민들은 나무뿌리, 풀뿌리,
산나물을 이용한 풀죽에 의존하는 경우가 늘어났다. 식량난이 장기화되면
서 만성적인 영양실조 상태 및 질병과 아사에 의한 사망도 꾸준히 증가하
였다. 특히 '고난의 행군' 시기의 아동들의 경우 이빨이나 머리카락이 나

---

42) 김연철, 「북한의 배급제 위기와 시장개혁 전망」 삼성경제연구소, 1997, p.22.

지 않거나 실명까지 하는 등 영양실조와 기형이 나타나기도 한다.[43]

이러한 식량난은 1990년대 후반 대외 원조에 의한 농업 원자재 공급의 증가로 인해 회복 추세를 보이고 있다. 북한 당국은 1996년부터 협동농장의 20명 단위 분조를 7명 단위로 축소하는 등 「분조관리제」를 개선하고, 할당 생산량을 축소하여 잉여농산물을 개인적으로 장마당에 판매할 수 있도록 허용하고 있다. 1997년부터는 시범적으로 일부 협동농장에서 독립채산제를 도입하고, 협동농장 지배인을 농민들에 의해 선출하게 하는 등의 변화를 보이고 있다. 또한 UNDP가 세운 「북한농업재건계획」하에 이모작을 실시하고, '옥수수사이그루재배법' 등을 도입하기도 했다. 특히 1999년도부터는 '적기적작' 및 '적지적작'을 강조하면서, 식량 위주의 작물 체계만을 강조했던 기존의 주체농법에 대한 개선을 시도하고 있다. 또한 옥수수경작으로 인해 지력이 고갈된 밭작물 대체 작업도 벌이고 '감자농사혁명'을 강조하기도 한다.

한편 이러한 식량난은 개인의 자구적 노력의 중요성을 인식시켰으며, 생필품의 부족은 사적인 경제 행위에 대한 인식 변화를 초래하였다. 북한 당국은 1990년대 초까지 철저한 배급제를 지향하면서 양곡의 자유 판매와 개인의 상행위(商行爲)를 강하게 금지해 왔다. 그러나 식량과 생필품이 절대 부족에 놓인 1990년대 중반에는 중앙계획기구의 통제를 받지 않는 비공식 부문의 경제 행위가 늘어나게 되었다. 따라서 식량을 포함한 생필품의 대부분을 물물 교환 혹은 현금 구입을 통해서 획득하는 것이 북한의 전 지역에 일반화되었다. 이 과정에서 식량을 구하기 위해 집을 떠나 유랑하는 경우가 증가하고 있으며, 중국으로 이탈하여 난민이 되는 경우도 늘어났다. 그러나 북한 사회 내의 경제적 곤란이 어느 정도 해소되어 안정을 찾은 1999년 이후에는 1990년대의 단순 월경자들과는 달리 자의적으로 이탈하는 경우들도 늘고 있다.

---

43) 좋은벗들 편, 앞의 책, p.42; p.46; p.135.

　북한 사회의 식량난과 생필품의 부족은 주민들과 새세대의 자구적인 생존 노력을 필요로 하게 된다. 그러나 북한 사회의 실정법의 한계와 제도적 억압은 결국 당국에 대한 비판 의식의 증가와 저항을 초래하게 하는 요인이 된다. 배급제가 붕괴하면서 생존을 위해 사적 경제 활동을 벌이는 경우가 증가하고, 식량을 구하기 위해 유랑하거나 중국 등으로 이탈하는 경우가 급증하였다. 그러나 이는 결국 북한 당국의 실정법을 어기는 것이 되며, 교양소에 들어가는 등의 처벌이 따른다. 또한 식량난으로 인해 가족의 사망을 경험하는 것은 그 자체만으로도 결국 당국에 대한 공격적 태도가 발생할 수 있는 배경이 된다. 그러나 정치적 처벌에 대한 두려움으로 인해 현실적 고통이나 가족의 사망과 관련된 불평을 드러내지 못하는 상황은 불만을 더욱 가중시킬 수 있다. 이러한 불만은 주로 상대적으로 호의호식하는 간부들이나 권력층에 집중되고 있으나, 이러한 불만이 누적되면 결국에는 사회주의 체제에 대한 불신과 비판으로 이어질 가능성도 있다.

　앞서 이론적 배경에서 살펴본 바와 같이 단순한 실직 등으로 인한 경제적 곤란이라 하더라도 유의미한 스트레스의 근원으로 작용할 수 있으며, 이로 인해 다양한 이상 행동이나 심리적 장애가 발생할 수 있다. 그런데 북한 사회에서 '고난의 행군'기에 경험한 이러한 어려움은 그야말로 최소한의 기본적인 생존 차원마저도 기대하기 어려운 수준의 경험이라 할 수 있다. 식량의 곤란을 매일 경험하면서 혈육의 죽음과 질병을 목격하는 과정은 중대한 심리적 외상의 역할을 한다. 그러나 북한 사회 내에서는 이러한 상태에 대해 불만을 표현하거나 비판을 해소할 수 있는 통로가 존재하지 않는다. 결국 이러한 통제 체제하에서 북한 주민들은 당국과 사회주의 경제 체제에 대한 비판 의식을 표현하지 못하며, 이를 내면적으로 품고 있게 됨으로써 좌절과 심리적인 장애를 경험할 가능성이 매우 높다.

나. 생필품 부족과 에너지난

북한 경제 위기의 주요한 원인은 단순히 식량의 문제라기보다, 원유와 석탄 등의 에너지 부족에서 시작되어 확산된 것으로 알려진다. 특히 북한의 공업 구조는 에너지 다(多)소비형인 중화학공업 중심으로 구성되어 있기 때문에 에너지 공급의 급격한 감소는 산업 생산력을 떨어뜨리는 데 결정적 역할을 하였다. 에너지 부족은 근본적으로 에너지 공급 구조상 북한이 70%나 의존하고 있는 석탄 생산량의 지속적인 감소에 주요 원인이 있으며, 1990년대 초 구소련 해체와 중국의 개방 이후 원유 도입의 급격한 감소, 댐 설비의 노후화 등도 관련이 있다. 이러한 에너지 부족으로 인해 일부 기간산업을 제외한 대부분의 산업 시설이 가동을 중단하였으며, 1990년대 후반 들어 경제 회복 기미가 있으나 주요 광공업 가동률은 아직도 정상적으로 작동하지 못하고 있다.

무연탄 생산이 감소하자 군수 산업이나 식료공장 등 국가적으로 중요한 기업이나 생산물의 가치가 있는 공장들 이외에는 공급이 거의 이루어지지 못했다. 따라서 공급을 받는 중요 산업공장들의 경우에도 공급받은 생산용 무연탄을 공장 직원들에게 가정용으로 돌리기도 했다. 공급을 받지 못하는 일반 공장들은 '자재인수원' 등의 직종에 '사업능력'이 있는 사람을 선정하여, 일 년간 식량공급과 월급을 주고 출퇴근을 하지 않아도 되는 등의 특전을 부여하는 대신 공장에서 필요한 석탄을 구하러 보내기도 한다.(김승철, 2000: 174)

이러한 가운데 주민 각자는 식량뿐 아니라 무연탄 등의 기본적인 욕구들을 충족시키기 위해, 자신이 구하고 활용할 수 있는 모든 능력과 물품을 활용해야 하게 되었다. 예컨대 공장 노동자들이 공장의 기계를 뜯어서 폐철로 팔거나, 기계 속에 들어 있는 부속품이나 구리 등을 빼서 팔아 식량이나 무연탄을 마련하는 사례들이 1990년대 언론 매체에도 상당수 등장한다. 도시 주민들은 음식찌꺼기로 키울 수 있는 개나 돼지 등을 키워 무연탄을 구입하기도 한다. 농촌 주민들은 토끼나 염소 등을 키워 파는 경우가 많은데, 이는 당국이 언론 매체 등을 통해 ‘풀먹는 짐승을 기를 데 대한’ 적극적인 권장을 하고 있는 사항이기도 하다.

한편 전력 부족은 1970년대 중반부터도 항상 지적되어 온 문제로서, 일반 가정들에서 전기 제품 사용을 통제하거나 정전이 되는 경우가 자주 있었다. 특별히 쿠바의 대북한 식량 원조에 대한 보답으로 철강을 보내 주기 위해 청진제강소가 생산을 시작하면서, 주민용 전기를 돌려 제강소에 전기를 공급하게 된 것도 하나의 원인이라 할 수 있다. 특별히 석탄 및 원유 도입의 부족은 1990년 이후 북한 전력 생산의 급격한 감소를 초래하였다. 이러한 문제는 언론 매체를 통해, “한 방울의 기름, 한 줌의 석탄, 한 와트의 전력, 한 쪼박의 강재라도 극력 아껴쓰면서 절약투쟁을 힘있게 벌려 있는 자재 있는 로력으로 더 많이 더 좋게 생산하여야 한다.”(「로동청년」, 1993. 8. 31.)고 강조되고 있는 것에서도 확인할 수 있다.

이에 따라 북한 당국은 1998년 이후 ‘전기 문제가 풀려야 쌀도 나오고 모든 문제가 풀린다’는 인식하에, 전력난 해소를 최우선 과제로 삼고 있다. 그럼에도 불구하고 북한의 전력 사정은 여전히 곤란한 편으로, 2000년 6월의 정상회담 중에 김정일 국방위원장은 “전기도 부족합니다. 지방, 특히 황해도 농촌은 전력 사정이 매우 안 좋습니다. 불이 깜빡깜빡 하고 …… 급히 해결해야 합니다. 남쪽에서 남는 전기가 있으면 주십시오. 없으면 할 수 없구요.”라고 밝힌 적도 있다.(주강현, 2000: 48) 이러한 전력 부족 상황은 북한이 밝히고 있는 ‘2002년의 평양 10대 사변’ 중 열 번째 사항인 “핵동결을 해제하고 전력생산에 필요한 핵시설 가동과 건설을 즉시 재개”(「로동신문」, 2003. 1. 2.)하려는 태도의 배경이 되고 있기도 하다.

이러한 에너지 부족은 원유의 경우에는 더욱 심각하여, 현재는 거의 공급이 중단된 상태이다. 1970년대까지는 일부 지방의 대도시에서도 연료 공급소를 통해 가정용 석유를 공급하였으나, 1980년대 중반에 들어서면서 간부와 같은 특권층에만 한정적으로 공급되기 시작했다. 이러한 상황은 1990년대까지도 이어지면서, 국가재산 애호월간에 대한 강조와 더불어 생산을 위한 연료마저도 절약할 것에 대한 주장으로 이어진다. 김정일은 "전기와 석탄, 기름을 절약하기 위한 운동을 비롯한 여러 가지 좋은 일하기 운동을 널리 벌려 나라살림살이에 보탬을 주고 사회주의 건설에 적극 이바지하도록 하여야 하겠습니다."(「로동청년」 1993. 8. 25.)라면서, '나라의 귀중한 연료를 더 많이 절약'할 것을 강조한다.

이상과 같이 북한의 1990년대 '고난의 행군'기는 단순히 식량난에 그치지 않고 광산, 공장, 교통, 통신, 전기, 수도 등 모든 부문이 거의 정지된 상태라 할 수 있다. 이러한 상황은 북한 주민들이 과거와 같이 당국의 배급에 의존해서는 최소한의 기본적인 생활의 필요를 충족하기 어렵다는 것을 인식하게 하였다. 배급제 붕괴로 식량과 생필품이 부족할 경우에는 그러한 물품들이 비교적 여유로운 지역으로 가서 확보할 필요성이 발생한다. 그러나 앞서 제시한 바와 같은 에너지 부족은 교통 및 통신 체계를 제대로 가동하지 못하게 만들었다. 예컨대 북한의 교통체계는 철도를 중심으로 이루어져 왔으나, 전력이 부족해지면서 이러한 철도 중심의 체계가 오히려 국가 전체의 에너지 문제를 악화시키는 요인이 되었다.

(2) 사회 구조의 위기와 체제 권위 약화

1) 가족의 위기와 구조적 변화

1990년대 사회주의 '고난의 행군'을 경험하면서 북한 사회는 단순히 배급 체제의 붕괴뿐 아니라 전반적인 사회 구조의 위기를 경험하였다. 산업혁명, 혹은 전쟁, 국가적 빈곤 등의 극심한 사회 변동이 발생하면 기존의 사회 구조로는 정상적으로 작동하는 데 있어서 곤란을 겪게 된다. 급격한 환경 변화가 발생하더라도 다양한 기관과 기능을 보유하고 있는 복잡한 유기체는 적응이 상대적으로 용이하듯이, 다양한 기능 분화를 보유하고 있는 사회 체계는 사회 상황의 변화와 위기에 보다 쉽게 대응할 수 있다. 따라서 사회 내의 다양한 하부 단위들의 대응 양식은 사회 구성원의 생존과 사회 존속에 매우 중요한 역할을 한다.

북한이 처하고 있는 사회경제적 상황의 변화는 북한의 가족에 대해서도 커다란 영향을 미쳤다. 북한 사회 내에서 가족 구조의 위기를 초래한 극단적인 경우들은 식량난으로 인한 가족 구성원의 사망과 행방불명, 이혼 등으로 인한 공동체의 해체 등을 들 수 있다. 이외에도 장사질, 식량 구하기, 북한 이탈, 꽃제비의 가출 등으로 인해 유랑민이 증가하는 경우도 가족의 위기에 포함할 수 있다. 이러한 위기 상황은 가족 스스로가 능동적으로 대응해야 할 필요성을 발생하게 했으며, 이에 따라 북한의 가족은 과거와는 다른 적응 양식을 지니는 가운데 변화해야 하게 되었다.

우선 북한과 같은 경제적 위기 상황을 극복하려면, 기존의 아버지 중심의 경제 활동에서 벗어나 모든 구성원이 경제 활동에 참여하는 것이 필요하다. 특별히 직장에서 배급이 잘 이루어지지 않는다 할지라도 출근해야 하는 세대주를 대신하여, 여성이 장사 등을 통해 소득을 획득해야 하는 경우들이 늘어난다. 주부들이 주로 참여하는 여맹의 경우 청년동맹이나 직맹보다 조직 규율이 약하며, 따라서 조직 생활에서 벗어나 경제 활동을 벌이는 것이 비교적 쉽다. 또한 직장이 있는 여성이라 할지라도 남성보다 휴직 기간을 사용하는 것이 용이하다.(박현선, 2003: 268-271.) 북한 사회의 식량난이 심화되고 물가가 급격히 올라 직장의 임금이 무의미해지자, 여성의 생계 능력에 의존하는 가구가 더욱 늘어났다. 이 과정에서 상대적으로 남자의 경제적 무능력이 부각되는 경우가 늘어났으며, 아버지의 권위 약화와 여성 지위의 향상을 초래할 수 있다.

이러한 가족 내 권력구조의 변화는 남녀의 전통적 권위 구조에 혼란을 가져올 수 있으며, 이혼의 증가로 이어져 가족의 해체에 영향을 미칠 수 있다. 북한은 초기에는 자유이혼의 원칙을 고수하였으나 1956년 내각결정 제24호를 통해 합의이혼제를 폐지하고 재판이혼만 가능하도록 하였다. 이는 한국전 이후 가족의 해체가 가중되는 과정에서 이루어진 변화로서, 1990년의 「조선민주주의인민공화국 가족법」 제10조에서도 "리혼은 재판에 의해서만 할 수 있다"고 밝히고 있다. 이러한 제도적 한계와 이혼을 좋지 못하게 보는 인식으로 인해 북한 사회에서 이혼하기는 쉽지 않다. 그러나 1980년대 말경 이혼하지 못하는 여성들의 자살 문제 등이 늘어나자, 재판을 거치지 않고도 이혼할 수 있게 허용하고 있다.

특별히 경제적 위기가 심화된 1990년대에는 북한 내 이혼 사유에 있어서도 변화가 나타난다. 예컨대 생존을 위해 의도적으로 갈라지자고 여성 측이 요구하여 이혼을 하거나, 경제적으로 무능력한 배우자 혹은 자녀를 두고 가출하는 경우가 늘어났다. 이러한 종류의 이혼은 그 자녀들로 하여금 '꽃제비'가 되어 유랑하게 만들 가능성이 매우 높다. 이러한 자녀들은 역전과 장마당에 거하면서 음식을 찾기 위해 무리 지어 다니는 등 단기적으로도 사회 불안의 요소가 될 수 있다. 더 나아가 장기적으로 이들은 미래의 북한을 이끌어 갈 새세대들로서, 어린 시절의 영양 결핍으로 인한 신체적 미성숙과 애정 결핍으로 인한 정서적 상처를 지니게 되는 등 더욱 큰 문제가 될 수 있다.

한편 경제적 위기에 대한 다양한 대응 차원 중에는 가족구성원의 수를 줄이기 위해 의도적으로 자녀를 보호하지 않고 유기하는 등의 행위도 나타날 수 있다.[44] 이러한 최악의 경우 외에도 생존을 위해 잠정적으로 가족의 해체가 나타나는 경우도 존재할 수 있다. 이는 가족 구성원의 일부나 각자가 일자리나 식량을 구하기 위해 다른 지역이나 중국 등으로 자발적 이주하는 것과 관련된다. 예컨대 1990년대 중반경 에너지난으로 공장

---

44) W. L. Langer, "Infanticide: A historical survey", *History of children quarterly 1,* 1974, p.353.

가동률이 낮아지게 되자, 도시 노동자가 농촌으로 이동하는 경우가 늘어
난다. 또한 접경지대의 경우 친척의 도움이나 장사 등의 이유로 중국을
다녀오거나, 혹은 생존을 위해 중국으로 이탈하는 경우도 포함할 수 있다.

이러한 국가적 위기 상황은 전통적인 부양 의식과 도덕성에도 영향을
미친다. 북한은 「조선민주주의 인민공화국 사회주의헌법」 제78조와 「조선
민주주의 인민공화국 가족법」 제2조와 제3조에서 국가가 가족을 공고히
하고 보호할 책임을 진다고 밝히고 있다. 그러나 북한 가족법 제37조는
"미성인과 로동능력이 없는 자는 부양능력이 있는 가족성원이 부양한다"
면서 가족 부양의 일차적 책임을 가족 성원에게 돌리고 있다. 또한 제5장
48조에서는 "법이 정한 상속인이라 하더라도 사망자를 생전에 몹시 학대
하였거나 의식적으로 그를 돌보지 않은 자"에게는 상속권을 주지 않는다
고 하고 있다.[45] 이는 사회주의 체제임에도 불구하고 가족에 대한 부양의
일차적 책임을 가족 단위로 부과하는 것이라 할 수 있다. 또한 가족 구성
원에 대한 공경의 의무와 온정적이고 도덕적인 관계를 강조하면서, 가족
주의적인 위기 대응을 요구하고 있는 것이라 볼 수 있다.

2) 친족 관계의 약화와 갈등

가족 및 친족관계에 있어서 북한은 사회주의제도와 가부장제라는 상이한
두 특성이 공존해 왔다. 박현선(2003: 70-71)의 비교에 의하면, 사회주의적
특성은 가족을 소비단위로 보는 데 반해 가부장제적 특성은 소비 및 생산의
단위로 인식한다. 사회주의적 특성이 가족의 중심관계를 부부관계로 본다면
가부장제적 특성은 부자관계를 핵심으로 인식한다는 특성을 지닌다. 또한
가족 이데올로기에 있어서 사회주의적 특성은 가족의 혁명성과 평등성을
강조하는 데 반해, 가부장제적 특성은 권위와 위계성을 특성으로 한다. 가족
구조의 형성과 해체에 있어서도 사회주의적 특성은 자유로운 결혼과 이혼

---

45) 「조선민주주의인민공화국 가족법」 1990. 10. 24.

을 중시하는 데 반해, 가부장제적 특성은 결혼은 가문의 결합이라고 보며 이혼에 대해 부정적으로 인식한다. 또한 가족구조 지향에 있어서 사회주의적 특성은 핵가족을 지향하지만 가부장제적 특성은 확대가족을 지향한다.

북한의 가족 및 친족 관계의 특성은 이러한 두 가지 특성이 공존해 왔으나, 1990년대 이후 식량난이 심화되기 시작하면서 차츰 변화를 보이고 있다. 북한은 오랫동안 부부 중심의 핵가족이 지배적 형태를 이루어 왔으나, 식량난 이후 노인들에 대한 식량 배급이 거의 중단되면서 확대 가족의 형태가 늘어나고 있다. 반면 대체로 맏아들이 부모를 모시는 것을 원칙으로 하는 유교적 전통이 중심이 되지만, 이 역시 '장남만 부모를 모시라는 법은 없다', '자식들이 돌아가면서 골고루 모시자'는 등 능력 있는 자식이 부모를 모시는 경우도 일반화되고 있다. 또한 경제난 이후 식량 유입이 처가에서 이루어진다거나 며느리의 경제적 능력에 시집이 의존하게 되는 경우들이 증가하면서, 과거의 남성 중심의 가부장적 전통이 부분적으로 변화하고 있다.

북한 사회는 정치적 차원에서도 전통적인 효 사상을 강조해 왔으며, 언론 매체 등에는 연장자와 웃어른에 대한 존경이 자주 등장한다. 또한 북한 사회의 폐쇄성으로 인해 세대 차이와 갈등이 다른 사회에 비해서 적은 편이다. 특별히 북한 사회에서 직장을 가진 며느리 대신 시어머니가 가사의 많은 부분을 담당하는 경우가 늘면서, 대립보다는 협조관계를 중심으로 하는 고부간의 '새로운 관계'가 요구되기도 했다. 그러면서도 북한 당국은 '가정의 화목은 며느리에게 달려 있다'는 기본 원칙을 가지고, 여맹 조직을 통해 여성의 순종을 공산주의적 덕성의 하나로 주입시키고 있다. 그러나 이러한 조직 내에서 이루어지는 고부간의 상호비판과 자아비판 과정은 부모의 권위 약화를 발생시키는 역할을 하기도 한다. 또한 경제적 어려움과 함께 가사 노동의 강도가 높다는 데서 발생하는 인간적인 갈등이 가족 내 고부 갈등으로 연결되기도 한다.

1990년 10월 24일에 제정된 가족법에서는 북한의 친족은 8촌까지 확

대되었으나, 실제적인 친족 관계는 오히려 매우 약화되어 왔다. 그 이유로
는 첫째, 사회주의적 가족관계 형성 과정에서 문중 중심의 봉건적인 가족
제도와 호적제도가 해체되고 공민증 제도가 도입되었기 때문이다. 또한
정권 초기의 사회주의적 개혁정책인 토지사유제와 재산상속제 폐지는 문
중의 토지를 소멸하였고, 결국 봉건적 문중 중심의 친족구조를 파괴시키
는 역할을 하였다. 둘째, '사회주의 생활양식' 가운데 가정의례의 간소화를
지향한 것도 한 요인이 된다. 식량난 이후에는 장례 등의 기본적 의식도
더욱 축소되거나 소멸하기도 하였다. 셋째, 이주 및 여행의 자유가 제한되
어 있고 교통·통신 시설이 미비하다는 것도 친족 관계를 약화시켰다. 오
히려 '먼 친척보다 가까운 이웃이 낫다'는 말처럼 이웃관계 및 직장 동료
관계가 더욱 중요하게 된다.

식량난을 겪는 과정에서 북한에서의 친족 관계는 더욱 약화되었으나,
친족의 존재는 개인의 출신 성분과 관련되기 때문에 여전히 중요한 역할
을 한다. 정치적이고 사회적인 특권을 보장해 주는 당원이 되기 위해서는
본인의 당성뿐 아니라 가족 중에 친일파, 반동분자나 월남자가 없어야 한
다. 반대로 성분이 좋은 사람과 혼인하거나 친척으로 두게 될 경우, 상대
적으로 유리한 사회적 출세와 성공을 보장받게 된다. 또한 경제난 이후
북송교포를 비롯하여 재미교포 등의 해외 친족은 과거와는 달리 오히려
선망의 대상이 되고 있다. 이들은 물품과 달러 등을 통해 유족한 물질생
활을 누릴 수 있으며, 뇌물을 이용하여 대학 입학이나 평양으로의 이주
등 어느 정도의 사회적인 신분 상승을 도모하게 된다.

3) 사회 보장 체계의 약화

사회 보장 체계와 관련될 수 있는 구체적인 경우들은 탁아소, 유치원 등
아동의 양육 체계, 학생 청소년의 교육체계, 의료 체계, 노후보장 체계 등
이라 할 수 있다. 특별히 생존의 위기에 직면했던 1990년대 이후의 경우

의료 문제와 노후의 생활 문제에 대한 우려가 증가하고 있다. 박현선(2003: 172-173.)의 탈북자 설문 연구에서는 탁아소와 유치원 등 어린이 양육 문제에 대한 지적이 30.9%, 학교 교육 문제는 32.7%, 의료 문제는 41.8%, 노후보장의 어려움은 50.3%로 나타났다. 이는 북한 사회 내에서 건강하고 안락한 생활에 대한 관심이 증가하고 있어서라기보다는, 개인의 생존에 대해서 그다지 낙관적으로 인식하고 있지 못하다는 것과 관련되는 것으로 보인다. 즉 경제난 이전에는 사회주의제도가 지향하는 기본적인 사회보장이 이루어졌으나, 현재는 시설만 유지될 뿐 실제적인 부담은 개인에게 전가되는 등 사회보장의 원칙이 제대로 지켜지지 못하고 있다는 것이다.

북한은 보통 교육과정인 유치원 높은 반 1년과 인민학교 4년, 고등중학 6년으로 이어지는 전반적 11년 의무 교육제를 지향한다. 이어지는 고등교육 과정인 대학은 장학제 형식으로 실시하는데, 수업료를 면제하거나 일정한 액수의 장학금을 대학생들에게 지급한다. 북한은 교육 재정을 국가가 책임지고 무상교육을 실시하는데, 이는 의무교육 기간 동안 교재 등 교육 자료의 무상공급도 포함된다. 그러나 전반적인 교육여건의 악화로 인해 학교 운영이 부실해지면서, 이러한 원칙은 1995년 이후 제대로 이루어지지 못하고 있다. 오히려 당국에서 각 공장·기업소 및 학교에서 물품의 자체 조달을 강요하기 때문에, 교원들이 학생들에게 나무, 휘발유, 시멘트, 벽돌 등을 요구하게 된다.

이와 같은 국가지원의 감소는 교육받고자 하는 개인의 부담을 증가시키게 된다. 이는 결국 교육에서의 계급 불평등 현상을 초래할 수 있으며, 이와 관련된 불만과 비판 의식이 발생할 우려가 있다. 현실적으로도 '고난의 행군'기에는 굶주림으로 인해 등교하는 학생 수도 급격히 감소한 것으로 알려진다. 또한 장마당 등에서 사적 경제 활동을 벌이기 어려운 교원들의 경우 경제적 어려움이 가중되어 교원의 사기도 매우 낮아졌다고 한다. 따라서 교원과 학생의 결석 및 결근율이 증가하면서, 교육이나 수업보다는 가족의 생계를 위해 장사에 나서는 경우도 늘었다. 이러한 교육 체계의 붕괴 상황은 수도 평양을 비롯하여 국가 전체적으로 발생했던 문제로, 국가적으로 후대하는 예술이나 체육대학의 경우도 정도의 차이는 있을지언정 유사한 상황을 경험하였다.[46]

이러한 교육 체계의 악화뿐 아니라 경제난 이후 의료 체계 역시 극도로 약화되었다. 특별히 1995년 이후에는 제약공장의 가동이 어려워지면서 기초의약품과 수입 약품의 부족이 심화되었다. 또한 의사와 간호사에 주어지는 임금이 지급되지 못하면서 전반적인 의료 활동이 정상적으로 이루어지지 못하였다. 따라서 약품 획득을 위해 뇌물이 오가거나, 시장 등을 통해 중국제 약품을 직접 구입하여 사용하는 등 개인의 부담이 늘어났다. 또한 부족한 의약품이 당 간부 등에 우선적으로 집중되면서, 간부층에 대한 불만의식도 가중되었다. 이와 같이 교육 체계와 마찬가지로 의료체계에서도 계급에 따른 불평등이 심화되었는데, 이는 체제 자체에 대한 비판의식의 증가와 저항으로 이어질 위험이 있다.

2. 사상성의 약화 경향

(1) 계층별 사상성의 약화

1) 간부, 군대 계층

북한의 간부와 군대 계층은 북한 사회에서 상당한 정도의 혜택을 보장받는 계층으로, 당과 체제에 대한 충성의 정도가 높고 사상성이 강한 계층이라 할 수 있다. 즉 '고난의 행군'기에도 간부들은 상대적으로 나은 배

---

46) 좋은벗들 편, 앞의 책, 1999, p.80; p.130.

급을 받았으며, 더 나아가 이들은 자신들의 지위를 이용하여 개인적인 이익을 추구하기도 하였다. 간부들의 부정부패 행위는 경제상황이 나빠지기 시작한 1980년대 말부터 급격한 증가를 보였다. 특히 1990년대를 거치는 과정에서 기업소 지배인, 중간 간부, 산림보호원, 화물차 운전수, 극장 판매원 등 실제적인 권한을 행사할 수 있는 모든 분야에까지 개인적 이익을 추구하는 행위가 확산되었다.

북한 당국이 이러한 간부층의 특권과 사적 이익 추구 행위를 허용하는 것은, 이러한 특권을 보장해 줌으로써 체제에 대한 충성심을 유도하여 체제 안정을 유지하려는 것과 관련된다. 그러나 스스로의 능력으로 수입을 획득하는 이러한 구조적 변화가 확산되고 지속될 경우 당국의 의도와는 다른 결과가 발생할 가능성이 있다. 예컨대, 단순히 당과 체제에 순종함으로써 특권을 받아 누리려 하던 과거의 의존적인 의식에서 변화가 나타날 수 있다. 또한 사적인 이익을 획득하기 위해서는 자신의 상부에 존재하는 계층뿐 아니라 자신에게 이익을 가져다줄 수 있는 구성원들과의 교류를 중시해야 하게 된다. 이와 같이 하부 계층과의 교류가 증가하게 되면 정치·경제적 관념이 변화할 수 있으며, 체제에 대한 지지도와 충성심 역시 달라질 수 있다.

군대의 경우에도 간부만큼이나 당국이 중요하게 여기는 계층이라 할 수 있다. 식량 공급의 우선 대상도 일반적으로 인민군대, 탄광 광산, 평양시 공급 등으로 정해지고 있다. 따라서 군대는 '고난의 행군'기에도 일반 주민보다는 상대적으로 나은 생활을 하였다고 볼 수 있다. 특히 식량난으로 전반적인 사회 기강이 약해지면서 당국은 군대의 역할을 더욱 중시하였다. 예컨대 당국은 1996년 말부터 군부대가 공장, 기업소, 협동농장, 철도 부문 등을 통제하게 하기도 했다. 또한 1997년 4월 초에는 김정일이 '군대가 책임지고 농사를 지을 데 대한' 지침을 내리기도 했다.

이러한 군 우대 정책은 김일성 사망 이후 최근으로 올수록 더욱 심화되

고 있는 것으로 보인다. 김일성 사망 이후 유훈 통치 기간에 김정일 위원
장의 외부 활동은 거의 노출되지 않았으나, 정기적인 군부대 방문만큼은
지속되었던 것에서도 이러한 정책을 확인할 수 있다. 이러한 정책 방향은
「로동신문」이나 「청년전위」 등에 군(軍) 관련 기사가 매우 높은 비중으로
계속 등장하고 있다는 데서도 알 수 있다. 이상과 같이 인민군대는 국가
의 관심도와 신임도가 매우 높은 계층이며, 따라서 당과 지도자에 대한
군대의 사상성과 충성심도 비교적 높을 것으로 예상할 수 있다.

그러나 식량난이 장기화되고 국가적 빈곤 상태가 되면서, 군대의 배급
체계 역시 상대적으로 나을 뿐 매우 곤란한 상황에 처하게 되었다. 군대
에 대한 배급이 과거와 같이 충분치 못하게 되자, 영양실조 등으로 체력
이 약화되어 훈련을 견디지 못하는 경우도 발생하였다. 따라서 부대 자체
에서 식량 해결을 위해 농사를 짓는 경우가 늘어났으며, 농사지은 식량을
자체적으로 장마당에 내다 팔기도 하였다. 이 과정에서 군수품을 빼돌려
장마당에서 교환하거나 판매하는 등의 일탈이 증가하기도 했다. 또한 군
용품이 부족해지면서 군부대 상호간에 약탈이 벌어지는 경우도 발생하였
다. 또한 군 기강이 해이해지면서 군인들이 민가를 습격하여 식량, 가축,
생필품, 가전제품을 약탈하는 경우가 발생하기도 했다. 심한 경우 노상에
서 강도짓을 행하기도 하는 등, 북한 당국이 강조해 온 군민일치의 전통
을 훼손하는 행위들이 발생하였다.

군대는 사회 내의 어떠한 다른 조직보다도 강한 통제 규율과 강한 처벌
이 존재하는 조직이다. 그럼에도 불구하고 이와 같은 군 기강의 약화 현
상은 다른 각도에서 보면 군 내부에 존재할 가능성이 있는 체제 불만을
암시하는 것일 수도 있다. 즉 인간의 기본적인 생존과 관련된 욕구가 충
족되지 못했을 경우 불만이 발생하지만, 군대는 이러한 욕구 불만이 쉽게
표출되기 어려운 조직이라 할 수 있다. 따라서 불만이 표출되거나 해소되
지 못하고 내면적으로 누적될 경우, 심리적 장애가 발생하거나 혹은 공격

적 행위로 드러날 수 있다.

북한에서 군대와 관련된 「로동신문」 사설이나 기사들이 급격히 증가하는 시기는 '고난의 행군' 시기와 거의 일치한다. 실제로 「로동신문」 사설 제목들을 주제별로 살펴볼 경우, 북한 사회가 극심한 경제적 곤란을 겪던 1995년을 전후로 하여 군(軍) 관련 사설의 빈도가 급증한다. 군 관련 사설 제목은 1992년까지는 한 해에 서너 번 정도 등장하였으나, 김일성 사망 즈음에는 15.4%까지 증가하기도 한다. 이는 '김일성(김정일)' 관련 사설과 '로동당' 관련 사설 제목들에 이어 거의 3위권 정도의 높은 비중이라 할 수 있다. 이러한 추세는 현재까지도 10% 전후의 높은 비중으로 계속되고 있으며, 군(軍)에 대한 당국의 신임과 관심은 최근 들어와 더욱 심화되고 있다. 「로동신문」 사설 제목 분석을 통한 정치부문 연도별 주제의 분포는 다음 표 〈4-1〉, 〈4-2〉와 같다.

〈표 4-1〉「로동신문」 정치부문 연도별 주제: 1988-1995(%)

	1988	1989	1990	1991	1992	1993	1994	1995
당	6.3	17.5	18.7	19.5	17.6	17.9	10.6	13.3
민족	20.8	10.0	6.7	8.5	11.8	15.4	6.4	13.3
혁명	12.0	22.5	28.0	24.4	25.9	11.5	14.9	6.7
남한	6.3	5.0	4.0	3.7	4.7	1.3		5.0
주체, 김일성	14.5	10.0	13.3	14.6	18.8	17.9	46.8	51.7
정치구조, 과징			1.3	3.7		1.3	2.1	
인민	6.3	7.5	9.3	12.2	4.7	6.4	2.1	
정치사업	2.1	10.0	2.7	7.3	10.6	5.1	4.3	
군, 군사력	2.1	2.5	2.7	3.7	1.2	15.4	8.5	6.7
국가	8.3	12.5	5.3	2.4	3.5	5.1	4.3	3.3
행정	8.3	2.5	6.7		1.2	2.6		
기타			1.3					
계(N)	100.0	100.0	100.0	100.0	100.0	99.9	100.0	100.0
	48편	40편	75편	82편	85편	78편	47편	60편

〈표 4-2〉「로동신문」정치부문 연도별 주제: 1996-2002(%)

	1996	1997	1998	1999	2000	2001	2002	계
당	20.0	15.4	20.6	16.7	35.3	12.0	7.4	16.6
민족	10.0	15.4	26.5	11.1	2.9	12.0	11.1	12.1
혁명	10.0	19.2	5.9	8.3	14.8	4.0	5.6	14.3
남한	2.5	1.9		2.8	2.9	4.0		2.9
주체, 김일성	42.5	21.2	14.7	22.2	23.5	24.0	33.3	24.6
정치구조, 과정			11.8	8.3				1.9
인민		5.8		2.8			3.7	4.1
정치사업	2.5	3.8	2.9	5.6	8.8	8.0	3.7	5.2
군, 군사력	10.0	11.5	11.8	19.4	8.8	32.0	31.5	11.2
국가	2.5	3.8	5.9	2.8	2.9	4.0		4.4
행정							3.7	1.7
기타		1.9						0.2
계(N)	100.0	99.9	100.1	100.0	99.9	100.0	100.0	100.2
	40편	52편	34편	36편	34편	25편	54편	790편

'고난의 행군'기에 군대를 중시하는 당국의 정책은 배급제 붕괴와 사망자의 증가로 인한 사회 불만을 잠재우고 질서를 유지하기 위한 시도이기도 하다. 그러나 그 이면에는 체제를 전복시킬 수 있을 힘을 가지고 있는 유일한 무장집단인 군대에 대한 감시의 고삐를 늦추지 않으려는 시도일 수도 있다. 또한 군(軍) 기반에 있어서 김일성보다 상대적으로 약한 김정일 정권이 경제적 위기를 겪게 되면서, 존재할지도 모르는 군 내부의 불만 세력에 대한 대응일 가능성도 있다. 최근으로 오면서 이러한 군 우대 경향은 더욱 적극적으로 나타나고 있으며, 영화나 언론 매체를 통한 교양 등 매우 다양한 방법으로 드러난다.

북한 당국은 군민일치의 전통과 관련된 예술영화 '사랑의 종소리'를 제작하기도 했다. 이 영화의 의의와 관련하여, "종전의 군민관계를 반영한 작품들에서는 대부분 군대와 인민이 서로 돕고 이끌며 물질적으로 도와주는 문제를 다룬 것이 일반적이었다."면서, 이 영화에서는 "군민관계의 기본을 사상정신적 원호문제로 특색 있게 제기하고 이것을 군민일치사상의 기본 요구로 철학성 있게 밝히고 있다."고 평가한다. 즉 "군대와 인민 사이에 물건이나 쥐여 주고 동정이나 해줄 것이 아니라 사상정신적으로 도와주는 것이 군민관계의 핵으로 되어야 하며 여기에 군민이 사상의 일치, 투쟁기풍의 일치를 완벽하게 이루는 길이 있다는 사상을 명백히 밝힌 데 이 영화가 우리 당의 군민일치사상의 본질을 높은 수준에서 빛나게 구현한 작품으로 되는 가장 중요한 근거가 있다."(「로동신문」 2003. 7. 17.)는 것이다.

'군민일치'와 '원호'의 전통을 강조하는 이러한 전통은 사회 전반의 대중적인 운동으로 이어지고 있다. 즉 북한 각지에서는 '우리 공장－우리 초소', '우리 농장－우리 초소', '우리 학교－우리 초소', '우리 마을－우리 초소' 운동이 대중적으로 번지고 있다고 지적한다. 더 나아가 군민일치미풍을 더 높이 발휘하기 위한 대중운동 가운데, '군민발전소', '군민저수지', '군민거리', '군민다리', '군민포전', '군민림' 등에 대한 기사들이 등장하기도 한다. 또한 원군미풍을 강조하는 사회적 분위기를 강조하며, '콩나물'을 길러 군부대를 지원(「로동청년」 1993. 12. 4.)하는 등의 '아름다운 소행'과 관련된 기사가 등장하기도 한다.

이러한 당국의 입장은 새세대 청년들에게로 이어져, 군대를 사랑하는 마음을 가지고 헌신적으로 투쟁할 것을 강조한다. 이와 관련하여 김정일은 "시대의 선구자가 되어 강성대국건설에 앞장에 서야 할 세대는 다름아닌 우리 청년들입니다."라면서, 새세대들이 인민군에 입대하는 것을 최고의 영예로 여기도록 강조하기도 한다. 이어서 "젊음과 열정에 불타며 전투적 기백이 넘치는 청년들이 우리 당의 선군정치를 받들어 나가는 데서 기수가 되어야 한다. 모든 청년들은 총을 잡고 조국 수호의 전초전에 서는 것을 최고의 영예로 여기고 인민군대에 입대하며 인민군대를 당의 군대, 수령의 군대, 백두산 혁명강군으로 강화하기 위하여 헌신적으로 투쟁

하여야 한다. …… 훌륭한 청년들이 없이는 불패의 당과 군대도, 부강조국
도 건설할 수 없다. 국가기관과 사회기관, 학교와 가정을 비롯한 모든 데
서 청년교양사업에 큰 힘을 넣어야 하며 온 사회에 건전하고 혁명적인 기
풍이 차넘치게 함으로써 청년들이 좋은 영향을 받으며 성장하도록 하여야
한다."(「로동신문」, 2003. 8. 28.)는 것이다.

또한 「청년전위」 기사에서 매우 자주 등장하는 주제가 '공산주의적 도
덕기풍'인데, 이러한 도덕기풍의 내용에 있어서도 특별히 1990년대에는 군
관련 내용이 상당수를 차지한다. 당국이 강조하는 수많은 도덕적 행위들
중에서도 가장 수위에 꼽히는 사례는 '영예군인'과 결혼하는 일이다. 예컨
대 "우리 청년들은 '하나는 전체를 위하여, 전체는 하나를 위하여'라는 집
단주의 원칙 밑에 사회와 집단, 조직과 동지를 귀중히 여기고 서로 돕고
이끌면서 보람차게 일하며 생활하고 있다. 우리의 남녀청년들 속에서는
저마다 앞을 다투어 당이 부르는 긴요한 부문에 집단적으로 진출하고 영
예군인들과 결혼하여 일생을 같이 해나가며 남을 위하여 자기를 희생하는
공산주의적 미거가 날을 따라 아름답게 꽃펴가고 있다."(「로동청년」, 1993.
1. 30.)와 같은 표현이 자주 등장한다.

2) 노동자와 농민 계층

북한에서 가장 핵심적인 계급으로 여기는 로동계급은 '가장 선진적 계급
이며 혁명의 령도계급'이다. 노동자 계층은 북한이 강조하는 가장 집단주
의적인 환경 가운데 일하게 되며, 따라서 당국의 통제가 가장 용이한 계층
이라고 볼 수 있다. 북한의 중앙계획경제하에서의 기업소와 공장은 단순히
경제적인 의미를 넘어서서, 1961년 제시된 '대안의 사업 체계'와 같이 정치
적 기구이자 사회적 기구로 기능해 왔다. 그러나 경제난 이후 공장 가동률
이 저하되면서 임금의 지불이 제대로 이루어지지 못하고 있으며, 임금으로
는 감당하기 힘들 정도의 물가 상승[47] 등으로 인해 이러한 기능이 약화되

고 있다. 또한 세대교체 이후 새세대들 사이에 육체노동에 대한 의식이 변화하면서 과거와 같은 계급의식이 유지된다고 보기는 어렵다.

1990년대 중반경 공장 가동률이 떨어지면서 발생한 유휴노동자들은 농촌 지원이나 공장 인근의 건설장, 주요 시설, 도로 정비 등에 동원된다. 일부 공장 노동자들은 뇌물을 제공하거나 혹은 당국의 묵인하에 근무 시간을 할애하여 가내 일용품 생산과 상거래 행위에 종사하기도 한다. 이들은 공장에서 생산한 부품을 빼다가 집에서 조립하는 방법으로 간단한 기계를 만들어 팔기도 하는데, 예컨대 공장자재로 변압기를 제작하여 팔면 개당 임금의 몇 배나 되는 경우도 있다. 국경 지역에 거주하는 젊은 노동자 청년들은 1:1 장사인 되거리장사에 나서기도 한다.

이상과 같은 '국가재산 략취', '장사질하는 것'과 같은 행위들은 북한에서 사회 질서를 문란시키는 소위 '비사회주의적 현상'이지만, 현재는 대다수의 근로 청년들과 주민들이 장사 경험이 있다고 한다. 북한 언론에서 비판하는 '비사회주의적 현상'이란, "사회주의의 원칙과 생활규범에 어긋나는 모든 현상들을 통틀어 이르는 말"로서, "정치, 경제, 문화, 도덕 등 사회생활의 모든 분야에서 사회주의원칙, 집단주의원칙과 어긋나며 사회주의 사회의 생활규범과 어긋나는 여러 가지 비원칙적이며 비건전한 현상들"을 말한다. 구체적으로는 "사회주의 사회의 법규범과 법질서를 어기는 각종 위법현상들, 사회주의적 공중도덕을 어기면서 사회질서를 문란시키는 현상들, 사기협잡행위, 국가재산 략취, 장사질하는 것, 도박, 부화방탕한 생활, 미신행위 등이 속한다."(「로동청년」 1993. 9. 11.)고 지적하고 있기도 하다.

특별히 '고난의 행군' 시기 동안 식량 사정은 평양과 함경도 지방을 제

---

47) 주민들의 평균적인 공식 수입 대 비공식 수입의 비율이 1:3 정도라고 하며, 상위 30% 내외에 달하는 창고장 이상급 수준의 경우 공식수입 대 부수입의 비율은 1:9 정도라고 한다. 좋은벗들 편, 앞의 책, 1999, p.123.

외하고는 사적(私的) 경작이 용이한 농촌이 도시보다 나은 편이었다. 따라서 배급에만 의존하게 되는 도시 노동자들의 경우 식량 곤란을 보다 심각하게 경험할 수밖에 없으며, 이로 인해 체제에 대한 불만의 정도가 가장 높을 수밖에 없다. 「청년전위」 등의 언론 매체를 통해 지적되는 '사회질서를 문란시키는 말썽꾼들'의 경우도 농촌 젊은이들보다는 도시 노동자들에게서 많이 발견된다. 범법 행위까지는 이르지 않더라도 '가끔 출근하지 않아 말밥에 오르는' 경우라든지, 총화에 빠지고 '엇나가는' 등 '무규율성, 비조직성' 등이 자주 발견된다고 지적되기도 한다.

한편 집단적으로 일하고 집단적으로 통제받는 도시 지역 노동자 계층과 달리, 농민들은 상대적으로 개별적인 방식으로 일하여 왔다. 따라서 북한 당국의 관점에서는 가장 심한 '낙후성'을 보이는 곳이 농촌이며, 농민계급에게는 개인주의, 이기주의, 보수주의 등의 낡은 사상의 잔재가 뿌리 깊게 존재한다고 비판된다. 북한 사회에서 말하는 '낡은 사회의 유물'이란 "지난 사회에 존재하던 낡은 것이 새로운 사회에도 남아 있는 것"을 의미하며, "사회주의 사회에 남아 있는 낡은 사회의 유물에서 중요한 것은 자본주의가 물려준 사상, 기술, 문화적 락후성이다. 이러한 락후성은 농촌에 특히 심하게 남아 있다. 농업이 공업보다 뒤떨어지고 도시보다 농촌이 사상, 기술, 문화적 수준에서 뒤떨어지며 전인민적 소유와 협동적소유의 차이가 남아 있고 이것으로 하여 로동계급과 농민의 계급적 차이도 남아 있는 것은 바로 낡은 사회의 유물이다. 사회주의 사회에서 일부 나타나게 되는 세도와 관료주의도 낡은 사회의 유물이다."(「로동청년」 1993. 11. 4.)라는 것이다.

또한 농민들의 경우 사회주의 공동경리에 대한 주인다운 태도가 부족하다는 비판과 더불어, '혁명성과 조직성'이 높지 못한 계층[48]으로 자주 비판된다. 또한 농촌의 특성상 도시보다 사회적 이동이 적은데, 이로 인해

---

48) 사회과학출판사 편, 인간개조리론, p.117

전통과 관련하여 비교적 동질적인 가치관을 형성할 수 있다. 업무에 대한 통제도 도시 노동자들에 비해 용이하지 못한 편이며, 당국의 식량 배급에 대한 의존도도 도시 노동자들보다 낮은 편이다. 앞서 살펴본 것처럼 도시 노동자들이 사회 범죄나 규율을 어기는 등의 방식으로 저항을 행하는 경우가 많은데, 농민들의 경우에는 저항의 양식에서도 다소의 차이를 보일 수 있다.49) 예컨대 농민들의 경우에는 자신의 사적 경작지에서는 밤낮을 가리지 않고 열심히 일하지만, 협동 농장에서의 공동 경리에는 열심히 일하지 않는 방식으로 간접적인 저항을 보이는 경우가 많다.

이와 관련된 당국의 교양 의도는 「로동신문」에서 김정일이 청년절 5돌에 즈음하여 김일성사회주의청년동맹 중앙위원회 기관지 '청년전위'에 보낸 담화에서도 드러난다. 즉 "집단주의에 기초한 사회주의 사회에서는 사회 공동의 리익과 요구가 모든 활동의 기준으로 되며, 사회와 집단을 위하여 헌신하는 것이 가장 값높은 삶으로, 아름다운 도덕으로 됩니다. 청년들은 사회와 집단의 리익에 자기 개인의 리익을 복종시킬 줄 알아야 하며, 사회와 집단을 위한 공동 로동과 공동 사업에서 높은 성실성과 헌신성을 발휘하여야 합니다."(「로동신문」 1996. 8. 28.)라고 강조하고 있기도 하다.

이러한 사례는 언론 매체를 통해서도 종종 지적되는데, 1983년 「로동청년」, '주인된 립장에서'라는 기사에서는 "모든 근로자들이 국가재산과 사회재산을 인민의 공동의 재부로서 아끼고 사랑하며 공동 경리를 잘 관리하고 나라의 살림살이를 알뜰하게 꾸리기 위하여 애쓰도록 교양하여야 할 것입니다."라는 김일성의 말을 인용하면서, "나날이 풍족해지는 농장살림으로 해서 아까운 것을 모르고 농기구가 조금만 낡아도 새것으로 바꾸어 줄 것을 바랬다고 자신을 뉘우쳤고, …… 농장재산을 되는 대로 관리했던

---

49) 이와 관련하여 James Scott는 '일상생활형의 저항'이라고 개념화하였는데, 이는 말레이시아 농촌 지역에서의 농민들의 정치적 태도나 남북전쟁 이전의 미국의 남부 흑인들이 사용하던 저항과 유사하다. James Scott, op.cit, p.34. 서재진, 앞의 책에서 재인용, 1995, pp.363-364.

지난날의 잘못을 뉘우치며 새로운 결의를 다지었다."(「로동청년」 1983. 9. 1.)는 내용이 등장한다.

3) 인텔리 계층

김일성은 '주체사상을 구현하기 위한 조선 인민의 투쟁에 대하여'(1983. 6. 30; 7. 1; 7. 5.)라는 담화에서, 인텔리를 바라보는 당국의 기본 입장을 밝히고 있다. "우리 당의 올바른 교육정책에 의하여 단 하나의 대학도 없던 우리 나라에 오늘은 180여 개의 대학이 일떠섰으며 해방 직후에는 불과 몇 십 명에 지나지 않던 기술자, 전문가의 대렬이 오늘은 120만 명으로 늘어났습니다. 혁명투쟁과 건설사업에서 인텔리들이 중요한 역할을 합니다. 우리는 120만 명의 인텔리대군을 가지고 있기 때문에 어떤 일이든지 마음만 먹으면 다할 수 있습니다. …… 우리 당마크에는 마치와 낫 붓이 그려져 있는데 이것은 우리 당을 구성하고 있는 로동자, 농민, 근로인텔리를 상징하는 것입니다."(「로동청년」 1983. 10. 29)고 한다.

특별히 인텔리는 정신적인 노동을 하는 계층이라는 점에서, 육체노동을 하는 공장 노동자들과 가장 대비되는 계층이라 할 수 있다. 인텔리는 정권 초기부터 북한 당국에 의해 가장 우려되는 계층으로 받아들여졌으며, 낙후성을 지닌다고 비판되는 농민들보다도 더욱 강한 당국의 사상적 교양이 집중되고 있는 계층이다. 즉 "지난날 착취사회에서 교육받았고 부르죠아 사상의 영향도 비교적 많이 받은 인텔리는 물론 사회주의제도하에서 자란 새 인텔리들도 생산 활동과 떨어져 주로 개별적으로 정신활동을 하는 직업상 특성으로 하여 혁명적 단련이 부족하며 사상수양에 힘쓰지 않으면 개인주의, 자유주의를 비롯한 여러 가지 불건전한 사상의 영향을 쉽게 받을 수 있다"는 것이다.

실제로 북한의 소설과 영화 등에서는 인텔리 집단을 소재로 다루는 경우가 매우 많다.[50] 이는 자유주의와 개인주의가 싹트기 쉬운 인텔리 집단

에 대한 당국의 우려와 경계를 반영하는 것일 수도 있다. 그러나 긍정적
인 주제나 주인공으로 등장하는 인텔리도 상당수 있다는 점에서, 북한 사
회 내에서 인텔리가 지니는 사회적 영향력을 드러내는 것이라고 볼 수도
있다. 또한 작품 속에 등장하는 인텔리에 대한 비판적 사례들이나 그들에
대한 냉소적 시각 속에서도, 북한 주민들과 새세대들의 부러운 마음이 숨
겨져 있음을 부분적으로 엿볼 수 있다.

　선행 연구들에 의하면 북한의 새세대들에게는 농촌보다는 도시를, 육체
노동보다는 정신노동을 선호하는 경향이 늘어나고 있다는 지적이 다수 존
재한다. 실제로 「청년전위」 등의 언론 매체에서 등장하는 '공산주의적 미
거'들에는, 대학생이 될 수 있는 기회를 버리고 농촌과 탄광으로 지원해
내려가는 등의 행위들이 자주 등장하고 있다. 이는 결국 새세대 청년들에
게 있어서 결국 농촌이나 탄광 노동자가 되기보다는 도시에서 정신노동이
나 하는 '헐한 일'을 바라는 새세대들이 상당수 존재하고 있다는 것을 거
꾸로 암시한다고도 볼 수 있다. 언론 매체에 등장하는 기사는 어디까지나
당국의 의도와 정치적 색채가 들어가 있음을 감안해야 하지만, 이러한 지
적들을 통해 새세대들의 관심사와 행동 양식들을 부분적으로 엿볼 수 있
게 해 준다.

　이상과 같이 북한 사회의 인텔리 집단은 노동계급과 같은 '혁명의 령도
계급'도 아니고, 간부와 같은 권력층도 아닌 주변적인 집단이다. 따라서
당국의 기대와 경계를 함께 받고 있으며, 주민들과 새세대들에게 부러움
의 대상이자 동시에 냉소적 비판의 대상이기도 하다. 이들은 외부의 정보
와 소문을 접할 기회가 상대적으로 많다고 볼 수 있으나, 권력을 지니지
못한 소수 집단으로서 강도 높은 통제를 받고 있다는 점에서 적극적 저항
으로 이어지기 어렵다. 더욱이 이들은 정신노동이라는 직업 특성상 급격

---

50) 북한 소설에 대한 분석 연구들로는 이온죽, 앞의 책, 1993; 서재진, 앞의 책,
　　1999 참조.

한 환경 변화에 따른 적극적이고 능동적인 대응을 마련하지 못하는 경우
가 많다. 따라서 국가 배급이 중단되는 등의 급격한 사회 변동이 발생하
는 경우에도, 장사를 하거나 식량을 구하러 중국으로 이탈하는 행위 등을
실행하기 쉽지 않다. 더구나 당국의 경계와 직업상의 특성으로 인해 체제
에 대한 불만이 있더라도 외부적으로 표출하지 못하는 경우가 많다. 실제
'고난의 행군'기에도 이탈이나 저항, 장사를 통한 적응보다는, 욕구 불만과
무기력감 가운데 머물러 있거나 자살을 택하는 경우도 존재한다.

4) 학생, 청소년, 대학생 계층

청소년 계층은 식량난으로 인해 육체적으로나 정신적으로 상당한 정도
의 직접적인 타격을 받은 계층이라 할 수 있다. 이는 연령이 낮아질수록
더욱 심각하여, 아동들의 경우 영양실조로 사망 및 성장 부진, 기형, 지능
저하 등이 나타났다. 학생 청소년들의 경우 식량난으로 인해 결석률이 높
아지고, 식량을 구하기 위해 장사 등에 나서는 경우가 늘었다. 교과서를 비
롯한 학교 물품들도 부족하여 학교별로 자체 조달해야 하는 경우가 늘면서
학교 운영도 파행적으로 이루어졌다. 또한 에너지 부족으로 농기계 작동이
어렵게 되면서, 북한의 고등중학교 1학년 이상의 청소년들은 대부분 농사
에 동원되어야 하는 경우도 발생하였다. 그러나 언론 매체를 통해 "고난의
행군이 진행되는 어려운 조건을 외우면서 시무룩해 있는 청년들"이 많으
며, "어떤 청년들은 생활상의 문제를 코에 걸고 작업에 분발하지 않고 있
다."(「청년전위」, 1998. 3. 6.)는 기사가 지적하고 있듯이, 청소년들 속에 이
러한 조직 동원에 대해서 불만이 누적되고 있는 것을 짐작할 수 있다.

고학년의 경우 역시 방과 후에 몰려다니면서 식량을 구하기도 하며, 일
부는 유흥비 마련을 위해 장마당에서 장사에 종사하는 경우도 있다. 대학
생들의 경우도 방학을 이용해서 지방에서 골동품을 구입하여 평양에 팔거
나, 국경 지역에서 중국 물품을 구입하여 내륙 지역에 팔아서 시세차익을

남기고 있다. 이는 대학생들이 "순박성을 지녀야 안일해이해지거나 돈과
재물에 유혹되지도 않고 직심스럽게 공부에 열중하게 될 뿐 아니라 일을
해도 누가 보건 말건 성실하게 하며 일상생활에서도 호의호식을 바람이
없이 검박하고 건전하게 살아나가게 된다."는 지적에서도 확인할 수 있다.
이어서 "어렵고 힘든 일을 맡아나서는 데서 청춘의 보람을 찾고 당의 구
상을 꽃피우기 위한 투쟁의 앞장에서 근면하고 성실하게 일하며 사리와
공명, 굴욕과 사치, 허례허식 등 온갖 낡고 썩어빠진 것들을 철저히 반대
배격하고 건전하고 검박하게 생활하는 여기에 우리 청년 대학생들이 지녀
야 할 순박한 품성이 있는 것이다."(「청년전위」 1998. 6. 7.)고 강조한다.

또 다른 기사에서는 1990년대 후반의 청년들의 성향을 짐작하게 해 주
는 구절도 등장한다. "젊어서 꽃밭을 좋아할 때, 늙어서 가시덤불에 엎어
진다는 대사가 있다. …… 우리의 생활을 투시해보면 꽃밭만 좋아하는 청
년들이 결코 없지 않다. 맡은 일에 열정과 땀을 바치기 싫어하면서도 더
큰 것, 더 많은 것을 받아안으려는 청년들, 더럽고 힘든 일이 제기되면 낯
부터 찡그리지만 놀음판이 펼쳐지면 스스로 조직자가 되고 선도자가 되는
청년들, 제 맡은 일과 관련된 기술실무적 문제는 잘 몰라도 농민시장 가
격이나 외국제 물건 이름과 값은 환히 꿰뚫고 그게 큰 자랑거리나 되는
듯 입다물 줄 모르고 주절대는 청년들……. 이런 꽃나비, 이런 노라리들은
우리 농장에도 더러 있다."(「청년전위」 1998. 1. 8.)는 것이다. 이처럼 많
은 새세대가 당국의 노력 동원이나 교양 학습에서 이탈하여 개인주의적이
고 물질주의적인 관심을 지니고 있는 것으로 보인다.

이와 같이 당국의 교양 목표에서 벗어난 관심이나 행위들은 1990년대의
북한의 경제 위기를 초래한 당국에 대한 비판 의식의 성장과 관련이 있을
수 있다. 일반적으로 남한과 같은 사회에서는 학생회 활동 등을 통하여
체제 비판이나 사회 문제를 개선하기 위한 노력들을 할 수 있다. 그러나
북한의 대학 혹은 학부 사로청위원회는 자치조직이 아니라는 점에서 사회

비판의 기능을 하기 어렵다. 남한의 총학생회와 같은 역할로는 북한의 대학 사로청위원회, 학부 사로청위원회, 그리고 20-30명으로 구성된 초급단체들이 있으며, 이외의 대학 내 단체조직으로는 정치조직인 대학 당위원회, 대학 직맹 위원회, 대학여맹 위원회 등이 있다. 그러나 이 모든 조직들은 학생 자치조직이라고 보기 어려우며, 특히 사로청위원회 임원들의 경우 월급을 받고 일하는 직원들이다. 매년 한 번씩 사로청위원장을 비롯한 청년조직의 간부들을 선거를 통해 선출하지만, 실상은 당조직에서 추천한 사람을 선거라는 형식을 통해 발표하는 것일 뿐이다.

이와 같은 제도적 한계에도 불구하고, 대학을 비롯한 새세대 청년들은 나름대로 현 체제의 문제를 인식하고 친한 친구들을 중심으로 논의할 가능성이 있다. 1980년대 초반에도 김일성 종합대학에는 수학과 학생들이 조직한 '별'이라는 조직이 있었으며, 김책공업대학 등 이름 있는 대학에도 조직이 결성되었다고 알려진다. 특별히 고위급 자제들과 같은 상류층 젊은이들의 경우 상대적으로 외국의 객관적인 현실을 인식할 수 있는 기회가 많은데, 이와 관련하여 친한 친구들과 함께 북한 사회에 대한 비판을 하게 될 가능성이 높다.

그러나 현실적으로는 이러한 비판 의식이 체제 자체에 대한 직접적 비판이나 저항으로 나타나기는 어려우며, 대부분의 경우 간접적인 방식으로 이루어지는 경우가 많다. 우선 지도자나 제도 및 간부들에 대한 은어 등을 통해 간접적이고 풍자적으로 비판하는 경우가 있다. 신문 등에 자주 등장하는 '농장 포전이 나의 포전이다'의 구호와 같이 당의 공식적 선전 매체를 통해 유포되는 구호를 일부 변형하는 경우도 있다. 이 구호는 협동농장을 자신의 것처럼 아끼라는 의도이지만, 이면적 의미로 사적인 이익 추구를 상징하는 뜻으로 변형되어 통용되기도 한다. 혹은 지도자나 체제에 대한 직접적 비판을 가하는 대신, 간부 및 국가보위부원과 사회안전원들의 부정부패를 대상으로 비난하는 식으로 우회적인 비판을 하는 경우도 존재한다. 예컨대 "우리들의 세상은 노동자의 세상입니다"라는 김정일의 말을 변형하여, 조선은 간부들만 배를 불리는 '간부들의 세상'이라는 식으로 돌리면서 체제에 대한 직접적인 비판을 피하는 경우가 있을 수 있다.

또 다른 경우는 노력 동원이나 생활 총화, 사상교양학습 등에 대해 냉소적으로 임하거나, 혹은 조직생활에서 이탈하는 등의 간접적인 저항 방식을 취할 수 있다. 북한 사회에서는 오래전부터 존재해 온 출신 성분과 지역 격차에 대한 새세대 청년들의 반감이 갈수록 누적되고 있다. 더구나 식량난 등 경제 위기에 따른 체제 불만이 가중되고 있으나, 강력한 사회 통제가 존재하고 있을 경우 이러한 불만은 표출되기 어렵다. 따라서 이러한 불만이 적극적 저항으로 드러나기보다는, 현실적인 한계를 인식하고 좌절감 가운데 체념적인 태도로 이어지기 쉽다. 혹은 이러한 현실에 적응하는 과정에서 기회주의나 출세주의적인 사고방식이 형성될 수 있으며, 관심 대상을 물질 등으로 대체하여 추구하려는 청년들이 늘어나게 만드는 결과를 초래할 수 있다.

(2) 새세대의 혁명의식의 약화

「청년전위」 등의 신문 기사를 통해 지적되고 있는 새세대의 사상적 측면을 살펴보면, 1980년대경에는 주로 '낡은 사상'과 관련된 부분이 문제점으로 지적되는 경우가 많다. 북한 사회에서 말하는 '낡은 사회의 온갖 유물'이란 "착취 사회가 남겨놓은 모든 반동적이며 뒤떨어진 사상, 경제, 기술, 문화, 도덕, 풍습 등을 통털어 이르는 말"(「로동청년」, 1983. 1. 8.)을 뜻한다. 1980년대에 비판적 용도로 자주 지적되는 단어들로는 '봉건사상', '자본주의사상'과 같은 낡은 사상들이 있으며, 이외에도 '숭미사대주의', '민족허무주의사상', '공미숭미사상', '종파사대주의', '수정주의', '교조주의' 등이 있다.

특별히 1980년대에는 미국을 대상으로 한 낡은 사상들이 자주 등장한다. '숭미사대주의'는 "남조선에 대한 미제의 사상문화적 침투는 그 뚜렷한 실례로 된다. 청소년들 속에 숭미사대주의와 반공사상, 온갖 부르죠아 반동사상과 썩어빠진 양키문화, 미국식 생활양식을 전파하고 있다."(「로동청년」 1983. 1. 5.)라고 정의된다. 또한 '공미숭미사상'은 "제국주의의 우두머리인 미 제국주의를 두려워하거나 숭배하는 그릇된 관점과 태도를 통틀어 말한다. 여기서 공미라는 것은 미제가 강대하다고 보면서 두려워하는 것이요, 숭미라는 말의 뜻은 미제에 대한 환상을 가지고 미제를 섬기며 덮어놓고 떠받드는 것을 가리킨다. 공미숭미사상은 미제에 대한 사대주의의 표현으로서 인민들의 반미자주의식과 배치되며 반제반미투쟁을 저애하는 극히 유해로운 사상이다."(「로동청년」 1983. 1. 29.)라는 것이다.

이러한 '낡은 사상'으로서의 미국 관련 사상과 더불어, 1980년대에 문제점으로 지적되고 있는 '부정적 기사' 내용의 대상 역시 주로 미 제국주의나 '남조선' 등에 국한되어 나타난다. 비판의 초점이 북한 새세대가 아니라는 사실은, 결국 1980년대까지는 북한 새세대들에게 있어서 사상적 측면이 결정적 문제점으로 부각되고 있지는 않다는 것을 의미하는 것으로 볼 수 있다. 예컨대 김일성은 "미제를 우두머리로 하는 제국주의자들은 문화적 침투를 통하여 다른 나라의 민족문화를 말살하며 인민들의 민족자주의식과 혁명정신을 마비시키고 사람들을 부화타락하게 만들려고 교활하게 날뛰고 있습니다."(「로동청년」 1983. 1. 5.)라고 지적하고 있는데, 이런 식으로 시작되는 기사 내용이 상당히 많다.

1980년대에 자주 등장하고 있는 또 다른 낡은 사상은 '종파주의'라 할 수 있다. 김일성은 "종파주의는 부르죠아적 및 소부르죠아적 사상, 특히 개인영웅주의, 공명출세주의 사상의 산물로서 로동계급의 혁명사상과는 아무런 인연도 없다"[51]면서, 반종파투쟁은 사대주의, 교조주의, 좌·우경

---

51) 김일성, 김일성저작집 1권, p.87

기회주의 등 온갖 반혁명적 사상조류들을 반대하는 투쟁이라고 보았다. '종파주의'의 변형된 형태로 등장하는 '종파사대주의자'는, "파벌싸움을 일삼은 종파주의의 악습과 큰 나라 큰 당을 섬기고 그에 아부굴종하는 사대주의사상을 다같이 가지고 있는 자들을 말한다."면서, "자기들이 섬기는 큰 나라나 다른 당을 등에 업고 자기 파의 종파적 목적을 추구하여 온갖 못된 짓을 다 하는 반당적이며 반혁명적인 분자를 가리켜 이르는 말이다. 종파분자들은 례외 없이 다 사대주의자들이었다. 이로부터 그 두 가지 나쁜 사상을 뗄 수 없이 다 가지고 있다는 의미에서 종파사대주의자라고 한다."(「로동청년」 1983. 4. 21.)고 해설한다.

한편 '반당수정주의자'는 "당을 반대하는 행위를 의식적으로 하면서 로동계급의 혁명사상의 진수를 거세하며 제국주의를 미화분식하는 반혁명적 기회주의 사상을 가진 자를 말한다. 반당 수정주의자들은 당의 최고령도자인 수령의 사상과 업적을 말살하고 수령의 높은 권위를 허물며 혁명전통을 거부하고 헐뜯음으로써 혁명의 대를 끊어버리며 혁명을 말아먹으려고 책동한다. 당의 통일과 단결을 위해서는 반당 수정주의자들이 대렬 안에 절대로 숨어들지 못하게 하여야 한다."(「로동청년」 1983. 6. 3.)고 지적된다. 1980년대의 기사 내에 이러한 단어들이 자주 등장하는 이유는 우선 이러한 사상적 유물들이 실제로 존재하고 있기 때문일 가능성이 있다. 그 외의 가능성으로는, 이 기간 동안 김일성의 항일 혁명 기사들이 한 면 가득히 계속하여 연재되는 경우가 많기 때문에 이러한 기사의 빈도가 높게 나타나는 것으로 볼 수도 있다.

이러한 '낡은' 사상 이외에도 1983년에는 주체의 혁명과업을 방해하는 '이색적 요소'에 대한 비난도 비교적 자주 등장한다. 북한에서 말하는 이색적 요소란 "일정한 특성을 가지고 있는 개별적 측면이나 부분을 요소라고 하는데, 이색적 요소라고 할 때 그것은 당의 유일사상과 어긋나는 딴 사상, 다른 성격을 가진 요소를 말한다. 온갖 이색적 요소들을 반대하는

투쟁을 강하게 벌려야 당대열과 혁명대오의 통일단결과 순결성을 보장할
수 있다."(「로동청년」, 1983. 5. 31.)고 정의된다. 그러나 1980년대에 등장
하는 '이색적 요소' 역시 실제로 북한 사회에 나타나고 있다고 하여 비판
되는 것이라기보다는, 남조선 사회에 만연하고 있는 것으로 제시되는 경
우가 대부분이다.

주로 비판하는 '이색적 요소'의 내용들로는 특별히 '썩어빠진 양키문화',
'퇴폐적인 미국식생활양식'에 대한 것이 주를 이룬다. 또한 남조선 내의
'현지 침략기구'에 의한 미국의 출판물과 방송, 영화들이 이러한 '말세기적
인 퇴폐풍조'를 만연하게 한다고 비판한다.(「로동청년」, 1983. 6. 15.) 즉
"제국주의자들은 무엇보다 먼저 나라의 흥망의 기둥인 청년학생들 속에
부르죠아 사상, 소부르죠아 사상을 침투시키고 그들을 사상적으로 무장해
제시키려고 꾀하고 있다."면서, 이러한 반동적 출판물이 "부르죠아지들의
생활양식을 반영함으로써 정치, 경제, 문화, 도덕, 풍습을 비롯하여 옷차
림, 언어 등 모든 부문에 걸쳐 퇴폐적인 생활에로 청년들을 타락시키며
혁명투쟁을 포기하게 만든다는 데 엄중한 해독성이 있는 것이다."(「로동
청년」, 1988. 3. 5.)라고 경계하고 있다.

그러나 남조선과 미국에 대한 비판으로 일관하던 1980년대의 특성과는
달리, 1990년대 이후에는 사상·이념의 약화에 대한 지적이 보다 구체적
인 형태를 띠고 나타난다. 최근으로 올수록 자주 사용되는 주제로는 '부르
죠아 사상', '자본주의 사상', '비사회주의적 현상' 등이 대표적이다. 북한에
서 말하는 '비사회주의적 현상'이란, "사회주의의 원칙과 생활규범에 어긋
나는 모든 현상들을 통틀어 이르는 말"로서, "정치, 경제, 문화, 도덕 등
사회생활의 모든 분야에서 사회주의 원칙, 집단주의 원칙과 어긋나며 사
회주의 사회의 생활규범과 어긋나는 여러 가지 비원칙적이며 비건전한 현
상"들을 말한다. 구체적으로는 "사회주의 사회의 법규범과 법질서를 어기
는 각종 위법현상들, 사회주의적 공중도덕을 어기면서 사회질서를 문란시

키는 현상들, 사기협잡행위, 국가재산 략취, 장사질하는 것, 도박, 부화방
탕한 생활, 미신행위 등."(「로동청년」 1993. 9. 11.)을 '비사회주의적 현상'
에 포함시키고 있다.

한편 '부르죠아 사상'은 최근으로 올수록 그 사용 빈도가 상당히 높아지
고 있다. '부르죠아 사상'은 "자본가 계급의 리익을 위하고 착취제도인 자
본주의제도를 옹호하며 미화분식하는 반동사상"으로서, "극도의 개인리기
주의에 기초하고 있다. 부르죠아 사상은 착취와 략탈, 로동에 대한 천시,
근로대중에 대한 멸시, 기만과 사기, 개인영웅주의, 자유주의, 계급적 및
인종저, 민족적 차별과 인간증오, 개인의 향락과 부패타락, 전쟁선동 등 반
인민적, 반혁명적인 것으로 가득 차 있다."(「로동청년」 1993. 1. 29.)고 비
판된다. 이어지는 기사에서는 "자본주의적 착취관계가 청산된 사회주의 사
회에서는 부르죠아 사상이 나올 수 있는 물질적 조건은 없어지지만 사람
들의 머리 속에는 아직 낡은 부르죠아 사상의 잔재가 오래 동안 남아있게
된다. 또한 제국주의자들이 이 세상에 있는 한 외부로부터의 부르죠아 사
상의 침투가 계속된다. 이러한 부르죠아 사상은 저절로 없어지지 않으며
장기적인 사상교양과 심각한 사상투쟁을 통해서만 그것을 없앨 수 있다."
고 우려하고 있다. 이는 사회주의 사회인 북한에서도 이러한 부르죠아 사
상의 잔재가 남아 있다는 것을 스스로 인정하고 있는 것으로 볼 수 있다.

1990년대에는 '부르죠아' 및 '자본주의' 사상의 침투에 대한 구체적이고
강도 높은 경계가 늘어나고 있을 뿐 아니라, 이러한 경계의 대상이 미제
나 남조선이 아니라 북한 내부의 새세대들을 향하고 있다는 것이 특징이
다. 또한 1990년대에는 붕괴된 사회주의권 국가들의 비참한 현실에 비난
의 초점이 맞추면서, 북한 새세대들이 이러한 사상적 침투에 경계를 늦추
지 말 것을 강조한다. 즉 "제국주의자들은 이전 쏘련과 동구라파 나라들
을 내부로부터 분렬와해시키기 위하여 반동적인 사상문화와 퇴폐적인 생
활양식을 악랄하게 류포시켰다."면서, 이 나라들의 신문과 잡지들의 변

화된 목표는 "자라나는 새세대들의 의식을 부패타락시키고 색정과 강간, 치부에 대한 숭배를 '최상의 가치'로 심어주는 것이다. …… 부르죠아 사상문화적 침투는 새세대 청년들에게 제일 먼저 미치었다. 로동계급의 혁명정신과 창조적 능력을 키우기 위한 교양 대신 반동적인 사상문화와 퇴폐적인 생활양식이 휩쓸게 된 이 나라에서 청년들은 사상의식이 변질되어 부르죠아생활의 진탕 속에 깊이 빠지게 되었다."(「로동청년」 1993. 1. 23.)고 경계한다.

또한 1990년대에는 '낡은 사회의 유물'에 대한 인식도 보다 구체화되며, 북한 사회 내에 존재하고 있는 낡은 사상에 대한 솔직한 인정이 드러나는 기사도 등장한다. 즉 "사회주의 사회에 남아 있는 낡은 사회의 유물에서 중요한 것은 자본주의가 물려준 사상, 기술, 문화적 락후성이다. 이러한 락후성은 농촌에 특히 심하게 남아 있다. 농업이 공업보다 뒤떨어지고 도시보다 농촌이 사상, 기술, 문화적 수준에서 뒤떨어지며 전인민적 소유와 협동적소유의 차이가 남아 있고 이것으로 하여 로동계급과 농민의 계급적 차이도 남아있는 것은 바로 낡은 사회의 유물이다. 사회주의 사회에서 일부 나타나게 되는 세도와 관료주의도 낡은 사회의 유물이다."(「로동청년」 1993. 11. 4)라고 한다.

이상과 같은 지적을 통해 북한 내부에도 노동자와 농민의 계급적 차이가 남아 있다는 것을 인정하고 있음을 알 수 있다. 더 나아가 관료의 세도와 관료주의가 존재하고 있다는 것도 확인되는데, 이는 간부들의 '형식주의'적인 역할 수행 및 부정부패 등을 간접적으로 가리키는 내용이라 할 수 있다. 북한 사회에서 말하는 '관료주의'란 "낡은 사회의 관리들이 인민들을 억압하고 착취하는 반인민적 통치방법을 말한다. 관료주의는 원래 봉건사회나 자본주의 사회에서 인민들을 억누르면서 써먹던 통치방법이다. 관료주의는 낡은 사회의 유물이며 민주주의와 근본적으로 대립된다. 사회주의 사회에서 일부 사람들 속에 관료주의가 남아있게 되는 것은 그들의 머리 속에 아직 낡은 사상잔재가 남아있기 때문이다. 관료주의는 인민대중의 의사와 어긋나는 것을 명령과 호령의 방법으로 내리먹이며, 군중 우에 올라앉아 틀만 차리고 세도를 쓰면서 군중에게 욕설하고 모욕하며 자기 사업을 책임적으로 집행하지 않고 원칙에서 벗어나 되는 대로 일하는 등 여러 가지 형태로 나타난다.”(「로동청년」, 1993. 11. 3.)고 한다.

또한 1990년대에는 '낡은 사상'들의 인식에 있어서도 사회주의권의 붕괴 이후 변화된 시대 분위기를 반영하는 있는 것이 엿보인다. 즉 과거에는 '혁명'적 관점에서 부정적 사상 조류를 선정하여 비판했으나, 1990년대 이후에는 붕괴된 사회주의 국가에서 발생한 것과 같은 '자본주의로의 복귀'를 경계하는 의도에서 비판을 가하고 있다. 예컨대 “사회주의를 좀먹는 가장 위험한 사상조류는 수정주의와 교조주의, 사대주의”라면서, “수정주의는 공산주의운동 안에 나타난 부르죠아 사상의 반영으로서, 이전에는 사회주의에로의 혁명적 이행의 길을 가로막았다면 오늘에는 자본주의 복귀의 길을 열어주면서 제국주의자들의 평화적 이행 전략이 사상적 도구로 리용되고 있습니다. 사대주의, 교조주의에 물젖게 되면 남이 장단에 춤을 추면서 남이 수정주의를 하면 수정주의를 끌어들이고 남이 자본주의를 하면 자본주의를 끌어들이게 됩니다. 수정주의에 오염된 사회주의 배신자들이 부르죠아 자유화바람을 류포시키고 일부 당들이 사대주의, 교조주의를 하여 여러 나라에서 사회주의를 망쳐먹은 것만큼 우리는 현대수정주의의 반동적 본질을 꿰뚫어보고 철저히 반대배격하여야 하며 교조주의, 사대주의의 사소한 표현도 허용하지 말아야 합니다.”(「로동청년」, 1993. 4. 18.)라는 것이다.

한편 1990년대 후반에 이르면 남조선이나 미 제국주의, 혹은 붕괴된 사회주의 국가들의 청소년을 비판하던 과거의 표현방식에서 거의 벗어난다. 대부분의 비판이 주로 북한 내부의 새세대들을 향해 이루어지며, 부정적 사례들의 제시도 매우 구체적인 방식으로 이루어진다. 김정일은 “청년들은 제국주의자들과 반동들의 책동에 경각성을 높이고 썩어빠진 부르죠아적 사상문화와 생활양식을 반대하는 투쟁을 강하게 벌려 그 자그마한 요소도 우리 내부에 들어오지 못하게 하여야 합니다."라면서, "청소년들 속에서 비사회주의적 현상을 없애기 위한 투쟁을 힘있게 벌릴 데 대한 강령적인 가르치심"을 강조하게 된다.(「청년전위」 1998. 1. 14).

특히 1990년대 후반에는 세대교체 이후의 북한 새세대의 혁명 의식 약화를 우려하는 지적이 자주 등장한다. 예컨대 "청년들이 정신도덕적으로 타락되면 혁명의 좌절을 면치 못하게 된다."면서, "특히 세대교체가 일어나 지난날 착취와 압박을 받아보지 못하고 혁명의 시련을 겪어보지 못한 혁명적 3세대, 4세대들이 사회주의 사회의 주인으로 등장한 시기에 와서 더욱 날카로운 문제로 제기되게 된다. 그것은 사회주의제도에서 자라난 새세대들이 행복에 도취되어 혁명을 하려는 각오를 잊어버릴 수 있다는 사정과 관련된다."(「청년전위」 1998. 12. 13.)는 것이다. 따라서 사상문화적 침투에 대한 투쟁을 벌이지 않을 경우 새세대들이 "행복에 도취되어 혁명을 포기할 수 있고 부르죠아 황색바람에 오염될 수 있다"(「청년전위」 1998. 4. 3.)고 우려한다.

또한 과거의 '낡은 사상'으로서가 아닌 '현대 수정주의자'들에 대한 지적도 등장하는데, 이들은 '제국주의에 대한 환상'을 조성하면서 자라나는 새세대들을 사상정신적으로 병들게 하려 한다고 비판한다. 주목되는 것은 "청년들이 미제에 대한 사소한 환상도 철저히 없애며 전쟁공포증, 염전사상을 단호히 배격하는 것"(「청년전위」 1998. 12. 8.)과 같은 표현이 종종 나타난다는 것이다. 이러한 표현이 반복적으로 등장한다는 것은 결국 이러한 '환상'이 그 시기의 새세대들에게 있어서 상당히 중요한 문제점으로 당국이 파악하고 있다는 것이다. 이러한 당국의 우려에 기초해 보면, 1990년대 후반의 북한 새세대들의 의식 속에 미 제국주의의 문화나 상품들에 대한 환상과 동경이 실제로 존재하고 있을 가능성이 있다. 또한 새세대들 사이에 '평화적 기분' 가운데 제국주의를 타파하려는 혁명 의식이 약화되고 있거나, '염전사상' 가운데 전쟁을 기피하려는 경향이 늘어나고 있을 가능성도 짐작해 볼 수 있다.

3. 조직 생활 측면의 약화 경향

(1) 새세대의 비판 의식의 성장

앞서 살펴본 바와 같이 '고난의 행군'이 장기화되면서 주민과 새세대들 사이에서는 체제와 제도에 대한 다양한 비판 의식이 발생할 가능성이 높다. 예컨대, 북한의 배급 제도는 1995년의 자연재해가 발생하기 이전부터도 제대로 작동하지 못했는데, 이는 결국 집단주의적인 경제 제도에 문제가 있거나 혹은 지도부가 무능하기 때문일 것으로 인식할 가능성이 있다. 특히 식량을 구하기 위해 중국을 다녀온 주민들의 경우에는, 같은 사회주의 체제이면서 인구도 더 많은 중국이 안정적인 발전을 하고 있다는 사실을 접하게 되면서 이러한 비판 의식이 더욱 심화될 수 있다. 또는 단순한 체제 비판을 넘어서서 대안적 차원에서, 라진·선봉과 같은 특구 지역을 늘려야 한다는 의식을 지니게 될 수도 있다. 또한 배급제 붕괴 이후 부족한 생필품을 사적으로 조달하는 과정에서 장마당 등의 초보적인 시장 경제 체제에 의존할 수밖에 없는데, 이 과정에서 자유로운 이동과 거래를 제한하고 있는 북한의 현실적인 법과 제도에 대한 비판 의식이 강화될 가능성도 존재한다.

한편으로는 이러한 비판 의식의 성장과 저항이 북한 사회 내에서 발생할 가능성에 대해 부정적으로 인식할 만한 근거들도 존재한다. 우선 북한 체제가 극심한 경제난에도 불구하고 외적으로 정치적 안정을 유지하고 있는 원인들 중 하나는 군(軍)과 간부들에게 특권을 부여하고 있다는 사실이라 할 수 있다. 그럼에도 불구하고 이러한 특권층이 부정부패와 향락을 즐기고 있는 것을 일반 주민들이 인식하게 될 경우에는 당과 체제에 대한 비판과 저항 의식이 표면화될 수 있다. 간부층의 부정부패는 생존의 갈림길과 만성적인 생활고를 경험하고 있는 북한 주민과 새세대들로 하여금 당과 체제에 대한 충성심을 돌이키고 비판과 저항을 일으키게 한다. 이러한 실망감과 배신감은 특히 북한 체제에 생명을 바쳐 충성을 다해 온 계층일수록 더욱 클 수 있다. 1990년대 이후 영예군인 등 유공자에 대한 기사가 언론 매체를 통해 매우 자주 등장하고는 있으나, 이 역시도 당국의 적극적인 정책적 배려라기보다는 일반 주민들의 자체적인 지원 및 '공산주의적 도덕기풍' 차원에서 요구되는 경우가 많다.

그러나 김일성의 사망과 식량난 이후 북한 내의 체제 비판 의식이 성장하고는 있으나, 현실적으로는 여전히 강력한 사회 통제가 존재하기 때문에 적극적인 체제 저항이 발생할 것으로 기대하기는 쉽지 않다. 즉 북한 체제 내의 비판 의식의 성장이라는 것은 정치적인 차원의 반체제적 저항 의식이라기보다는, 결국 생활고와 질병 및 사망과 관련된 원망에 가깝다고 볼 수 있다. 이러한 비판 의식은 지역별, 세대별, 계층별로 차이가 존재할 수 있다. 예컨대 기득권을 지니고 있는 간부층이나 평양 주민의 경우 상대적으로 체제 비판의 정도가 낮을 수 있다. 반면 국경 지역이라든지 함경도처럼 식량 자급 자체가 어려운 조건의 지역에 사는 주민들의 경우 비판의 정도가 상대적으로 높을 가능성도 있다.

북한 사회 내에서 정치적 저항의 발생 가능성과 관련하여 중요한 것은, 대부분의 주민들이 '정치모자'를 쓰지나 않을까 하는 식의 두려움을 항상 가지고 생활한다는 것이다. 즉 사회주의 강행군으로 인한 생활고를 한탄하거나, 이 과정에서 발생한 가족의 죽음을 이야기하는 것도 사회 불만으로 받아들여질 수 있다. 또한 배급제 붕괴 이후 자구적 노력 가운데 중국에 식량을 구하러 가는 것도 조국과 체제의 권위를 저하시키는 것이 되기 때문에 제재를 받게 된다. 따라서 기본적인 욕구가 충족되지 못하여 불만이 발생하게 됨에도 불구하고, 이 불만을 겉으로 드러낼 수 없는 사회구조하에 생존해야 하게 된다.

이와 같이 불만이 표출되거나 승화되지 못하고 그대로 개인의 내면에 누적될 경우에는 이러한 스트레스와 좌절감이 분노와 공격성으로 표출될 위험이 있다. 강력한 통제력을 보유하는 사회 구조하에서는 이러한 분노와 공격성이 자신 혹은 주변으로 대상을 옮기기 쉽다. 즉 프로이트의 지적처럼 '감정'이나 '욕구'는 사라지지 않지만, 대상물은 변경될 수 있다는 것이다. 우선 자신에게로 옮겨진 공격성은 '자살'로 귀결되는 경우가 일반적인데, 북한에서는 자살을 쉽게 행하기 어렵다. 북한에서 자살은 정치적 범죄와 같이 체제에 대한 반항으로 여겨지기 때문에, 자신이 자살한 이후 가족이 처벌받을 가능성이 높기 때문이다. 따라서 스트레스의 정도가 더욱 높아지게 되면 이러한 자극에 대한 방어 차원에서 술이나 담배 등의 도피처를 찾거나, 폭력이나 자포자기식의 행동을 드러낼 수도 있다. 실제로 북한에서는 "청년들이 '자유화' 바람에 물젖어 날라리를 부리면서 사회질서를 문란시키고 불량행위를 하며 장사질과 미신행위까지도 하고 술풍에 빠지는 등 온갖 비사회주의적 현상이 생겨나게 된다."(「로동청년」 1993. 10. 2.)는 지적을 하고 있기도 하다.

이와 같은 북한의 여러 가지 상황을 고려힐 때, 북한의 새세대 청년들이 집단적이고 적극적인 저항을 하기는 거의 어렵다고 보인다. 직접적인 저항은커녕 단순한 불만과 저항 의식을 겉으로 표현하는 것조차도 쉽지 않으며, 특히 청년들의 경우 술 등의 도피처를 찾는 것도 한계가 있기 때문에 이러한 스트레스는 더욱 심화될 수 있다. 이러한 상황에서는 일반적으로 당과 체제에 대해 '무관심'으로 대응하는 방법이 있으나, 북한 체제 내에서는 유치원 이후부터 죽을 때까지 조직에 들어가 개인의 모든 것을 노출하기 때문에 이 역시도 용이하지 않다. 북한의 조직 생활에서는 생활 총화시에 발생할 수 있는 개인 간의 사소한 다툼조차도 그냥 넘어가지 않고, 때에 따라서는 조직과 지도자의 권위에 관한 문제로 간주하면서 ‘사상 검토’와 ‘사상투쟁’을 진행하기도 한다. 북한의 학생들과 주민들은 어려서부터 이러한 과정을 반복하게 되는데, 이를 통해 무조건적인 순종이 훈련되고 무력감과 낮은 자아존엄성이 유발될 수 있다.

특별히 북한의 고등중학생들은 개인적 노력에 의해 대학에 진학할 수 있는 기회가 상당히 제한되어 있다. 따라서 출신성분이 좋지 못한 학생은 자신의 한계를 더욱 일찍 경험하고 좌절감을 겪게 된다. 따라서 미래가 불투명한 학생 청소년의 경우에는 ‘학습과 조직활동에 태공’하는 방식으로 학생 수준의 간접적인 저항을 하는 경우들이 나타난다. 대학생 청년들의 경우에도 ‘학습에 충실하지 않는다’는 지적이 언론 매체를 통해 자주 등장하며, ‘환자’라고 대신 대답해 주는 식으로 수업 땡땡이를 부리는 경우도 있다. 또한 동맹생활총화나 과외교양활동에 빠지고 기본적 규율을 지키지 않는 등의 일탈을 행하기도 하는데, 이에 따라 “대학생들은 교육규율과 기숙사생활질서를 자각적으로 지키고 모든 사업과 생활을 학생생활준칙의 요구대로 절도 있게 하여 나가야 한다.”(「로동청년」 1983. 10. 18.)는 지적 내용도 종종 등장한다.

또한 근로 청년들의 경우에도 원치 않는 직종에 종사하게 되는 경우, 혹은 사소한 말썽으로 인해 청년돌격대원 등에 보내질 경우 이러한 불만 의식이 표면화되기도 한다. 소위 ‘말썽꾼’ 청년들은 ‘배짱 맞는’ 사람들과 함께 몰려다니면서 싸움질을 하거나 절도를 행하기도 하며, 장마당과 정류소 등에서 사회질서를 문란케 하면서 들떠 다니는 경우가 많다고 지적된다. 예컨대 “지난날 나는 제 딴에는 ‘의로운 일’을 한다고 생각한 것이 패싸움, 불량행위로 번져져 부모와 집단의 타이름도 들었지만 누구의 말도 듣지 않고 빈번히 집을 뛰쳐나오군 했다. 그러자 부모들도 망나니 자식에겐 집이 없다며 문을 닫아버렸다. 그때부터 사람들은 나를 만나자면 안주시에서 패싸움이 제일 심하고 불량행위가 가장 많은 곳에 가야 한다고 하면서 그러면 틀림없이 있을 것이라고 알려주었다고 한다. 왜냐하면 그들은 나의 불량행위로 피해를 본 사람이 아니면 다른 패의 망나니들이거나 법적 추궁을 위해 찾아오는 안전기관의 일군들이었다."(「청년전위」1998. 10. 23.)는 것이다. 이와 같이 1990년대 이후의 신문 기사들에서는 상대적으로 일탈의 정도가 높은 행위들이 종종 발견된다.

이러한 불만 의식의 표출은 자신 혹은 동료들에게 향하기도 하지만, 때로는 중간 간부나 상급자들에게 드러나는 경우도 있다. 일반적으로 북한에서 관료 혹은 간부라면 최하위 단위의 작업반 반장이나 당 세포비서 및 기타 단체 위원장보다 높은 직급을 말한다. 북한 주민들은 특히 간부에 대한 불만이 매우 높은 편인데, 이는 상대적으로 풍족하게 생활하는 간부들의 사회·경제적 수준과도 관련이 있다. 북한 사회 전체가 식량뿐 아니라 전기, 수도 등 총체적인 어려움을 겪고 있을 때에도, '지도일꾼들과 무역일꾼' 등을 비롯한 간부들은 타격이 적었다. 또한 가족이 질병으로 사망하는 상황에서 의약품의 부족으로 간부들에게 약품이 우선적으로 돌아가는 과정을 목격하면서 이러한 비판의식은 더욱 강화되었을 수 있다. 이들 외에도 주민들에 대한 직접적인 통제와 단속을 맡아 하는 국가안전보위부와 사회안전부 일꾼들의 부정부패에 대한 비판도 자주 지적되는 사항이다. 북한 주민들은 간부들의 부정부패와 향락 생활을 접하게 되면서, 장기간의 식량난 속에서 경험한 절대적인 빈곤에 더하여 상대적 박탈감마저도 느끼게 될 가능성이 있다.

그러나 간부들에 대한 비판 의식도 역시 직접적으로 표현하지 못하고 은어 등으로 변형되어 드러나는 경우가 많다. 북한 내에서 매우 자주 사용되는 풍자로 일컬어지는 "우리식 사회주의는 간부식 사회주의다"는 구절은, 1970년대 중반에 지방을 현지 시찰하던 김정일이 말했던 "우리 세상은 노동계급의 세상입니다"를 변형한 것이다. 이러한 비판은 매우 간접적인 방식으로 이루어진다는 한계가 있으나, 이 역시 오랫동안 누적되게 되면 북한 체제 전반에 대한 비판 의식으로 확산될 가능성도 존재한다.

간혹 이러한 은어의 수준을 넘어서서, 비교적 하부 단위의 간부들에 대해서는 부분적인 '충돌'을 시도하는 청년들도 종종 기사에 등장한다. 예컨대 "어느 날 공장에는 초등학원을 졸업한 수십 명의 고아들이 들어왔다. 사회생활을 처음 하는 그들 속에서는 이러저러한 결함들이 나타났다. 말썽을 부리군 하는 고아들을 보고 일부 사람들이 뒤에서 손가락질을 할 때면 …… 그날도 그는 교대시간을 지키지 않고 자유주의를 부린 복숙동무를 준절하게 꾸짖었다. 고개를 외로 꼬고 건성으로 용복동무의 말을 듣고 있던 그는 고까운 투로 이렇게 말하는 것이었다. 난 원래 그렇게 생겨먹어서 할 수 없어요."(「로동청년」 1993. 2. 25.)와 같은 식이다. 그러나 이 역시 전체 청년들의 특성이라기보다는, 개인적 성격상 '충돌하고 엇서기'를 좋아하는 '말썽꾼' 청년들이 당일꾼들과 마찰하는 수준에 그친다는 한계가 있다.

그런데 1990년대 이후에는 식량난의 장기화에 따라 행정 관료들의 권력형 범죄가 매우 심각해졌다. 권력형 범죄는 지도적 지위를 가진 자들이 업무수행 과정에서 또는 우월적 지위를 이용하여 저지르는 범죄로서, 뇌물 수수, 물자 유용 등을 포함한다. 구체적으로는 여행허가증 발급, 상급학교 진학, 직장 재배치와 진급, 주택배정, 건강진단서 발급 등 이익(利益)이 있는 모든 행위와 관련된다. 또한 암시장 거래, 무단 이동, 교통법규 위반 등 불법 행위를 묵인하는 조건으로 뇌물 수수가 이루어진다. 이러한 행위는 안전원, 보위부, 군대, 구역행정 및 인민위원회 등 사회 전반에 확산되어 있다. 더 나아가 이러한 계층들은 생활의 편의를 봐 주는 수준을 넘어서서 적극적인 사적 이익을 창출하는 데 뛰어들기도 한다. 즉 권력과 지위를 이용하여 국경 밀무역에 은밀히 개입하거나 방조·묵인하는 경우도 있는데, 이 경우 세관들까지도 공공연히 노골적으로 뇌물을 요구하기도 한다. 주민 수준에서는 장마당이 확산되면서 이러한 권력형 범죄가 더욱 확대되었음을 경험하게 되는데, 주민들 중에는 안전원이나 군대를 끼고 담배나 술을 고이면서 장사를 하는 경우까지 존재한다.

이러한 뇌물 수수 행위는 북한 사회 내에서 전통적인 '비사회주의적 현상'이자 '부정부패현상'이지만, 사회 질서 유지 계층에 의해 행해지고 있다는 문제가 있다. 북한 사회에서 말하는 부정부패현상은 "공정한 법과 사회질서를 어기고 정의와 도리에 어긋나게 사기협잡을 하거나 사상정신적으로 썩고 병들어 타락한 생활을 하는 현상을 말한다. 착취사회에서는 그 사회 자체가 반인민적이며 반동적인 것으로 하여 온갖 사기와 협잡, 사치와 횡령, 뇌물행위 등 일신의 향락과 부귀영화를 누리기 위한 부정부패현상이 사회적 풍조를 이루게 된다."고 지적한다. 동일한 기사에서는, "사회주의 사회에서도 사회주의 집권당이 사회주의 건설을 잘 조직령도하지 못하여 사회주의제도의 우월성을 옳게 발양시키지 못하고 낡은 사회의 유물인 부정부패현상을 극복하지 못하면 당과 정부가 대중으로부터 리탈될 수 있다."(「로동청년」 1993. 1. 23.)고 우려하고 있기도 하다. 이러한 당국의 우려를 통해 결국 북한 사회 내에도 이러한 부정부패현상이 존재하고 있음을 부분적으로 확인할 수 있다. 경제적 곤란과 더불어 이러한 권력형 범죄와 부정부패로 인한 무질서는, 당국의 우려와 마찬가지로 북한 주민의 체제 불만을 더욱 강화시키고 대중을 이탈하게 할 가능성이 있다.

(2) 새세대의 조직 관념 약화

앞서 살펴본 바와 같이 북한 주민들이 당과 체제에 대해 직접적인 저항을 행하기는 거의 불가능하며, 불만을 표출하는 것 역시도 통제되고 있다. 더욱이 새세대들의 경우에는 정치사회화교육의 영향을 가장 최근까지 가장 강력하게 받고 있는 계층이다. 더구나 학교 및 직장 내 조직생활에 묶여 있음으로 인해 이러한 비판 의식의 직접적인 표출이나 적극적인 저항은 매우 힘들다고 볼 수 있다. 따라서 새세대들의 저항의 양상은 매우 간접적인 방식으로 드러나게 된다. 예컨대 학생 청소년의 경우에는 학습을 충실하지 않게 하거나 생활 총화에 불성실한 것, 또한 근로 청년들의 경우에는 작업 수행을 나태하게 하는 식으로 간접적 저항을 할 가능성이 높다.

우선 1980년대 「로동청년」 기사에서는 "불성실하거나 나태, 안일해이, 형식주의, 보수주의, 소극성, 주인의식 부재, 조건타발, 흥정, 패배주의" 등의 특성들이 1990년대에 비해 보다 많이 등장한다. 반면 1980년대에는 '조직에서 이탈'하려 하거나 학교 및 직장에 '불충실'하는 등 비교적 적극적인 저항 행위에 대한 지적은 매우 드물게 나타난다. 즉 '조직을 싫어함' 혹은 '비조직성', '무규율성'과 같은 적극적 이탈 방식은 1990년대 이후에 특히 강화된 특성으로 볼 수 있다.

특별히 1983년의 경우에는 청년들 개인의 문제점을 지적하는 기사보다는, 사로청 일꾼들 속에서 혁명적 사업기풍을 철저히 세우는 일에 보다 많은 지면을 할애하고 있다. 지도원들에게 요청되는 내용은 결국 그 시기 청년들에게 부족한 점을 잘 채우기 위해 요구하는 것이라고 볼 때, 이러한 지적 점들을 파악하는 것도 의미 있는 일이라 할 수 있다. 예컨대 "학교 사로청 및 소년단 책임지도원 유병식동무는 시간이 없소 조건이 어떻소 하면서 손쉬운 몇 가지 교양사업을 조직하는 것으로 학생들의 과외활동에 대한 지도를 대치하고 있다. 그리하여 학생교양사업이 잘 될 수 없었으며 일부 학생들의 생활에서는 빈틈이 생기고 집단생활에 잘 참가하지 않으려는 현상들이 나타났다."(「로동청년」 1983. 10. 20.)는 비판이 등장하기도 한다. 혹은 "사로청조직들은 사로청 생활총화회의가 제때에 어김없이 진행되게 하며 사로청원들이 충분한 준비를 갖추고 빠짐없이 사로청 생활총화에 참가하도록 강한 규율을 세워야 한다."(「로동청년」 1983. 12.

10.)는 식이다.

1983년 기사에서 지도원과 청년 모두에게 자주 지적되는 항목은 '안일해이'와 '소극성'이다. 이는 "교활한 원쑤들은 언제나 우리 생활의 빈틈을 노리고 있다. 우리는 사소한 안일과 해이도 결코 허용할 수 없다. 오늘과 같은 준전시 상태에서 우리 생활의 한초 한초는 매우 귀중하다. 그것은 곧 적들과의 대결이 한초 한초이다. 우리 머리우에 총포탄이 아직 날아오지 않는다고 하여 순간이라도 평화적 기분에 사로잡혀있거나 긴장성을 늦춘다면 그것은 큰 잘못이다."(「로동청년」, 1983. 3. 26.)는 식으로 등장한다. 또한 "우리 청년들은 령감티를 내면서 늘쿠레하고 앞뒤를 재며 오물쪼물하고 난관 앞에서 뒤걸음질을 하는 일군들을 좋아하지 않으며 따르려고도 하지 않는다. 사로청일군들은 늘 일욕심이 많아야 하며 대담하게 사업을 설계하고 통이 크게 일판을 버리며 산악도 떠옮기고 바다도 메울 정열과 기세를 가지고 사업을 왁왁 밀고 나가 불이 번쩍 나게 해제끼는 맛이 있어야 한다"(「로동청년」, 1983. 1. 15.)고 강조하기도 한다.

1983년의 학생 청년들에게 나타난 조직 관념의 측면과 관련된 지적으로는 "평양에 있는 한 고급중학교에 다니던 한 학생은 민청생활을 처음 시작하던 때 학습과 조직생활을 착실하게 할 대신 들떠다니면서 자주 동무들의 말밥에 오르군 하였다. 더구나 조직관념이라고는 초보적으로도 서있지 못하다나니 그는 민청초급단체의 열성자들이 늘 함께 뛰노는 동무들이라고 해서 그들이 하는 말과 지시하는 문제를 대수롭지 않게 여기군 하였다. 지어 민청초급단체 위원장을 찾아가 자기 사업정형을 보고하는 것조차 쑥스러운 일로 생각하고 있었다. 그는 모임에도 자주 빠지군 하였으며 참가하는 경우에도 토론과 비판 한마디 없이 매우 불성실하게 참가하군 하였다."(「로동청년」, 1983. 1. 7.)는 식이다. 즉 이 시기에는 주로 총화에 불성실한 수준의 행위에 초점을 맞추는 데 그친다.

이외에도 조직의 분공을 '걸써' 수행하거나 생활총화 등에 약점을 보이는 등의 지적도 있다. "이것을 하라면 저것을 버리고 저것을 하라면 이것을 버리는 식으로 조직의 결정과 위임분공을 성실하게 집행하지 않고서도 크게 뉘우치지 않고 그 집행정형을 제때에 총화해 보는 기풍이 서지 않은 동무들도 있었다."(「로동청년」 1983. 1. 7.)거나, "사로청 생활총화수준을 높이기 위하여 현 시기 가장 중요하게 나서는 문제는 모든 청년들이 조직관념을 높이고 사로청 생활총화에 대한 관점과 태도를 바로 가지는 것이다. 사로청 생활총화는 사로청원들의 높은 자각성에 기초하여 진행될 때에라야 성과를 이룩하게 된다. …… 사로청조직들은 사로청 생활총화 때마다 같은 결함을 계속 반복하여 자기비판하는 현상, 준비 없이 참가하는 현상, 결함을 사상적으로 분석하지 않고 라열만 하는 현상 등을 비롯한 부족점들이 나타나지 않도록 사로청원들을 잘 이끌어주어야 한다."(「로동청년」 1983. 12. 10.)는 식이다.

1980년대 기사에서 자주 등장하는 것은 주로 '안일', '해이', '라태' 등의 비교적 소극적 수준의 개념들이다. 또한 특히 '로동을 사랑하는 것'에 대한 강조는 1990년대에는 급격히 줄어든 개념으로서, 주로 1980년대의 특징으로 볼 수 있다. 따라서 이 시기의 조직관념이라는 것은 곧 '로동에 대한 의식'과 동시에 사용되는 경우가 많다. 예컨대 "사회주의제도에서 나서 자란 새세대들이라고 하더라도 혁명적 교양을 받지 못하면 올바른 사상과 정신을 가질 수 없다. 더욱이 사회주의제도에서 태어난 새세대들은 간고한 혁명의 시련을 겪지 못하고 이 제도가 베풀어주는 은혜로운 혜택을 받으며 고이 행복하게 자라나고 있다. 이러한 조건에서 새세대들을 잘 교양하지 않으면 그들이 자기들이 누리는 행복이 저절로 이루어진 것처럼 생각하면서 거기에 도취되어 로동에도 성실히 참가하지 않고 안일하고 라태한 생활을 하게 될 수 있다."(「로동청년」 1988. 6. 8.)는 식의 기사가 별다른 변화 없이 자주 반복된다.

반면 1993년에 와서 1980년대와 가장 큰 차이를 보이는 점은, '조직 이탈과 '사회질서를 문란하게 하는 행위'와 같은 비교적 적극적 개념들이 빈번하게 등장하고 있다는 점이다. 즉 '뒤떨어진 청년'들의 '불량행위'가 이 시기의 '조직 관념'과의 연장선상에 함께 놓이는 경우가 많다. 김정일은 "사회주의제도하에서 나서 자라는 새세대들이라 하더라도 그들 속에서 나타나는 불건전한 요소들을 없애기 위한 옳은 교양대책을 세우지 않는다면 불량행위가 늘어날 수 있습니다"라고 하면서 시작된 기사에서, "지난 기간 몇몇 청소년들 속에서 사회질서를 문란시키는 사실이 나타났다. 쩍하면 기업소에 나오지 않고 여기저기 돌아다니는" 청년들이 있다고 지적한다. 그러나 이들을 교양하기 위하여 지나친 완력을 사용할 경우 오히려 "감정을 더 나쁘게 가지고" 맞서는 가운데, 그들로 하여금 "같은 또래들과 휩쓸려 들어서는 것"(「로동청년」 1993. 1. 22.)을 초래할 위험이 있다고 경계한다.

특히 1990년대의 특성상 전반적으로 '비사회주의적인 현상'들에 대한 경계가 자주 나타났는데, 조직관념이 약하다는 것은 결국 이러한 불건전한 사상과 행위로 이어지게 된다고 하는 지적도 나타난다. 즉 '조직생활의 용광로 속'에 있어야 어떠한 잡사상에도 오염되지 않을 수 있다는 것이다. "사로청조직과 떨어져 임시로 로동작업에 동원되는 청년들과 독립임무를 맡아 수행하는 청년들의 사상생활에서는 조직의 통제가 적게 미치는 틈에 우리 식 사회주의와 인연이 없는 현상들이 일부 나타났다."(「로동청년」 1993. 1. 24.)거나, "그들을 조직생활에서 풀어놓으면 우리 당의 사상으로 무장시킬 수 없고 사상적 공백이 생길 수 있으며 나아가서 자유화바람에도 물젖을 수 있다."(「로동청년」 1993. 1. 28.)는 식이다. 따라서 이러한 지적은 결국 '말썽꾼' 청년들이라 하더라도 밀어 놓지만 말고 구체적인 지도에 힘써야 한다는 주장으로 이어진다.

이는 '출근을 하지 않고 떠돌아다니는' 청년들과 같은 경우에 대해서까지도 적극적으로 조직생활로 이끌도록 교양할 것을 강조하는 것이다. 이들을 그냥 내버려 둘 경우, "일부 학생들 속에서는 색다른 물건에 눈을 파는 현상도 있었고 학교졸업증이나 받고 기술자격을 가지면 된다는 그릇된 관점을 가지고 조직사상생활과 학습에 잘 참가하지 않는 현상"(「로동청년」 1993. 11. 28.)으로 빠지게 된다고 지적한다. 또한 "사로청생활에서 건전하지 못했던 일부 청년들이 공사장에서도 배짱맞는 사람들끼리 밀려다니며 다른 청년들에게 좋지 않은 영향을 주는"(「로동청년」 1993. 1. 28.) 경우가 발생한다는 것이다. 따라서 모든 청년들을 강연회나 총화에 빠짐없이 참가시키는 것을 철칙으로 삼으라고 강조하며, "찍하면 리유없이 결근하고 건달을 피우며 조직과 집단은 안중에도 없이 제멋대로 행동"(「로동청년」 1993. 1. 30.)하는 청년들에 대해서까지도 '스쳐지나지' 않고 왜 오지 않았는가 원인을 밝히면서 해당한 대책을 세워 나가라고 지적한다.

　이러한 경향은 1998년에 들어서서 더욱 구체화되는데, "청년을 놓고, '시끄러운 존재, 사회의 우환거리'로 취급하면서 그들을 정치무대에서 멀리 밀어놓고 경계하기만" 해서는 안 된다고 지적하기도 한다. 그렇지 못할 경우 일부 나라 청년들처럼 "부르죠아 문화와 미국식 생활양식에 물젖어 조직생활을 하기 싫어하고 일하기도 싫어하며 부화방탕한 생활에 깊이 빠져들어가"는 경우가 발생한다는 것이다.(「청년전위」 1998. 1. 14.) 이러한 지적은 '조직 이탈'이 결국 사상·이념적 측면의 약화와도 연결되는 것으로 파악되며, 조직에서 이탈한 결과 "청년들이 자본주의에 대한 환상과 비사회주의적 행위에 빠지면 저도 모르게 황색바람에 말려들게 되며 혁명적으로 일하며 생활하는 것을 싫어하게 된다"(「청년전위」 1998. 10. 29.)는 것이다. 문제가 되는 청년들의 구체적인 행위로는, 조직생활을 '부담'으로 여기며 그에 불성실하게 참가하는 사람(「청년전위」 1998. 6. 7.), 가끔 출근하지 않아 말밥에 오르고, 동맹조직생활에 권태를 느끼면서 모임이나 동맹생활총화에 이유 없이 빠지거나, 참가하는 경우에도 적극성이 없이 자리지킴이나 하는 경향 등이 지적되고 있다.

   또한 이러한 행위를 경계하기 위해 예술영화 [줄기는 뿌리에서 자란다] 등의 토론회를 열기도 했다. 토론 내용으로는 "이처럼 조직생활을 싫어하며 조직을 떠나서 자유주의를 부리던 나였다. 지금에 와서 생각하면 얼굴이 붉어지는 일이지만 그때는 내가 왜 그처럼 조직생활을 싫어했던지……", "나도 영화의 주인공처럼 불량행위로 사회와 집단의 건전한 분위기를 흐리게 했었다. 세상이 좁다 하게 여기저기 떠돌아다니며 저속한 생활풍조에 물젖어 귀중한 청춘시절을 헛되게 보내던 지난날들을 돌이켜보면 지금도 자책감이 뼈저리게 가슴을 파고든다", "얼마 전까지만 하여도 나는 조직생활에 유리되어 역기다림칸과 식당 등에서 사회질서를 문란시키며 못된 장난만을 일삼던 독버섯과 같은 존재였다."(「청년전위」 1998. 11. 12.) 등이다. 이러한 토론 내용들을 기초로 할 때, 전통적인 교양 차원을 넘어서서 이러한 '조직 이탈' 경향이 1990년대의 새세대들 사이에 일상적으로 존재할 가능성이 있음을 짐작하게 해 준다.

Ⅳ. 제2경제의 확산과
새세대의 사회경제적 가치관 변화

1. 제2경제의 확산과 경제 인식의 변화

계획 경제 체제는 당 조직과 더불어 사회주의 체제를 유지하고 운영하는 핵심적인 제도이다. 이는 공업 생산 부문에 있어서 상부의 세부화된 계획을 기초로 생산 활동을 시도하는 것이다. 이러한 체제는 소비재를 공급하는 데 있어서도 국영상업망을 통한 배급 제도와 같은 식의 국가적 통제를 중시한다. 이와 같이 사회주의 경제 체제는 당국의 세부적 계획에 따라 생산이 이루어지는 것을 목표로 하기 때문에, 결과적으로도 모든 생산 활동이 명확히 드러나게 된다. 그러나 현실적으로는 사회주의 체제 내에서도 제도적으로 인정되거나 확인되지 않은 경제 활동이 존재할 수 있다. 이러한 종류의 경제 활동은 사회주의 체제이건 자본주의 체제이건 발생할 수 있으며, 실제로 발견되고 있는 경제 활동이다.

이상과 같이 사회주의 국가의 중앙계획경제 밖에서 일어나는 경제 활동과 관련하여 제2경제라는 명칭을 사용하는 경우가 있다. 특별히 북한에서는 군수부문을 관장하는 기구를 제2경제위원회라 부르고 있어서 혼동의 여지가 있다.(최수영, 1998: 1.) 그러나 북한 사회 내에서도 국가의 중앙계획경제 밖에서 발생하는 경제 활동이 존재할 수 있으며, 때로는 제도적으로 인정되지 않거나 확인되지 않은 경제 활동이 존재할 수 있다. 따라서 사회주의 체제의 사적인 경제 활동을 지칭하는 일반적 차원에서 제2경제라는 개념을 사용할 수 있다.

앞서 살펴본 바와 같이 북한 사회가 경험한 경제적 위기와 식량난은 당국에 의존해서는 더 이상 생존을 유지하는 것이 곤란하다는 것을 인식하게 하였다. 따라서 주민들과 새세대는 생존을 위해 자구적인 경제 활동을 벌이게 된다. 이러한 자구적 노력의 증가는 당국에 대한 의존 의식을 약화시키고 스스로의 개인적 노력과 능력을 중요하게 여기도록 변화시킬 수 있다. 또한 생존을 위한 사적인 경제 활동을 벌이는 과정에서 기존의 국가 규범에 대해 위반하는 경우가 발생할 수 있다. 따라서 개인의 생존과 물질적 이익 추구를 위한 제2경제 활동이 더욱 확산될 경우, 보다 적극적인 형태로 국가 규범에 대한 도전 및 일탈 행위가 발생할 가능성도 있다.

(1) 제2경제의 개념과 범위

제2경제는 사회주의 체제를 연구하는 개념으로 널리 사용되고 있으나, 연구자에 따라 다양한 많은 유사 개념을 보유하고 있다. 최수영(1998: 4)의 개념 분류에 의하면, ① 비공식경제는 전형석으로 개발도상국, 특히 라틴아메리카 주민들의 생계와 관련된 경제 활동을 의미한다. ② 지하경제는 선진국 시장 경제에서 일어나고 있는 일단의 보고(기록)되지 않는 경제 활동을 의미한다. ③ 제2경제는 중앙계획경제에서 국가 또는 사회 부문 밖에서 일어나는 경제 활동과 관련된다.

본 글에서 주로 받아들이고 있는 제2경제 개념은 Karol에 의해 도입된 바, 구소련에서 오랜 기간 나란히 존재해 온 두 경제에 대한 명칭이다. 그에 의하면 제1경제(Economy Number 1)는 통계에 반영되고 엄격하게 통제되는 봉급과 가격을 가진 공식경제이며, 제2경제(Economy Number 2)는 개인의 필요성에 따라 화폐와 소비재가 재분배되도록 '자신'의 법에 따라 기능하는 경제이다.[52] 즉 통계에 반영되고 통제되는 공식 경제에 포함되지 않는, 개인의 이익과 관련된 자율적인 경제 활동을 의미한다고 볼 수 있다.

이러한 분류에 덧붙여 제2경제에 대한 다양한 추가 개념 중, 북한 사회를 이해하는 데 도움이 될 수 있는 복합적인 개념 사용이 필요할 수 있다. 즉 사적(私的) 부문의 경제 활동에서 드러나는 것으로, 공식적으로 기록되지 않는 모든 활동을 포함할 수 있다. 예컨대 팁과 같은 수고비, 신고

---

52) K. S. Karol, "Conversations in Russia", *New Stateman*, June 1971, pp.8-10.

되지 않는 수입, 개인의 이익을 확보하기 위해 시도하는 국가 재산의 절취 및 유용 행위, 불법적인 금융거래를 포함할 수 있다. 이외에도 계획경제에 반하는 모든 불법적인 생산 활동 및 분배 활동을 포함하여, 개인적인 소득 이전, 조세 포탈, 가격 통제에 반하는 행동, 절도, 부패 등을 포함하는 넓은 의미로 사용할 수 있다.

사회주의 국가에서 제2경제가 발생하게 되는 배경은 우선 중앙계획경제의 특성과 관련된다. 즉 사회주의 국가에서 생산수단을 국가 및 협동단체가 소유하고 있으며, 경직된 중앙계획에 의거하여 경제 활동이 이루어진다는 것은 제2경제가 발생하게 되는 배경으로 작용할 수 있다. 예컨대 생산 수단의 공유화는 농민들에게 허용된 사적 토지를 제외하고는 소유 의식이 불분명하도록 만든다. 이 과정에서 국가 자원의 오용 및 남용이 발생하기 쉬우며, 별다른 죄의식 없이 국가 재산에 대한 절취가 확산되기도 한다. 사회주의 체제에서도 개인의 사적인 소유물 등을 훔치는 것은 용납될 수 없는 범죄이지만, 소유주가 불분명한 것처럼 보이는 국가 재산의 절취는 개인 수준에서 정당화되는 경우가 많다.

또한 경직된 중앙 계획 경제가 수요·공급에 대한 충분한 정보 가운데 생산 활동을 벌이지 못할 경우 자원 활용의 비효율성이 발생한다. 따라서 주민들이 필요로 하는 물품은 부족해지고 그렇지 못한 물품은 누적되는 문제가 반복된다. 또한 상부에서 계획하여 내려 보낸 생산목표 중에는 수행하는 것이 현실적으로 가능하지 않거나, 혹은 이와 관련되는 원자재의 보장이 이루어지지 않은 채 하달되는 경우도 있다. 따라서 하부 단위에서 이에 대한 대응 양식을 스스로 갖추어야 하며, 이 과정에서 사회주의 체제의 기본 원칙이나 실정법에서 다소 벗어난 행위들이 발생하게 된다. 예컨대 계획대로 생산을 수행하기 위해 각급 기업소와 공장별로 부족하거나 남는 자재와 원료 등을 비공식적으로 교환하는 톨카치(tolkach)와 활동이 필요해진다. 이와 같은 사회주의 체제의 특성은 제2경제가 발생할 필요성을 제공하며, 제2경제를 유지시키고 확산되도록 만든다.

제2경제와 관련된 기존 연구들은 대부분 구소련과 동유럽 공산주의 국가의 사례들과 관련을 갖는다. 북한 사회 역시 이와 유사한 맥락에서 제2경제에 포함될 수 있는 사례들이 존재한다. 예컨대, 생산 측면에서는 사적 경작지를 통한 농산물, 가축 등을 키우는 것, 8·3 인민소비품 생산 등을 들 수 있다. 또한 이러한 농축산물과 소비품들을 매매하기 위한 농민시장(장마당), 암시장, 직매점, 수매 재생 상점 등이 존재한다. 북한 사회의 제2경제에 대한 이해를 위해 제시한 최수영의 영역 분류는 다음 〈표 5〉와 같다.[53]

〈표 5〉 제2경제의 영역

불법	Ⅱ	Ⅲ
합법	Ⅰ	Ⅳ
	공공경제	사적경제

이러한 영역 분류를 북한의 경우에 적용해 볼 때 북한 사회 내에도 각 영역에 해당하는 제2경제의 사례들이 존재하고 있음을 알 수 있다. 위 표에서 제1상한은 제1경제 속에서의 합법적 제2경제이다. 이는 계획경제의 영역 속에 존재하는 활동들로서, 업무시간 외에 잔업을 행하거나 혹은 주어진 임무를 수행하기 위해 국영기업과 고용인 또는 작업반 사이의 사적 계약이 여기에 해당된다. 제1상한에 속하는 제2경제의 사례로는 8·3 인

---

53) 표에서 횡축은 경제 활동이 공공(국가)의 것인지, 사적 이익인지의 여부를 나타내고, 종축은 경제 활동의 불법과 합법 여부를 보여준다. 따라서 사회주의 계획경제의 이상적(전형적)인 상태인 제1상한에서는 모든 활동으로부터의 이익은 공공의 몫이고 모든 활동은 합법적인 구조 속에 들어 있다. 제1상한을 벗어나 다른 방향으로의 이동은 넓은 의미에서 정의된 제2경제로의 움직임을 표시하는 것으로 다른 상한 속으로 더 멀리 갈수록 더욱더 제2경제에 부합하게 된다. M. Los, "The double economic structure of communist societies", *Contimporary crisis 11*, 1987, pp.25-28; 최수영, 앞의 책, p.14.

민소비품의 생산을 들 수 있다. 이는 국가기관 내에서 합법적으로 이루어지고 있는 활동으로서, 언론 매체 등을 통해서 상당 정도 장려되고 있기도 하다. 그러나 이러한 소비품의 생산은 국가 계획에 의존하지 않고 이루어지는 것이며, 판매 장소 및 가격에 있어서도 일정 정도 자율성을 지니고 있다.

제2상한은 제1경제 속에서의 불법적 제2경제라 할 수 있다. 이는 국영기업 내에서의 불법적인 생산, 계획완수를 위한 허위생산 및 보고, 국가경제 단위간의 비정상적인 거래, 국영상점 등에서의 불법적인 판매, 국가가 제공하는 용역(수술, 병실) 등에 대한 사적인 사례 제공 등이 포함된다. 최근의 북한 언론 기사들을 살펴보면 이러한 제2상한에 해당되는 행위들이 상당히 증가하고 있다. 예컨대 사적인 이익을 추구하기 위해 직장 내에서 기계나 부속품, 금속 등을 절취하여 사적인 생산을 벌이는 행위가 지적되기도 한다. 또한 식량난 이후 식량의 여유가 있는 지역의 기업소와 그렇지 못한 기업소가 맞거래를 하기도 하며, 혹은 주요 산업 공장에 배당된 석탄 등을 식량과 바꾸는 경우도 존재한다. 약품의 생산과 수입이 거의 중단된 시기에는 의료 서비스와 관련하여 뇌물 등이 오가는 경우도 나타났다.

제3상한은 제1경제 밖에서의 불법적 제2경제이다. 여기에는 허가받지 않은 사적 생산과 분배, 밀무역 종사, 공급 부족 재화에 대한 투기, 불법으로 생산 또는 취득한 재화 및 화폐, 금지 품목(음란물, 불온 출판물)의 암거래 등이 포함된다. 북한에서 텃밭은 국가가 허용하고 있으나, 스스로 산지 등을 개간하여 경작하는 뙈기밭은 불법적인 활동에 속한다. 그러나 제한된 경작지를 보유하고 있는 북한 사회에서 이러한 경작 활동은 계속적으로 증가할 수밖에 없다. 유통 및 판매에 있어서도 정상적인 농민 시장이 아닌 암시장에서의 곡식 거래 혹은 총기나 외국 물품의 거래 등도 이에 해당된다.

제4상한은 제1경제 밖에서의 허가된 제2경제라 할 수 있다. 여기에는 소규모 기업 생산, 허가된 사적 경작, 수송업, 무역, 용역, 사적 의료 및 주택 공급 등이 포함된다. 북한에서의 합법적인 텃밭과 부업밭에서의 경작 활동이 이에 해당되며, 가내부업을 통한 사적 생산과 농민시장에서의 합법적인 물품의 거래 등이 포함된다. 또한 소위 서비스업에 해당되는 직업군이나, 트랙터나 트럭 등의 운전사가 포함될 수 있는데, 이는 과거에는 천시되던 직종이었으나 최근 들어 인기 직종으로 부각되는 경향이 있다.

(2) 북한 내 제2경제의 확산

1) 농·축산물의 사적 경리와 농민 시장의 확산

북한 사회가 배급의 중단과 극심한 식량 부족을 겪고 있으면서도 어느 정도 안정이 유지되는 것은, 사적 경작지에서 나오는 식량의 양이 상당하다는 것에서 찾을 수 있다. 북한 사회에서 합법적 사적 경작지로 인정하고 있는 것은 텃밭과 부업밭을 들 수 있다. 사회주의헌법 제24조에 의하면 북한에서 인정하고 있는 개인 소유는 "근로자들의 개인적이며 소비적인 목적을 위한 소유"로 규정되는 것으로, 여기에는 "협동농장원들의 텃밭 경리를 비롯한 주민의 개인부업경리에서 나오는 생산물"이 포함된다.[54] 또한 국가가 작업반이나 직장 등 단위별로 척박한 땅을 주어 활용하게 하는 부업밭에서 나온 생산물 역시 개인 소유를 허용하고 있다. 부업밭은 1982년부터는 농촌 지역에서, 1987년부터는 기관과 기업소의 노동자에게도 허용되어 생산물의 전부를 개인이 처분하도록 하였다. 따라서 농민들은 집단농장보다는 사적 경작지에 집중하는 경우가 많기 때문에, 사적 경작지의 단위당 수확고는 집단농장의 수확고를 훨씬 상회한다.

---

54) 북한 사회주의 헌법 1992. 4. 9. 제24조.

북한 사회의 경제난은 개인적 생존을 위해 국가의 규율을 위반하는 것을 정당화하도록 만드는 배경이 되었다. '소토지'라고도 불리는 뙈기밭은 개인이 산골짜기의 자투리땅을 스스로 개간해 경작하는 비공식적 경작지이다. 1980년대 초반부터 보급되기 시작한 뙈기밭은 단속을 원칙으로 하지만, 식량난의 악화 이후 주민과 이를 감독하는 보위부원, 군당비서 등에도 확산되어 있다. 이러한 사적 경작이 증가하면서 농장의 종자, 비료 및 각종 기자재가 불법적으로 유용되는 양도 증가한다. 북한 사회의 식량난이 장기화되면서 생존을 위한 절도가 급증했는데, 부업밭은 산골짜기에 위치해 있다는 점에서 도적질의 대상이 되기가 더욱 쉽다. 따라서 군대에서 경작하는 부업밭의 경우 중대나 대대별로 원두막을 세우고 보초를 서는 경우까지 등장한다.

한편 김일성은 "축산업을 발전시키며 공예작물을 더 많이 재배하며 여러 가지 부업경리들을 조직하여 협동조합의 수입을 늘여야 하겠습니다."라면서 농민들이 가축을 기르도록 장려해 왔다.[55] 북한 언론 매체들에서도 '집짐승기르기' 운동 혹은 '토끼기르기' 운동이 장려되는 경우가 많다. 일반적으로 특별한 사료가 필요하지 않은 개와 돼지를 키우는 경우가 많으나, 경제난이 심화되면서 토끼와 염소 등의 사육이 장려되고 있다. 북한 신문에서는 '풀 먹는 짐승을 많이 기를 데 대하여'라는 제목의 기사나 사설 등이 자주 발견되는 편이다. 이러한 가축 기르기는 농촌뿐 아니라 도시민에까지 확산되어 있으며, 특히 어린 청소년들에게 염소와 토끼 등을 기르도록 장려하고 있다. 그러나 식량난으로 국가의 배급이 크게 줄어들면서, 사료 부족으로 인해 가축기르기 유행이 주춤하기도 했다. 특별히 음식 찌꺼기를 쉽게 구할 수 있는 간부층의 가정과 그렇지 못한 가정의 여건에 차이가 확대되면서, 계층 간 위화감을 드러내는 요인 중 하나가 되기도 했다.

---

55) 김일성, "농촌경리의 금후 발전을 위한 몇 가지 문제들에 대하여", 「김일성저작집 11」 평양: 조선로동당출판사, 1981, p.21.

배급제의 붕괴는 농축산물 사적 경리의 확산을 초래했으며, 이는 결국 잉여 산물을 유통하고 판매하고자 하는 의식을 확산시켰다. 북한에서 농민시장은 "협동농장들의 공동경리와 협동농민들의 개인부업경리에서 생산된 농산물과 축산물의 일부를 농민들이 일정한 장소를 통하여 주민들에게 직접 파는 상업의 한 형태"이다.56) 당국은 "농민시장은 사회주의 사회에 있는 상업의 한 형태이기는 하지만 그것은 자본주의적 잔재를 많이 가지고 있는 뒤떨어진 상업형태"57)라고 여기면서 허용과 제한을 반복하였다. 그러나 식량과 생필품이 부족한 상태에서 이를 무조건 제한할 경우 불법적인 암거래가 이루어질 수 있기 때문에, 당국은 결국 1993년 3월을 전후하여 다시 매일장으로 환원하였다.

이후 이러한 농민시장에서 거래되는 물품은 국가가 허용하지 않는 품목에까지 확산된다. 국영상점의 배급기능이 약화되면서, 현재는 쌀, 옥수수 등의 곡물판매 및 공산품의 거래마저도 묵인하고 있다. 당국은 일정 정도의 관리비를 물고 이러한 농민 시장을 운영하고 있으나, 관리비를 물지 않기 위해 몰래 암시장이 열리기도 한다. 또한 시장관리원과 사회안전원 등은 암거래를 묵인하는 대가로 관리비를 착복하기도 하는 등 불법적인 행위가 증가하고 있다.

2) 소비품목의 생산과 유통 경제의 확산

북한 사회에서 부족한 소비품을 생산하고 유통하는 데 있어서 가장 큰 영향을 미친 것은 8·3 인민소비품 운동이라 할 수 있다. 이는 사회주의 사회에 만성화되어 있는 생필품 부족을 타개하고 인민생활을 향상시키겠다는 의도하에 시도된 운동이다. 이 운동의 기원은 1980년 6월 김일성이 전국 지방산업일군대회에서 의류, 문고, 신발, 가공식품 등의 소비재와 관

---

56) 김일성, "사회주의경제의 몇 가지 리론문제에 대하여", p.465.
57) 사회과학출판사, 「경제사전 1」 p.367.

련한 지방 공업의 역할을 강조한 연설에서 찾을 수 있다. 그러나 구체적인 시작은 1984년 8월 3일 평양에서 열린 전국 경공업제품 전시회를 시찰한 김정일이 "군중적으로 내부예비를 동원하고 그들의 창발성에 의거하여 근로자들의 생활세부에 필요한 소비품까지 원만히 생산보장할 수 있게 하는 가장 폭넓고 활력있는 대중적인 인민소비품생산운동"을 대대적으로 벌일 것을 강조하면서 시작된 것으로 볼 수 있다.[58)]

8·3 인민소비품 생산 물품들은 "기관, 기업소, 협동단체와 가내작업반, 부업반, 가내편의 봉사원들이 지방의 유휴자재와 폐기폐설물, 부산물을 동원리용하여 만든, 국가계획에 없는 제품"(「민주조선」, 1989. 5. 27.)이라 할 수 있다. 8·3 인민소비품 생산의 하위 부문은 부업작업반과 가내 편의 봉사업으로 나뉜다. 부업작업반은 가정부인들과 연로자 등의 노력을 중심으로 농수축산물을 생산하는 분야이며, 가내 편의봉사업은 가공편의업, 수리수선, 위생편의업으로 나눌 수 있다. 북한 언론 매체에서는 '구두수선공'이나 '리발원' 등의 부문들에 새세대들이 적극 나서 줄 것을 강조하는 기사가 상당수 등장하는 편이다. 다른 직종에 비해 이러한 직종에 관한 기사의 빈도가 매우 높다는 것은, 북한 새세대들이 이러한 부문을 그다지 선호하지 않거나 혹은 천시하는 경향이 있을 가능성이 있음을 암시한다. 북한 당국은 사회주의 사회에서는 '천한 일과 귀한 일'이 있을 수 없으며, 이러한 편의봉사업종 역시 다 같이 중요하다는 식으로 교양하고 있다.

새세대의 이러한 경향에도 불구하고 이러한 소비품 운동은 북한 사회 내에서 그 필요성이 매우 높으며, 따라서 매우 빠른 성장세를 보이고 있다. 김일성 80회 생일(1992)을 전후해서 평양 등의 대도시에는 노점상과 포장마차가 등장하기도 했는데, 여기서는 아이스크림, 빗, 머리핀 등의 잡화나 떡, 야채, 도토리나 옥수수로 만든 밀주를 판매하기도 했다. 1993년 이후

---

58) 최인덕, "군중적 운동으로 인민소비품 생산을 늘리기 위한 당위원회의 조직정치사업", 「근로자」 1990. 1. p.80.

이러한 증가 추세는 잠시 머뭇거리고 있으나, 이는 부산물 및 폐기물 등과 같은 원자재의 확보가 곤란했기 때문이라는 것을 염두에 두어야 한다. 또한 이러한 추세가 소비품 생산의 실제적인 감소를 의미한다기보다는, 통계에 포함시키지 않고 누락되는 생산품이 늘어나서일 가능성도 있다.

8·3 인민소비품은 국가의 장려하에 생산되는 것이지만, 다른 생산부문과 달리 국가계획의 지도를 받지 않는다. 따라서 원칙적으로 중앙의 생산할당과 원료조달 등에서 벗어나 있다는 점에서 제2경제의 영역에 포함될 수 있다. 그러나 사회적 필요성 가운데 합법적으로 인정되는 제2경제 영역임에도 불구하고, 이러한 소비품 생산 과정은 불법적인 행위가 발생하는 배경이 될 수 있다. 예컨대 국가의 계획에서 벗어나 생산되는 부문이기 때문에 불법적인 유통을 위한 생산량의 고의 누락 경향이 발생한다. 또한 국가에 등록하여 허가를 받는 것을 원칙으로 하지만, 실제로는 등록하지 않고 가정에서 술, 떡, 두부, 과자 등 식료품을 생산하여 다른 소비재와 물물교환하거나 판매하기도 한다.

앞서 제시한 합법적인 농민 시장과 달리, 금지 품목이나 당국의 허가를 받지 않고 불법적으로 행해지는 판매 행위는 암시장에서 이루어진다. 이러한 암시장은 당국의 규제를 피해 옮겨 다니면서 장사를 하기 때문에 '유동장마당'이라고 불린다. 이러한 암시장은 한국전쟁 후 지원품 및 북송 교포들의 물품들을 거래하는 과정에서 발생하였다. 또한 1980년대 중반 이후 김정일의 지시로 중국과의 변경무역이 활성화되었는데, 이 과정에서 화교와 조선족들이 장사를 확산시켰다. 암시장의 활성화는 1984년 8월부터 추진한 8·3 인민소비품 생산운동의 결과 일용품의 생산이 증대된 것도 관련이 있다. 암시장의 거래 물품은 당국이 허용한 농민시장에서는 매매가 금지되었거나 불법적으로 유출된 물품들이다. 현재는 주민들의 소규모 밀무역과 당 간부 등 일부 권력층이 주도하는 자동차 밀무역도 성행하고 있다.

한편 이외의 판매 상점들로는 직매점과 수매 재생 상점 등이 있다. 8·3 인민소비품은 해당 거주 지역 시·군 직매점에서 파는 것을 원칙(「민주조선」 1989. 5. 17.)으로 하는데, 직매점에서는 이외에도 가내 수공업품도 구입해 판매한다. 직매점에서는 구매카드가 없어도 구입할 수 있고, 단기간에 같은 제품을 여러 번 구입해도 제약을 받지 않는다. 따라서 이러한 직매점은 국영이면서도 국영상점과는 다른 특성을 지닌다. 반면 수매 재생 상점은 소비재의 유통 및 공급을 목적으로 국가의 법체계에 의거하여 합법적으로 활동하는 국영 유통기관이다. 가격의 형성은 가격평가위원이 배치되어 수매품의 질과 가치를 평가하여 제시하지만, 수요자와 판매자의 합의에 의해 이루어진다는 데서 시장과 유사한 부분이 있다. 그러나 암시장 가격보다 상대적으로 저렴하며, 구입 수량에 제한이 없고 합법적으로 되팔 수 있다는 점에서 선호된다.

이상과 같이, 북한 사회가 경험한 경제적 위기와 식량난은 당국에 의존해서는 더 이상 생존을 유지하는 것이 곤란하다는 것을 인식하게 하였다. 이러한 상황에서 주민들과 새세대는 생존을 위해 스스로 경제 활동을 벌임으로써 자구책을 찾아야 하게 되었다. 이러한 자구적 노력의 증가는 당국에 대한 의존적인 의식을 버리는 대신 스스로의 개인적 노력과 능력이 중요하다는 것을 인식하게 하였다. 따라서 스스로의 생존을 위한 자구적 노력의 증가는 개인적 노력을 가장 최우선으로 생각하게 만들었으며, 개인주의 가치관과 개인의 소유주의 확산을 초래하고 이기주의가 발생하는 데까지 이어질 수 있다.

또한 절대적으로 부족한 식량과 생필품을 스스로 생산하고 이를 구입하는 과정은 결국 사회주의하에서 존재하는 국가 규범을 부분적으로 어기기 시작하는 데로 이어진다. 또한 국가 규범을 준수하기만 해서는 스스로의 생존을 유지하고 욕구를 충족하기 어렵다는 것을 인식하게 한다. 따라서 개인의 생존과 물질적 이익이 최우선의 가치가 가능성이 있으며, 더 많은 안전과 이익을 위해 국가 규범을 의도적으로 어기는 경우도 증가할 수 있다. 이러한 행위들은 북한 당국이 비판하는 '비사회주의적 현상'으로서, 이러한 시기를 경험하면서 성장한 북한 새세대들의 경우 당국의 공식적 가치관과는 다른 가치관을 보유하고 있을 가능성이 있다.

2. 개인주의와 출세주의 가치관의 확산

(1) 개인주의와 이기주의 경향

북한에서 공식적으로 강조하는 대표적 가치 지향 중에는 '집단주의'가 있는데, 이러한 집단주의에 기초한 생명관과 도덕기풍을 지닐 것을 강조해 왔다. 북한 당국이 말하는 집단주의는 "개인의 리익보다 사회와 집단의 리익을 더 귀중히 여기며 당과 수령을 위하여 조국과 인민을 위하여 서로 돕고 이끌면서 자기의 모든 것을 다 바쳐 투쟁하는 공산주의적 태도나 관점"을 의미한다. 이를 구체화하면, "집단주의는 '하나는 전체를 위하여 전체는 하나를 위하여'라는 원칙에 따라 사회성원들이 서로 돕고 이끌며 개인의 리익을 사회와 집단의 리익에 복종시키고 모두가 굳게 뭉쳐 공동의 목적을 실현하기 위하여 투쟁할 것을 요구한다. 집단주의는 사회주의, 공산주의 사회생활의 기초이며 공산주의자들의 활동원칙이다. 집단주의는 자유와 평등, 협력과 단결을 낳고 인간의 자주성을 철저히 옹호하며 사회발전을 힘있게 추동한다."(「로동청년」 1993. 8. 21.)고 설명한다.

그런데 이와 같은 집단주의의 우월성과 생활력은 '수령, 당, 대중의 통일체인 사회정치적 생명체'에서 가장 높이 발휘되게 된다고 본다. 북한 당국이 새세대들에게 제시하는 '청춘의 참된 삶'이라는 것도 집단주의적 생명관을 지닐 때 가능하다고 본다. 따라서 "청년들이 개인주의적 생명관을 지니고 사회적 집단의 요구와 이익은 안중에 없이 개인의 육체적 생명의 요구나 충족시키기 위한 활동을 한다면 그것은 참다운 생활이라고 말할 수 없으며 동물의 생활과 다름이 없다."(「로동청년」 1988. 1. 31.)는 것이다.

이러한 집단주의는 새세대들이 지녀야 할 공산주의 도덕의 핵심으로 연결된다고 파악한다. 따라서 "사로청조직들은 청소년들을 집단주의 정신으로 교양하는 데 큰 힘을 넣어 그들이 개인주의, 리기주의를 비롯한 낡은 사상에 물젖지 않게 하며 어려서부터 집단주의에 버릇되게 하여야 한다. 그리하여 우리의 청소년들이 그 어떤 사리나 공명, 명예나 보수를 탐내지 않고 당과 혁명 사회와 집단을 위하여 창조적 적극성을 남김없이 발양하며 언제나 혁명조직과 집단을 귀중히 여기고 개인의 리익을 조직과 집단의 리익에 복종시키며 조직생활에 자각적으로 참가하게 하여야 한다."(「로동청년」 1988. 9. 24.)고 강조한다.

이상과 같이 강조되어 온 집단주의에 상반되는 가치관은 '개인주의'를 들 수 있다. '개인주의'로 비판받는 사례들을 싣고 있는 「로동청년」 등의 기사들은, 비교적 애매한 표현을 쓰던 과거와 달리 최근으로 올수록 보다 구체화된 부정적 사례들을 드러내고 있다는 특성을 보인다. 1980년대까지만 하더라도 개인주의 가치관을 비판할 때는 주로 미국식의 생활양식과 남조선에 대한 비판으로 초점이 맞추어진다. 북한 사회 내의 문제에 초점을 맞출 경우에도 1983년 기사에서는 '편안하게 살려고 하는 것'과 같은 표현 방식에 그친다. 예컨대 "자기 개인의 향락이나 안일을 위해서가 아니라 오직 인민 대중의 자주성을 실현하기 위하여" 살아나가야 한다거나, "간고분투하지 않고 언제나 쉬운 일만 찾으면서 편안하게만 살려 하며 난관을 자체로 뚫고 나갈 생각은 하지 않고 우에 의존하거나 남이 도와줄 것을 바란다면 그런 사람은 공산주의자, 참다운 청년전위와는 아무런 인연도 없다."(「로동청년」 1983. 1. 19.)고 비판하는 식이다.

또한 개인주의에 대한 표현을 '주인 의식'과 관련하여 제시하는 경우도 있다. 즉 '주인의식' 가운데 조건을 타발하지 않으면서 당의 명령에 복종해야 하며, 그렇지 못한 경우가 개인주의적인 태도라는 것이다. 한편 예술영화 [군당책임비서]에 대한 기사에서는 당과 대중을 무시하면서 교만한 태도를 보이는 것을 '개인주의'적인 태도로 비판하는 내용이 등장한다. "동무는 언제부터 모든 면에서 '내'가 제일이라고 생각하게 되었는가, 언제부터 군중 우에 자기를 올려세워놓고 당도 안중에 없이 교만하게 행동하기 시작했는가"라면서, "동무는 충신과 배신이 배속에서 타고나오는 줄 아는가. 충신도 우리 곁에 있구 간신도 우리 곁에 있소. 력사의 교훈은 항상 당보다 자기를 먼저 생각하는 자들. 그들은 다 당이 시련을 겪을 때 례외 없이 배신의 구렁텅이에 떨어졌다는 걸 보여주고 있지 않는가."(「로동청년」 1983. 2. 23.)라는 식이다.

이와 같이 1983년 기사들에서는 '개인주의'적 태도에 대해서 비난의 정도가 비교적 약한 편이다. 비교적 빈도가 높은 표현은 '자기 리속만 차리는' 행위로서, 이는 주로 동지와의 관계에 있어서 지적되는 경우가 많다. 즉 "동지들의 사랑만 받을 것을 바라고 동지를 위하여 복무하기 싫어하는 사람, 자기 리속만 채우며 동지적 관계를 맺으려는 사람은 진정한 혁명가로 될 수 없다. …… 자기에게 유리할 때는 동지 앞에서 알랑거리고 불리할 때는 외면하며 뜻을 달리하는 사람은 가짜동지이다."(「로동청년」 1983. 5. 13.)거나, "동지들의 사랑만 받을 것을 바라고 동지를 위하여 복무하기 싫어히는 사람, 자기 리속만 채우며 동지저 관계를 맺으려는 사람은 진정한 혁명가로 될 수 없다. …… 평가받을 때는 앞에 나서고 좋은 것이 차례질 때는 더 큰 몫을 넘겨다보는 사람이 어려운 때에 동지를 돌볼 수 있겠는가."(「로동청년」 1983. 5. 13.)는 것이다.

따라서 이러한 '자기 리속'만 채우는 행동을 할 때 시대의 낙오자가 된다는 교훈을 혁명 운동의 역사에서 배워야 한다고 경계한다. "만일 청년들이 주체의 혁명관을 확고히 세우지 못한다면 당의 청년전위로 될 수 없을 뿐 아니라, 혁명의 리익에 개인이 리익을 복종시킬 줄 모르고 자신의 안일과 향락만을 생각하는 속물로, 시련의 고비에서 앞을 내다볼 줄 모르고 옳고 그른 것을 가릴 줄 모르며 난관에 굴복하여 혁명이 길에서 물러서는 시대의 낙오자로, 지어는 비열한 혁명의 배신자로 굴러떨어질 수 있다. 혁명운동의 력사적 교훈이 그것을 잘 보여주고 있다."(「로동청년」 1983. 11. 22.)는 것이다.

또한 이러한 '자기 리속'만 채우는 행동은 미국 등의 자본주의 사회에서처럼 범죄의 길로 굴러떨어지게 만든다고 경계하기도 한다. 예컨대 "소년들을 유혹하는 만화책, 영화, 라지오, 텔레비죤 등도 그들에게 개인리기주의를 고취하며 잔악한 행위와 부화방탕에로 이끌고 있다. 그리하여 미국의 청소년들은 공부하기 싫어하고 놀기 좋아하며 모든 것을 자기 개인에게 복종시키면서 순간적 향락만을 추구하는 불량배로 굴러떨어지고 있다."면서, "극단적인 개인리기주의를 추구하는 썩고 병든 자본주의 사회에서 청소년범죄는 날을 따라 늘어만 갈 것이다."(「로동청년」 1983. 12. 17.)는 식이다.

반면 1988년이 되면 개인주의에 대한 비판 기사들이 주로 '제국주의의 반동적 침투' 쪽과 연결되는 경우가 늘어난다. 예컨대 "부르죠아 반동적 출판물의 해독성은 또한 그것이 자유주의, 무규율성 등을 유포시킴으로써 혁명적 생활기풍의 확립을 저해한다는 데 있다."면서, "반동적 출판물은 특히 자유와 민주주의를 열렬히 사랑하며 정의와 진리를 정열적으로 갈구하는 청년학생들 속에 부르죠아 자유와 부르죠아민주주의를 선전함으로써 자유주의, 무규율성, 비조직성 등을 심어주고 극단한 개인주의에로 이끌어간다."(「로동청년」 1988. 3. 5.)고 비판한다.

또한 "현 시기 미제를 비롯한 제국주의자들의 반동문학예술에서 기본창작경향, 사조로 되며 다른 나라들에 대한 사상문화적 침투의 중요한 수단으로 되고 있는 것은 퇴폐주의 문학예술사조이다."라면서, "퇴폐주의의 일반적 특징은 사회정치생활에 간섭하지 않는다는 반동적인 구호를 들고 '예술을 위한 예술을 부르짖으면서 사회현실을 외면하고 인민들의 지향을 배척하는 것이다. 반면에 퇴폐주의는 이른바 '세련된' 취미와 허식을 추구하면서 극단한 개인리기주의와 색정주의, 인간증오사상과 잔인성, 염세주의와 비관주의 등을 사람의 본성으로 예찬한다."(「로동청년」 1988. 1. 30.)고 비판하기도 한다.

따라서 "사로청조직들은 청소년들을 집단주의 정신으로 교양하는 데 큰 힘을 넣어 그들이 개인주의, 리기주의를 비롯한 낡은 사상에 물젖지 않게 하며 어려서부터 집단주의에 버릇되게 하여야 한다. 그리하여 우리의 청소년들이 그 어떤 사리나 공명, 명예나 보수를 탐내지 않고 당과 혁명 사회와 집단을 위하여 창조적 적극성을 남김없이 발양하며 언제나 혁명조직과 집단을 귀중히 여기고 개인의 리익을 조직과 집단의 리익에 복종시키며 조직생활에 자각적으로 참가하게 하여야 한다."(「로동청년」, 1988. 9. 24.)는 것이다. 이는 제국주의 침투로 인한 개인주의적 경향에 대한 당국의 우려를 반영하는 것으로, 이에 대응하여 당국은 공산주의 도덕기풍을 적극적으로 교양하면서 개인주의를 극복할 것을 강조한다.

이처럼 개인주의적 태도의 배경을 외부적 요인으로 돌리던 1980년대와는 달리, 1990년대 이후에는 비판의 화살을 북한 새세대들에게 겨누면서 보다 구체적인 사례 제시가 이루어진다. 새세대들의 개인주의 태도들은 직장 배치와 관련되어 드러나는 경우가 많다. 예컨대 "청춘의 보람찬 삶이라고 할 때 그것은 청춘의 정력과 지혜를 다 바쳐 사회와 집단에 이바지하는 값있고 자랑스러운 삶을 말한다. …… 다시 말하여 로동을 사랑하고 일하기를 좋아하며 창조적 로동에 청춘을 성실하고 근면하게 바쳐나가야 한다는 것이다. 로동은 물질적 부의 원천이다."라면서, 이러한 태도에서 벗어난 태도가 개인주의로 비판된다. 즉 "만일 자기 개인만을 위하여 살다가 죽는다면 그런 사람의 삶은 아무런 가치도 없다."거나, "청춘시절에 편안한 곳만 찾고 쉬운 일을 바란다면 생을 빛내일 수 없으며 혁명을 끝까지 해나갈 수 없다. …… 더우기 청춘을 값있게 빛내일 대신 남의 뒤꼬리를 따른다면 사회와 집단, 혁명동지들 앞에서 부끄럽고 수치스러운 일이다."(「로동청년」 1993. 5. 1.)는 것이다.

직장 배치와 관련된 개인주의적 태도는 더 나아가 '출세주의'로 연결되는데, 이러한 태도를 '낡은 사상'이라고 비판하는 구절도 종종 등장한다. 때로는 이러한 개인주의적 태도와 행위들에 대해 상당히 솔직한 표현 방식을 사용하면서 비판하는 경우도 보인다. "지난 기간 대학생들 속에서는 자기 개인의 희망만을 먼저 생각하는 경향이 적지 않게 나타났다. 특히 대학졸업반 학생들 속에서는 지방 대신 평양에 떨어질 것을 바라는 현상도 있었다."고 드러내면서, "그들 속에서 나타난 이런 개인리기주의적 사상경향을 제때에 뿌리뽑지 않으면 그것이 더 조장되어 자기를 길러주고 대학공부까지 시켜 준 당도 조국도 모르고 나아가서 사회주의를 좀먹는 데로 굴러떨어질 수 있다."고 우려한다. 이 기사에서는 "그 누구의 도움을 받아 '좋은 곳'으로 가기 위한 '공작'을 계속하였다."는 표현이나, "자기는 대학을 졸업한 다음 어떻게 하나 평양에 떨어지려 했다. 평양에 떨어지는 것이라면 그 어떤 직업이라도 좋다"(「로동청년」 1993. 2. 2.)고 생각한다는 표현까지 나타나기도 한다.

직장 배치 이외에도 1990년대의 개인주의적 태도에 대한 기사들은 '안일과 해이' 및 집단주의를 좀먹는 '무규율성'과 연결되어 지적되는 경우도 많다. 이러한 예는 "우리 대학생들에게 이런 개인주의의 사소한 표현도 허용될 수 있겠는가. 절대로 허용할 수 없다. 혹시 집단생활을 싫어하면서 제 혼자 편안히 지내려고 하지 않았는지. 개인의 안일과 명예 발전에 대해서만 신경을 쓰면서 집단과 동지를 위한 일에 팔을 걷고 나서지 못한 적은 없는지."(「로동청년」 1993. 12. 14.)처럼 반문하는 기사라든지, "만일 집단주의 정신을 지니지 않고 개인주의사상에 물젖어 남이야 어떻게 되든 자기 한 사람이 안일과 향락만을 추구하면서 국가재산이나 남의 물건에 마음대로 손을 대고 날라리를 부리며 제멋대로 생활한다면 결국 자신의 삶은 물론 혁명도 망쳐먹고 조국도 잃게 된다."(「로동청년」 1993. 10. 10.) 는 기사에서도 나타난다.

1993년의 기사들에서는 특별히 '돈, 물질' 측면의 강조가 매우 두드러지는데. 이 시기의 '개인주의' 비판도 역시 물질적 이익과 관련하여 이루어지는 경우가 많다. 예컨대 "청렴결백하게 생활한다는 것은 돈과 재물에 대한 욕심을 모르고 개인의 리익을 추구함이 없이 늘 깨끗하고 순결한 마음을 지니고 살아간다는 것을 말한다."(「로동청년」 1993. 9. 16.)는 표현이나, "청년들이 경제도덕생활을 청렴결백하게 하지 못하면 돈과 물건에 유혹되어 저속하고 방탕한 생활에 물젖게 된다. 돈과 물건에 맛을 들이면 혁명을 할 수 없다. 물욕에 눈이 어두운 사람은 자기 개인의 리익을 위해서라면 사회와 집단의 리익도 서슴없이 희생시키며 나중에는 동지도, 혁명도 배반하게 된다. 자기의 개인 생활을 위하여 이리저리 뛰여 다닐 것이 아니라 혁명임무수행을 위해 아글타글 애쓰며 특혜와 특권을 바라지 않고 자기보다 먼저 동지를 생산하고 좋은 것은 양보하는 것이 바로 우리 청년들이 지녀야 할 미덕이다."(「로동청년」 1993. 5. 13.)는 것이다.

이와 관련된 구체적인 사례들에서는 청년들이 개인적인 이익을 위해 국가 재산을 절취하려 한다는 표현이 드러난다는 것도 1993년 기사들의 특징이다. 예컨대 "국가와 사회재산을 탐오낭비하거나 공동재산으로 제 리속을 차리며 국가물건을 가지고 낯내기를 하는 등 비사회주의적 현상들을 철저히 없애는 것이 중요하다."(「로동청년」 1993. 5. 13.)거나, "만일 집단주의 정신을 지니지 않고 개인주의사상에 물젖어 남이야 어떻게 되든 자기 한사람이 안일과 향락만을 추구하면서 국가재산이나 남의 물건에 마음대로 손을 대고 날라리를 부리며 제멋대로 생활한다면 결국 자신의 삶은 물론 혁명도 망쳐먹고 조국도 잃게 된다."(「로동청년」 1993. 10. 10.)는 것이다.

　이러한 절취 행위에 대한 비판의 표현은 그 강도가 매우 높은 편이다. "사회주의 사회에서는 모든 것이 국가와 전체 인민의 재산으로 되어 있다. 때문에 그것을 자기의 것으로 만드는 것은 나라의 살림살이를 좀먹는 해독행위로 된다. 황금만능주의를 떠들어대며 사람들을 돈의 노예로 무서운 리기주의자로 만들어버리는 부르죠아 놈들이나 좋아할 이런 행동을 한 나를 어떻게 우리 당의 청년전위라고 떳떳이 말할 수 있겠는가."(「로동청년」 1993. 10. 10.)는 표현과 같이, 황금만능주의 사상을 이기주의 사상과 같은 맥락에서 평가하고 있다.

　1990년대의 개인주의는 경제적 측면에 그치지 않고 조직 생활에서의 '안일과 해이'와 연결되기도 한다. 예컨대 "만일 당의 사랑과 배려를 망각하고 오직 자기 개인의 안일과 향락만을 추구하는 청년이 있다면 그는 우리 시대, 주체시대에 사는 청년의 자격이 없으며 이런 청년이 바로 당에 무거운 부담을 주는 짐으로 될 수 있다."는 것이다. 같은 기사에서는 이러한 개인주의를 '사회 질서'를 문란하게 하는 행위로 연결하여 설명하고 있기도 하다. 즉 "당과 수령에 대한 절대적인 믿음이 없는 사람은 좋은 때에는 만세도 부르고 눈물도 흘리지만 준엄한 시련의 나날에는 쉽게 변질되어 뒤골방에서 나쁜 짓을 하며 나중에는 변절과 반역의 길로 굴러떨어지게 된다."면서, "개인의 리속만을 차리며 비사회주의를 하는 사람이 있다면 이런 사람들은 다 당을 진심으로 믿지 않는 사람들이며 우리 당에 짐이 되는 사람들이다."(「청년전위」 1998. 11. 22.)라고 비판한다. 그 예로는 "당이 하자는 일에 대해서 머리를 기웃거리면서 선뜻 나서지 않는 것, 당이 근심하는 문제에는 아랑곳하지 않고 쉬운 일, 헐한 일만 찾아다니거나 부모의 그늘 밑에서 편안하게 살려고 하는 것" 등을 지적하고 있다.

　더 나아가 이러한 개인주의는 문화적인 측면과 연결되어 지적되기도 한다. "부르죠아지들이 퍼뜨리는 유행옷, 머리단장 노래와 춤 등에 마취되게 되면 저도 모르게 개인리기주의에 빠져 사회와 집단, 조국과 혁명을 외면하게 되며, 후대들 앞에 떳떳한 삶을 꽃피워낼 수 없게 된다는 교훈을 주고 있다."면서, "술놀이나 장사질과 같은 비사회주의적 현상의 요소에 불과한 것이라 할지라도 항상 경멸"(「로동청년」 1993. 10. 10.)하면서 투쟁해야 한다고 강조한다.

문화적 측면과 개인주의적 경향을 연결시키는 표현은 특별히 1998년 기사에서 더욱 강조되는 특징이다. 즉 "황색바람은 무엇보다도 극단한 개인리기주의와 자유주의를 고취하고 사람들을 부화방탕한 생활에로 이끌어가는 독소이다. 황색바람은 허위와 기만에 찬 각종 잡다한 반동적인 사상을 류포시켜 사람들이 건전한 사고와 행동을 하지 못하게 한다."면서, "황색바람은 또한 사회의 단합과 단결을 파괴하는 위험한 독소이다. 황색바람은 개인주의와 황금만능주의를 퍼뜨리고 조장시켜 사람들 사이의 관계를 비인간적인 관계로 만든다. 그러므로 사회주의 사회에서 사는 사람들이 황색바람에 물들면 사람들 사이의 서로 돕고 이끄는 고상한 인간관계가 개인리기주의적인 관계, 금전관계, 적대적인 관계로 되게 되며, 사회에 무질서와 혼란이 조성되고 각종 범죄가 성행하게 된다."(「청년전위」 1998. 10. 15.)는 식으로 복합적인 개념 사용이 이루어지고 있다.

(2) 공명의식과 출세주의 경향

앞서 제시된 개인주의 사상은 개인의 '사리와 공명'을 위하는 행위와 '자기 한 몸의 출세'를 희망하는 태도로 연결될 수 있다. 공명주의와 출세주의는 단순히 북한 사회의 특성이라기보다는, 어느 사회에서든지 발견될 수 있는 의식이라 할 수 있다. 그러나 언론 매체를 통해 드러나는 출세주의적 경향을 살펴보면 그 개념과 사용되는 구체적인 사례에 있어서 1980년대 이후 부분적인 변화를 보이고 있다. 우선 1983년의 경우에는 "종파주의는 부르죠아적 및 소부르죠아적 사상, 특히 개인영웅주의, 공명출세주의 사상의 산물로서 로동계급의 혁명사상과는 아무런 인연도 없다"[59]는 김일성의 표현과 같이, 주로 '낡은 사상'의 차원으로 개인주의와 공명주의를 연결하는 표현이 나타난다.

예술영화 '불타는 마음'의 등장인물인 명갑이와 세국은 북한 사회의 공명심과 출세주의가 어떠한 형태로 드러나는지를 보여주고 있다. 영화에서는 "공명심에 사로잡혀 남들은 선봉 1급이요, 근위 1급이요 하는데 우리라고 박수만 쳐주겠는가고 하면서 도에 올라가서 모판 씨뿌리기가 제일 앞섰다고 허풍을"치는 표현이 나타난다. 또한 "부식토도 제대로 내지 않고 씨뿌리기일을 제멋대로 앞당기려" 하는 행위들은 "당정책을 흥정하고 에누리하며 농사는 어떻게 되든 자기 낯만 내려는 그릇된 행동"이라고 비판하고 있기도 하다. 또한 "아무리 좋은 종자도 잘못 가꾸면 쭉정이가 되듯이 사람도 자신을 혁명적으로 단련하는 것을 게을리하면 충성심에는 얼룩이 지기 마련이다. 쇠도 밖에 내버려두면 녹이 슬고 못쓰게 되지 않는가."면서, "한 순간이라도 당보다 자기를 먼저 생각하면서 당이 뜻을 저버릴 때 인생의 걸음을 잘못 디디게"(『로동청년』 1983. 5. 10.) 된다고 우려한다.

이외에도 1983년 기사에서는 "이미 남들이 다 해놓은 것을 도입하면 빛이 나겠는가. 그러지 말고 하나를 해도 큰 것을 해서 한 번 빛을 내야지."라는 구절이 나오는데, 여기서 등장하는 '빛'이란 "공명과 사리를 다져가는 빛"(『로동청년』 1983. 6. 17.)이 아니냐고 하면서 비판하고 있다. 또한 당의 방침을 철저히 관철하려는 사람이 진정한 충신인 반면, 당정책을 흥정하려 드는 것은 곧 "이름이나 내보자는 속심"이자, "공명심에 사로잡혀 결국 당의 방침을 흥정하고 에누리하는 것으로 배신행위"(『로동청년』 1983. 11. 9.)라고 지적한다.

그런데 1980년대 후반에는 공명과 출세주의를 배격해야 한다는 교양 목표를 '제국주의자들의 사상문화적 침투'와 관련하여 제시하는 경우가 늘어

---

59) 김일성저작집 1권, p.87.

난다. 예컨대 "청년들에 대한 공산주의도덕교양을 힘있게 벌리는 것은 오늘 제국주의자들이 혁명하는 나라들에 대한 사상문화적 침투를 그 어느 때보다도 강화하면서 썩어빠진 부르죠아 생활양식과 도덕을 퍼뜨려 사람들, 특히 새세대들을 정신도덕적으로 타락시키려 꾀하고 있는 조건에서 더욱 중요한 문제로 나선다."면서, "사로청조직들은 청년들을 집단주의정신으로 교양하는 데 선차적 힘을 넣어 모두가 개인주의, 리기주의, 공명주의 등 온갖 낡은 사랑을 배격"(「로동청년」 1988. 2. 3.)하라고 강조한다.

이러한 공명의식과 출세에 대한 비판은 1990년대로 넘어오면서 그 표현방식이 보다 다양화되고 구체화된다. "극단적인 개인리기주의에 기초하고 있으며 약육강식의 법칙이 작용하는 자본주의 사회에서는 사기와 협잡이 판을 치며 사람들이 서로 반목질시하고 공명과 출세, 개인의 안일과 향락을 위하여 남을 희생시키는 것이 보편적 현상으로 되고 있습니다."(「로동청년」 1993. 8. 24.)라는 김일성의 지적처럼, 공명 의식과 출세주의는 원래 남조선과 미국 등의 자본주의 사회에서나 보편화되어 있는 것이라고 본다. 그러나 이러한 공명 의식이 실제 북한 사회 내에도 존재하고 있다는 것을 암시하는 듯한 솔직한 표현이 상당수 존재한다.

이러한 예는 "사회주의 사회에서는 개인주의가 나올 수 있는 사회 계급적 및 경제적 근원은 없지만 그것은 아직 낡은 사회의 유물로서 오래 동안 없어지지 않는다. 집단생활과 조직생활을 방해하는 가장 큰 장애물이며 자유주의, 개인영웅주의, 본위주의, 공명주의, 출세주의 등을 낳는 주되는 근원이다. 개인주의는 온갖 예속과 불평등, 대립과 갈등을 낳고 인간의 자주성을 유린하여 사회의 건전한 발전을 저해한다. 그러므로 우리는 개인주의를 뿌리뽑기 위하여 꾸준히 노력하며 투쟁하여야 한다."(「로동청년」 1993. 8. 21.)고 표현하는 데서도 확인할 수 있다.

1990년대 기사에서는 우선 사로청조직들이 먼저 형식주의와 공명주의에서 벗어나야 할 것을 강조하기도 한다. 즉 "청년들을 하나같이 친애하는

지도자 동지의 근위대, 결사대가 되게 하고 리수복영웅처럼 키우며 청년
들 속에서 불량행위를 비롯한 비사회주의적 현상이 나타나지 않도록 하기
위하여 언제나 머리를 많이 쓰고 품을 들여 일하여야 한다."면서, "청년들
에 대한 사상교양사업을 실속있게 짜고들지 않고 멋을 부리는 것과 같은
형식에 치우치는 놀음을 하는 것은 사로청일군들의 그릇된 사상관점과 낡
은 사업태도에 근원을 두고 있다. 사로청일군들은 공명주의, 형식주의와
같은 낡은 사상에 오염되어 사로청 사업에서 소문이나 내고 멋이나 피우
는데 흥미를 느끼면서 청년교양사업을 실속있게 짜고들지 않는 현상이 나
타나지 않도록 사상투쟁을 강하게 벌려야 한다."(「로동청년」 1993. 1. 27.)
고 경계하고 있다.

예술영화 '곧은 길'에서도 이러한 태도가 부분적으로 발견된다. 영화에
서는 부직장장으로 등장하는 용택이가 "공명심에 사로잡힌 나머지 불합격
품이 된 크링카를 합격품으로 만들어달라고 하면서 허풍치기로 사업하는
그릇된 작풍"이 드러난다. 또한 "주인다운 립장이 없이 자기 체면이나 유
지하면서 하루하루를 어물어물 살아가는 책임감독원 정화의 무책임하고
량심없이 행동하는 후과가 얼마나 큰 것인가 하는 것은 88호 탕크의 제품
이 해당 공장에 갔다가 다시 되돌아오는 장면에서 잘 말해준다."(「로동청
년」 1993. 12. 30.)는 표현이 발견된다.

이러한 공명의식은 '청년학생들 속에서 나타나고 있는 본위주의'를 비판
하는 과정에서 등장하기도 한다. 북한 사회에서 말하는 '본위주의'는 "본
질에 있어서 공명주의, 리기주의이다. 본위주의는 개인이기주의의 변종이
며 집단적 혁신운동에 커다란 저애를 주는 자본주의 사상잔재"로서 비판
되는 태도이다. 따라서 "사회주의 경쟁운동을 벌리는 데서 주요한 장애물
은 본위주의와 개인리기주의를 비롯한 집단주의와 배치되는 온갖 낡은 사
상 잔재"라면서, "지금 일부 동무들은 사회주의 경쟁의 본질과 요구에 대
한 옳은 인식이 부족한 데로부터 본위주의적으로 행동하면서도 그것을 마

치 자기 소대, 자기 집단을 위한 정당한 일로 여기면서 량심상 가책을 느끼지 않고 있다."(「로동청년」 1993. 6. 11.)고 밝힌다.

1990년대 기사에서는 이러한 공명과 출세주의가 '돈'과 같은 물질적 측면과 연결되기도 한다. '돈가방'을 찾아 주인에게 돌려주는 미풍과 관련된 기사에서는 "량심은 심장의 좌석이라는 말이 있다."면서, "순결한 량심의 좌석에 심장을 묻고 사는 사람은 언제나 당과 수령, 사회와 집단을 먼저 생각하고 살며 일하지만, 흑심으로 덮어진 좌석에 심장을 내던진 사람은 리기와 공명, 안일과 출세에 물젖어 개인적 향락으로 시간을 허비하며 인생의 전부를 쓰레기통과 같은 생활로 어지럽히게 된다."(「로동청년」 1993. 10. 10.)는 것이다.

따라서 '물질적 이익'과 관련되는 직업 배치 등과 연결되어 공명의식과 출세주의가 드러나기도 한다. 대학졸업반 학생들 속에서 '지방 대신 평양에 떨어질 것을 바라는 현상'이나, '좋은 곳'으로 가기 위한 '공작'을 하는 출세지향적인 노력을 '낡은 사상'으로 비판하는 경우도 있다. 김정일은 "직업의 귀천을 가리는 것은 지난날 착취 사회에서 생겨나 지배하였던 낡은 사상관점과 태도이다."라면서, "사회주의 사회에서 직업은 보수나 명예를 위한 일자리가 아니며 권세와 세도를 위한 수단도 아니다."고 비판한다. 그러나 이어서 "사회주의 사회에서 일부 나타나는 직업의 귀천을 가리는 관점과 태도는 개인주의, 리기주의에 바탕을 두고 있다."면서, "직업이 좋고 나쁜 것을 가리는 사람은 례외없이 당과 혁명의 리익, 사회와 인민의 리익보다도 개인의 리익, 개인의 취미를 전면에 내세우는 사람들이다. 이런 사람들이 바라는 것은 본질상 보다 편안한 곳에서 쉽게 일하고 보수를 많이 받는 것이거나 개인의 '명예'를 떨쳐보자는 것이다."(「로동청년」 1993. 2. 2.)라고 경계하고 있다.

이러한 경향은 1990년대 후반까지 이어지면서, 출세주의와 공명심은 대학생들의 '혁명의식'의 약화와 관련된다고 비판한다. 즉 "만약 전세대들의 피와 땀이 스며 있는 혁명의 붉은기와 사회주의 전취물들을 지켜 억세게 싸우려는 투쟁기풍, 혁명적 각오가 없는 사람, 조직생활을 '부담'으로 여기며 그에 불성실하게 참가하는 사람, 어렵고 힘든 일에서 몸을 사리는 사람, 개인의 리익과 공명을 앞세우고 향락을 바라며 부화방탕하게 생활하는 대학생이 있다면 그런 사람은 혁명하는 세대와는 인연이 없는 인간추물로 락인받게 된다."면서, "어렵고 힘든 일을 맡아나서는 데서 청춘의 보람을 찾고 당의 구상을 꽃피우기 위한 투쟁의 앞장에서 근면하고 성실하게 일하며 사리와 공명, 굴욕과 사치, 허례허식 등 온갖 낡고 썩어빠진 것들을 철저히 반대배격하고 건전하고 검박하게 생활하는 여기에 우리 청년대학생들이 지녀야 할 순박한 품성이 있는 것이다."(「청년전위」 1998. 6. 7.)라고 강조한다.

3. 물질주의와 배금주의 가치관의 확산

(1) 개인소유주의와 물질주의 경향

1980년대경까지만 해도 「로동청년」 기사에서는 소유주의나 물질주의 가치관에 대한 언급이 잘 드러나지 않는다. 1983년 기사에서 '물질'이라는 단어가 사용되고 있는 기사들 중 상당수는 물질주의 가치관의 의미라기보다는 '정신'적 측면에 대비되는 개념 차원에서 사용되는 경우가 많다. 예컨대, "인민봉사사업이란 인민들의 물질문화적 요구를 충족시키고 생활에서의 편리를 도모해주기 위하여 인민 생활을 돌보며 그에 복무하는 일을 말한다. 인민봉사사업에는 상품공급사업, 사회급양사업, 수매량정사업, 편의봉사사업 려객운수사업을 비롯하여 인민생활에 직접 복무하는 사업들이 포함된다. 물질문화생활을 끊임없이 높이기 위하여 우리 당은 인민 봉사사업에 큰 힘을 넣고 있다."(「로동청년」 1983. 10. 27.)는 식이다.

1983년에 가장 자주 등장하는 '물질' 개념은 주로 공산주의 사회로 나아가는 길에 놓여 있는 해결 과제들 중 하나로서 사용된다. 즉 사회주의 사회는 공산주의 높은 단계와 구별되는 특성인 과도적 성격을 띠게 된다는 것으로, 이 가운데 '물질'적 문제가 남아 있게 된다. 김일성에 의하면 "적대계급의 준동이 있고 낡은 사상의 부식작용이 계속되며 도시와 농촌간의 차이, 로동계급과 농민간의 계급적 차이가 남아 있으며 나라의 공업화가 완전히 실현되지 못하고 사회주의의 물질기술적 토대가 튼튼히 마련되어 있지 못한 사회는 아직 완전히 승리한 사회주의 사회라고 말할 수 없습니다."(「로동청년」 1983. 8. 9.)고 한다.

따라서 "사회주의제도가 확립된 다음에도 사상 기술 문화 분야에서 낡은 사회의 유물은 오래 동안 남아 있게 되며 이것은 사람들의 사상정신생활과 물질생활 분야에서 자주성을 의연히 구속하게 된다. 게다가 제국주의자들의 사상문화적 침투와 침략과 간섭 책동이 있게 되며 또 내부에서 생활이 높아짐에 따라 사람들의 투쟁열의가 식어질 수도 있다."(「로동청년」 1983. 7. 31.)는 것이다. 따라서 사회주의 사회에도 "불가피하게 낡은 사회의 유물이 남아 있게 되고 그로부터 아직 공산주의적인 것과는 맞지 않는 부족점들, 미숙한 것들을 가지지 않을 수 없다."면서, 구체적으로는 "사회주의 사회에는 근로인민대중이 자주성을 구속하는 낡은 사회의 유물인 사상, 기술, 문화의 락후성이 남아 있으며, 그로부터 흘러나오는 계급적 차이, 그 기초인 소유형태에서의 차이, 로동의 차이, 사회성원들의 물질문화생활수준에서의 차이가 있게 된다."(「로동청년」 1983. 6. 29.)고 설명한다.

따라서 이러한 계급적 차이와 관련하여 '물질' 개념을 사용하는 경우도 나타난다. 즉 "육체로동이란 생산도구를 가지고 주로 육체적 힘으로서 물질적 부를 창조하는 로동을 말하며, 정신로동이란 주로 머리를 써서 정신문화적 재부를 창조하는 로동을 말한다. 예를 들어 로동자, 농민들이 기계를 돌리거나 곡식을 가꾸는 것과 같은 로동은 육체적 로동이며, 과학자, 교원, 작가, 예술가들이 과학연구사업을 하거나 문학예술을 창조하며 남을 가르치는 것과 같은 로동은 정신로동이다. 정신로동과 육체로동의 차이를 없애는 것은 공산주의 건설의 중요한 목표의 하나이다."(「로동청년」 1983. 2. 2.)와 같은 식이다.

따라서 1983년에는 새세대의 물질주의 경향을 비판하려는 의도의 기사는 거의 나타나지 않으며, 새세대들이 지녀야 할 덕목으로서 '검소'와 '소박' 및 '검박성'을 지적하는 경우가 대부분이다. 사용되는 맥락에 있어서도 '에너지를 극력으로 아껴쓰자'는 제목하에서 '알뜰하고 깐지게' 사용하자는 '절약' 측면으로 제시되는 경우가 많다. 예컨대 "혁명적으로 일하며 생활한다는 것은 혁명의 요구에 맞게 안일과 해이를 반대하고 왕성한 투지와 패기와 정열에 넘쳐 언제나 긴장하게 전투적으로 일하며 소극과 보수를 배격하고 모든 사업을 대담하고 통이 크게 벌려나갈 뿐 아니라 생활을 검박하고 절도있게 해나간다는 것을 의미한다."면서, 따라서 청년들은 "생활을 검박하게 하며 국가와 사회재산을 극력 아끼고 나라살림살이를 깐지고 알뜰하게 꾸리는데 주인답게 참가하여야 한다."(「로동청년」 1983. 2. 25.)고 강조하고 있다.

이러한 검박성은 '혁명 의식 고취'와 연결하여 사용되는 경우도 자주 있다. 즉 "혁명의 시대, 투쟁의 시대에 사는 사람답게 전투적으로 학습하고 검박하게 생활하도록 한다"는 의미로 검박성을 사용하며, "청년학생들은 특히 사치와 허례허식을 배격하고 생활을 검박하게 꾸려나가야 한다. 청년학생들은 몸차림을 검소하게 하고 생활을 소박하게 하면서도 사회주의적 생활양식과 현대적 미감에 맞게 깨끗하고 문화적으로 하여야 한다."(「로동청년」 1983. 10. 18.)는 주장으로 연결된다. 또한 '물욕' 등의 경제적 태도가 드러나는 경우에도 "우리의 새세대들이 어려서부터 개인리기주의, 물욕을 모르며 개인의 리익보다 사회와 집단의 리익, 당과 혁명의 리익을

더 귀중히 여기며 그것을 위하여 모든 것을 다 바쳐 투쟁하도록 교양하여
야 한다.”(「로동청년」 1983. 8. 27.)는 식으로 해석한다.

이와 같이 1983년 기사에서 등장하는 ‘물질’은 ‘물질주의적 태도’와 관련
되는 경우가 매우 드물다. 또한 사용되는 경우에 있어서도 북한 새세대들
에 대해서라기보다는 미제와 남조선을 향해 비판하는 과정에서 등장하는
경우가 많다. 즉 남조선에서 발생하는 범죄나 타락상은 “지나치게 물질을
중요시하고 개인쾌락주의를 추구하는 잘못된 사고방식에 있다”(「로동청년」
1983. 1. 5.)는 식이다. 또한 자본주의 나라들을 가리키는 ‘매매의 세계’에
서는 “녀자와 결혼하는 것이 아니라 녀자가 가지고 오는 재산과 결혼하
며, 교제에서 어떤 물질적 리득을 볼 수 있는가에 따라서 동무를 고르며
유산에 대한 욕망이 부모에 대한 사랑을 배제한다”(「로동청년」 1983. 5. 1.)
고 비판하는 식이다.

반면 1988년은 제13차 평양축전을 앞두고 있는 시기로서, 「로동청년」
기사에서도 가급적 긍정적이고 고무적인 표현들이 대부분이다. 따라서 이
시기에는 부정적인 가치나 태도에 대한 지적이 극히 드물며, 사용되더라
도 완곡하게 바꾸어 제시하는 경우가 많다. 따라서 ‘물질’이나 ‘물욕’과 같
은 부정적 언급은 거의 발견되지 않는 반면, ‘검소’와 ‘검박’과 같은 긍정
적 표현 방식은 매우 높은 빈도로 등장한다. 예컨대 “청년들이 동무를 사
랑하고 진심으로 도와주며 항상 소박하고 겸손할 뿐 아니라 로동에 성실
하고 어렵고 힘든 일에 남 먼저 뛰어드는 고상한 품성을 갖추도록 하여야
한다.”(「로동청년」 1988. 2. 3.)거나, “청년들이 례절을 잘 지키려면 친절
성, 겸손성, 소박성, 인간성 등 고상한 례절의 바탕으로 되는 품성을 지니
기 위해 꾸준히 수양하여 거만성, 조폭성, 비굴성 등 저속한 품성을 멀리
해야 한다.”(「로동청년」 1988. 12. 8.)는 식이다.

특별히 1988년은 옷차림에 대한 기사 빈도가 높은데, ‘소박성’에 대한
기사 역시 의생활 부문과 관련되어 등장하는 경우가 많다. 예컨대 “옷차

림을 비롯하여 모든 생활을 검박하고 소박하게 조직하여야 합니다."라는 김정일의 말이 자주 인용되며, "그 어느 때보다도 사회주의 생활양식을 철저히 세우며 모든 생활을 문화적으로 검박하게 꾸려 나가야 할 과업이 중요하게 나서고 있다. …… 옷차림과 몸단장을 비롯하여 경제생활과 가정생활로부터 사회생활의 모든 영역 걸쳐 생활문화를 바로 세우는 것은 사회주의 생활양식의 요구에 맞게 문화적으로 검박하게 생활하는 데서 중요한 요구로 나선다."(『로동청년』 1988. 6. 17.)고 한다.

북한 당국은 이러한 소박성을 '사로청원의 의무'로 간주하면서 "언제나 겸손하고 소박하며 웃사람을 존경하고 아래사람을 사랑하며 례절이 바르게 행동하고 머리단장과 옷차림을 단정히 하여야 한다."(『로동청년』 1988. 2. 28.)고 강조한다. 또한 "특히 머리단장과 옷차림에서 민족성을 잘 살리며 조선사람의 감정과 기호에 맞고 혁명하는 시대의 청년답게 소박하면서도 고상하고 문화적으로 하여야 한다. 녀성 청년들은 몸매와 절기에 맞게 조선옷을 많이 만들어 입으며 양복과 잘 배합하여 입는 것이 좋다."면서, 이를 통해 "청년들이 있는 곳에서는 언제나 검소하면서도 혁명적인 생활기풍이 나래치고 알뜰하고 깨끗한 풍조와 다양하고 화려한 정서가 흘러넘쳐야 한다."(『로동청년』 1988. 3. 5.)고 강조한다.

한편 이러한 '소박성'에 대한 강조는 '부르죠아 반동적 출판물의 해독성'을 비판하는 과정에서 제시되는 경우도 있다. 즉 "조직성과 규율성을 특성으로 하는 집단주의, 사상의지적 통일단결을 생명으로 하는 조직관념, 사회주의적 민주주의, 혁명적 동지애와 혁명적 의리, 집단에 대한 헌신성과 조직생활의 정규화, 규범화, 자각적 통제와 준법정신, 이신작칙, 겸손성, 소박성 등 공산주의적 품성 특히 수령에 대한 충실성 등은 부르죠아 사상, 부르죠아 생활방식과는 인연이 없다. 반동적 출판물은 개인리기주의를 바탕으로 하는 부르죠아지들의 반동적인 생활태도를 부식시킴으로써 청년학생들의 패기와 전투력을 마비시키고 무규율적이고 무정형적이며 무능부패하고 자유주의적이며 타락적 생활에로 그들을 이끌어간다."(「로동청년」 1988. 3. 5.)는 식이다.

한편 1993년이 되면 물질주의와 관련된 기사 가운데 붕괴한 구사회주의권에 대한 비판이 등장하는 경우가 많다. 즉 "로므니아에서 거리의 소년들은 하나의 사회적 문제가 되고 있다"거나, "일본 엔에취케이 방송은 이전에는 막후경제, 암경제라고 불리운 장사질이 이제 와서는 모스크바에서 시퍼런 대낮에 공개적으로 횡행하고 있다고 하면서 많은 청년들이 되거리에 떨쳐나서 물품을 팔고 있다고 전하였다."(「로동청년」 1993. 1. 29.)는 것이다. 또한 '쏘련'의 수많은 청년들이 "자본주의에 대한 환상에 사로잡혀 '딸라'의 덕택으로 '호화로운 생활'을 누려보려고 자기를 낳아 키워준 조국을 떠나 자본주의 나라들에 돈벌러 가는 현상이 나타나고 있다."(「로동청년」 1993. 2. 6.)고 비판하는 기사들이 자주 등장한다.

또한 1993년에는 미국을 비롯한 자본주의 사회의 '물질주의' 가치관에 대한 지적이 매우 많으며, 지속적으로 연재 형식으로 등장하기도 한다는 것이 특징이다. 김일성은 "극단적인 개인리기주의에 기초하고 있으며, 약육강식의 법칙이 작용하는 자본주의 사회에서는 사기와 협잡이 판을 치며 사람들이 서로 반목질시하고 공명과 출세, 개인의 안일과 향락을 위하여 남을 희생시키는 것이 보편적 현상으로 되고 있습니다."(「로동청년」 1993. 12. 8.)라고 비판한다. 또한 "자본주의 사회에서 인간의 가치는 그 인간이 가진 돈과 재물에 따라 평가된다. 돈이나 물건을 만들어내는 것도 사람이며 그것을 쓰는 것도 사람이다. 사람의 가치를 돈이나 물건으로 재는 것은 황금만능의 자본주의 사회에서만 있는 일이다."(「로동청년」 1993. 6. 23.)는 식의 기사가 매우 많다.

그런데 1993년에는 이러한 비판이 북한 내부의 새세대에까지 확장되고 있다는 것이 특징이다. 당국에서는 유학생들을 중심으로 일부 나라들의 현실을 통한 대비교양을 강화하는 노력을 하기도 했는데, 이러한 대비교양은 "그 나라에 가보니 화려한 상점도 있고 상품도 뻔쩍거렸지만 거리에서는 거지들과 류랑걸식자들을 많이 볼 수 있었고 특히 한창 배워야 할 자기나이 또래 학생들이 연약한 어깨에 생활의 무거운 부담을 지고 구두닦이를 하고 신문배달을 하면서 시들어가고 있는 데 대하여 생동하게 이야기하였다."(「로동청년」 1993. 1. 24.)는 식으로 제시된다. 이와 같은 '력사적 사실자료를 가지고 진행한 교양사업'의 목표는 "놈들의 너절한 선전과 꾀임에 자그마한 환상도 가지지 않도록 하기 위한" 것이며, "몇 푼의 돈과 물질에 정신이 흐려지게 되면 점차 사회주의 원칙에서 탈선하여 당과 조국도 몰라보게 되고 나중에는 혁명의 배신자로 굴러떨어진다"(「로동청년」 1993. 1. 26.)는 것을 인식시키는 것이다.

당국이 이러한 교양에 힘쓰는 것은 이러한 물질주의 가치관이 확산되면서 새세대들의 혁명의식이 약화될 것을 우려하기 때문이다. 즉 "미제와 반동들은 혁명적으로 단련되지 못한 청년들 속에 부르죠아 자유화바람을 침투시키는 방법으로 우리 식 사회주의를 무너뜨리려고 책동하고 있다. 사람들이 자본주의 사상과 부르죠아 생활양식에 물젖게 되면 돈과 물건밖에 모르는 개인리기주의자로 되어 사회와 집단을 위해 몸바쳐 투쟁할 수 없다"(「로동청년」 1993. 2. 26.)는 것이다. 제국주의자들이 퍼뜨리려는 황색문화는 "인간을 정신적 불구로 만들고 사회를 기형화, 동물화하는 가장 반동적인 사상독소"이며, "그의 가장 엄중한 해독성은 사회적 존재인 인간의 본성을 유린하고 사람들을 착취계급에 맹목적으로 순응하는 무기력한 존재로, 돈과 물건의 노예로, 개인의 안일과 향락만을 추구하는 동물적 존재로 만든다는 데 있다."(「로동청년」 1993. 9. 8.)고 비판한다.

이처럼 물질주의 가치관은 혁명 의식의 약화를 초래하는 원인이기도 하지만, 반대로 부르죠아 문화가 확산되면서 혁명 의식이 약화된 결과로 물질주의가 나타난다고 지적되기도 한다. 예컨대 "지금 제국주의자들과 반동들은 우리 내부에 썩어빠진 부르죠아 사상문화를 침투시켜보려고 악랄하게 책동하고 있다."면서, "부르죠아적 취미는 우선 사람들의 건전한 사상의식을 좀먹고 투쟁의식을 마비시킨다. 사람들이 부르죠아적 취미에 물젖으면 건전한 사고력을 가질 수 없고 극단한 개인리기주의, 물욕을 비롯한 온갖 불건전한 사상이 자라게 된다. 그리하여 일신의 안일과 향락만을 바라면서 돈이나 물건에 눈이 어둡게 되고 사회와 인민을 위해 창조하고 건설하려는 투쟁의욕을 가질 수 없게 된다."(「로동청년」 1993. 9. 1.)는 것이다.

이러한 맥락에서 1993년 기사에서는 '검소'와 '소박성'과 같은 덕목을 교양하는 차원을 넘어서서, '물질'에 유혹되지 말고 청렴결백하게 생활해야 한다는 식의 직접적인 지적이 눈에 띄게 늘어난다. 예컨대 "경제도덕생활과 문화정서생활을 청렴결백하고 건전하게 하지 못하면 돈과 물건에 유혹되어 저속하고 방탕한 생활에 물젖게 되며 사상정신적으로 타락한 시대의 락오자가 될 수 있다"(「로동청년」 1993. 7. 6.)는 것을 교양하기 위한 사업을 적극적으로 진행해야 한다고 주장한다.

이러한 청렴결백성에 대한 지적은 빈도도 높거니와, 그와 반대되는 부정적 사례에 대해서도 매우 구체적인 표현 양식을 사용하고 있다는 것도 특징이다. 즉 "청년들이 경제도덕생활을 청렴결백하게 한다는 것은 사업과 생활을 티가 없이 깨끗하게 하며 탐욕과 사기협잡, 부화방탕 등 온갖 부정적인 것과 인연이 없이 고상하게 생활한다는 것"이라면서, "청렴결백성은 공산주의자들의 깨끗한 량심과 의리의 직접적 발현이며 정의를 사랑하는 우리 청년이 반드시 지켜야 할 중요한 정신도덕적 풍모의 하나이다. 청년들이 경제도덕생활을 청렴결백하게 하지 못하면 돈과 물건에 유혹되여 저속하고 방탕한 생활에 물젖게 된다. 돈과 물건에 맛을 들이면 혁명을 할 수 없다. 물욕에 눈이 어두운 사람은 자기 개인의 리익을 위해서라면 사회와 집단의 리익도 서슴없이 희생시키며 나중에는 동지도, 혁명도 배반하게 된다. 자기의 개인생활을 위하여 이리저리 뛰여다닐 것이 아니라 혁명임무수행을 위해 아글타글 애쓰며 특혜와 특권을 바라지 않고 자기보다 먼저 동지를 생산하고 좋은 것은 양보하는 것이 바로 우리 청년들이 지녀야 할 미덕"(「로동청년」, 1993. 5. 13.)이라고까지 강조한다.

1993년에는 이러한 물질주의 가치관으로 인한 부정적 사례 중 절취행위까지도 구체적으로 드러낸다는 특징이 있다. 예컨대 "만일 집단주의 정신을 지니지 않고 개인주의 사상에 물젖어 남이야 어떻게 되든 자기 한사람이 안일과 향락만을 추구하면서 국가재산이나 남의 물건에 마음대로 손을 대고 날라리를 부리며 제멋대로 생활한다면 결국 자신의 삶은 물론 혁명도 망쳐먹고 조국도 잃게 된다."면서, 이러한 행위는 "사회주의가 좌절된 나라들의 실태가 입증해주고 있는 엄연한 진리이다."(「로동청년」, 1993. 10. 10.)라는 식으로 연결한다.

더구나 이러한 절취 행위가 북한 새세대에게 실제로 발생하고 있다는 것을 암시하는 기사도 종종 등장한다. 즉 "특히 청년들은 국가와 사회재산을 탐오낭비하거나 공동재산으로 제 리속을 차리며 국가물건을 가지고 낮내기를 하는 등 비사회주의적 현상들을 철저히 없애는 것이 중요하다."(「로동청년」, 1993. 5. 13.)는 것이다. 북한 당국은 이러한 행위와 관련하여 토론회 등을 진행하면서 적극적인 교양을 행한다. "사회주의 사회에서는 모든 것이 국가와 전체 인민의 재산으로 되어 있다. 때문에 그것을 자기의 것으로 만드는 것은 나라의 살림살이를 좀먹는 해독행위로 된다."면서, "혹시나도 국가재산에 손을 대거나 남의 물건을 넘겨다본 적은 없는가. …… 그런 역겨운 생활에 다시는 오염되지 않기 위하여 우리 식의 사상적 모기장을 든든히 쳐야 한다."(「로동청년」, 1993. 10. 10.)고 경계한다.

1993년에는 국가 재산의 절취 외에도 '색다른 물건'과 '이색적인 물건'에 관심을 느끼는 행위에 대한 지적도 자주 등장한다. 예컨대 "지나간 일이지만 일부 학생들 속에서는 색다른 물건에 눈을 파는 현상"(「로동청년」, 1993. 11. 28.)이 있었다고 지적하면서, 이러한 태도와 행위들이 실제로 존재할 가능성을 보여준다. 이러한 표현은 "내가 계속 잡념에 빠져있었더라면 나중에는 머리 속에 나쁜 병이 들어 우리 당이 바라는 혁명인재가 아니라 쓸모없는 쭉정이밖에 되지 못했을 것이다. 어느 대학의 한 학생의 경우가 그것을 잘 말해준다. 그는 학습에 전심하지 않고 색다른 물건에 신경을 쓰다 보니 학과실력이 떨어졌고 조국을 위해 복무하는 혁명인재로 준비될 수 없었다. 이것을 통해 우리는 잡념에 빠질 때 그것이 얼마나 무서운 후과를 빚어내는가를 똑똑히 알 수 있다."(「로동청년」 1993. 12. 5.)는 기사에서도 확인할 수 있다.

이러한 이색적인 물건들에 관심을 갖는 태도에 대해 당국은 제국주의자들의 사상문화적 침투로 간주하고 적극적인 경계를 강화하고 있다. 즉 "제국주의자들은 썩어빠진 부르죠아 사상문화와 생활양식을 퍼뜨리는 데서 여러 가지 수법을 쓰고 있다. 그 하나가 무엇이나 색다른 것에 호기심을 가지고 그것을 쉽게 받아들이려는 청년들의 심리를 이용하여 각종 악취가 풍기는 썩어빠진 류행을 퍼뜨리고" 있다는 것이다. 따라서 청년들은 "문화정서생활과 물질생활을 비롯하여 일상생활에서 우리 식과 맞지 않는 이색적인 풍조"가 생길 경우, "큰 것이건 작은 것이건 절대로 수수방관하거나 양보하지 말고 견결한 투쟁을 벌려 그것을 싹에서부터 가차없이 짓뭉개버려야 한다."(「로동청년」 1993 10. 2.)고 강조한다.

그러나 청년들의 물질주의적인 가치관이 확산되는 것을 있는 그대로 인정하기라도 하는 듯, 당국이 부분적으로 후퇴하는 듯한 표현이 사용되는 경우도 있다. 당국이 희망하는 바 혁명과 건설의 목표는 다름 아닌 "물질생활에서 다같이 골고루 잘 살도록 하며 집단주의 원칙에서 서로 돕고 이끄는 미풍을 활짝 꽃피워나가는 것"(「로동청년」 1993. 6. 6.)이라고 한다. 또한 "우리 청년들의 혁명적 랑만은 그 어떤 물질생활의 풍족이나 정서생활의 만족에서만 오는 단순한 랑만이 아니다. 그것은 혁명하는 시대 청년으로서의 참된 삶, 귀중한 청춘시절에 가장 값높은 인생을 누리는 끝없는 긍지와 락관에서 오는 참다운 혁명적 랑만이다."(「로동청년」 1993. 11.
17.)라는 표현과 같이, 물질생활의 풍요가 낭만과 만족을 가져다준다는 것
을 인정하는 듯한 표현이 등장하기도 한다.

　때로는 이러한 청년들의 '물질'적 관심사를 인정하면서, 그에 맞추어 동
기 부여 차원에서 '물질'을 이용하는 듯한 표현도 존재한다. 예컨대, "청춘
의 보람찬 삶이라고 할 때 그것은 청춘의 정력과 지혜를 다 바쳐 사회와
집단에 이바지하는 값있고 자랑스러운 삶을 말한다."면서, 이는 "로동을
사랑하고 일하기를 좋아하며 창조적 로동에 청춘을 성실하고 근면하게 바
쳐나가야 한다는 것이다. 로동은 물질적 부의 원천이다."(「로동청년」
1993. 5. 1.)라고까지 표현한다. 이는 '로동을 사랑할 것'을 강조하고자 하
는 의도이지만, 결국 이러한 노동의 독려를 위한 동기 부여가 '물질적 부'
라는 것을 통해 제시된다는 것이 주목된다.

　한편 사회주의 '고난의 행군'을 거친 직후인 1998년이 되면, 이러한 경
제적 측면의 부정적 행위들에 대한 지적이 보다 다양해진다. 예를 들면
'제 호주머니 불굴 생각을 하며 딴 짓을 하는 청년들'(「청년전위」 1998. 1.
8.)이 있다거나, "제 맡은 일과 관련된 기술실무적 문제는 잘 몰라도 농민
시장가격이나 외국제 물건 이름과 값은 환히 꿰뚫고 그게 큰 자랑거리나
되는 듯 입다물 줄 모르고 주절대는 청년들"(「청년전위」 1998. 1. 8.)이
농장 등에 실제로 존재한다고 고백하고 있기도 하다.

　또한 긍정적인 사례를 제시하려는 의도의 기사 내에서조차도, 상당수의
북한 청년들 내면에 '물욕'이 존재하고 있다는 것을 암시적으로 드러내고
있기도 하다. 예컨대 "그들은 돈맛을 모르며 물질에 눈이 어두워 협잡질
을 하는 것도 모른다. 그들은 참으로 당이 하라는 대로만 하고 일밖에 모
르는 끝없이 근면하고 순박한 주체조선청년의 특질을 그대로 보여주고 있
다."(「청년전위」 1998. 8. 13.)는 표현을 통해, 기사에 등장한 긍정적 사례
를 제외한 상당수의 청년들은 마치 돈맛과 물질에 눈이 어두운 경우가 많

다는 식으로 제시한다. 또한 사회주의 의식에 '진공상태'가 형성되면 자동적으로 "물욕과 같은 다른 리념이 그 자리를 차지하게 된다"(『청년전위』 1998. 4. 29.)고 인정하고 있기도 하다.

한편 1998년에는 '외국 상품'에 환상을 지니는 태도에 대한 기사도 늘어나는 경향을 보인다. 즉 "제국주의자들이 사상문화적 침투를 이해 돈과 재물로써 청년들을 현혹시키고 각종 출판물들과 록화물, 방송을 비롯한 선전수단들을 통하여 황금만능주의를 설교하고 사회주의에 대한 비방과 자본주의에 대한 환상을 주입시키려 하고 있다."(『청년전위』 1998. 6. 26)는 표현을 통해, 새세대에 대한 제국주의의 침투가 '돈과 재물'을 통해 이루어지는 것을 우려하고 있다. 또한 "청년들은 썩고 병든 자본주의를 옳게 보지 못하고 환상적으로 대하는 그릇된 사상경향과 다른 나라 상품과 외화에 대한 우상화, 국가사회재산을 아끼지 않거나 집단의 리익을 침해하는 현상들이 나타나지 않게 하여야 하며 그 자그마한 요소도 제때에 사상투쟁을 벌려 철저히 극복하여야 한다."(『청년전위』 1998. 10. 29.)는 표현에서도, 이러한 '상품과 외화'에 대한 우상화에 대한 경계가 드러난다.

북한 당국은 이러한 '자본주의에 대한 환상'은 '황색바람'에 빠지게 만들며, 이러한 황색바람을 막아내기 위한 계급교양을 강화해야 한다고 인식한다. 예컨대 "청년들이 자본주의에 대한 환상과 비사회주의적 행위에 빠지면 저도 모르게 황색바람에 말려들게 되며 혁명적으로 일하며 생활하는 것을 싫어하게 된다."(『청년전위』 1998. 10. 29.)는 것이다. 또한 "돈과 물건을 통한 유혹 등 우리 나라에 대한 적들의 사상문화적 침투책동과 온갖 모략행위를 최근 극도에 이르고 있으며 날을 따라 더욱 심해지고 있다."면서, "우리가 부르죠아 황색바람을 혁명의 열풍으로 단호히 막아내어 온갖 비사회주의적 요소들이 침습되지 않게 하자면 청년들 속에서 그 어느 때보다도 계급교양을 강화하여 청년들 누구나가 다 계급적 자각을 순간도 잃지 않고 계급적 원칙에서 조금도 리탈함이 없이 언제나 혁명적으로 일하고 생활하도록 하여야 한다."(「청년전위」, 1998. 6. 24.)는 것이다.

이러한 물질주의적 경향은 최근까지도 이어지고 있다. '고상한 도덕품성을 지닌 우리 민족'이라는 기사에서는 "재물이나 권력보다도 진리와 도덕을 더 존중히 여기는 것은 오랜 옛날부터 우리 인민이 계승하여 내려 오고 있는 전통적인 아름다운 풍습이라고 말할 수 있습니다."라는 김일성의 말을 인용하면서, "일찍부터 문명하고 문화적인 생활을 하여 온 우리 인민은 재물이나 권력보다도 진리와 도덕을 더 존중히 여기는 높은 도덕관념을 소유하였으며 자기의 성실한 로동으로 물질적 및 문화적 재부를 창조하면서 건전한 인간관계를 맺고 생활하여 왔다."는 것이다. 따라서 "청렴결백한 도덕풍모는 로동에 대한 근면한 태도에서, 남의 물건을 탐내지 않고 자기의 노력으로 생활을 개척해 나가는 데서 표현되었다. 우리 인민은 먼 옛날부터 울타리 없이 살아 왔으며 남의 재물을 탐내는 자를 증오하고 엄하게 처벌하였다."(「로동신문」, 2003. 5. 10.)는 식이다.

최근의 경향은 미국 등 제국주의 국가들의 '원조'에 의한 물질적 영향력에 대한 우려를 드러내는 기사가 매우 자주 등장한다는 특징을 보인다. 예컨대 「로동신문」에서는 '미제의 심리모략전에 각성을 높이자'는 기사란을 마련하여 연재하고 있기도 하다. 이 연재란에서는 "미국은 허위와 기만으로 가득 찬 비방중상과 돈이나 물건을 통한 생명안전담보 등을 내용으로 하는 삐라작전을 감행하여 해당 나라들에서 불신을 조성하고 사람들을 사상정신적으로 와해변질시켜 저들의 침략적 목적을 손쉽게 이룰 것"(「로동신문」, 2003. 8. 6.)이라고 우려하기도 한다. 또한 "미국은 국제적으로 민심을 낚기 위한 작전의 일환으로 딸라 외교, '원조' 외교를 끈질기게 벌리고 있다. 그들은 딸라와 물건을 내흔들며 다른 나라들에 추파를 던지고 환심을 사려 하고 있다."(「로동신문」, 2003. 7. 20.)고 경계하는 식이다.

이러한 물질적 원조와 관련된 기사 내용은 이라크, 아시아, 쏘련, 뽈스까 등 동유럽 해당 국가별로 매우 구체적으로 제시되고 있다. 북한 당국은 이에 대해, "미제는 '원조'를 심리전의 수단의 하나로 삼고 발전도상나라 인민들에게 저들이 마치도 이 나라들의 새 사회건설과 발전을 '도와' 주는 듯한 인상을 주어 이 나라 인민들 속에 대미환상과 숭미사대주의 사상을 불어넣어 반미자주의식을 마비시키는 책동을 벌리였다."고 비판한다. 또한 '인도주의'와 '친척방문'에 대해서도 '몇 푼의 딸라와 미국제 상품들'을 쥐여 주면서 미국에 대한 환상을 퍼뜨리려는 시도로 파악하고 있다. 따라서 북한에 대한 '원조작전'의 목적 역시 "우리 인민들 속에서 미국에 대한 환상을 조장시켜 반미의식을 마비시킴으로써 계급적 각성을 무디게 하고 우리 내부를 사상정신적으로 와해변질시켜 궁극에는 우리의 사회주의제도를 뒤집어 엎으려는 데 있다."(「로동신문」 2003. 8. 14.)고 경계한다.

(2) 황금만능주의와 배금주의 경향

경제적 측면과 관련된 기사의 빈도는 비교적 시대별 차이가 큰 부분에 속한다. 1980년대에는 '돈'에 대한 직접적 지적 자체가 거의 존재하지 않으며, 존재한다 하더라도 남조선과 미국, 유럽 등의 부자들의 행태를 밝히는 과정에서 등장한다. 북한 사회를 대상으로 사용할 경우에는, 북조선 사회에서는 '돈이 없어도 교육과 치료를 받는다'는 식의 자부심을 표현하는 과정에서 나타나는 정도이다. 예컨대 "돈이 사람보다 더 귀중한 것으로 되고 있는 썩고 병든 남조선사회"(「로동청년」 1983. 1. 28.)라거나, "돈이 모든 것을 지배하는 자본주의 사회에서는 사람의 인격도 돈에 의하여 평가되며 돈 없는 사람은 물건처럼 취급되고 있습니다"(「로동청년」 1983. 1. 23.)라는 식이다. 또한 자본주의 나라는 "녀자와 결혼하는 것이 아니라 녀자가 가지고 오는 재산과 결혼하며 교제에서 어떤 물질적 리득을 볼 수 있는가에 따라서 동무를 고르며 유산에 대한 욕망이 부모에 대한 사랑을 배제한다"고 비판하면서, "돈을 위해서라면, 부부간, 부자간, 형제간의 의

리를 저버리고 부모나 자식을 거리낌없이 죽이는 패륜패덕이 판을 치는
황금만능의 썩어빠진 자본주의 사회를 개탄"(「로동청년」 1983. 5. 1.)하는
기사에 그친다.

　1988년 역시 '돈'에 대한 기사의 빈도는 여전히 낮은 편이며, 비판의 대
상도 자본주의 사회인 경우가 많다. 즉 "사회에서는 혁명적 의리와 동지
애의 원리가 인간관계의 기본을 이루며 고상한 집단주의 정신이 높이 발
양된다."면서, "착취사회 특히 황금만능의 자본주의 사회에서는 날카로운
현금계산이 뒤따르며 '도움', '원조'라는 것이 보상과 대가를 전제로 한
다."(「로동청년」 1988. 8. 12.)는 식으로 대비시키는 경우가 많다.

　그럼에도 불구하고 1988년에는 '돈'과 '물질'에 대한 관심을 우려하는 가
운데 비교적 구체적인 표현방식을 사용한다는 것이 특징이다. 즉 "약육강
식의 생활방식을 범람시키고 패륜패덕과 살인, 강도와 같은 사회악을 조
장시키려는 제국주의 반동문화의 자그마한 독소라도 허용한다면, 사람들
은 점차 한푼의 돈이나 사치를 위하여 자신의 신성한 인격을 팔고 존엄을
더럽힐 수 있으며, 정신적 기형아, 육체적 불구자, 문화생활의 비참한 거
지가 될 수 있다."(「로동청년」 1988. 9. 29.)고 우려한다. 또한 "부르죠아
생활양식은 사람들 사이의 관계를 개인의 리기적 목적과 금전의 관계로
전환시켜 그들의 정신도덕적 풍모를 더럽힌다. 그러므로 우리들은 인간을
도덕적으로 타락시키는 부르죠아 생활양식의 반동성을 폭로비판하고 그의
사소한 표현도 우리 내부에 침습하지 못하도록 철저히 경계하여야 한
다."(「로동청년」 1988. 1. 6.)고 강조한다.

　1990년대의 기사에서도 역시 자본주의 사회를 대상으로 하는 비판이 존
재하지만, '황금만능주의' 등의 부정적 사례들이 1980년대에 비해 상당히
구체적인 경우가 많다. 특별히 "돈이 모든 것을 지배하는 자본주의 사회
에서는 사람의 인격도 돈에 의하여 평가되며 돈 없는 사람은 물건처럼 취
급되고 있습니다."라는 김일성의 말이 상당히 반복적으로 등장하고 있기

도 하다. 구체적 표현으로는 "자본주의 사회에서 돈은 사람들의 경제생활을 지배할 뿐 아니라 사람 자체의 인격과 사회관계 전체를 지배하는 만능의 역할을 한다. 자본주의 사회에서 돈은 무엇보다 먼저 인간의 가치와 존엄을 규정하는 척도로 되고 있다."면서, "현실적으로 자본주의 사회는 비인간지대"(「로동청년」 1993. 6. 23.)라고 비판한다.

1993년도 기사의 특징은 '황금만능주의' 개념이 상당히 자주 등장하며, 그 표현도 매우 구체적이고 자세하다는 것이다. 예컨대 "황금만능은 자본주의제도의 사회경제적 기초로부터 흘러나오는 합법칙적 현상"(「로동청년」 1993. 11. 10.)이라면서, 자본주의 사회에서 '돈은 정치의 열쇠이다', '돈만 있으면 늪가의 오리도 대통령이 될 수 있다', '돈만 있으면 귀신에게도 멍에를 메울 수 있다'는 표현을 사용한다. 또한 "극단한 개인리기주의와 황금만능주의에 기초한 자본주의 사회에서는 약육강식의 생존경쟁과 승냥이 법칙이 작용하며 온갖 악행이 빚어진다"면서, "사람을 물건처럼 팔고 사는 인신매매업, 무덤에서 유물을 파내어 돈벌이하는 유물판매업, 인재를 훔쳐다 파는 인재도적회사, 살인을 전업으로 하는 살인주식회사들이 있으며 이를 통하여 황금노예들이 막대한 돈을 긁어모으고 있다."(「로동청년」 1993. 6. 26.)고 비난한다.

1993년 기사에서는 '황금만능'과 관련하여 미국과 남조선에 대한 비판을 가할 경우에도 '사회악' 등의 사례들을 매우 구체적으로 제시한다. 예컨대 수백 개의 각종 폭력단, 강도행위, 살인, 마약의 범람, 매춘의 성행 등과 같은 사회악의 근원을 '황금만능주의'로 돌리고 있다. 즉 "황금만능주의와 극단한 개인이기주의에 물젖은 특권층이 자행하고 있는 부정부패행위와 사기, 협잡은 사회악의 대표적 자리를 차지하고 있다."면서, "썩어빠진 미국식 생활양식이 빚어낸 남조선에서의 사회악은 이루 다 헤아릴 수 없다."(「로동청년」 1993. 8. 19.)고 비판한다.

또한 미국과 남조선을 비롯한 황금만능의 사회에 존재하는 청년들의 타

락과 '청소년 강력범죄분야'에 대한 지적도 발견된다. "사람들이여! 미친
듯이 명멸하는 색정의 조명 아래서 라태와 포식, 사기와 방종에 사로잡혀
동물적 본능만 남은 야인으로 뛰노는 청춘남녀들을 보라. …… 마약과 알
코올에 찌든 공허한 눈길, 음탕한 야욕으로 어지러이 방황하는 심리, 호색
광들에게 상품으로 제공되는 가련한 육체를 보라."고 지적하면서, "돈이
모든 것을 지배하며 약육강식의 생존경쟁법칙이 존재하는 자본주의 사회,
말세기적인 풍조로 하여 썩어문드러진 이런 사회에서는 청년문제가 해결
될래야 될 수 없다"(「로동청년」, 1993. 8. 29.)는 것이다.

1993년에는 1980년대 말 이후 붕괴한 사회주의권 국가들에 대한 비난도
상당히 비중 있게 다루어진다. 이 나라의 청년들이 "부르죠아 자유화바람
에 물젖고 딸라에 현혹되어 심히 변질되여갔다"면서, "제국주의자들이 퍼
뜨리는 온갖 썩어빠진 부르죠아 사상문화와 생활양식에 물들고 황금만능
의 자본주의에 대한 환상에 잠기다나니 그놈들이 떠들어대는 '자유'와 몇
푼의 딸라를 위해 자기 당과 정부를 공격하는 앞장에 서는 것도 서슴지
않았다."(「로동청년」, 1993. 11. 11.)고 비판한다. 즉 청년들에게 있어서 물
질적인 관심이 확산된 결과, 당과 정부를 전복시키는 데로 변질되었다는
것이다.

또한 이러한 청년들의 '제 도끼로 제 발등을 찍은 후과'는 매우 엄중하
다면서, 사회주의 붕괴 이후의 타락상에 대해서도 세세히 해설하고 있다.
"이전 쏘련 시기에 명예로 되오던 모든 것이 상품화되었다. 훈장, 메달,
군복, 표창장, 당증, 공청원증 등이 장마당에서 헐값으로 팔리고 있다."고
개탄하면서, 프랑스 에이에프피통신 등의 보도를 인용하면서 "이전 쏘련
의 적기훈장이 1개의 연어통졸임과 거래되는 것을 직접 목격했다"거나,
"그 전날에는 흑인들을 멸시하던 모스크바처녀대학생들이 한 딸라를 위해
흑인류학생들에게 몸을 팔고 있다"(「로동청년」, 1993. 5. 22.)는 식으로 비
난한다. 또한 동구에서처럼 "진정한 조국이 없는 지식인들이 황금의 노예

로 전락되여갈 때"에도, "우리 나라 인테리들이 혁명하는 인테리로서 일신의 안일과 영달을 추구하지 않는다는 것을 강조"(「로동청년」 1993. 12. 9.)하는 김정일의 언급 등도 등장한다.

이에 대응하여 북한 당국은 붕괴한 사회주의 체제의 타락상과 북한 사회를 대비하는 방식의 교양을 자주 시도한다. 즉 "황금만능의 자본주의 사회에서 불어오는 극도의 개인리기주의와 인간증오사상 등 어지러운 광풍을 쳐몰아내고 인간의 가장 아름다운 정신도덕적 풍모가 활짝 꽃펴나도록"(「로동청년」 1993. 12. 14.) 교양해야 한다고 강조한다. 더 나아가 "우리 인민과 청년들은 제국주의자들과 사회주의배신자들이 자본주의와 서방의 '자유'에 대하여 아무리 광고해도 자본주의 사회를 인간의 생지옥으로, 썩은 시궁창으로 경멸하고 있으며 혁명적 동지애와 의리, 뜨거운 인정미가 차넘치는 우리의 사회주의제도, 친애하는 지도자동지의 인덕정치를 소리높이 노래하며 공산주의미풍의 대화원을 아름답게 꽃피우고 있다."(「로동청년」 1993. 12. 1.)고 주장한다.

이처럼 1993년 기사에서는 새세대들의 '물질주의'적인 관심사에 대해 우려하면서, 사상정신적인 교양을 통해 개선하고자 노력했던 것이 엿보인다. 이러한 교양이 제대로 이루어지지 못하게 되면, "자주의식이 마비되고 정신적 불구자로 되며 부패타락해지고 아무런 이상과 포부도 없이 순간의 안일과 쾌락만을 추구하는 저속한 인간으로 되고 만다."면서, "머리가 사상정신적으로 빈곤해지면 부르죠아 자유화바람이 들어올 수 있는 틈을 주게 된다. 머리가 사상정신적으로 빈곤하면 돈밖에 모르는 사람이 되고 취미가 저렬해지며 결국 사상적으로 변질되어 나중에는 나라와 인민을 배반하는 길로 굴러떨어질 수 있다."(「로동청년」 1993. 1. 23.)는 것이다. 따라서 만일 북한 새세대 청년들이 "자본주의사상과 부르죠아 생활양식에 물젖게 되면 돈과 물건밖에 모르는 개인리기주의자로 되어 사회와 집단을 위해 몸바쳐 투쟁할 수 없다"(「로동청년」 1993. 2. 26.)고 경계한다.

한편 1993년에는 '부정부패현상'과 '뇌물행위', '황금만능주의' 등에 대한 술어 해설 기사를 자주 등장한다는 특징이 있다. 북한에서 말하는 뇌물행위는 "낡은 사회에서 인민을 억압하고 탄압하는 반동관료배들을 비롯한 각급기관의 관리들과 그밖에 일정한 직무에 있는 자들이 상전에게 아부아첨하거나 남을 매수하기 위해서 돈이나 물건을 주고받는 현상"으로서, "로동계급의 당과 사회주의 사회의 본성으로부터 나오는 것이 아니라 낡은 사상잔재와 부르죠아사상에 기초하여 생기는 것이기 때문에 당이 조직사상사업을 강화하고 모두가 각성하여 투쟁을 벌리면 능히 극복할 수 있는 현상"(「로동청년」 1993. 1. 23.)이라고 해설된다. 즉 이러한 뇌물행위가 낡은 사회뿐 아니라 사회주의 사회에서도 나타날 수 있다는 것을 부분적으로 인정하고 있음을 알 수 있다.

한편 황금만능은 "낡은 사회에서 돈이 모든 것을 좌지우지하고 돈이면 모든 것이 다 해결된다는 뜻으로 쓰이는 말"로 정의된다. 따라서 황금만능의 사회에서는 "한줌도 못되는 몇 놈의 억만장자들이 국가권력도 나라의 재부도 다 틀어쥐고 좌지우지한다."면서, "황금만능은 각종 범죄와 사회악을 빚어내며 사람들을 돈의 노예로 만든다."고 주장한다. 이 기사는 "돈밖에 모르는 자는 자본주의 사상을 가진 자이다."(「로동청년」 1993. 8. 21.)라는 비판으로 마무리하고 있다는 것이 주목할 만하다. 이처럼 직접적인 표현 방식으로 경계하는 것을 통해, 북한 사회 내에서도 '돈'에 대한 관심 혹은 '돈밖에 모르는' 청년들이 존재할 가능성이 있다고 짐작할 수 있다.

1993년에는 특별히 '돈', '딸라' 등의 개념이 직접적으로 등장하는 기사의 빈도가 급격히 늘고 있다. 때에 따라서는 거의 한 면 가득 '돈가방'을 찾아 주는 '아름다운 소행'에 대한 감상글들로 차 있기도 하다. 예컨대 외국인이나 손님들의 돈지갑이나 가방을 발견하고도 돌려주지 않는 것은 '순결한 양심'을 저버린 행위이며, 이처럼 "흑심으로 덮어진 좌석에 심장을 내던진 사람은 리기와 공명, 안일과 출세에 물젖어 개인적 향락으로 시간을 허비하며 인생의 전부를 쓰레기통과 같은 생활로 어지럽히게 된다."(「로동청년」, 1993. 10. 10.)고 경계한다.

1993년은 청년들의 경제도덕생활에 대한 당국의 관심이 매우 높았던 시기로 보인다. 즉 새세대의 경제도덕생활의 청렴성은 혁명 의식과 사상성을 반영하는 것이며, '돈'에 대한 관심은 혁명 의식의 약화를 초래할 수 있다고 우려한다. 예컨대 "청년들이 경제도덕생활을 청렴결백하게 하지 못하면 돈과 물건에 유혹되어 저속하고 방탕한 생활에 물젖게 된다. 돈과 물건에 맛을 들이면 혁명을 할 수 없다."(「로동청년」, 1993. 5. 13.)는 것이다. 또한 경제적 곤란이 부각되기 시작했던 시기라는 점에서, 결혼식 등에서의 사치와 허례허식에 대한 비판 기사도 비교적 자주 등장한다.(1993 10. 3; 1993. 12. 26.) 즉 검소하고 소박한 예식을 행하는 것은 '낡은 인습'을 타파하고자 하는 사상성을 반영한다는 것이다.

한편 1998년이 되면 경제적 측면에 관한 비판이 주로 '제국주의의 사상문화적 침투' 차원에서 이루어지는 경우가 많다. 예컨대 "돈과 물건을 통한 유혹 등 우리 나라에 대한 적들의 사상문화적 침투책동과 온갖 모략행위를 최근 극도에 이르고 있으며 날을 따라 더욱 심해지고 있다."(「청년전위」, 1998. 6. 24.)는 것이다. 이와 관련된 해설선전에서는 "이전 쏘련에서 현대수정주의자들이 제국주의자들과 투쟁을 벌릴 대신 제국주의 사상문화적 침투에 문을 열어준 결과에 자본주의 사상과 썩어빠진 부르죠아 생활양식이 쓸어들어와 청년들의 머리를 변질시켰다. 사람들의 머리 속에 황금만능사상이 지배하게 되어 선렬들이 피로써 이룩한 사회주의 전취물을 총 한방 쏴보지 못하고 적들에게 송두리째 빼앗기게 되었으니 사상문화적 침투의 후과가 얼마나 엄중한가"(「청년전위」, 1998. 6. 26.)라고 경계한다.

김정일은 '청년절 5돐에 즈음하여 김일성사회주의청년동맹 중앙위원회 기관지 「청년전위」에 준 담화'에서 청년들의 교양에 집중할 것을 강조한다. 즉 "청년들은 사상정신적으로 성숙과정에 있는 세대들이며 청년시기

는 세계관이 형성되는 중요한 시기입니다. 청년들이 어떻게 발전하며 청
년운동이 어떤 길을 걷는가 하는 것은 청년들이 어떤 지도를 받으며 어떻
게 교양 육성되는가에 달려 있습니다. 청년들은 올바른 지도를 받고 혁명
적으로 교양육성될 때 혁명적인 세대로 준비될 수 있으며 그렇지 못할 때
에는 사회 발전을 저해하는 반동의 길, 부패타락의 길을 걷게 됩니다."라
면서, "청년들은 자본주의 사회의 반인민성과 부패성에 대하여 똑바로 인
식하고 자본주의에 대한 온갖 그릇된 환상을 철저히 배격하여야 합니
다."(「로동신문」, 1996. 8. 28.)라고 하였다. 또한 만일 청소년들을 혁명적
으로 교양하지 못하여 사회주의 의식에 '진공상태'가 형성되면, '물욕'과
같은 다른 이념이 그 자리를 차지하고, "다른 영웅들, 돈주머니나 채울 줄
아는 자들, 사회주의제도를 때려부시라고 부르짖는 자들이 바로 청년들의
본보기"(「청년전위」, 1998. 4. 29.)가 된다고 비판한다.

이러한 '물욕'에 대응하는 덕목으로 북한 당국은 검소와 순박성을 강조
한다. 즉 대학생 청년들이 "순박성을 지녀야 안일해이해지거나 돈과 재물
에 유혹되지도 않고 직심스럽게 공부에 열중하게 될 뿐 아니라 일을 해도
누가 보건 말건 성실하게 하며 일상생활에서도 호의호식을 바람이 없이
검박하고 건전하게 살아나가게 된다."면서, 만약 "개인의 리익과 공명을
앞세우고 향락을 바라며 부화방탕하게 생활하는 대학생이 있다면 그런 사
람은 혁명하는 세대와는 인연이 없는 인간추물로 락인받게 된다."고 비판
한다. 이 기사에서는 대학생들의 진로 결정과 관련하여 "힘든 일을 맡아
나서는 데서 청춘의 보람을 찾고 당의 구상을 꽃피우기 위한 투쟁의 앞장
에서 근면하고 성실하게 일하며 사리와 공명, 굴욕과 사치, 허례허식 등
온갖 낡고 썩어빠진 것들을 철저히 반대배격하고 건전하고 검박하게 생
활"(「청년전위」, 1998. 6. 7.)하는 것이야말로 청년대학생들이 지녀야 할
순박한 품성이라고 지적한다.

최근에도 이러한 검박성 등과 관련된 지적은 '고상한 도덕품성을 지닌

우리 민족' 등의 기사를 통해 계속적으로 이루어지고 있다. 예컨대 "남의 등을 쳐먹기 좋아하는 것과 같은 비도덕적인 관념과 행동은 로동에 성실하고 근면하며 자신의 힘으로 생활을 개척하는 데 습성화된 우리 인민들에게는 도저히 허용될 수 없는 수치로 간주되여 왔다. 건전한 도덕품성 다시 말하여 겸손성과 소박성, 정직성과 소탈성, 검박성은 우리 인민의 높은 도덕관념과 기풍에서 중요한 내용을 이룬다. 우리 인민은 다른 사람과의 관계에서 언제나 상대방을 존중하고 예절이 밝게 행동하였으며 허심하고 점잖았다. 정직하고 소탈하며 검박하기 때문에 우리 인민은 솔직하고 허위와 기만, 그 어떤 꾸밈이나 겉치레를 모르고 소박하게 생활하였다."는 것이다. 따라서 "먼 옛날부터 진리와 도덕을 더 존중히 여기는 우리 민족의 높은 도덕관념이 황금만능주의에 미쳐 인생의 목적을 재부의 축적에 두고 있는 배금주의적 관념과 파렴치성, 위선과 비인간성 등 온갖 저렬한 것으로 두루 엮어진 미국식 '가치관'보다 비할 바 없이 우월하다는 것은 더 론의할 여지가 없다."(「로동신문」 2003. 5. 10)고 대비하고 있다.

V. 세대교체와
새세대의 규범적 약화 및
일탈의 증가

1. 세대교체와 사회적 자율성의 증대

(1) 세대교체: 혁명의 제3세대, 제4세대

북한에서 말하는 새세대라 함은 '혁명의 제3세대, 4세대'를 지칭한다. 혁명의 1세대는 김일성과 함께 항일혁명운동을 벌인 1920년대의 청년공산주의자들을 의미하며, 혁명의 제2세대는 조국해방전쟁이라 부르는 한국전에 참전한 로병들을 의미한다.(「로동청년」 1993. 2. 28.) 북한 가요 '당신이 없으면 조국도 없다' 해설에 의하면 "1920년대에 청년공산주의자들이 위대한 수령 김일성 동지를 태양으로 민족의 령도자로 높이 우러러 모시고 충성의 맹세를 소리높이 웨쳤다면, 오늘 1990년대에는 항일혁명의 피줄기를 이어받은 3세대, 4세대 청년들이 친애하는 김정일동지를 또 한 분의 탁월한 영도자로 높이 받들고 충성의 만세를 높이 부른다."(「로동청년」 1993. 2. 28.)는 표현도 등장한다.

현재 북한 인구의 다수를 차지하는 혁명의 제3세대, 제4세대는 학생 청소년과 근로 청년들을 총칭하여 부른다. 단, 고등중학교 졸업생을 대상으로 하여 학생 청소년들을 따로 가리킬 때는 혁명의 제4세대라는 호칭을 독립적으로 쓰기도 한다. '고등중학교 졸업생들의 조국보위탄원과 사회주의 건설장에로의 진출 선구자환영대회 환영사'에서는 "청춘시절에 편안한 곳을 찾고 쉬운 일을 바란다면 삶을 빛내일 수 없으며 혁명을 끝까지 해나갈 수 없습니다."(「로동청년」 1993. 7. 9.)라고 경계하면서, "혁명의 1세, 2세, 3세들이 세우고 꽃피워온 사회주의조국에서 경애하는 김일성 대원수님과 친애하는 지도자 김정일 선생님께서 끊임없이 안겨주시는 행복만을 받아안고 자라나고 있는 우리들"이라는 표현을 사용하고 있기도 하다. 이러한 평가는 1991년 8월 26일 김정일이 보낸 서한에서도 나타나고 있다. 즉 "혁명의 1세대, 2세대들이 조국을 광복하고 해방된 조국 땅우에 인민대

중중심의 가장 우월한 우리식 사회주의를 건설하는 데서 위훈을 떨친 세대라면, 혁명의 3세대, 4세대 청년들은 그것을 고수하고 빛내여나가는 세대라는 값높은 평가"(「로동청년」, 1993. 1. 28.)를 받는 세대라고 표현한다.

이처럼 북한의 새세대들은 일본 제국주의와 전쟁을 경험하지 않고 사회주의 사회에서 나서 자란 청년들로서, 혁명성이 약한 것으로 지적받기도 한다. 따라서 북한은 이러한 혁명의 제3, 제4세대로의 변화에 대해서 기대와 우려를 함께 표명하고 있는 경우가 많다. 예컨대, "혁명의 과녁은 변하지 않았는데 세대는 바뀌어 사회주의제도에서 행복만을 누리면서 자라난 새세대들이 국가와 사회의 주인, 혁명의 주인으로 등장하였다."면서, "청년들이 로동계급적 관점과 입장을 가져야 자본주의제도의 반동적 본질과 계급적 원수들의 온갖 반혁명 책동을 꿰뚫어볼 수 있으며, 적과 자기편을 갈라보고 모든 문제를 혁명의 리익에 맞게 처리하는 입장과 태도를 가질 수 있다."(「로동청년」, 1993. 10. 31.)는 것이다.

이러한 혁명 세대의 교체와 관련한 우려는 결국 '혁명 의식의 약화'에 대한 우려로 연결된다. 즉 "혁명의 세대가 바뀌여지고 있는 우리 나라의 현실은 자라나는 새세대들 속에서 계급교양을 더욱 강화할 것을 호소하고 있다. 우리 혁명의 과업은 변하지 않았는데 사회주의제도하에서 태어나고 자라난 새세대들이 국가와 사회의 주인으로 등장하고 있다. 그들은 착취와 압박도 받아보지 못했고 혁명의 시련도 겪어보지 못했다. 따라서 그들은 계급적 원쑤들이 얼마나 잔인하고 악독한가 하는 것도 잘 모르고" 있다는 것이다. 이에 따라 "이러한 조건에서 계급교양을 계속 강화하지 않으면 새세대 청년들이 착취받고 압박받던 우리 인민의 지난날을 모르게 되고 계급적 원쑤도 잊어버리게 되며 안락한 생활에 물젖어 그저 편안하게만 살 것을 바라게 된다. 이렇게 되면 청년들이 사소한 애로와 난관 앞에서 도 주저하게 되며 대를 이어 혁명을 계속해 나갈 수 없게 된다."(「로동청년」, 1993. 5. 4.)는 것이다.

이러한 우려는 새세대 청년들에 대한 계급 교양과 혁명 교양이 특히 중요시되는 배경이 된다. "사회주의 사회에서 나서 자란 청년들은 당의 품속에서 고이 자라왔기 때문에 고생을 해보지 못하였으며 계급투쟁 속에서 단련도 되지 못하였을 뿐 아니라 지어 소작료가 무엇이고 짚신이 어떤 것인지, 로스레옷이 무엇인지조차 잘 모르고 있다."면서, "혁명의 주체는 바로 자라나는 새세대이며 혁명의 교대자들인 청년들을 정치사상적으로, 계급적으로 튼튼히 준비시킬 때에라야 대를 이어 공고발전할 수 있다."는 것이다. 따라서 "우리 청년들 모두가 로동계급의 계급의식으로 튼튼히 무장하여야만 아무리 복잡한 환경에서도 확고한 계급적 입장과 관점에서 옳고 그른 것, 좋고 나쁜 것을 제때에 가려 보고 온갖 비계급적이고 비혁명적인 사상요소와 풍조들을 견결히 반대배격"(「로동청년」 1988. 10. 8.)해야 한다는 강조로 이어진다.

과거의 언론 기사들은 혁명 선배들의 경험을 회상 학습시키는 방법을 중시했다면, 최근의 언론 기사들은 '자본주의적 사상' 혹은 '비사회주의적 요소' 등을 배격하자는 방향으로 변화하는 경향을 보인다. 특별히 새세대가 '제국주의에 대한 환상'이나 '염전사상' 등을 지니게 되면서 혁명 의지가 약하고 타락하게 될 가능성을 우려하는 강도가 높아진다. 즉 "청년들이 정신도덕적으로 타락되면 혁명의 좌절을 면치 못하게 된다. 따라서 청년들에 대한 교양문제는 혁명의 운명과 관련되는 관건적 문제로 된다."(「청년전위」 1998. 12. 13.)는 것이다.

뿐만 아니라 새세대들의 계급의식을 고취하는 데 있어서 사용하는 방법 역시 최근으로 올수록 그 초점에서 변화가 나타난다. 이러한 변화의 예로는, "청년들에 대한 계급 교양사업은 사상분야에서의 계급투쟁이다. 제국주의와 착취계급을 반대하는 투쟁은 그의 반동사상과 썩어빠진 생활양식을 반대하는 투쟁과 떼어놓고 생각할 수 없다. 사로청조직들은 청년들의 계급의식을 무디게 하며 그들의 건전한 정신세계를 좀먹게 하는 자본주의 사상과 부르죠아 생활양식을 반대하여 비타협적으로 투쟁하여야 하며 그 어떤 불건전한 생활풍조의 자그마한 요소도 우리 내부에 침습하지 못하게 하여야 한다."(「로동청년」, 1993. 5. 4.)는 식이다. 또한 "청년들이 혁명적으로 튼튼히 준비되여야 혁명의 명맥이 이어지게 되며, 청년들이 정신도 덕적으로 타락되면 혁명의 좌절을 면치 못하게 된다. 따라서 청년들에 대한 교양문제는 혁명의 운명과 관련되는 관건적 문제로 된다."면서, "경애하는 장군님께서 마련해주신 청년 교양 체계와 기지는 우리 청년들 속에 온갖 불건전한 잡사상의 사소한 요소도 들어오지 못하도록 철저히 막아주며 청년대오 안에 주체의 사상적 영양소를 힘있게 뿜어주는 강위력한 사상진지이다."(「청년전위」, 1998. 12. 13.)라고 강조한다.

더구나 최근에는 제국주의자들의 침투와 혁명의 제3, 제4세대가 나타내 보이게 될 사상적 약점들에 대한 보다 구체적인 지적이 드러난다. 즉 "10년이 지난 오늘도 자주화에로 나아가는 시대의 기본흐름을 막아보려고 발악하는 현대제국주의자들의 반동적 본성과 침략야망은 조금도 변하지 않았으며 오히려 더욱 악랄해지고 있다. 특히 새세대 청년들을 부패타락시켜 정신적 불구자로 만들려는 제국주의자들의 온갖 책동은 극도에 이르고 있다."고 우려하면서, "지금도 제국주의자들은 반공화국, 반사회주의 책동에 열을 올리면서 특히 우리 새세대들 속에 낡고 썩어빠진 부르죠아 생활양식과 생활풍조를 유포시켜 사상정신적으로 와해, 변질시켜보려고 별의별 수단과 방법을 다 쓰고 있다. 만일 제국주의자들의 이런 책동을 막지 못하여 사회주의가 변질되고 부르죠아 황색바람이 밀려들면 누구보다 먼저 젊은 새세대들이 사상정신적으로 병들게 되며 사회주의가 무너지고 자본주의가 복귀되면 청년들이 최대의 피해자로 되어 가장 비참한 처지에 빠지게 된다."(「청년전위」, 1998. 10. 11.)고 우려한다.

특별히 1990년대 후반에 이르게 되면 구사회주의권 국가들의 경험과 관련하여 '황색바람'과 '수정주의자'에 대한 구체적인 우려도 매우 자주 등장하는 편이다. 이는 과거 '안일해이'와 '종파사대주의'에 비난의 화살을 겨누던 1980년대와의 가장 큰 차이점이다. 예컨대 "사회주의위업이 순탄치 않고 일시적 곡절을 겪을 수 있다는 것은 여러 나라들에서 수정주의자들, 혁명의 배신자들에 의하여 사회주의의 좌절을 가져온 사실이 잘 말해주고 있다."면서, "위대한 수령님께서는 일찍부터 국제공산주의운동 안에서 수정주의 조류가 나타나 해독을 끼친 역사적 교훈에 기초하여 우리 혁명대오를 견결한 혁명적 신념과 의지의 대오로 꾸리는 데 커다란 심혈을 기울이셨으며, 여기에서 특히 혁명의 시련을 겪음이 없이 사회주의제도하에서 고이 자라난 새세대들이 행복에 도취되어 혁명을 포기할 수 있고 부르죠아 황색바람에 오염될 수 있다는 것을 헤아려보시고 그들에 대한 교양에 각별히 큰 힘을 넣으시었다. 위대한 수령님께서는 현대 수정주의자들이 제국주의에 대한 환상을 조성하면서 자라나는 새세대들을 사상정신적으로 병들게 하고 있을 때에도 우리의 청년들이 나쁜 사상과 풍조에 물들지 않도록 반제, 반수정주의 교양, 혁명교양을 강화하도록 하시였다."(「청년전위」 1998. 4. 3.)는 것이다.

구체적인 사상문화적 침투의 양식에 대한 지적도 부분적으로 변화한다. 1980년대의 경우 '안일해이'한 상태로는 혁명 과업을 '이어나가기 어렵다'는 식의 논조에 그쳤으나, 1990년대는 '황색바람'을 막지 못하면 체제가 아예 무너지게 될 것이라는 위기의식이 강하게 묻어난다. 이는 "우리 청년들은 혁명의 대를 이어나가야 할 주체혁명위업의 계승자이므로 누구보다도 계급의식이 높아야 한다. 그런데 우리의 새세대 청년들은 미일제국주의와 지주, 자본가들의 착취와 압박을 직접 당해보지 못하였고 짚신이 무엇인지조차 알지 못하면서 고생을 모르고 행복 속에 자라왔다."고 전제하고, "썩어빠진 부르죠아 문화와 생활양식을 퍼뜨려 새세대 청년들을 정신적 불구자로 만들려는 미제와 반동들의 교활성, 악랄성은 이루 헤아릴 수 없다. 적들은 최근에 총과 대포로 점령할 수 없는 요새도 황색바람으로는 능히 녹여낼 수 있다고 웨치면서 자유아세아방송에서 조선말방송을 시작했는가 하면, 새세대 청년들 속에 황색바람을 불어넣기 위해 색정적인 그림과 록화물, 록음카세트, 출판물들을 우리 내부에 밀어넣는다. 종교와 미신을 퍼뜨린다 하면서 광기를 부리고 있다."(『청년전위』, 1998. 7. 24.)면서 구체적인 경계 사항을 제시하는 식이다.

1990년대 기사들에서는 새세대들에게 나타날 수 있는 '뒤떨어진 청년'들의 과오나 불량행위에 대한 구체적인 우려도 자주 등장한다. 이는 1980년대의 경우 '로동을 사랑'하고 '나라살림살이를 깐지게' 할 것을 강조하면서 이를 어길 경우 '과오'로 취급하던 것과 다소 차이를 보인다. "우리 새세대 청년들은 절대로 당에 짐이 되고 부담이 되지 말아야 한다. 만일 당의 사랑과 배려를 망각하고 오직 자기 개인의 안일과 향락만을 추구하는 청년이 있다면 그는 우리 시대, 주체시대에 사는 청년의 자격이 없으며 이런 청년이 바로 당에 무거운 부담을 주는 짐으로 될 수 있다."는 표현도 등장하며, "당과 수령에 대한 절대적인 믿음이 없는 사람은 좋은 때에는 만세도 부르고 눈물도 흘리지만 준엄한 시련의 나날에는 쉽게 변질되어 뒤골방에서 나쁜 짓을 하며 나중에는 변절과 반역의 길로 굴러떨어지게 된다. 그러므로 청년들은 세상이 열백번 변한다 해도 자기 수령과 당을 진심으로 믿고 따르며 억년 드놀지 않는 신념으로 당과 수령을 충성으로 받들어나가야 한다. 만약 우리 대오 안에 오늘의 난관 앞에 겁을 먹고 동요하거나 어려움에 굴복하여 양기와 기백을 잃고 늘크데해서 돌아가는 사람, 황색바람, 날라리바람에 물젖어 부화방탕한 생활로 우리 사회의 건전한 분위기를 흐리게 하는 사람, 개인의 리속만을 차리며 비사회주의를 하는 사람이 있다면 이런 사람들은 다 당을 진심으로 믿지 않는 사람들이며 우리 당에 짐이 되는 사람들이다."(『청년전위』, 1998. 11. 22.)는 식으로 강도 높은 비판이 나타난다는 것이 특징이다.

이상과 같이 북한의 새세대에 관한 우려와 기대를 담고 있는 사설 및 기사들에서 확인될 수 있는 바는, 우선 1980년대와 1990년대 공히 '혁명'을 이어나갈 세대로서 사상교양에 힘써야 한다는 것이다. 또한 '혁명 선배'들의 혁명업적에 대한 충분한 교양을 해야만 계급의식이 고취되고 혁명 과업을 이어나갈 수 있다고 주장한다. 그러나 1990년대 이후 최근으로 올수록 새세대들의 사상교양이 제대로 이루어지지 않을 경우 겪게 될 상황에 대한 위기의식이 부각된다. 또한 1980년대의 경우 '안일해이'하고 '로동을 사랑'할 줄 모르는 새세대들을 경계했다면, 1990년대 이후에는 '제국주의의 사상문화적 침투'로 인한 부패타락에 대한 우려로 강조점의 변화도 나타난다. 기관지 사설과 기사들에 나타난 강조점의 차이만으로 새세대의 가치 특성을 확인하는 것은 편견에 불과할 가능성도 있다. 그러나 당국이 우려하고 있는 강조점을 확인하는 과정을 통해, 해당 시기의 새세대 청년들이 경험하게 되는 환경적인 변화의 특징과 변화 방향을 부분적으로나마 짐작할 수 있다.

(2) 규범의 영향력 약화와 자율성의 증대

북한 사회가 지니는 주요한 규범적 가치 중 하나는 집단주의적 가치관이다. 이는 사회주의 체제의 특성에서 말미암기도 하지만, 북한 체제의 특성상 유교적 가족주의와 연결되는 과정에서도 강화되는 부분이다. 1998년 개정된 북한의 사회주의 헌법 제63조는 "조선민주주의 인민공화국에서 공민의 권리와 의무는 '하나는 전체를 위하여, 전체는 하나를 위하여'라는 집단주의 원칙에 근거한다"라고 규정하고 있다. 또한 북한의 사회과학원 철학연구소가 발행한 「철학사전」에서도 집단주의란 "사회와 집단의 이익을 귀중히 여기고 그 실현을 위하여 모든 것을 다 바쳐 투쟁하는 공산주의적 사상과 도덕"이라고 규정해 놓았다.

김정일은 "사회적 존재인 사람의 자주적 요구는 집단주의를 통해서만 실현될 수 있으며 사회주의 사회는 집단주의를 구현한 사회이다. 사회주의와 자본주의 사이의 누가 누구를 하는 투쟁은 다름 아닌 집단주의와 개인주의 사이의 투쟁이며 자본주의에 비한 사회주의의 우월성은 개인주의에 비한 집단주의의 우월성이다. 사회주의의 승패는 집단주의를 어떻게 구현하는가 하는데 달려 있다고 말할 수 있다. 사회의 모든 성원들을 집단주의사상으로 튼튼히 무장시키고 사회관계와 사회관리, 사회생활의 모든 분야에서 집단주의 원칙을 철저히 구현해나가는 것은 사회주의를 발전시키고 완성해나가기 위한 근본 담보이다. 사람은 자기 개인의 리익보다 집단의 리익을 더 귀중히 여기고 집단을 위하여 헌신하며 집단의 믿음과 사랑 속에서 삶의 보람과 행복을 찾는 집단주의적 생명관[60]을 가져야 사회적 인간의 본성과 사회주의 사회의 요구에 맞는 숭고한 사상정신적 풍모를 갖출 수 있으며 사회주의를 위한 참다운 투사로 될 수 있다. 사회주의 사회에서 집단주의교양을 약화시키고 집단주의원칙을 허무는 것은 곧 사회주의를 버리고 개인주의에 기초한 자본주의를 되살리는 것으로 된다."[61]라고 한다.

이에 따라 북한이 중요하게 여기는 새세대의 대표적인 규범 역시 집단주의적 유대 의식이다. 오기성(1998: 182)에 의하면 북한의 집단주의는 개인주의나 이기주의에 대립되는 것으로서 자아의식을 버리고 개인의 사상과 행동을 집단에 귀속시키는 것을 의미한다. 이러한 측면은 협동, 신의, 겸손, 동료애, 규칙준수, 공익봉사, 책임감 등의 덕목에 대한 강조를 통해 집단주의적 가치지향을 강조함으로써, 청소년들을 미리 정해진 사회

---

60) '집단주의적 생명관'이란 "인간생명에 대한 견해와 관점, 립장의 전일적인 체계"로 규정된다. 또한 "집단주의적으로 살며 발전하려는 사회적 인간의 본성적 요구로부터 개인의 생명보다 사회정치적 집단의 생명이 더 귀중하며, 개인이 자기 생명의 모체인 사회정치적 집단과 중심인 수령에게 충실해야 한다"는 생명에 대한 관점으로 규정된다.
61) 김정일, "사상사업을 앞세우는 것은 사회주의 위업수행의 필수적요구이다." 동경: 재일본조선인총련합회 중앙상임위원회, 1995, pp.20-21.

전체의 목표에 맞게 조직화하여 전체사회의 과제를 해결하는 데 한몫을 담당할 수 있는 인간으로 형성하는 데 중점을 두는 것으로 나타난다. 또한 북한 당국은 혁명적 동지애와 의리라는 정서적 규범을 제시함으로써 주민들이 일상생활에서 개인주의, 이기주의를 배척하고 집단주의 원칙을 실천해야 한다는 것을 도덕적 덕목으로 장려하고 있다.

북한은 모든 학생들이 개인주의, 이기주의를 없애고 '하나는 전체를 위하여 전체는 하나를 위하여'라는 집단주의 원칙에 따라 배우고 생활하도록 교육시키고 있다. 학교에서는 이를 위해 집단적인 등하교 및 학습활동과 단체활동을 중시하고 있다. 대학 생활에서도 집단주의 원칙의 구현이 중요한 역할을 한다. 따라서 "제정된 제도와 질서를 지키는 것은 조직 생활과 집단생활의 초보적인 요구이다. 청년 학생들은 조직과 집단에 대한 관점과 태도를 바로 가지고 조직과 집단에 복종하여 조직의 결정과 지시를 어김없이 집행하는 혁명적 기풍을 세워나가야 한다. 대학생들은 교육규율과 기숙사 생활질서를 자각적으로 지키고 모든 사업과 생활을 학생 생활준칙의 요구대로 절도 있게 하여나가야 한다."(「로동청년」, 1983. 10. 18.)는 식의 기사들도 종종 등장한다. 이에 따라 기숙사에 입사하면 관리위원회가 학생들의 질서유지와 생활지도, 사내 청결상태 등을 감독하게 된다. 학생들은 일과표에 따라 집단적으로 규칙적 생활을 하게 되는데, 대개 아침독보로 시작하여 하루 일과에 대한 생활총화를 하는 것으로 끝난다.

따라서 이러한 집단주의 정신은 가장 중요한 사상교양적 목표가 된다. 언론 매체들을 통해서도, "공산주의도덕은 집단주의에 기초하고 있는 고상한 도덕이다. 사로청조직들은 청소년들을 집단주의 정신으로 교양하는 데 큰 힘을 넣어 그들이 개인주의, 리기주의를 비롯한 낡은 사상에 물젖지 않게 하며 어려서부터 집단주의에 버릇되게 하여야 한다. 그리하여 우리의 청소년들이 그 어떤 사리나 공명, 명예나 보수를 탐내지 않고 당과 혁명 사회와 집단을 위하여 창조적 적극성을 남김없이 발양하며 언제나 혁명조직과 집단을 귀중히 여기고 개인의 리익을 조직과 집단의 리익에 복종시키며 조직생활에 자각적으로 참가하게 하여야 한다. 이와 함께 모든 청소년들이 동지를 사랑하고 진심으로 도와주며 동지들 사이의 관계에서 소탈하고 겸손하며 로동을 사랑하는 공산주의적 풍모를 지니도록 교양하는 데 깊은 관심을 돌려야 한다."(「로동청년」, 1988. 9. 24.)고 강조한다.

그러나 이렇게 집단주의를 강조하고 있음에도 불구하고, 북한 새세대의 실생활에서는 이러한 집단주의와 상반되는 가치관이나 행동 특성이 나타날 수 있다. 또한 언론 매체의 교양 기사들에서는 '집단주의'를 내면화하기 위해 몰아내야 할 '부정적 행위'들이 함께 등장하게 되는데, 이러한 부정적 행위에 대한 지적이 1990년대 이후의 「청년전위」 기사들에서 급격히 증가한다. 예컨대 "조직에 곁을 주지 않고 조직생활을 게을리하는 결함"(「로동청년」, 1993. 1. 16.)이라든지, "동맹조직생활에 권태를 느끼면서 모임이나 동맹생활총화에 이유없이 빠지거나, 참가하는 경우에도 적극성이 없이 자리지킴이나 하는 경향"(「청년전위」, 1998. 9. 20.) 혹은 "쩍하면 리유 없이 결근하고 건달을 피우며 조직과 집단은 안중에도 없이 제멋대로 행동"(「로동청년」, 1993. 1. 30.) 등이 그것이다.

따라서 이러한 새세대들에 대한 교양 방식에 있어서도 변화가 있어야 한다고 주장하는 기사들도 증가한다. 예컨대 이들을 '완력'으로 되돌리려 할 경우 오히려 "감정을 나쁘게 하고 더 맞서게 한다"(「로동청년」, 1993. 1. 22.)는 지적이 존재한다. 또한 특별히 1990년대에는 '형식주의'적인 교양 방식에 대한 비판이 1990년대에 많이 등장하는데, 이러한 교양 방식은 청년들을 '틀'에 맞추어 교양하려는 방식으로 청년들의 흥미를 유도하기 어렵다고 비판된다. "청년들에 대한 사상교양사업을 실속있게 짜고들지 않고 멋을 부리는 것과 같은 형식에 치우치는 놀음을 하는 것은 사로청일군들의 그릇된 사상관점과 낡은 사업태도에 근원을 두고 있다."면서, "사상교양사업을 알심있게 짜고들지 않고 멋이나 부리는 것과 같은 형식에만 치우친다면 청년들을 사상정신적으로나 도덕적으로 건전하게 키울 수 없"다고 주장한다. 이어서, "격식과 틀을 차리거나 행사식으로 굼때려 하지 말며 무대에 내놓는 작품 식으로 만들어 멋을 피우는 놀음을 하지 말고 항일유격대식으로 참신하게 하는 것"과, "공명주의, 형식주의와 같은 낡은 사상에 오염되어 사로청 사업에서 소문이나 내고 멋이나 피우는데 흥미를 느끼면서 청년교양사업을 실속있게 짜고들지 않는 현상이 나타나지 않도록 사상투쟁을 강하게 벌려야 한다."(「로동청년」 1993. 1. 27.)고 강조한다.

한편, 북한 사회가 이러한 '집단주의' 가치관을 어려서부터 주입시키려 한다 해도 자유 의지를 지닌 인간에게는 나름의 자율성과 특유한 개성이 존재한다. 또한 연령별로 심리적 특성이 다르다면서, 새세대의 특성상 계속하여 변화해나갈 수 있음을 인식해야 한다고 강조한다. 따라서 청년 조직 사업을 조직하고 수행하는 데 있어서 새세대 개인의 '취미와 요구'를 맞추어 행할 것을 강조하고 있다는 것이 언론 매체들을 통해 발견된다. 예컨대 "사실 학생들이 좋아하지 않는 그런 과외활동은 아무리 많이 조직하여도 쓸 데 없었다."거나, "같은 고등중학교 학생이라고 하여도 소년단원들과 사로청원들의 년령심리적 특성이 다르고 학년별로도 차이가 있었다."는 것을 인식하고, 일군들이 "고정격식화된 틀에서 벗어나 어떻게 하면 흥미있고 인기있는 사업으로 되게 하겠는가 하는 데 머리를 썼다."(「로동청년」 1983. 10. 20.)는 기사 등이 존재한다. 요컨대 당국은 새세대들에게 단순한 주입식 교양이나 과외활동을 넘어서서 '흥미'를 돋울 수 있을 때 교양사업의 성패가 달리는 것으로 판단한다.

'학교 사로청 및 소년단 지도원들의 역할을 높여 학생 소년사업을 개선 강화하자'라는 제목의 사설에서도, "안일해이와 권태증에 빠져 하루하루를 어물어물 지내보려는 것은 혁명가의 사업기풍이 아니며 오늘 우리 청소년 지도일군들이 지녀야 할 일본새와는 인연이 없다."거나, "내부사업에 주되는 힘을 돌리지 않고 둥둥 떠다니거나 행사깜빠니야에만 매달리는 일이 절대로 없어야 한다."고 비판하기도 한다. 따라서 "학생소년들 속에서 과외활동을 하나 조직하고 모임을 한 번 진행하여도 그들의 나이와 의식수준, 심리적 특성과 취미에 맞게 하기 위하여 머리를 많이 써야 한다. 그리하여 학교 사로청 소년단 조직들에서 진행하는 모든 사업이 학생소년들의 적극적인 참가 밑에 흥미진진하고 생동하게 되며 그들의 세계관 형성과 지적 발전, 육체적 발육에 좋은 영향을 주도록 방법론을 가지고 참신하게 벌어지도록 하여야 한다."는 것이다. 이에 따라 "지도원들은 책상머리에 앉아서 분단, 초급단체 지도원들과 열성자들이나 만나 일하는 낡은 사업방법을 철저히 배격하고 학생소년들 속에 들어가 함께 어울리면서 그들의 취미와 요구에 맞게 사업하여야 한다"(「로동청년」, 1983. 11. 12.)고 강조한다.

이외에도 북한에서 자주 지적하는 내용으로, 청년들에게는 "새것에 민감하고 감수성이 빠르며 정의와 진리를 사랑하고 미적 정서가 강한 것"(「로동청년」, 1993. 8. 14.)과 같은 고유한 심리적 특성이 있다고 본다. "이 시절에는 많은 것을 빨리 알자고 하고 배우려 하며 영웅심도 생기고 무엇인가 하고 싶어하며 어디에 나서고도 싶어합니다."라는 김일성의 말을 인용하면서, "고등중학교 학생들은 감수성이 빠르고 모방하기를 좋아하며 이것도 하고 싶고 저것도 하고 싶어하면서 잠시도 한자리에 앉아있기를 좋아하지 않는 것이다."라고 해석하고 있다. 그럼에도 불구하고 일꾼들이 "학생들이 좋아하건 나빠하건 그저 과외활동을 조직하다 보니 일부 학생들은 흥미를 가지지 않고 딴장난을 하는 경우도 있었다."(「로동청년」, 1983. 11. 5.)라고 지적한다.

따라서 "새것에 민감하고 정의와 진리를 사랑하며 감수성이 빠르고 긍정적 모범을 따르기 좋아하는 것은 청년들의 중요한 년령심리적 특성"을 잘 알 것에 대한 강조가 자주 나타난다. 또한 같은 교양을 하더라도 청년들이 좋아하는 '문학예술작품'이나 '영화' 등을 통해 사업을 진행할 것을 강조한다. 즉 "청년들은 혁명적 영화를 보면서 누구보다도 큰 감동을 받으며 거기에 담겨진 사상주제적 내용을 자기 것처럼 빨리 소화하고 긍정적 주인공들처럼 살며 투쟁하려는 각오와 결심으로 가슴 불태우게 된다."(『로동청년』, 1983. 2. 22.)고 인식하고 있다는 것이다.

이 부분에서의 1980년대와 1990년대의 차이점을 찾아보자면, 1980년대에는 청소년들의 특성들 중 '안일해이'하거나 '라태'한 것을 가장 경계하고 "쉴새없이 무엇인가를 하게" 만들어야 한다고 주장한다. 또한 청소년들에 대한 '흥미'로운 교양을 통해 '당과 조직'의 둘레에 묶어세우는 것을 가장 중요시했으며, 이를 위해 연령심리적인 특성과 '청년 속에 깊이 들어가' 교양하는 것을 강조했다. 반면 1990년대의 기사들에서는 '불량행위'와 '조직 이탈'이 자주 등장하고 있으며, 단순히 강제력을 동원하거나 처벌함으로는 이러한 청년들을 되돌릴 수 없다고 경계한다. 오히려 과오를 범한 청년들을 용서하고 그들을 모두 포섭해야 한다는 쪽으로 방향이 바뀌고 있다. 이는 '이탈'하는 청년들의 수가 너무도 많아서 회유와 포섭이 요청되고 있어서일 수 있다. 혹은 좀 더 확대 해석하자면, 당국이 조직을 통한 새세대 장악 능력을 과거만큼 영향력 있게 보유하고 있지 못할 가능성도 암시해 준다고 해석할 수 있다.

2. '공산주의 도덕 기풍' 약화

(1) 권위 약화와 세대 갈등의 발생

북한 당국은 집단주의와 관련된 공동체적 유대 의식을 강조해 왔으며, 유교적 가족주의와 경로 효친을 자주 강조한다. 그런데 세대교체와 더불어 1990년대 이후 확대된 북한 사회의 경제난은 인간 사이의 정(情)을 소원하게 만든 원인 중 하나로 보인다. 김승철(2000: 305-309.)에 의하면, 북한 주민들의 생활수준이 제일 안정되었던 시기인 1960년대 말까지는 제사나 잔치를 하는 날이면 이웃집에 음식을 돌리는 것은 기본이었고 노인들만 사는 집에는 특별히 신경을 써 음식을 대접하기도 했다고 한다. 1970년대 를 전후한 시기에도 양력설이면 집집마다 마을의 나이 많은 어른들 집에 아이들이 세배를 드리러 찾아다녔으며, 당시에는 어린이들이 아파트 복도 에서 놀다가 어른들이 지나가면 인사를 드리는 것이 풍습이었다고 한다.

그러나 1970년대 초부터 군수산업과 우상화에 집중하면서 주민들의 배 급과 생활수준이 저하되기 시작하면서 변화가 나타나기 시작하였다. 예컨 대 같은 마을 내에서도 권위와 직업에 따라 생활수준의 차이가 현격하게 나타나기 시작했으며, 이 과정에서 박탈감을 느끼는 경우도 늘어났다. 더 욱이 1970년대 초부터 김정일이 내놓은 유일사상체계와 출신성분에 의한 통제로 계층 간의 갈등이 더욱 높아졌다. 1970년대 중반에 접어들면서 생 필품과 식량 공급이 지연되거나 부족하게 되자 간부들은 권위와 인맥을 이용하여 사적인 이익을 취하였다. 이로 인해 일반 주민들과의 격차가 확 대되기 시작하였으며, 이웃 간에 상부상조와 정(情)도 약화되기 시작했다 고 한다. 1980년대 이후 생활수준이 급격히 어려워지자 이러한 경향이 심 화되기 시작하여, 1990년대 중반 식량난을 겪으면서 이웃에 대한 인정과 우애가 크게 손상된 것으로 보인다.

이러한 경향 가운데 북한 대학생들이나 새세대 청소년들의 전통적 도덕 관과 윤리의식 역시 점차로 희박해져 가고 있는 것으로 알려지고 있다. 북한의 새로운 세대들은 점차 집단주의적 가치관에서 개인주의적 가치관 으로 변화하고 있다는 것도 북한에 관한 수많은 선행연구물들을 통해서 지적되고 있는 바이다. 새세대 청소년들의 가치관의 변화가 비단 북한에 만 한정된 것은 아니지만, 상대적으로 폐쇄적인 체제하에서 급격한 변동 없이 사회가 유지되어 왔던 것에 비해 볼 때 이러한 변화의 강도는 상당 히 중요하게 받아들여질 수 있다. 새세대들이 지니고 있을 것으로 추정되는 사항들은 우선 돈과 물질적 가치를 중시하고, 경제적이고 실용적인 조건을 중시하며, 자유로운 연애를 희망하는 의식이 증가하는 것 등을 들 수 있다.

북한 당국은 이러한 가치 및 태도 변화에 대해, '썩어빠진 낡은 사상'이나 '제국주의자들의 사상 문화적 침투와 부르죠아 자유화'에서 비롯된 '개인주의, 리기주의, 자유주의'적 경향(「로동청년」 1995. 3. 9)이라고 해석한다. 1980년대까지는 언론 매체를 통해 '사회주의적 생활양식'으로서 일상적 수준의 교양 차원의 지적들이 많이 나타났다. 1983년의 경우에 '미풍'으로 강조되는 기사들은 집 앞뜰을 잘 쓸고 인사를 잘하는 내용 정도에 그쳤다. 그러나 1990년대 이후에는 이웃간의 상부상조, 노인과 고아들을 돌보기, 원군미풍 등 다양한 도덕기풍이 강조되고 있다. 특별히 청년들을 대상으로 발행되는 김일성사회주의청년동맹 기관지 「청년전위」에서는 정규적인 연속물로 '공산주의도덕교양실' 기사란을 할애하여 교양에 힘쓰고 있기도 하다.

「청년전위」 등의 언론 매체 등에서 부모와 자식 사이의 세대 갈등이 직접적으로 드러나는 구절은 거의 없다. 특별히 1980년대경에는 가족과 관련된 언급이 잘 나타나지 않으며, 1990년대 이후에는 간혹 등장하는 정도이다. 그러나 등장하더라도 '말썽꾼' 청년이 집을 떠나 떠돌아다니면서 사회 질서를 문란케 하고 법적 추궁을 받는 과정에서 부모들도 포기하였다는 식의 표현들이 간혹 발견된다. 그러나 자기 부모를 제외한 웃어른들에 대한 예의도덕에 대한 기사는 매우 자주 등장하는 편이다. 또한 '영예군인'들을 친부모처럼 섬긴다는 내용의 기사들이 '공산주의도덕교양' 중에서도 가장 자주 등장하고 있다는 점에서, 북한 당국이 이러한 가치를 특히 중시하고 있음을 미루어 짐작할 수 있다.

공산주의 도덕교양 기사들에서는 경로사상과 관련된 긍정적 혹은 부정적 사례들이 종종 등장한다. 예컨대 한 기사에서는 "웃어른들에게 이따금

반말질을 하여 사람들의 말밥에 오르던 김동무에게 '언어례절을 잘 지키는 것이 왜 중요한가'라는 문제를 연구하도록 분공을 주어 그가 자기 결함을 스스로 깨닫도록 하였다."거나, "특히 일상생활에서 로인들을 존경하는 풍이 높아졌는데 작업시간에 나이 많은 사람들이 맡아 하는 일을 청년들이 도와주는 사실, 출퇴근길에서 웃어른들을 만나면 깍듯이 례의를 표시하는 사실 등을 비롯하여 아름다운 이야기들이 무수히 꽃펴나게 되었다."는 구절이 나온다. 이어서 "나이가 우인 사람이나 남동무들과 이야기할 때문 갖춤새를 바로하고 존경어를 써가며 례절있게 말하군 한다."거나, "지하철로 전동차를 타고 출퇴근하는 그는 차안에서 늙은이들과 애기어머니들에게 자리를 양보하여 손님들의 칭찬을 자주 받군 한다." 혹은 "그는 뻐스를 탈 때에 아무리 사람들이 많아도 질서 있게 줄을 서서 오르며 올라서도 애기어머니들을 데려다가 자리에 앉혀주곤 한다."(「로동청년」 1993. 6. 13)는 식의 사례들도 등장한다.

「청년전위」에서는 이러한 도덕 교양의 중요성을 강조하는 언급이 상당히 자주 등장한다. 예컨대 '공산주의 도덕기풍을 세우는 것은 청년들 앞에 나서는 중요한 현실적 요구'(「청년전위」, 1998. 9. 20.)라는 기사를 통해, "원래 도덕이란 사회 생활에서 강요나 통제에 의해서가 아니라 량심에 의하여 자각적으로 지켜야 할 사회 공동의 행동 규범이다. 오늘 우리 청년들이 지녀야 할 도덕은 공산주의도덕이다. 개인주의, 리기주의에 기초한 자본주의 도덕과는 달리 공산주의 도덕은 집단주의에 기초한 아름답고 고상한 도덕이다."라고 강조한다. 또한 "더우기 오늘과 같이 모든 것이 부족하고 난관과 시련이 겹쌓인 때일수록 모두가 고상한 도덕의리를 가지고 서로 돕고 이끌어주어야 온 사회의 화목을 보장할 수 있다."라고 주장하고 있다.

또한 이러한 집단에 대한 도덕의리뿐 아니라 생활 전반의 예의도덕에 대한 강조도 상당수 등장한다. 즉 "청년들은 혁명선배들을 존대하고 웃사람을 존경하는 것으로부터 어린이들을 사랑하는 데 이르기까지 모든 면에서 례의도덕을 잘 지켜야 합니다.”라면서, “청년들이 공산주의도덕기풍을 세우는 데서 또한 례절을 잘 지키는 것이 중요하다. 청년들은 웃사람이나 늙은이들 앞에서 례절을 잘 지켜야 하며 동지들 사이에서와 녀성들에게도 언어례절을 잘 지키며 몸가짐과 행동을 바로하여야 한다.”(「청년전위」 1998. 9. 20.)는 것이다. 이에 대한 긍정적인 사례들을 제시하고 있는 ‘의리를 지켜’라는 기사에서는, “학창시절이 어제련듯 옛 스승에 대하여 감회 깊이 추억하며 그의 집에 도착한 세 처녀는 마주 나오는 선생님에게로 막 달려가 꽃다발을 안겨드리었다.”거나, “옛 스승의 손목을 잡고 방에 들어간 그들은 준비해온 음식꾸레미를 펼쳐놓고 축배판을 올리며 또다시 축하의 인사를 올렸다.”(「청년전위」 1998. 12. 3.)는 식의 사례가 등장한다.

이러한 웃사람에 대한 예의 도덕에 대한 강조는 “오늘 청년들 속에서 공산주의 도덕기풍을 세우는 데서 중요한 것은 또한 모두가 공중도덕과 사회질서를 자각적으로 지키는 것이다.”라는 기본 입장 가운데, 일상생활에서의 공중도덕으로 이어진다. 이에 따라 구체적으로 “사로청조직들은 극장과 영화관, 경기장과 수영장, 각종 모임장소와 거리, 뻐스와 기차, 상점과 식당, 공원과 유원지 등에서 제정된 규율과 질서 례절을 잘 지키며 교통질서를 자각적으로 지키도록 청소년들을 실속 있게 교양하여야 한다.”면서, “고상한 공산주의도덕기풍을 세우는 사업은 뿌리깊은 낡은 인습, 낡은 관념, 낡은 사상을 극복하기 위한 투쟁을 동반하는 것이니만큼 결코 한두 번의 교양사업이나 호소로 해결될 수 없다.”(「청년전위」 1988. 9. 24.)고 지속적으로 노력할 것을 강조한다.

당국이 강조하고 있는 긍정적 사례들이 얼마나 강조되고 있는지 그 변화 추세를 살펴보면, 역으로 북한 사회에서 이러한 예의범절이나 공중도덕이 어느 정도로 해이 현상을 보이고 있는지를 짐작해낼 수 있다. 최근으로 올수록 아이를 업은 아주머니를 돕거나 자리를 양보하는 등 좀더 기초적인 도덕 수준의 행위들을 지적하는 경우가 증가한다. 예컨대 "전차가 와 멎자 그는 아주머니를 부축하여 먼저 태우고 뒤따라 올랐다. 그리고는 의자에 앉아 잇는 다른 처녀에게 이야기하여 자리까지 잡아주었다. 아주 머니가 내릴 때에도 그는 가방을 들어내리워" 주거나, "기술지도원동무가 사양하였으나 룡철동무는 끝내 그를 자기가 잡았던 자리에 앉히고야 말았 다."는 등의 행위들이다. 이에 대해 "앉을 자리 설자리를 가릴 줄 아는 저 런 청년이 진짜배기지."(「청년전위」, 1998. 12. 3.)라는 언급에서도 이러한 강조점을 발견할 수 있다.

디구나 김정일은 "지금 사회 생활의 여러 분야에서 예의도덕이 없는 현 상이 적지 않게 나타나고 있다"고 지적하기도 하면서, "예의도덕이 없는 현상은 청소년들 속에서 더욱 심하게 나타나고 있다."(「청년전위」, 2001. 6. 8.)고까지 비판하고 있다. 이처럼 「청년전위」에서는 청년들이 버스나 전차 정류소, 버스 내에서 웃사람들에 대해 지켜야 할 공중도덕을 매우 구체적 으로 언급하면서, "우리 사회에서 그 누구도 버릇없고 도덕이 없는 청년을 좋아하지 않는다. 웃사람에게 예절을 지킬 줄도 모르고 뻐스정류소나 차안 을 비롯한 공중장소들에서도 자기만을 생각하면서 질서를 문란시키고 다 른 사람들에게 불편을 준다면 그런 청년은 비난과 규탄의 대상으로 되고 사람들의 미움을 받게 된다."(「청년전위」, 1998. 9. 20.)고 교양한다.

(2) '공산주의 도덕 기풍'의 해이

부정적인 측면의 사회적 행위로 지적되고 있는 내용들을 확인하게 되 면, 그 시기에 그 사회 내에서 자주 발생하고 있거나 혹은 심각하게 받아 들이고 있는 사항이 무엇인지를 간접적으로 확인할 수 있다. 1980년대에 는 그야말로 '도덕적' 차원의 공산주의적 풍모들을 강조하는 가운데, 공중 도덕과 준법정신이 강조되는 양상을 보였다. 반면 1990년대에는 사회 질서를 문란하게 하는 행위에 대한 구체적인 지적이 등장하며, 강조되는 도덕 기풍의 경우 매우 일상적이고 기본적인 도덕규범들을 강조하는 것으로 수준이 저하된다는 특징이 나타난다.

1983년의 경우에는 '혁명적인 사회주의적 생활양식' 가운데 '안일해이'를 배격하면서 국가의 질서를 엄격히 지키고 위법행위를 근절하라고 강조하는 구절들이 많다. 북한 사회에서 말하는 위법행위는 "국가의 법을 어긴 행위 또는 법에 어긋나는 행위"를 말한다. 이어서 "사회주의나라에서 위법행위를 발생시킬 수 있는 사회적 근원은 없어졌으나 낡은 잔재요소가 남아 있으므로 위법행위는 완전히 없어지지 않고 있다. 우리 당은 법을 자각적으로 지키도록 정치사업을 강화하고 위법행위가 생기지 않도록 법적 통제를 그에 대항하는 원칙을 견지하고 있다."(『로동청년』, 1983. 12. 17.)는 입장을 지닌다. 이에 따라 청년들은 "생활을 더욱 검박하게 꾸리며 모든 분야에서 혁명적인 사회주의적 생활양식을 더욱 철저히 확립하여야 한다. 청년들은 정세가 긴장하고 복잡할수록 집단주의 정신과 혁명적 동지애의 기풍을 높이 발휘하여야 한다. 또한 혁명적 경각성을 그 어느 때보다 높이고 안일해이한 현상을 철저히 없애며 국가의 법 규범과 규정들을 엄격히 지킴으로써 모든 부문에서 혁명적 규율과 질서를 철저히 세우고 사소한 무규율적 현상도 나타나지 않도록 하여야 한다."(『로동청년』 1983. 3. 26.)는 것이다.

1983년에는 청산해야 할 유물들로 '낡은 생활풍습'과 '낡은 도덕'을 지목하고 있으며, 이를 극복하기 위해 '공산주의적 도덕교양'을 행하고자 하는 시기이다. 예컨대 "만일 공산주의 도덕교양을 강화하지 않는다면 수양이 부족한 일부 청소년들이 낡은 도덕과 생활양식에 물들어 사회질서를 문란시키고 사회의 건전한 생활기풍을 흐리게 할 수 있으며, 나아가서는 계급적 원쑤들에게 리용당할 수도 있다."는 입장하에, "청소년들, 특히 사회에 갓 진출한 청년들이 로동에 대한 공산주의적 태도를 가지게 하는 것은 공산주의도덕교양에서 매우 중요한 문제로 나선다."고 파악한다. 이어서 "사회주의 사회에서 생활이 유족해져 먹고 입고 쓰고 살 걱정이 없어진 조건에서 낡은 사상잔재가 있는 사람들 속에서는 일하기 싫어하는 현상이 나타날 수 있다."고 전제하고, "사회에 집요하게 남아있는 낡은 습관, 낡은 도덕의 잔재를 뿌리뽑고, …… 뒤떨어진 낙오자가 한 명도 없게 하여야 한다."(「로동청년」 1983. 8. 27.)는 것이다.

1988년 역시 낡은 사상을 극복하기 위한 '사회주의적 생활양식' 차원에서 도덕교양을 강조하되, 제13차 세계 청년학생축전을 앞두고 보다 완곡해진 표현으로 나타난다. 예컨대 "청년들에 대한 공산주의도덕교양을 힘있게 벌리는 것은 오늘 제국주의자들이 혁명하는 나라들에 대한 사상문화적 침투를 그 어느 때보다도 강화하면서 썩어빠진 부르죠아 생활양식과 도덕을 퍼뜨려 사람들, 특히 새세대들을 정신도덕적으로 타락시키려 꾀하고 있는 조건에서 더욱 중요한 문제로 나선다."면서, "개인주의, 리기주의, 공명주의 등 온갖 낡은 사상을 배격"할 것을 강조(「로동청년」 1988. 2. 3.)한다. 또한 "축전에 참가하기 위하여 우리 나라에 오는 손님들을 친절하고 따뜻하게 맞이하고 례절바르게 대하며 위대한 당의 품속에서 교양육성된 조선이 새세대들의 고상한 정신도덕적 풍모를 유감없이 보여주어야 한다. 그러자면 청소년들 속에서 공산주의 도덕기풍을 더욱 철저히 세워야 한다."(「로동청년」 1988. 9. 24.)는 것이다.

특별히 1988년은 불건전한 생활양식의 침투를 우려하면서도 축전을 앞두고 부정적 사건에 대한 표현이 매우 줄어들어 있다는 것이 특징이다. "모든 청소년들이 언어생활을 사회주의적 생활양식의 요구에 맞게 고상하게 하며 옷차림과 머리단장을 시대의 미감과 우리 인민의 감정에 맞게 소박하면서도 고상하게 하도록 교양사업을 짜고들어야 한다."고 하면서도, 그 근거를 "청소년들이 공중도덕과 사회질서를 잘 지켜야 우리 나라 사회주의제도의 참다운 우월성을 충분히 발양시킬 수 있으며 외국손님들에게 밝은 인상을 줄 수 있다."(「로동청년」 1988. 9. 24.)는 식으로 제시한다.

한편 1990년대가 되면 '물질'에 대한 의식과 '비사회주의적 현상' 및 '불량행위'의 증가가 특징적으로 나타난다. 북한에서 말하는 비사회주의적 현상은 사회주의의 원칙과 생활규범에 어긋나는 모든 현상들을 통틀어 이르는 말이다. 즉 "정치, 경제, 문화, 도덕 등 사회생활의 모든 분야에서 사회주의원칙, 집단주의원칙과 어긋나며 사회주의 사회의 생활규범과 어긋나는 여러 가지 비원칙적이며 비건전한 현상들"이며, 여기에는 "사회주의 사회의 법규범과 법질서를 어기는 각종 위법현상들, 사회주의적 공중도덕을 어기면서 사회질서를 문란시키는 현상들, 사기협잡행위, 국가재산 략취, 장사질하는 것, 도박, 부화방탕한 생활, 미신행위 등"(「로동청년」 1993. 9. 11.)이 속한다고 설명한다.

1990년대에 강조되는 도덕 교양은 표현 방식의 차이만 있을 뿐, 교양 내용의 큰 틀은 1980년대와 동일하다. 즉 "공중도덕은 사람들이 많이 모인 데서 그리고 사회문화시설 등을 리용하는 데서 도덕상 지켜야 할 행동원칙과 규범, 준칙을 말한다. 더 구체적으로 말하면 공중도덕은 극장, 영화관, 경기장, 공언과 유원지, 상점, 도서관, 회관 등 사람들이 많이 모이는 장소와 군중이 오가는 길거리에서 어떻게 행동하며 사람들이 오가는 길거리에서 어떻게 행동하며 사람들이 공동으로 타고 다니는 기차, 뻐스, 전차, 배와 같은 교통수단 등을 리용하는 데서 어떻게 해야 하는가 하는 행동준칙과 규범을 말한다. 사회주의공중도덕은 공산주의도덕의 한 부문으로서 공동생활에서 제도와 질서를 세우며 사회공동재산을 아끼고 사랑하며 나라의 살림살이를 주인답게 알뜰하고 깐지게 해나가는데서 큰 의의를 가진다."(「로동청년」 1993. 9. 7.)고 본다.

그러나 1993년의 공중도덕 관련 기사들은 1980년대에 비해 상당히 기본적인 행위들에 초점이 맞추어져 세부적으로 제시되며, 사회공중도덕과 질서의 내용이 매우 기초적인 수준으로 퇴보한다. 예컨대, "퇴근시간에 정류소에 나오신 친애하는 지도자동지께서는 좀 길게 늘어선 뻐스줄의 맨 뒤에 서시여 책을 보시며 다른 사람들과 같이 뻐스를 기다리고 계시었다."로 시작하는 기사에서는, "그이의 물으심에 그는 아직 일부 동무들 가운데는 앉을자리 설자리를 가리지 못하고 더러 질서를 어기는 현상이 있는 것 같다고 사실대로 말씀올렸다."(「로동청년」, 1993. 1. 14.)와 같은 경우이다. 구체적으로는 뻐스줄이나 정류소 등에서 공중도덕을 지키지 않고 싸움질을 하며 사회질서를 문란시키거나,(「로동청년」, 1993. 3. 3.) "쩍하면 리유없이 결근하고 건달을 피우며 조직과 집단은 안중에도 없이 제멋대로 행동"(「로동청년」, 1993. 1. 30.)하는 경우들이 존재한다.

북한 당국은 이와 관련하여 "머리가 사상정신적으로 빈곤해지면 부르죠아 자유화바람이 들어올 수 있는 틈을 주게 된다."면서, "사상정신적 량식을 많이 주어야 청년들이 낡은 사상의 영향을 받지 않게 되고 그들 속에서 나타날 수 있는 불량행위를 비롯한 비사회주의적 현상들도 철저히 막아낼 수 있다."(「로동청년」, 1993. 1. 23.)고 하면서 적극적인 교양을 촉구한다. 또한 '집을 떠나 돌아다니면서 대중의 비난을 받는 행동을 하는 청년들'에 대해서도 "그들을 조직생활에서 풀어놓으면 우리 당의 사상으로 무장시킬 수 없고 사상적 공백이 생길 수 있으며 나아가서 자유화바람에도 물젖을 수 있다."(「로동청년」, 1993. 1. 28.)고 우려하면서, 포기하지 말고 조직 생활과 적극적 교양을 시도할 것을 강조한다.

따라서 당국은 부정적 사례를 직접적으로 제시하기보다는, '긍정'으로 '부정'을 감복시키는 교양을 시도하고자 한다. 즉 "지금 우리 청년들 가운데는 당이 바란다면 그 어떤 명에나 보수도 바람이 없이 탄광과 광산, 농촌을 비롯한 어렵고 힘든 부문에 주저 없이 진출하여 영예군인과 일생을 같이 할 결심을 가지고 가정을 이루며, 자식이 없는 영예군인의 딸이 되고, 부모 없는 아이들을 맡아키우며, 직업의 귀천과 궂은 일, 바른 일을 가리지 않고 사회와 인민을 위하여 성실하게 헌신적으로 일하는 청년들이 많다."(「로동청년」, 1993. 5. 8.)는 식으로 돌려 표현하는 경우가 많다.

그러나 1990년대에는 이러한 기사의 빈도 자체가 매우 높다는 것이 특징적이다. 예컨대 영예군인과의 결혼이나 이웃을 돕는 등의 '공산주의적 미거' 혹은 '아름다운 소행'들을 소개하는 기사가 매우 빈번하다는 데서, 이와 관련된 문제들에 당국의 관심이 집중되고 있는 시기임을 알 수 있다. 뿐만 아니라 1993년 12월 초에 개최된 [전국 공산주의미풍선구자대회]에서는 다양한 공산주의적 미풍들이 소개되고 토론회를 개최하기도 하면서 긍정적 감화 시도에 힘쓰기도 했다.(「로동청년」, 1993. 12. 3.) 토론회를 통해 드러난 대표적인 공산주의적 소행들로는, 물에 빠진 아이를 구하거나 불을 끄는 일, 고아들이나 노인을 돕는 일, 군인과 결혼하거나 돌보는 일, 대건설장 지원사업이나 고향농촌에 가는 일 등으로 매우 다양하다. 이러한 도덕교양의 강조는 1998년대 후반까지도 이어지고 있으며, 「청년전위」 2면에는 '공산주의도덕교양실' 기사란을 별도로 마련하여 청년들을 교양하고 있다.

그러나 1998년이 되면 '긍정적 감화' 위주로 제시하던 방식에서 벗어나, 일상생활에서 공중도덕과 례의범절에서 벗어난 비도덕적 행위들을 있는 그대로 지적하는 경우가 늘어난다. 예컨대 위법한 사람을 지적하면서 계단에서 뛰지 말 것, 복도에서 담배를 피우거나 떠들지 말 것, 계단은 왼쪽으로 가야 하며 소리를 내지 말 것 등을 조목조목 지적한다.(「청년전위」, 1998. 3. 21.) 이러한 비도덕적이고 불량한 행위와 관련한 영화 '줄기는 뿌리에서 나온다'가 제작되기도 했는데, 영화실효모임 지상토론을 벌이는 과정에서 부정적 사례들이 구체적으로 제시된다. 예컨대 "불량행위를 일삼아 사회적 물의를 일으키던 교양대상자"라거나, "세상이 좁다 하게 여기저기 떠돌아다니며 저속한 생활풍조에 물젖어 귀중한 청춘시절을 헛되게 보내던 지난날"과 같은 표현도 등장한다. "역기다림칸과 식당 등에서 사회질서를 문란시키며 못된 장난만을 일삼던 독버섯과 같은 존재"로서, 주로 '패싸움, 불량행위' 및 '가출', '법적 추궁', '술판, 먹자판'을 즐기고, '조직을 떠나서 자유주의'를 부리는 행위 등이 지적된다.(「청년전위」 1998. 11. 12.)

이러한 변화는 시대적인 위기의식과도 관련이 있다고 보인다. 즉 "더우기 오늘과 같이 모든 것이 부족하고 난관과 시련이 겹쌓인 때일수록 모두가 고상한 도덕의리를 가지고 서로 돕고 이끌어주어야 온 사회의 화목을 보장할 수 있다."면서, "우리 사회에서 그 누구도 버릇없고 도덕이 없는 청년을 좋아하지 않는다."(「청년전위」 1998. 9. 20.)는 것이다. 따라서 "청년들 속에서 공산주의도덕기풍을 세우는 것은 도한 제국주의자들이 퍼뜨리는 퇴폐적인 자본주의도덕과 생활양식의 침습을 막기 위하여 나서는 절박한 요구이다."라고 지적한다. 김정일은 "사람의 사상의식에는 공백이 있을 수 없습니다."라고 지적하기도 했는데, "사회주의 사회에서 사람들의 머리 속에 낡은 사상이 남아 있고 더욱이 외부로부터 반동적인 사상의 침습과 영향이 끊임없이 계속되는 조건에서 사람들을 사회주의사상으로 교양개조하는 사업이 사회주의제도가 서고 물질경제적 조건이 마련되었다고 하여 저절로 순조롭게 진행될 수 없다."(「청년전위」 1998. 10. 21.)는 기사에서도, 이러한 절박성을 감지할 수 있다.

3. 폭력성과 일탈 행위의 확산

(1) 무력감과 폭력의 증가

학습된 무력감 이론에 의하면 사람들은 주위 환경에 대한 통제력이 자기에게 있다고 생각할 때 활기에 찰 수 있는 반면, 통제력이 없다고 지각할 때에는 무기력해지고 희망을 잃고 우울해지게 된다고 한다. 이는 자신의 무력감뿐 아니라 남의 무기력한 상황을 관찰할 때에도 발생하며, 특히 전형적인 모델이 되는 인물의 경험을 관찰할 때 파급효과는 더욱 크다. 단 이는 그 인물의 처지가 자신과 유사하다고 지각될 때 나타나며, 자신의 상황이 그 상대방보다 나을 경우에는 무력감이 발생하지 않는다고 한다.

실제로 북한에서는 부모의 토대가 대학진학이나 직장 선택, 결혼 등 자녀의 전 인생에 결정적 영향을 미친다. 아버지가 노동자이면 자식도 노동자, 아버지가 탄광에서 일을 하면 자식도 탄광에서 일을 하는 사회라는 것이다. 북한에서도 대학 진학 여부는 장래의 사회적 지위를 결정짓는 중요한 요소이기 때문에 많은 학생들이 대학 입학을 선호하지만, 대학 입학 기회에 있어서 개인의 실력보다는 성분 토대를 중요한 조건으로 보기 때문에 토대가 나쁜 학생들은 큰 좌절감을 겪을 수밖에 없다. 따라서 성분이 좋지 못한 청소년들에게는 자신의 성공과 미래에 대한 통제 불능감에서 기인하는 학습된 무기력이 존재하게 된다. 간혹 예외적으로는 국가에서 전쟁고아들을 선전용으로 키워서 대학에 보내는 경우가 있으나, 대부분의 경우 정치대학 등에 들어가려면 학업성적보다 성분이 중요한 역할을 한다. 결국 출신 성분이 확실한 당간부의 자녀들이 대학에 갈 수 있다는 생각이나, 좋은 직장에 가기 위해서도 소위 빽이 필요하다고 여기는 등 성분에 의한 무력감이 조장되게 된다.

북한은 학생들에게 해마다 한두 번식 요구하는 '가족 및 친척관계표'를 써 오도록 요구하는데,(김승철, 2000: 137.) 표의 난에는 각자 부모의 출신성분과 사회성분을 적도록 하고 있다. 인민학교에 다니는 어린 학생들의 경우 이 표를 부모들이 써 주는데, 이 과정이 자식들에게 있어서 부모의 권위가 실추되는 결정적 요인 중에 하나로 작용한다. 이러한 토대 문제로 진학 등에서 곤란을 겪는 자녀들이 부모를 원망하기도 하고, 이로 인해 부모와의 갈등이 발생하기도 한다. 이는 평등한 사회를 지향하는 사회주의 체제 내에 존재하는 모순점이라 볼 수 있는데, 이는 결국 체제에 대한 정당성을 훼손할 가능성이 있다. 그러나 때로는 새세대들이 이러한 사회 구조를 그대로 인정하면서, 오히려 연줄망을 형성하여 출세하려는 적극적 노력을 벌이고자 하는 동기부여를 받을 가능성도 있다.

그러나 최근에는 경제난이 심화되면서, 성분이 좋지 못한 청소년들의 경우에는 정치적 성공보다는 오히려 경제 분야로 진출하는 것을 선호하는 경향이 늘고 있다. 북한 이탈 주민들 중 소위 '당원'들이 상당수를 차지하는데, 이는 결국 '고난의 행군'기와 같은 위기상황에서는 정치적 성공이 큰 역할을 하지 못한다는 것이다. 또한 당원이 되더라도 얻게 되는 혜택이 줄어들었기 때문에, 당원이 되기 위해 군 입대를 하고자 하는 욕구도 줄어들게 된다. 이는 군 입대를 독려하는 의도의 기사가 최근으로 올수록 더욱 강조되고 있는 경향에서도 확인할 수 있다. 예컨대 "젊음과 열정에 불타며 전투적 기백이 넘치는 청년들이 우리 당의 선군정치를 받들어 나가는 데서 기수가 되어야 한다. 모든 청년들은 총을 잡고 조국 수호의 전초전에 서는 것을 최고의 영예로 여기고 인민군대에 입대하며 인민군대를 당의 군대, 수령의 군대, 백두산혁명강군으로 강화하기 위하여 헌신적으로 투쟁하여야 한다."(「로동신문」, 2003. 8. 28.)고 강조하는 식이다.

일반적으로 북한의 많은 새세대들은 자신의 힘으로 통제 불가능한 배경요인에 의해 원치 않는 상황에 처하게 되었을 때 무기력감과 좌절 및 분노를 경험할 가능성이 있다. 예컨대 북한 새세대들이 선호하지 않는 직업군이라 할 수 있는 탄광, 농촌 등에 배치되었을 경우가 이러한 경우라 할 수 있다. 따라서 김정일은 "당이 바라고 걱정하는 문제라면 그 어떤 명예나 보수도 바람이 없이 화려한 도시도 마다하고 사회주의 대건설장, 탄광과 광산, 농촌에 집단적으로 진출하고 있으며, 군민일치사상을 받들어 군대를 성심성의로 돕고 영예군인과 일생을 같이하며 부모 없는 아이의 친부모가 되고 돌볼 사람이 없는 늙은이의 친자식이 되는 것이 오늘 우리 청년들의 고상한 사상정신적 풍모이며 공산주의적 미풍입니다."(「로동청년」 1993. 5. 29.)라고 적극적으로 강조하고 있기도 하다.

한편 이러한 무기력감과 더불어 북한 청소년들의 특성이라고 지적되는 특성으로는 '경직성'과 '극단성'을 들 수 있다. 북한의 이상적 청소년상은 사회주의교육에 관한 테제(1977)와 인간개조리론(1985)에 잘 나타나 있는데, 이는 '투철한 공산주의 사상을 중심으로 공산주의 건설에 필요한 지식과 체력을 함께 갖춘 청소년'이 된다. 북한은 「사회주의 교육학」, 「주체사상」, 「김일성 혁명사상」 등과 같은 각종의 사상 교육 이론 서적을 통해 '주인다운 태도', '주체의식', '창의력' 등을 거듭 강조하고 있다.(오기성, 1998: 182.) 그러나 실제적인 북한 청소년들의 경우 이러한 이념적 강조와는 달리, 개인의 자아의식과 창의력을 거의 상실하고 경직되어 있다는 증언들도 존재한다.

북한의 청소년들은 유아시절부터 자기보다는 당, 제도, 수령에 대한 우위를 강조하며 조직적으로 통제된다. 또한 이 과정에서 집단을 위한 희생만이 강조되면서, 개인이 지니고 있는 자연스러운 인간 욕구마저도 억압될 위험성이 있다. 더구나 각종 사상학습과 노력동원, 군사훈련 등으로 정신과 육체가 지극히 피로한 상태가 됨으로써 정서적 생활을 누릴 마음의 여유를 가지기 어렵다. 북한 청소년은 학업뿐 아니라 수많은 국가적 사업에 동원되며, 청소년 조직에 의무적으로 가입하여 활동하게 된다. 교실 밖에서 학생에 대한 처벌 권한은 소년단이나 청년동맹에 있으며, 심한 경우는 시·군·구역별로 문제 학생을 모아 놓고 집단적으로 교양을 하는 등 엄격한 규율이 존재한다. 이러한 이중적 통제로 인해 조직에 대한 헌신성과 근면성이 길러질 수도 있으나, 자유로운 사고방식이 억제되어 사고의 경직성과 타율성이 조장될 수도 있다.

그러나 최근 들어서 북한 청소년들의 자의식이 성장하면서, 소극적으로나마 반발이나 저항을 한다는 지적도 발견되고 있다. 예컨대 '전국로동청년 문답식 학습경연'은 북한에서 가장 큰 청소년 행사로 일컬어지고 있는데, 이 대회는 각 도에서 선발된 근로 청소년들이 1년에 한 차례 평양에 모여 보통 30여 편의 시와 소설을 경연하는 행사이다. 이 조직에서는 독후감 발표 모임, 독서 행군, 시 낭송모임, 가요 보급 모임 등도 주관하고 있다. 북한의 언론들은 이 행사를 '혁명적 수령관이 확실히 서고 친애하는 지도자 동지에 대한 충실성을 혁명적 신념과 의리로 키우기 위한 충정'이라고 강조하고 있다. 그러나 사상성만을 강조하는 이러한 행사들에 대해 최근 들어 감수성이 예민한 청소년들이 흥미를 잃고 반발하는 것으로 알려진다.

그러나 현실적으로 북한 청소년들이 지니게 되는 반발심이 지도자와 당, 체제 등을 대상으로 드러나는 경우는 거의 드물다고 할 수 있다. 프로이트는 이미 발생한 감정이나 욕구는 사라지지는 않는 대신 그 대상이 바뀌어 표출된다고 보았다. 따라서 이러한 청소년들의 반발심은 동료 청소년 등으로 그 대상이 바뀌어 폭력성으로 드러날 수 있다. 언론 매체에서 등장하는 청년들의 폭력 및 패싸움 기사들은 주로 근로 청년들인 경우가 많으며, 학생 청소년의 경우 폭력 관련 기사가 거의 나타나지 않는다. 그러나 다양한 증언 문언들에 따르면 근로청년뿐 아니라 학생 청소년의 경우에도 부분적인 폭력 사건들이 심심치 않게 나타나며, 때에 따라서는 매우 규모가 큰 경우도 발생한다고 한다.

북한에서는 폭력배를 보통 깡패 혹은 불량배라고 하며, 그 단체를 '패거리'라고 호칭한다. 이들 폭력집단은 대부분 10대~20대의 청소년들 및 사회에서 노동생활을 하는 청년들로 이루어진다. 특별히 사회에서 직장생활을 하는 청년들과 건설 돌격대에 갔다 온 노동청년들은 폭력 조직의 우두머리 역할을 하며, '똘마이'라 불리는 폭력조직의 말단 조직원의 대부분은 고등중학교 상급학년 4~6년 정도의 학생들인 경우가 많다. 고등중학교 3~4학년쯤 되면 학생들은 스스로의 출신성분과 미래에 대해 알게 되는데, 출신성분이 나쁠 경우 학생들은 공부보다는 일탈 행동을 일삼는 '말썽꾸러기'가 된다고 한다.[62]

고등중학교 상급학년이 되면서 학생 청소년들의 특성이 달라진다는 것은 언론 매체를 통해 "같은 고등중학교학생이라고 하여도 소년단원들과 사로청원들의 년령심리적 특성이 다르고 학년별로도 차이가 있었다."(「로동청년」, 1983. 10. 20.)는 식으로 종종 등장한다. 또한 "학교에서 조직되는 과외생활이 비교적 학생들의 마음을 끌 수 있게 조직된 것 같은데 웬일인지 4, 5학년 학생들이 그렇게 달가와하지 않는 것이었다. 왜 그들이 흥미를 가지고 적극 참가하지 않는가?"라고 질문하면서, "그들을 소년단 시절의 학생처럼 보아서는 안되는 것이었다. 4, 5학년시기는 소년으로부터 청년으로 넘어가는 시기인 것만큼 2, 3학년생들과는 다른 생각 속에 잠긴다. 책을 보아도 부피가 큰 책을 보자고 하며 무엇을 해도 자기 생각대로 해보려 하며 멋도 부리려고 하며 창피한 것도 아는 시절의 학생들이다. 심리적으로 큰 변화가 일어나고 몸도 날마다 부쩍부쩍 늘어나는 시기의 학생들을 어린 학생들을 대하듯 하니 그들이 흥미를 가질 수 없었고 또 좋아할 리 없었다. 4, 5학년 학생들은 자립성이 커가는 것만큼 그에 맞는 과외생활을 조직해 주어야 한다."(「로동청년」, 1988. 11. 5.)고 해설하고 있기도 하다.

고등중학교를 졸업한 북한 청년들이 폭력적인 '패거리' 문화에 쉽게 빠져들 수 있는 경우는 '청년돌격대' 경험을 통해서인 경우가 많다. 북한에서는 대규모 건설 공사마다 사로청의 주관 아래 공장 기업소 등에서 선발한 20대 청년들을 위주로 건설 돌격대를 조직하여 투입한다. 돌격대원들은 군사조직체계를 본 따 지역별로 연대, 대대로 편성하여 현장에서 숙식을 하며 집단노동을 하는 집단이다. 이와 같은 돌격대원들은 후일 입당 같은 정치적 혜택을 바라고 스스로 자원하는 사람들도 있지만, 대부분의 경우에는 공장, 기업소 간부들이 상부에서 내려오는 노동력 차출 지시에 따라 자기

---

62) 남한에서 일상적으로 사용하는 '조직 폭력' 개념은 사용하지 않는데, 북한에서는 조직이라는 단어가 국가적이고 정치적인 의미를 지니고 있으므로 '폭력서클'이라고 하는 것이 더 어울린다고 한다. 김승철, 앞의 책, p.60.

조직 내의 '말썽꾼' 청년들을 차출하여 내보내는 경우가 많다. 따라서 이러한 청년들이 집중적으로 모인 돌격대의 경우 폭력 발생 빈도가 높게 된다. 대표적인 폭력 사건으로는 1980년대 북한의 서북부 순환철길공사에 투입된 속도전 청년돌격대원들의 패싸움(김승철, 2000: 64.)이 있다.

따라서 1990년대 이후의 언론 기사들에서는 이러한 말썽꾼 청년들에 대한 교양 및 폭력 사건에 대한 지적들이 종종 지적된다. 김정일은 "자라나는 새세대들을 혁명의 후비대로 튼튼히 준비시키기 위하여서는 청소년들과의 사업을 잘하여야 합니다."(「로동청년」, 1993. 3. 3.)라면서, 이러한 '뒤떨어진 청년'들에 대한 교양사업을 '진공적으로 벌릴 것'을 거듭 강조한다. 자주 등장하는 표현으로는 "동무들과 싸움질하던 낡은 생활습성"이라거나, 오랜 교양노력에도 불구하고 "몇 달이 못가서 또 싸움질을 하며 사회질서를 문란"시키는 청년들에 대한 지적이 자주 등장한다.

때로는 이러한 폭력 행위가 조직성을 띠고 발생한다는 것을 암시하는 기사 내용도 존재한다. "지난날 나는 제 딴에는 '의로운 일'을 한다고 생각한 것이 패싸움, 불량행위로 번져져 부모와 집단의 타이름도 들었지만 누구의 말도 듣지 않고 빈번히 집을 뛰쳐나오군 했다."면서, 자신을 만나러 오는 사람들은 "나의 불량행위로 피해를 본 사람이 아니면 다른 패의 망나니들이거나 법적 추궁을 위해 찾아오는 안전기관의 일군들"일 뿐이라는 표현도 등장한다. 또한 "지난날 술판, 먹자판을 즐기고 그 자리에서 서로의 '믿음'과 '의리'에 대하여 론한 동무들"과의 우정을 비판하면서, "술판은 그것이 직접적이든 간접적이든 사람들을 배신과 죄악의 구렁텅이에 몰아넣는 '안내자'이기 때문에 그런 자리에서 논의되는 '믿음' 역시 구렁텅이로 빠져들어가는 자들의 쑥덕공론에 지나지 않습니다."(「청년전위」, 1998. 10. 23.)라고 경계하기도 한다.

북한에서 폭력조직이 많은 도시는 평양, 신의주, 함흥, 원산, 청진 등 대도시이며, 비교적 늦게 개발된 순천이나 개천 등지로 확산되는 것으로 알려지고 있다. 최근으로 올수록 함흥, 평양 등지보다는 생활이 어려운 신의 주, 개천, 순천 등의 청년들의 폭력 성향이 더욱 높다고 하는데, 이는 「청년전위」 등의 언론매체에 자주 등장하는 지역이기도 하다. 예컨대, "순천지구를 떠돌아다니며 불량행위를 일삼아오던 최순일 동무를 비롯한 29명의 청년들"(「로동청년」 1993. 3. 14.)에 대한 기사라든지, "부끄러운 일이지만 10여 년 전만 해도 나는 순천시에서 살면서 불량행위를 일삼아 사회적 물의를 일으키던 비난의 대상자였다."거나, "사람들은 나를 만나자면 안주시에서 패싸움이 제일 심하고 불량행위가 가장 많은 곳에 가야 한다고 하면서 그러면 틀림없이 있을 것이라고 알려주었다고 한다."(「청년전위」 1998. 10. 23.)는 기사도 존재한다.

　언론 매체에 등장하는 '뒤떨어진 청년들'의 주된 활동무대는 주로 기차역 기다림칸, 뻐스정류소, 장마당, 영화관, 공원, 및 식당 등이 가장 많다. 특별히 경제 위기로 인해 배급이 중단되고 식량난으로 인한 북한 당국의 사회통제가 느슨해지면서, 이러한 폭력적 청년들의 조직화가 더욱 심화된 것으로 보인다. 이들은 단순히 패싸움에 그치는 것이 아니라, 소매치기, 절도, 밀수, 골동품 밀매, 되거리장사, 공장이나 기업소의 생산품을 장마당에 팔기, 장사 행위에 대한 이권개입, '외화벌이사업'을 위한 권력층과의 유착 등으로 다양화되고 있다. 김승철(2000: 66.)에 의하면 1990년대 이후 북한 사회에는 대략 1백여 개의 폭력조직과 3000여 명 정도의 폭력배들이 이합집산하고 있다고 하는데, 이들은 생존 및 조직활동자금의 마련을 위해 다양한 사업에 관여한다고 한다.

(2) 사회 범죄와 일탈의 증가

　일반적으로 급변하는 사회 변동으로 아노미적 상태에 처하게 되면, 전통적인 규범과 새로운 규범이 갈등하거나 혹은 규범 자체가 부재한 듯이 느껴지게 된다. 이로 인해 이러한 과도기 동안에는 범죄와 일탈 행위가 증가하게 되며, 사회가 규범 기능을 회복하여 안정을 되찾게 되면 이러한 행위가 줄어들게 된다. 북한의 배급제 붕괴 이후 사회 구성원의 기본적인 욕구 충족이 이루어지지 않는 상태에서 가해지는 사회 통제는 당국의 규범에 대한 비판 의식 성장의 배경이 된다. 또한 경제 침체 이후 계획 부문의 생산에 필요한 원자재 및 식량의 부족은 사회 일탈 행위 증가의 직접적인 배경이 될 수 있다. 이러한 배경 가운데 당국의 규범과 제도들은 구성원들에게 있어서 과거와 같은 영향력을 행사하기 어렵게 되었다. 특별히 청년기는 또래집단과의 교류가 증가하고 그에 대한 의존성도 강해지는 시기로서, 이러한 요인들이 복합적으로 작용하여 새세대의 일탈의 확산을 초래할 가능성이 있다.

1980년대의 경우에는 새세대의 일탈 행위나 범죄 행위가 사회 기강을 크게 혼란시키는 수준까지 이르지는 않았던 것으로 보인다. 1983년 기사에서는 '범죄'와 관련된 주된 비판 대상은 미국 등의 자본주의 사회에 집중되는 특성을 보인다. 예컨대 "미국에서 청소년들이 이처럼 범죄의 길로 굴러떨어지고 있는 것은 썩어빠진 반동교육의 후과이다. 게다가 소년들을 유혹하는 만화책, 영화, 라지오, 텔레비죤 등도 그들에게 개인리기주의를 고취하며 잔악한 행위와 부화방탕에로 이끌고 있다. 그리하여 미국의 청소년들은 공부하기 싫어하고 놀기 좋아하며 모든 것을 자기 개인에게 복종시키면서 순간적 향락만을 추구하는 불량배로 굴러떨어지고 있다. 그들은 살인과 강탈, 부화방탕에 대하여서만 생각하거나 그것을 행동에 옮기군 한다."고 비판하면서, "극단적인 개인리기주의를 추구하는 썩고 병든 자본주의 사회에서 청소년범죄는 날을 따라 늘어만 갈 것이다."(「로동청년」 1983. 12. 17.)라는 식의 비판이 고작이다.

1983년 기사에서 북한 사회 내부와 관련된 '범죄'는 거의 등장하지 않지만, '법을 어기지 말 것' 등의 표현은 간혹 발견된다. 북한 당국이 말하는

'준법의식'은 "사회의 성원들이 국가의 법을 자각적으로 철저히 지키는 기풍"을 의미한다. 이는 구체적으로, "모든 성원들이 국가의 법을 존엄있게 대하는 것, 모든 사람들이 법질서에 따라 규율있고 절도 있게 일하고 생활하는 것, 모두가 사회적 투쟁으로 위법현상을 철저히 없애는 것"(「로동청년」 1983. 12. 20.) 등이 혁명적 준법기풍의 중요한 내용을 이룬다고 강조한다.

김정일은 "사회주의 법무생활의 주인은 사회주의 근로자들이며 따라서 모든 근로자들은 마땅히 법무생활에 주인답게 자각적으로 참가하여야 합니다"[63]라고 강조하였다. 이에 따라 "사회주의 법무생활을 강화하기 위한 투쟁은 온갖 위법현상과 그것을 낳게 하는 낡은 사상잔재를 뿌리빼기 위한 사상투쟁과 밀접히 결합되어야 한다. 모든 사로청원들과 청년들은 법을 어기는 사소한 현상도 묵과하지 말고 그와 적극 투쟁하여야 한다."면서, "법을 조금이라도 어기는 현상에 대해서는 사상투쟁을 강하게 벌려야 한다."(「로동청년」 1983. 12. 15.)는 것이다. 이러한 지적을 통해 부분적이나마 법을 어기는 현상이 존재하고 있을 가능성을 짐작하게 되는 정도에 그친다.

1988년 기사의 경우에도 마찬가지로, 서방 자본주의 사회와 관련된 비판 구절은 계속하여 등장한다. "반동적 출판물은 특히 자유와 민주주의를 열렬히 사랑하며 정의와 진리를 정열적으로 갈구하는 청년학생들 속에 부르죠아 자유와 부르죠아 민주주의를 선전함으로써 자유주의, 무규율성, 비조직성 등을 심어주고 극단한 개인주의에로 이끌어간다."고 비판하면서, "조직성과 규율성을 특성으로 하는 집단주의, 사상의지적 통일단결을 생명으로 하는 조직관념, 사회주의적 민주주의, 혁명적 동지애와 혁명적 의리, 집단에 대한 헌신성과 조직생활의 정규화, 규범화, 자각적 통제와 준법정신, 이신작칙, 겸손성, 소박성 등 공산주의적 품성 특히 수령에 대한

---

63) 김정일, "사회주의생활을 강화할 데 대하여", p.10.

충실성 등은 부르죠아 사상, 부르죠아 생활방식과는 인연이 없다."(「로동 청년」 1988. 3. 5.)고 비판한다.

그런데 1988년은 평양축전을 앞두고 사회질서와 공중도덕을 강조하는 구절의 빈도가 급증하는 시기로서, 이와 관련된 준법의식이 지적되는 경우가 많다. '청년들 속에서 준법기풍을 철저히 세우자'는 기사에서는, "출퇴근질서를 비롯하여 로동행정규율을 자각적으로 지키며 설비자재를 애호 관리하는 등 일상 사업과 생활을 법규범과 규정의 요구대로 하는 바로 여기에 우월한 우리의 사회주의법을 받들어나가는 청년들의 영예가 있고 자랑이 있다"(「로동청년」, 1988. 2. 3.)고 강조하였다. 따라서 "사로청조직들은 모든 청년들이 공중도덕과 사회질서를 모범적으로 지키도록 교양함으로써 그들이 거리와 마을, 극장과 영화관, 렬차와 뻐스를 비롯한 공공장소들에서 제정된 질서와 규율을 자각적으로 준수하도록 하여야 한다."(「로동청년」, 1988. 2. 3.)거나, "뻐스타는 질서, 극장과 영화관에서의 질서, 거리를 오갈 때 지켜야 할 질서 등을 자각적으로 준수하는 것과 함께 늙은 이들과 어린이들을 존경하고 사랑하는 풍모를 지닐"(「로동청년」, 1988. 12. 14.) 것을 강조하는 식으로 구체화된다.

1988년에는 축전과 관련하여 '부정적 사례'들에 대한 표현이 극히 적으며, 있더라도 완곡한 표현을 사용하는 편이다. 그럼에도 불구하고 기사 내부에 '법 규정을 어기는' 행위에 대한 구체적인 설명이 등장하는 것을 통해, 북한 사회 내에서 이러한 행위들이 존재하고 있을 가능성이 있음을 간접적으로 확인할 수 있다. 예컨대 '청년들은 온 사회에 혁명적 준법 기풍을 세우는 데서 앞장서자'는 제목의 사설에서, "청년들이 사회주의 법무 생활에 모범적으로 참가하는 데서 중요하게 나서는 문제는 일상 사업과 생활에서 법 규정과 질서를 자각적으로 지키는 것을 완전히 생활화 습성화하는 것이다. 법 규범과 규정들을 지키는 데 완전히 생활화, 습성화되어야 어느 때, 어떤 환경에서, 누가 보건 말건 그에 맞게 생활하고 행동할 수 있다. 청년들은 매일, 매 시각의 로동생활에서 공동재산을 다루고 보호 관리하는 데서, 그리고 길거리를 오가거나 차를 이용하는 데서, 모든 공공 장소들에서 한마디 말을 하고 한가지 행동을 하여도 언제나 법 규범과 규정, 사회질서의 요구대로 하는 데 버릇되어야 한다. 청년들은 사람들이 보지 않는 장소에서나 생활환경이 어려운 때에도 법 규범과 규정의 요구를 의식적으로, 자각적으로 지키며 어떤 경우에나 법 규범과 규정, 질서의 요구에 조금이라도 어긋나게 행동하는 것을 사회와 집단 앞에서 더 없는 수치로 여기고 그러한 현상들과 강한 투쟁을 벌려 제때에 극복하여야 한다."(「로동청년」, 1988. 12. 27.)는 것이다.

한편 1993년이 되면 1980년대 말 이후 붕괴된 구소련 및 동유럽 사회주의 국가들에 대한 비판 기사가 매우 강도 높게 이루어진다. 주로 이러한 나라들에서 발생하는 비참한 생활상이 기사의 주를 이루는데, 등장하는 내용이 매우 구체적이라는 것이 특징이다. "정치적 혼란이 격화되고 경제가 파국적인 상태에 빠져 실업자와 거지들이 욱실거리고 있다. 처녀들은 창녀가 되어 신세를 망치고 청년들은 날라리에 물젖어 술주정을 하며 돌아치고 있다. 상품값은 하늘 높은 줄 모르고 뛰여오르고 있으며 사회에는 무질서와 무서운 범죄가 성행하고 있다."(「로동청년」, 1993. 9. 29.)거나, "사회생활 전반이 극도로 혼란된 로씨야에서는 경찰들까지도 각종 범죄에 가담하는 판국이다."(「로동청년」, 1993. 9. 29.)라는 식이다. 이에 따라 이 나라들에서는 "착취와 압박, 사회적 불평등이 지배하고 각종 범죄와 사회악이 판을 치는 자본주의제도에 대해 날이 갈수록 커다란 환멸을 느끼고"(「로동청년」, 1993. 4. 13.) 있다고 비판한다.

특별히 로씨야에 대한 지적이 자주 등장하는데, "로씨야 국가통계위원회 인구통계국은 나라가 정치적 불안정, 경제적 파국, 인민들의 빈궁화, 생태환경의 악화, 알콜중독, 자살 등에 의한 민족적인 인구위기까지 겪고 있다고 개탄하였다. 자본주의가 복귀된 여러 나라들에서는 부르죠아 민주주의와 자유주의, 썩어빠진 말세기적인 생활풍조의 범람으로 사회기풍이 어지러워질 대로 어지러워져 각종 범죄와 악행이 성행하고 있다."(「로동청년」 1993. 6. 10.)는 것이다. 또한 "공식통계자료에 의하면 15만 4천명의 어린이들이 자기 집을 뛰쳐나가 지하실이나 빈집들에서 생활하고 있다. 그들 중 대다수는 미성년 범죄 그루빠들에 가담되어 있다. 1992년에 등록된 어린이들의 범죄 건수는 2만 건에 달한다. 처녀애들은 자주 두 명씩 짝을 두어 잠자는 약을 리용하여 돈벌이를 하고 있다 그들은 잠자는 약을 음료수에 몰래 뿌려 자기의 단골손님들을 마취시키고는 돈과 물건들을 털어 내고 있다고 외국의 한 출판물은 전하였다."(「로동청년」 1993. 11. 22.)는 식으로 구체적으로 비판을 가한다.

또한 1993년은 북한 사회에 경제적 위기가 표면화되기 시작하는 시기이기도 하다. 따라서 "황금만능은 각종 범죄와 사회악을 빚어내며 사람들을 돈의 노예로 만든다."(「로동청년」 1993. 8. 21.)는 식으로, 자본주의 사회와 구사회주의권에 존재하는 황금만능주의와 관련된 범죄에 대한 기사들도 자주 등장한다. 북한 사회에서 말하는 '사회악'이란 "착취사회에서 그 제도 자체의 본질로부터 정치도덕적으로나 경제문화적으로 사회의 이모저모에서 빚어지는 온갖 악한 것들을 통털어 말한다. 다시 말하여 착취 계급이나 외래 침략자들이 지배하는 사회에서 빚어지는 온갖 죄악들 또는 죄악적인 현상을 말한다."고 정의하면서, "자본주의 사회는 썩고 병든 사회이므로 착취와 압박, 사회적 불평등이 지배할 뿐 아니라 각종 범죄와 사회악이 판을 치는 사회이다. 사회악에는 관료배들의 부정부패 행위, 범죄자들에 의한 살인, 강도, 강간, 인신 매매 그리고 사기 협잡, 마음, 여러 가지 동물적 취미에 의한 해괴망측한 행위들, 패륜패덕 등 근로인민대중을 마음놓고 살 수 없게 하는 온갖 악하고 추한 현상들"(「로동청년」 1993. 11. 25.)을 의미한다고 설명한다.

또한 1993년은 '금전'에 대한 관심뿐 아니라 청년들의 일탈과 관련된 기사들이 자주 등장하는 시기이다. 따라서 구사회주의권 국가의 사례들을 선정하는 데 있어서도 이러한 일탈 측면의 기사들을 자주 싣고 있다. 예컨대 '지금 적지 않은 나라들'에서는 청소년들의 범죄 문제가 매우 심각하다면서, "청소년들의 불건전한 도덕생활로 빚어지는 범죄행위는 자기의 부모, 형제들까지 범죄의 대상으로 되어 사회공중도덕과 질서에 대하여서는 생각도 할 수 없는 형편이다."라고 비판한 뒤, 김정일 앞에서 "아직 일부 동무들 가운데는 앉을 자리 설자리를 가리지 못하고 더러 질서를 어기는 현상이 있는 것 같다고 사실대로 말씀올렸다."(「로동청년」 1993. 1. 14.)는 표현이 등장하기도 한다. 즉 다른 나라들의 청소년의 일탈을 설명하는 과정에서 실제 북한 사회 내부에 존재하는 일탈과 관련된 행위들이 간접적이나마 드러나고 있다는 것이다.

그런데 흥미로운 것은 구사회주의권을 겨냥한 기사 내에서 후일 '고난의 행군'기의 북한 사회에서 발생했던 꽃제비 및 장마당에서의 일탈 행위들의 그림자와 같은 사례들이 매우 다양하고 구체적으로 등장한다는 것이다. 예컨대, "청년들이 학습회, 강연회에 참가할 대신 부패한 자본주의를 선전하는 영화관과 극장에 물밀 듯이 쓸어들었으며 술집과 유흥장에서 날을 보내는 술주정뱅이들이 급격히 늘어났다."거나, "제국주의자들의 반동선전에 속아 해외에서 '행복'을 찾으려는 청년들이 늘어나고 있다."면서, "이전 쏘련과 동구라파나라들에서는 살인, 강도, 절도, 도박 등 각종 범죄가 꼬리를 물고 일어나고 있으며 마약, 알콜 중독자들이 거리에서 넘쳐나고 있다."고 비판하기도 한다. 이어서, "로므니아에서 거리의 소년들은 하나의 사회적 문제가 되고 있다"고 하며, "일본 엔에취케이방송은 이전에는 막후경제, 암경제라고 불리운 장사질이 이제 와서는 모스크바에서 시퍼런 대낮에 공개적으로 횡행하고 있다고 하면서 많은 청년들이 되거리에 떨쳐나서 물품을 팔고 있다고 전하였다."(「로동청년」 1993. 1. 29.)는 기사 내용을 주목할 수 있다.

한편 1998년이 되면 구체적인 일탈 행위의 증가나 금전에 대한 관심을 지적하는 기사에서 벗어나, 보다 복합적인 차원의 사상문화적 비판 기사가 늘어난다. 구사회주의권에 대한 실례를 들면서 사회 범죄와 비사회주의적 행위들에 대한 비판을 가하는 것은 마찬가지이지만, 자본주의의 사상문화적 침투라 할 수 있는 '황색바람'과 관련되어 비판이 이루어지는 경우가 많다. 예컨대 "사회주의 사회에서 사는 사람들이 황색바람에 물들면 사람들 사이의 서로 돕고 이끄는 고상한 인간관계가 개인리기주의적인 관계, 금전관계, 적대적인 관계로 되게 되며 사회에 무질서와 혼란이 조성되고 각종 범죄가 성행하게 된다"(「청년전위」, 1998. 10. 15.)는 식이다. 이는 1990년대 초반 이후의 일탈과 물욕이 증가한 것은 모두 제국주의 황색문화의 침투로 인한 결과들이라고 인식한다는 것이다.

북한 당국은 이러한 제국주의의 사상문화적 침투로 인해 '비사회주의적 현상'이 증가했다고 파악하고, 그로 인해 발생하는 사회 범죄나 일탈의 사례를 세세히 지적하고 있다. 이러한 '비사회주의적 현상'들 자주 등장하는 개념으로는 '략취'와 '뢰물행위' 및 '부정부패현상' 등을 꼽을 수 있다. 북한에서는 제2경제가 확산과 함께 공공물자의 횡령, 노동자들의 직장 이탈, 관료들의 부정·부패 등 각종 사회 일탈 행위가 일반 주민에서부터 고위관리에 이르기까지 연령, 직위, 학력을 불문하고 확산되고 있다. 1980년대 초 이후 사용되기 시작한 '조절'이라는 용어는 북한 사회 내에서 발생하는 물건 빼돌리기나 도적질 등에 두루 사용된다. 새세대들이 희망하는 직종의 대부분은 '조절'할 것이 많은 직업, 즉 식당이나 여관 종업원, 식량과 피복 등을 다루는 경리일꾼을 지칭하는 군대 후방일꾼, 화물자동차 운전기사, 생필품 공장이나 식료 공장 등이다.

북한 당국은 국가사회재산애호월간 8-9월 사이에 '국가사회재산을 주인답게 애호관리하자'는 사설을 정기적으로 싣고 있다. "국가사회재산은 위대한 수령님께서 우리 인민을 위하여 한 생을 바쳐 마련하시고 물려주신

고귀한 유산으로서 당과 수령의 현명한 령도 밑에 우리 인민이 헌신적인 투쟁으로 이룩된 고귀한 재부이며 내 나라, 내 조국의 영원한 부강번영을 이한 귀중한 밑천이다."라면서, "청년들은 이번 국가사회재산애호월간에 진행되는 재산실사사업에 자각적으로 참가하여야 한다."(「청년전위」1998. 8. 11.)고 강조한다. 1993년까지는 이러한 국가재산에 대한 절취행위와 관련된 기사가 "개인이 사용할 물품을 기대에 물려 가공하면서 개인리기주의적 결함을 발로시킨 사실"(「로동청년」1993. 1. 28.) 등에 그친다.

반면 1998년이 되면 이러한 국가사회재산의 절취 행위가 보다 구체화된다. 예컨대 「청년전위」 공산주의도덕교양실에서는 "고속도로를 보호하고 리용질서를 잘 지키자."면서, "고속도로주변의 시설물, 도로표식기, 빛반사 안내주, 굴조명장치들을 파괴하거나 거기에 손을 대는 위법행위가 없도록 하여야 한다."(「청년전위」1998. 6. 9.)는 표현도 있다. 또한 "청년들은 썩고 병든 자본주의를 옳게 보지 못하고 환상적으로 대하는 그릇된 사상경향과 다른 나라 상품과 외화에 대한 우상화, 국가사회재산을 아끼지 않거나 집단의 리익을 침해하는 현상들이 나타나지 않게 하여야 하며 그 자그마한 요소도 제때에 사상투쟁을 벌려 철저히 극복하여야 한다."(「청년전위」1998. 10. 29.)고 확대되기도 한다.

한편 북한에서 말하는 뇌물행위는 원래 "낡은 사회에서 인민을 억압하고 탄압하는 반동관료배들을 비롯한 각급 기관의 관리들과 그밖에 일정한 직무에 있는 자들이 상전에게 아부아첨하거나 남을 매수하기 위해서 돈이나 물건을 주고받는 현상을 말한다. 뇌물행위는 상전에게 잘 보이고 자기 리속을 채우기 위해서는 수단과 방법을 가리지 않는 봉건사회나 자본주의 사회와 같은 낡은 사회에만 있는 전형적인 부정부패현상의 하나"라고 정의된다. 그러나 이어서 "사회주의 사회에서 나타나고 있는 뇌물행위는 로동계급의 당과 사회주의 사회의 본성으로부터 나오는 것이 아니라 낡은 사상잔재와 부르죠아 사상에 기초하여 생기는 것이기 때문에 당이 조직사상사업을 강화하고 모두가 각성하여 투쟁을 벌리면 능히 극복할 수 있는 현상이다."(「로동청년」 1993. 1. 24.)라고 표현하고 있다. 이는 결국 북한 사회 내에도 이러한 뇌물 행위가 존재하고 있을 가능성이 있음을 암시하고 있는 것으로 보인다.

실제로 선행 연구들에 의하면 북한 사회에서 뇌물은 1980년대 이후 보편화되어, 1980년대 후반에는 직장 배치, 벌목공 선발, 주택 거래 등으로 확산되었다. 청소년들이 다니는 학교에서도 뇌물이 오고 가는데, 이는 교원의 업무가 과중하면서도 월급이 적고 지위가 낮은 데 기인한다. 북한 사회는 모든 물자를 국가로부터 공급받는 것을 원칙으로 하기 때문에, 국가로부터의 공급이 부족해지면서 돈보다는 식료품 또는 생필품 등의 물건을 학부모들에게 요구하는 경우가 많다. 특별히 담임의 경우 학생조직 간부 선발에 대한 임명권을 가지며, 학생들의 졸업시기 직업 및 상급학교 추천문제 등으로 인해 뇌물이 오고 가게 된다. 소년단간부가 되면 우수학생이라는 명목으로 학교를 졸업하거나 장차 상급학교를 가는 데서도 우선권을 갖기 때문에, 명절이나 특정 기회에 술, 담배, 가구 등이 제공되기도 한다. 이외에도 이러한 뇌물들은 '노력동원'을 회피하기 위해서, 혹은 탁구부 같은 체육소조나 예술소조에 가입하기 위해서도 이루어진다.

이러한 뇌물 행위는 고등교육기관에서도 폭넓게 발생하고 있다고 한다. 특별히 통신대학생이나 야간대학생의 경우 자신이 다니는 공장이나 지역의 특산품, 또는 술과 담배를 대학교원들에게 바치는 경우가 많다고 한다. 이러한 뇌물의 목표는 시험문제 유출 혹은 시험 성적을 후하게 받는 것이며, 졸업을 수월하게 하는 것도 포함된다. 김승철(2000: 49-52.)에 의하면 통신 대학생이 대학을 졸업하려면 뇌물용으로 고일 술이 100병 정도 필요하다고도 한다. 「청년전위」 등에서도 졸업 시기에 대학생들이 진로와 관련하여 '뒷구멍'으로 뇌물을 제공하는 것을 암시하는 구절이 간혹 등장한다.

이와 같은 절취와 뇌물 수수는 북한 당국이 새세대 청년들에게 강력히 비판하고 경계하고 있는 '비사회주의적 현상' 혹은 '부정부패현상'이다. 북한에서 '부정부패현상'은 "공정한 법과 사회질서를 어기고 정의와 도리에 어긋나게 사기협잡을 하거나 사상정신적으로 썩고 병들어 타락한 생활을 하는 현상이다. 착취사회에서는 그 사회 자체가 반인민적이며 반동적인 것으로 하여 온갖 사기와 협잡, 사치와 횡령, 뇌물행위 등 일신의 향락과 부귀영화를 누리기 위한 부정부패 현상이 사회적 풍조를 이루게 된다."고 설명한다. 그러나 이어서 "사회주의 사회에서도 사회주의 집권당이 사회주의 건설을 잘 조직령도하지 못하여 사회주의제도의 우월성을 옳게 발양시키지 못하고 낡은 사회의 유물인 부정부패현상을 극복하지 못하면 당과 정부가 대중으로부터 리탈될 수 있다."(「로동청년」 1993. 1. 23.)고 밝히고 있기도 하다. 이는 결국 북한 내에도 이러한 비사회주의적 현상과 부정부패 현상이 존재하고 있음을 부분적으로 인정하는 셈이다. 또한 이러한 행위들로 인해 당과 정부가 대중적 지지를 받지 못하게 될 가능성이 있거나, 혹은 실제 이러한 지지의 약화가 발생하고 있을 가능성도 암시해 준다.

VI. 개방의 확대와
새세대의 문화적 가치관의 변화

1. 자유화 바람과 '황색 문화'의 유입

(1) 대외 환경 변화와 개혁·개방 정책

북한은 1960년대까지만 해도 대외 무역을 국제 경제 발전을 위한 수단으로 인식하지 못했던 것으로 보인다. 즉 대외 무역이란 각 나라가 지니고 있는 자연적·인위적 여건에 의해 불가피하게 발생하는 경제적 현상이거나, 혹은 구소련을 중심으로 하는 사회주의 국가들과의 경제 교류를 발전시키는 정도로 인식해 왔다. 그러나 중·소 분쟁 및 중국의 문화대혁명이후 원조가 급감하면서, 기존의 사회주의 국가 일변도의 경제교류 정책을 재고하기 시작한 것으로 보인다. 또한 북한 경제 규모 확대를 위한 선진적인 자본 설비 및 기술 도입의 필요성이 제기되면서, 서방국가와의 대외 경제 관계가 확대될 필요성도 제기되었다. 이외에도, 대외지향적 경제개발전략에 의해 급속한 경제성장을 보이고 있는 한국에 자극을 받은 부분도 존재한다.

이러한 배경은 결국 북한이 1970년대 이후 서방 선진 국가와의 경제협력관계를 추진하기 시작하고 대외 무역 관계를 다변화하고자 시도하는 요인으로 작용하게 된다. 따라서 김일성은 "우리는 또한 우리나라와 좋은 관계를 맺으려 하며 조선반도의 남과 북에 대하여 침략적 성격이 없는 균등한 정책을 실시하는 자본주의 나라들과도 평화공존의 5개 원칙에서 국가적 및 정치, 경제, 문화적 관계를 맺기 위하여 노력할 것입니다."라고 강조하면서 서방 선진 국가들과의 경제 협력 관계를 추진하기 시작하였다.[64] 이에 따라 북한은 1984년 9월 최고인민회의 상설회의 제10호 결정으로 '합영법'을 공포하게 된다. 또한 물자 교역 형태 이외에도 합작 경영, 기술 협력 등 다양한 외국인 투자 유치 정책을 추진해 나갔다.

---

64) 연합통신, 「북한 50년」, 서울: 연합통신, 1995, pp.174-177.

  합영기업(equity joint venture)이란 북한의 기업과 외국인 투자자가 공동으로 투자하고 공동으로 운영하며 투자 몫에 따라 이윤을 분배하는 기업 형태를 말한다. 이러한 시도는 단순히 서방과의 대외 경제 교류 필요성만을 인식하였던 1970년대의 정책보다는 일정 정도 발전된 것이다. 그러나 북한의 대외 신용도 추락과 무역 대금 미결제 문제 등으로 성과를 거두지 못하였다. 결국 북한은 조총련기업들과의 합영사업에 역점을 두고, 1986년 소위 김일성 주석의 '2·28교시' 이후 1992년까지 추진해 나갔다. 그러나 합영사업 공장을 독자적 사업단위로 여기지 않고, 일종의 애국 공장 사업으로 취급하여 국가의 계획생산 활동을 요구하면서 결국 실패한 것으로 평가된다.

  한편 사회주의권 붕괴 이후 '우호무역'이 사라지고 대외적으로 고립된 1990년대 이후에는, 1980년대 합영사업의 한계를 뛰어넘는 새로운 형태의 외자 유치 정책을 필요로 하게 되었다. 또한 1990년대는 냉전 후 동북아 지역 발전을 위한 협력 방안의 하나로서, 두만강 유역 3개국인 북한, 중국, 러시아와 관련 국가 간에 '두만강 개발 계획'(UNDP프로젝트)이 논의되고 있던 시기이기도 하다. 더구나 경제특구 정책의 성공 사례로서의 중국의 발전을 경험하면서 북한 역시 경제 특구 정책을 추진하게 되었다.[65] 그러나 김 주석 사망 후 북한 내부의 정치·사회 불안정, 기초 인프라의 부족, 남한 기업 참여의 배제 등으로 인해 매우 낮은 계약 및 투자 실적에 그치고 있다. 그나마도 대부분 호텔, 식당, 운수·상업 등 서비스부문에 치중되어 있고, 화교 및 조총련 자본이 거의 대부분인 것으로 알려지고 있다.

---

65) 이에 북한은 1990년 10월 당시 정무원 총리였던 연형묵이 중국의 경제특구인 심천, 주해, 천진, 광주 등을 시찰한 후 1991년 12월 함경북도 최북단인 나진·선봉지역을 경제특구로 선포하였다. 북한이 1995년, 2단계에 걸쳐 개발하기로 수정해 놓고 있는 개발 계획안에 따르면, 나진·선봉을 2001~2010년까지 중계 무역, 수출가공, 관광 및 금융중개 등의 기능을 종합적으로 수행하는 국제 교류의 거점으로 육성한다는 것이다. 「통일백서 2003」 서울: 통일부, 2003, pp.58-60.

한편 북한은 사회주의권의 체제 변동에도 불구하고 기존 외교 관계의 유지에 노력하였다. 그러나 1988년 12월 남한정부의 총리회담 제의에 호응하고 미국과 북경에서 참사관급 외교관 접촉을 시작하는 등 대외 정책에서도 부분적인 변화를 보이기 시작하였다. 이후 북한의 외교 정책은 1990년 9월 일본과 국교정상화 추진 합의 및 남북 고위급회담 개최, 1991년 9월 남북한 유엔 동시가입, 1991년 12월 남북기본합의서 서명과 나진·선봉지역의 자유경제무역지대 지정 등으로 연결되었다. 이 과정에서 북한은 남북한 공존의 모색, 대미·대일 관계 정상화 추진, 새로운 단계의 대외 개방 추진 등의 특징을 보이기 시작하였다.

북한은 이전까지는 공산화 통일을 위한 진영 외교 논리에 기초하여 기존의 대외 관계를 형성하여 왔으나, 대외관계에 있어서 부분적인 실리 외교의 경향을 보이고 있다. 우선 13차 세계청년학생축전 개최 이후 제3세계 국가에 대한 기존의 정책을 지속적으로 추진하였다. 또한 김일성이 1991년 아시아 국가들과 친선협조관계를 적극 발전시킬 것을 천명한 이래, 1994년 7월 8일 김일성 사망에 이르기까지 동남아시아 국가들과의 관계 개선 노력을 지속하였다.(「로동신문」, 1991. 1. 1.) 그러나 1994년 10월 북미 제네바 합의가 성사된 이후에도, 북한의 핵무기 및 미사일 개발문제로 인하여 남북관계와 미·일을 비롯한 서방국가들과 북한과의 관계는 다소간의 긴장 관계를 유지해 왔다.

그러나 1990년대 후반에 이르면서 북한은 미국 편향의 정책에서 벗어나 실리를 중시하는 가운데 보다 적극적인 외교정책을 추진하게 된다. 예컨대 1999년 9월 제54차 유엔 총회에 백남순 외무상이 참석하여 20여 개 국가 외무장관들과 연쇄 회담을 가지고 활발한 외교 활동을 보이고 있기도 하다.(연합뉴스, 2000. 10. 12.) 또한 외교경쟁을 위해 해외공관을 늘리는 데 주력해 왔던 과거의 정책에서 벗어나, 1998년 3월 외교부 대변인이 북한의 해외공관 중 30%를 축소하기로 결정[66]하는 등 실리 위주의 정책으로 전환하기도 한다. 김 주석 사망 후 겪었던 국가적 위기상황에서 어느 정도 벗어나고 김정일 체제가 공식 출범하면서, 보다 적극적인 대외 정책을 추진하기 시작하였다.[67]

이러한 변화는 1998년 9월 북한의 개정 헌법에서 '자주, 평화, 친선'을 기본 이념이자 대외 활동의 기본 원칙으로 표방하고 있는 데서도 나타난다. 북한 헌법 172조에서도 '대외 관계에 있어서 평등과 자주성, 상호 존중과 내정 불간섭, 호혜의 원칙'을 국가 관계의 원칙으로 제시하고 있다. 즉 종전의 '맑스-레닌주의와 프롤레타리아 국제주의 원칙에서 사회주의 나라들과 단결하고 제국주의를 반대하는 인민들과의 단결'에서 벗어나, '자주성을 옹호하는 세계 인민들과의 단결'로 수정된 것이다. 2000년 공동사설에서는 "최근 몇 해 동안 우리 인민은 유례 없는 시련의 언덕을 넘어왔다."(「로동신문」, 2000. 1. 1.)면서, 미·일 등의 서방 국가들과 접촉하고 1991년 12월에는 남북기본합의서에 서명하기도 했다. 2001년 신년 공동사설에서도 "우리의 자주권을 존중하는 나라들이라면 그 어떤 나라든지 대외관계를 개선해 나갈 것"(「로동신문」, 2001. 1. 1.)이라고 밝히고, 한 해 동안 서방 13개국과 수교를 하기도 했다.

그러나 2002년 신년공동사설에서는 자주·친선·평화라는 북한의 대외관계 이념이 생략되는 등 오히려 부정적인 정세인식으로 되돌아가는 듯하다. 2003년 「로동신문」의 '미제의 심리모략전' 연재기사들 중 상당수에서도 '원조', '협조', '교류'에 대한 경계가 나타난다. 김정일은 "제국주의의

---

66) 통일부, 「통일백서 2003」 pp.57-58.
67) 즉 2000년 1월 초 서방 선진 7개국(G-7) 가운데 최초로 이탈리아와 대사급 외교관계를 수립한 데 이어, 2월에는 홍콩에 총영사관을 개설했고, 5월 초에는 24년여간 동결했던 호주와 대사급 외교관계 재개에 합의했다. 특히 7월에는 동남아국가연합(ASEAN) 10개 회원국 가운데 외교관계가 없는 필리핀과 외교관계를 수립한 데 이어 12월에는 영국과 외교관계를 맺었다. 7월 27일에는 아시아·태평양지역의 유일한 정치·안보협의체인 아세안지역안보포럼(ARF)의 23번째 회원국으로 공식 가입했다. 위의 책, pp.58-60.

사상문화적 침투는 '협조'와 '교류'의 간판 밑에 감행되는 침략과 간섭의 수단이며 반동적인 부르죠아 사상독소로 사람들의 건전한 사상의식을 마비시키고 그들을 부패타락시키는 악랄한 와해수법이다"라면서, "미국은 국제적으로 민심을 낚기 위한 작전의 일환으로 딸라외교, '원조' 외교를 끈질기게 벌리고 있다. 그들은 딸라와 물건을 내흔들며 다른 나라들에 추파를 던지고 환심을 사려 하고 있다."(「로동신문」 2003. 7. 20.)고 경계한다. 당국은 "미국의 '원조작전'은 사람들 속에 대미환상을 조성하며 미국에 의존하는 친미사대주의를 조장시킴으로써 반미자주의식을 마비시키는데 그 목적이 있다."고 파악하고, "제국주의자들의 고립봉쇄책동과 련이은 자연재해로 우리 인민이 생활에서 일시적 난관을 겪게 되자 미제는 이를 기회로 그 무슨 '인도주의원조'에 대하여 떠들어 대기 시작하였다."(「로동신문」, 2003. 8. 14.)는 식의 경계를 반복하고 있다.

이러한 사상문화적 침투와 친미사대주의에 대한 우려와 관련하여, '사회주의생활양식의 확립과 민족전통의 구현'을 통해 대응하려는 움직임도 발견된다. 즉 "모든 것이 어렵고 부족하지만 자기 직장과 일터, 자기 사는 마을과 살림집을 사회주의맛이 나게 알뜰히 꾸리며 우리 민족의 고유한 생활풍습을 살려 나가는 사람이 오늘의 열렬한 애국자이며 진정한 혁명가이다. 우리 민족의 우수성을 더욱 살리고 빛내여 나가는 것도 제국주의의 반공화국 압살책동을 짓부시는 중요한 투쟁의 하나로 된다. 우리는 정세가 어렵고 복잡할수록 사회생활의 모든 분야에서 민족의 고유한 생활문화와 풍습을 적극 장려하고 살려 나가야 한다."(「로동신문」, 2003. 8. 17.)는 입장을 취하고 있다.

(2) 외부 정보의 유입 증가

북한 사회에 외부 자본주의 사회의 정보와 상품이 유입되게 된 시기는 1970년대로 거슬러 올라간다. 조총련계 재일동포들은 1970년대 말 이후 전기밥가마, 오토바이 등의 상품을 통해 북한에 자극을 주었다. 합영법 이후 조총련계 재일동포 기업의 대부분은 의류, 신발과 같은 경공업 분야로서, 1985년경에는 재일동포의 투자로 고속도로 휴게소에 커피점이 생기기도 했다. 한편 재미동포들의 북한 방문 이후 관광사업이 발전하기 시작했으며, 커피, 콜라, 고급 치약 및 면내의가 유입되게 되었다.

한편 이외에도 북한 사회에 외부 정보의 유입을 촉진시킨 대표적 사건은 평양에서 열린 제13차 세계 청년학생축전이라 할 수 있다. 북한은 1988년 서울올림픽의 남북한 공동개최와 북한 지역에서의 분산개최가 받아들여지지 않자 그 대응책으로 평양축전을 개최하게 되었다. 사회주의 국가들이 주축이 되어 시작된 이 축전의 목적은 "사회주의 나라 청년학생들의 평화와 민주주의 민족적 독립과 사회주의를 위하여 싸우는 세계 진보적 청년학생들이 단결된 역량을 시위하며 친선을 도모"하는 것으로, 세계 민주청년동맹과 국제학생동맹이 공동으로 주관해 왔다.[68]

평양축전은 참가 대상을 청년학생만이 아니라 노동자·농민·예술인·체육인 등 다양한 계층을 망라하여 민족대축전으로 치른다는 명분을 내세웠다. 그러나 북한 사회주의제도의 우월성이나 김일성·김성일의 개인숭배 내용들이 주류를 이루었고, 반제연대성의 기치 아래 반미·반한 선전에 초점을 맞추어 진행되었다. 김일성은 1990년 '신년사'에서 "평양축전이

---

68) 세계민주청년동맹은 제국주의와 식민주의를 반대하고 평화와 민주주의 민족적 독립을 수호하는 것을 목적으로 1945년 11월 런던에서 창립되었다. 한편 국제학생동맹은 "제국주의·식민주의를 반대하고 학생들의 권리와 이익을 옹호하며 그들의 복리와 교육의 권리를 도모"하고자 1946년 8월 체코의 프라하에서 설립되었다.

가지는 력사적 의의는 세계 인민들에게 사회주의만이 모든 사람들에게 사회적 인간의 본성에 맞는 자주적이며 창조적인 생활을 보장하여줄 수 있으며 자주성에 기초하여서만 인민들 사이에 진정한 국제주의적 친선과 단결을 이룩하고 인류의 광명한 미래를 개척해 나갈 수 있다는 신념을 안겨준 데 있습니다."(「로동신문」, 1990. 1. 1.)라고 밝혔다.

그러나 이 행사는 45억 달러를 들여 260여 개의 시설물을 새로 만들고 1천여 대의 벤츠를 구입하는 등 북한의 경제난을 가중시키는 요인으로 작용했다. 또한 평양축전으로 인한 다양한 개방의 시도는 사회·문화적인 개방과 후유증을 가져왔다. 가장 두드러진 변화는 북한에서 관광 산업에 대한 인식이 변화되고 있다는 것이다. 이전까지는 관광을 외화벌이 산업으로 인식하지 못하고, 단지 '사치스럽고 사회주의 문화와는 배치되는 것'으로 인식해 왔다. 그러나 현재는 관광이 산업이라는 인식을 지니고 상업대학 안에 관광의 일부를 가르치도록 하는 등 정책적인 전환도 시도하고 있다.

또 다른 변화로는 북한에 스포츠 및 레저시설이 건설되기 시작했다는 것이다. 1987년 4월 재일교포의 권유와 투자에 의해 평양에 18홀 규모의 골프장이 생겨났는데, 용어는 모두 카터를 '끌차'라고 부르는 식으로 바뀐 가운데 경제적 여유가 있는 관광객들이나 북한의 고위층들이 주로 이용했다. 바둑 역시 이전에는 '시간이 많이 걸리는 비생산적인 오락경기'로 비판되었으나, 인기가 상승하면서 1989년에는 국가바둑협회가 구성되고 국제바둑협회에 가입하기도 했다. 이후 평양시 청춘거리에 바둑회관이 건립되고 1990년에는 바둑대회를 창설하기도 했으며, 현재는 '두뇌스포츠'로 육성하고 있으며 세계적 규모의 바둑대회에 선수를 파견하기도 한다.

한편 1991년 6월 착공하여 1994년 2월 평양 문수거리에 개관된 '낙원관'이라는 종합 레저스포츠 시설 내에는 보링그(볼링)장이 마련되기도 했다. 또한 야구장과 테니스장이 개장되고 몇몇 유원지가 확장되기도 했으며,

'자본주의 사회의 가장 썩은 부분'으로 비판해 왔던 프로 권투도 등장했다. 더 나아가 1995년 4월 28일에는 국제스포츠문화축전이라는 계획 아래 국제 프로레슬링이 평양에 등장하기도 했다. 또한 젊은이들을 위해 '업간체조'(작업 중 쉬는 시간에 하는 체조)보다 가벼운 율동을 지닌 에어로빅도 생겨났다. 「청년전위」 4면에는 체육 관련 기사들이 종종 등장하는데, 체조, 육상, 수영 및 태권도에 대한 기사도 늘어나고 있다.

평양축전 등의 행사 및 관광 사업의 확대는 관광객과 새세대들에게 새로운 문화적 충격을 가져올 만한 변화들을 초래했다. 예컨대 '화면반주 음악 홀'로 불리는 영상음악반주실은 주로 고려호텔 등의 외국인 전용 출입업소에만 있었으나, 평양의 '청춘관' 등 일반 편의시설과 평양 '청년중앙회관' 등 청소년 대상 시설로까지 확대되었다. 이러한 노래방은 비싼 가격에도 불구하고 평양의 젊은이들에게 인기가 많아서, 2000년 말 당시 20여 개에 불과했던 노래방 시설이 늘어나고 있다. '화면노래 반주곡집'에는 북한가요뿐 아니라 일부 가사를 고친 '아침이슬' 등 남쪽 가요, '예스터 데이' 같은 팝송도 허용하고 있다. 이러한 문화적 변화는 북한 당국이 일제시대 계몽기 가요에 대한 긍정적 평가 및 2001년 4월 대중가수 김연자의 방북 공연 등으로 이어지기도 한다.

그러나 이러한 개방은 북한 사회에 있어서 긍정적 측면과 함께 부정적 측면도 지니는 것으로 나타난다. 사회주의 붕괴 이후 이들 나라들에는 마피아, 포르노, 매춘, 알코올, 마약 등으로 상징되는 황색문화가 빠르게 확산되었다. 북한 역시 철저한 폐쇄정책에도 불구하고, 소련 및 동구의 경우보다는 훨씬 미약하지만 서방의 문화가 유입되어 외부 사조가 점차 번져가고 있다. 서구 황색문화가 북한 사회에 확산하게 된 첫 번째 계기는 조총련과 재미동포의 친척 방문에 의한 정보와 상품의 영향이라 볼 수 있다. 또한 1989년 평양축전 기간 동안 영화 축제, 서구 영화의 TV 방영 등을 통해 외국 문물이 쏟아져 들어온 것도 한 요인이 된다. 특별히 평양축전 기간 동안 북한을 방문한 외부 세계의 청년들의 의상스타일, 노래, 춤 등은 평양에서 유행한 뒤 지방으로 빠르게 확산되었다. 또한 해외 유학생들 및 중국 교포들의 북한 방문, 또한 경제 위기 동안 식량을 구하기 위한 중국을 다녀 온 주민들의 경험은 외부세계의 정보가 유입되는 통로 역할을 하고 있다.

남한의 대중가요는 1985년경 중국 조선족 동포들을 통해 테이프가 흘러 들어가면서부터 확산되기 시작했다. 1988년 서울 올림픽을 전후하여 북한의 대학가에는 기타 붐이 일면서, 친구들끼리 모여 남한 가요를 부르는 것이 유행했다. 소양강 처녀, 현철의 앉으나 서나 당신 생각, 이미자의 동백아가씨, 남진의 새까만 눈동자의 아가씨 등의 남한 가요 테이프는 현재 매우 광범위하게 퍼져 있다. 이러한 남한 대중가요 열풍은 1990년대 들어 동구 몰락에 따른 북한 당국의 통제로 잠시 수그러들었으나, 1990년대 중반 이후 식량난으로 중국을 오가는 과정에서 다시 유행하고 있다.

이러한 상황 변화에 따라 북한 당국도 음악을 비롯한 서적, 영화 등에 있어서 점진적인 해금정책을 펴고 있다. 조총련 기관지 「조선신보」에는 세계 각국의 흥미 있는 각종 생활유머를 수록한 「세계유모어」 책자가 소개되어 있는데, 이는 "사람들이 사업과 생활을 더욱 낙천적으로 다정다감하게 해나가도록 하고 그들의 사유 능력과 웅변능력을 높여 주는 데 조금이나마 도움을 주려는 데 있다"(「조선신보」 2001. 9. 26.)고 한다. 또한 미국 만화영화 〈톰과 제리〉가 제목을 〈우둔한 고양이와 꾀 많은 생쥐〉로 바꾸고 대사를 거의 삭제한 채 방영되어 큰 인기를 끌었다고 한다.

그러나 북한 당국은 대외 개방의 필요성과 불가피성을 인식하고 있으면서도, 개방에 따른 사상적 해이를 우려해야 하는 딜레마를 겪고 있다. 특히 김정일은 "황색바람과 반혁명에 대하여서는 한치의 양보도 하지 말고 맹아시기에 꽉 눌러놓아야 합니다."라고 하면서 이른바 '모기장론'을 통해 자본주의 문화의 유입을 지극히 경계하고 있다. 북한 당국이 경계하는 황색바람은 "제국주의자들이 퍼뜨리는 반동적이며 반혁명적인 부르죠아 사상과 퇴폐적이며 말세기적인 부르죠아 생활양식과 풍조"를 의미한다. 이러한 "황색바람은 사람들을 부패타락시키고 정신적 불구자로 만들며 사회의 발전을 억제하는 해독적인 작용을 한다. 부르죠아 황색바람이 스며드는 곳에서는 례외 없이 사람들이 사상적으로 병들고 사회의 건전한 생활기풍이 흐려지게 되며 사람들 속에서 혁명성이 마비되고 혁명하려는 자각이 없어지게 된다."(『청년전위』 1998. 10. 15.)는 것이다.

이러한 자유주의 황색바람은 하나의 기사 내에서도 매우 복합적인 의미로 사용된다. "황색바람은 무엇보다도 극단한 개인리기주의와 자유주의를 고취하고 사람들을 부화방탕한 생활에로 이끌어가는 독소이다. 황색바람은 허위와 기만에 찬 각종 잡다한 반동적인 사상을 류포시켜 사람들이 건전한 사고와 행동을 하지 못하게 한다."라는 비판에서는 사상적 차원과 사회적 차원으로 사용되고 있다. 반면 "썩어빠진 부르죠아 생활양식과 생활풍조, 강탈과 살인, 극단한 야수성과 인간증오사상, 사기와 협잡을 찬양하고 조장시키며 말초신경을 자극하는 색정적인 영화와 음악, 소설, 광란적인 춤과 라체미술, 알콜과 마약으로 사람들의 정신을 마비시키고 부패타락시킨다."는 지적처럼 문화적 측면에서 비판하고 있기도 하다. 한편 "황색바람은 또한 사회의 단합과 단결을 파괴하는 위험한 독소이다. 황색바람은 개인주의와 황금만능주의를 퍼뜨리고 조장시켜 사람들 사이의 관계를 비인간적인 관계로 만든다. 그러므로 사회주의 사회에서 사는 사람들이 황색바람에 물들면 사람들 사이의 서로 돕고 이끄는 고상한 인간관계가 개인리기주의적인 관계, 금전관계, 적대적인 관계로 되게 되며 사회에 무질서와 혼란이 조성되고 각종 범죄가 성행하게 된다."(『청년전위』 1998. 10. 15.)와 같이 경제적 측면에서 비판하고 있기도 하다.

더 나아가 위 기사에서는 구사회주의권 국가들이 붕괴한 것은 이러한 황색바람을 막아내지 못하였기 때문이라고 규정하고 강력한 경계심을 드러내고 있다. "혁명의 원쑤들이 황색바람을 불어넣으려고 가장 집요하게 노리고 있는 대상은 우리 나라"라면서, "놈들은 특히 최근년간 우리 나라가 일시적인 난관을 겪는 것을 기화로 어떻게 해서든지 우리에게 황색바람을 불어넣어 우리를 내부로부터 와해변질시키려고 악랄하고 집요하게 책동하고 있다."고 본다. 이러한 "황색바람과 반혁명은 해독성과 위험성이 매우 크며 그것은 마약과 같다. 사람이 마약에 중독되면 쉽게 고칠 수 없는 것처럼 황색바람이 스며들고 반혁명에 말려들면 그 구렁텅이에서 벗어나기 힘들다."면서, 한 치의 양보도 하지 말고 견결히 투쟁하여 짓뭉개버려야 한다고 주장한다.

이러한 당국의 위기의식은 "전당적으로 자본주의 사상, 황색바람을 쓸어버리기 위한 대섬멸전을 벌려야 합니다."라는 김정일의 말을 인용하면서 시작되는 「청년전위」 사설을 통해서도 알 수 있다. 기사에서는 "황색바람을 막아야 하는 것은 사회주의 사회 자체의 본성적 요구"이며, "황색바람을 막는 것이야말로 사상과 문화, 도덕과 생활양식 분야에서 누가 누구를 하는 심각한 계급투쟁"이기 때문에, "청년들은 적들이 미친 듯이 불어넣으려는 황색바람을 혁명의 붉은 바람을 짓뭉개버리기 위한 오늘의 심각한 계급투쟁의 앞장에 서야 한다"고 주장한다. "만일 황색바람이 스며들게 된다면 비사회주의적 현상과 자본주의적 요소가 조장되어 사회주의 사회가 변질되고 무너지게 된다."면서, "참으로 오늘 황색바람을 막는가 막지 못하는가 하는 것은 우리 식 사회주의를 지키는가 못 지키는가, 우리가 자주적 인간의 삶을 계속 누리느냐 아니면 노예가 되느냐 하는 것을 좌우하는 심각한 문제로 된다."(「청년전위」 1998. 10. 29.)고 강한 우려를 보이고 있다.

이러한 황색바람의 해악성에 대한 기사는 그 해당되는 영역이 점점 확대되는데, 때로는 민족성을 상실하게 하는 원인으로 작용한다고도 비판한다. 예컨대 "청년들은 황색바람의 해독성은 사람들을 정신적 불구자로 만들며 나아가서 적의 리용물로, 역적으로까지 굴러떨어지게 할 뿐 아니라 우리 식 사회주의를 좀먹고 위험에 빠뜨리게 하며 조선사람의 고유한 민족성까지 잃게 하는 데 있다는 것을 잘 알아야 한다."는 것이다. 따라서 "조직생활을 강화하며 혁명적인 제도와 질서를 철저히 확립하는 것은 황색바람의 침습을 막기 위한 중요한 방도이다. 황색바람은 예외 없이 조직생활을 잘하지 않고 제도와 질서가 약한 고리에 먼저 침습하며 거기를 발판으로 하여 퍼지게 된다."라면서 교양을 강화함으로써 이러한 황색바람의 유입을 막아내고자 시도한다.

　이러한 황색바람은 새세대들에게서 나타날 수 있는 모든 일탈과 범죄행위의 원인이 된다고 지적하는 기사도 있다. 즉 "황색병균을 가진 온갖 '벌레'들이 스며들지 못하도록 '모기장'을 든든히 치며 국가의 법과 규정을 엄격히 지키는 강한 규율을 세워야 한다."면서, '자본주의에 대한 환상과 비사회주의적인 현상'을 함께 비판하고 있다. 즉 "청년들이 자본주의에 대한 환상과 비사회주의적 행위에 빠지면 저도 모르게 황색바람에 말려들게 되며 혁명적으로 일하며 생활하는 것을 싫어하게 된다. 청년들은 썩고 병든 자본주의를 옳게 보지 못하고 환상적으로 대하는 그릇된 사상경향과 다른 나라 상품과 외화에 대한 우상화, 국가사회재산을 아기지 않거나 집단의 리익을 침해하는 현상들이 나타나지 않게 하여야 하며 그 자그마한 요소도 제때에 사상투쟁을 벌려 철저히 극복하여야 한다."고까지 확대 해석하고 있다.

2. 자유주의 '황색풍조'의 확산

(1) 자유주의적 이성관과 현실주의 가치관

1) 자유주의적 이성관

1989년 평양축전 이후 확대되고 있는 북한 새세대의 자유주의적 경향 중 하나는 자유로운 이성 교제와 연애결혼에 대한 의식 변화라 할 수 있다. 북한은 보수적인 가치관이 주를 이루기 때문에 자유연애를 부도덕한 것으로 여기는 경향이 있다. 북한 당국은 자유연애를 좋지 않게 보고 직접 내지 간접적으로 통제하고 있으며, 심한 경우 부화사건으로 중벌을 받는 경우도 있다. 그러나 북한은 대부분의 학교가 남녀공학이고 학교나 직장에서 각종 조직 활동이 많이 이루어지고 있어서 미혼 남녀의 접촉 기회가 많은 사회 구조를 형성하고 있다. 따라서 고등중학교 졸업반 정도에 이르면 반지를 주고받는 등 선물을 하는 등 짝이 있는 학생들이 생긴다고 한다.

1980년대 이후 소설과 영화, TV 드라마 등에서는 자유연애와 관련된 장면이 자주 발견된다. 남대현의 「청춘송가」의 주인공인 진호와 현옥도 대학 재학 중 만나 연애한 경우이다. 대학생의 경우에도 연애를 '풍기문란'으로 통제하는 것을 원칙으로 하지만 최근에는 연애에 대한 통제가 과거보다 약화되고 있는 편이다. 그러나 평양과 같은 대도시를 제외하고는 데이트할 장소가 마땅치 않다는 문제점이 있다. 북한에서는 원칙적으로 대학생들이 재학 중에 결혼할 수 없지만, 간혹 결혼하는 경우도 있다. 또한 일부 북한 청소년들이 "사랑과 결혼을 별개의 것으로 생각하고 있으나 이러한 사랑은 결국에는 자기 자신을 불행으로 끌고 갈 것"(「조선영화」, 1993. 9.)이라는 지적과 같이, 자유연애의 증가는 혼전임신, 미혼모, 낙태 등의 사회 문제를 초래할 가능성도 있다.

배우자 선택은 1970년대까지는 중매가 주를 이루었으나, 1980년대 이후부터 연애결혼이 증가하여 1990년대 이후에는 연애결혼의 경우가 더 많다고 한다. 연속극 「민족과 운명」에는 아버지가 딸의 배우자를 미리 정해 놓아 생기는 부녀간의 갈등이 드러나는데, 이는 북한에서도 과거와 달리 결혼당사자들이 직접 배우자를 선택하는 경향이 있음을 암시한다. 한편 정현철의 「삶의 향기」에서는 배우자 선택 기준에서 세대 간의 차이로 인한 부자간의 갈등이 드러난다. 여기서의 세대 갈등은 "여자는 남편을 얼마나 잘 내조하는가에 따라 그 값이 매겨진다"는 전통적 사고방식의 아버지와, "부부는 이상이 같아야 한다"며 함께 일할 수 있는 여자를 희망하는 아들의 의견 충돌이 나타난다.

배우자를 선택하는 데 있어서는 출신성분, 부모의 권력 배경, 경제력, 외모, 거주지 등 현실적인 조건이 중시된다. 최근의 경제난 이후에는 배우자의 경제적인 조건이 사상성이나 사랑보다 중시되기도 한다. 이러한 경향은 언론 매체들에서도 자주 지적되는 것으로, 특히 1990년대 이후에는 결혼과 관련된 기사가 급증하고 있다. 눈에 띄는 기사들은 대부분 '인물, 재물' 등을 보는 태도를 비판하면서 허례허식을 피하고 검소한 결혼식을 할 것을 강조하는 경우들이다. 즉 "사람의 가치와 아름다움은 재물이나, 인물, 직업에 의하여 평가되는 것이 아니라 사상정신상태에 의하여 평가된다. 청년들은 겉이 화려한 것보다 정신세계가 고상한 것을 아름다운 것으로 여기는 올바른 미관을 지녀야 한다."(「로동청년」, 1993. 6. 3.)는 것이다. 이는 역으로 북한 새세대들이 결혼에 있어서 재물, 인물, 직업에 많은 비중을 두고 있다는 것을 암시하는 것이기도 하다.

최근의 기사들에서는 영예군인들과의 결혼식을 적극 장려하는 경우가 매우 많은데, 이러한 기사 속에서도 재물이나 인물, 직업 등을 중시하는 새세대들의 선호를 감지할 수 있다. 1993년 「로동청년」의 '우리 시대 청춘남녀의 참다운 사랑의 기초'라는 제목의 기사에서는, "지금 우리 나라 청년들 속에서는 두 눈을 보지 못하거나 팔다리가 없고 하반신을 쓰지 못하는 영예군인들과 일생을 같이할 결심을 가지고 서슴없이 가정을 이루는 것을 비롯하여 얼굴이나 직업, 재물이 아니라 정신세계의 고상함을 보고 처녀, 총각들을 사랑하는 진실하고 아름다운 기풍이 펼쳐지고 있다."는 긍정적 사례를 강조하고 있다. 그러나 이어서, "청년들이 남녀사이의 사랑을 재물이나 인물, 직업을 보고 하는 것은 매우 옳지 못한 현상이다. 그것은 사람의 가치와 품격이 재물이나 인물, 직업에 의하여 평가되는 것이 아니라 사상정신상태에 의하여 평가되기 때문이다."면서, "비록 옷은 수수하게 입었거나 마후라로 겉치레를 화려하게 하지 못하였어도 진정으로 당에 대한 충성의 한마음을 깊이 간직하고 조국과 인민을 열렬히 사랑하며 사회와 집단을 위하여 헌신하고 맡겨진 혁명과업을 훌륭히 수행하는 총각들과 처녀들이 아름답고 고상한 인간들이다."(「로동청년」, 1993. 5. 9.)는 지적에서도 이러한 경향을 엿볼 수 있다.

2) 자유로운 애정 표현의 증가

새세대 청소년들의 자유연애 경향이 증가한다는 것은, 가족이나 단체의 뜻보다는 개성과 취미가 중시된다는 것을 의미한다고도 볼 수 있다. 이러한 자유로움과 개성을 중시하는 경향은 소설이나 시 등의 작품에서도 부분적으로 드러난다. 박태상은 「북한 문학의 현상」에서, "북한 소설문학에서 작가가 보여주려고 하는 애정관은 개인주의적인 행복관에 바탕하는 것이 아니라 집단의 이해와 국가를 위한 책무를 동등적으로 수행하는 과정 속에서 나타나고 있다. 물론 최근에 이혼 문제나 동등한 연령이 아닌 나이 차가 많은 연인끼리의 로맨스, 그리고 원래의 애인이 아닌 다른 사람에 대해 연모의 감정을 품는 대담한 로맨스가 등장하는 등의 변화가 보이는 것은 주목해야 할 사항이다. 특히 여성을 묘사할 때 자본주의 사회와 마찬가지로 육감적이고 관능적으로 표현하고 있는 점과 포옹장면이 대담하게 등장하고 있는 점도 특이하다. 그만큼 북한의 신세대는 변화를 원하고 있다고 할 수 있다."고 밝히고 있다.

신상성 등(2001: 186-191.)의 연구에 의하면, 1980년대 이후의 북한 소설에서는 현실을 일방적으로 미화하는 경향에서 벗어나 주제가 다양화되는 경향을 보인다. 예컨대 도시와 농촌, 육체노동자와 사무직 노동, 세대 간의 갈등, 남녀 간의 차별, 이혼 등 여성문제, 애정 윤리 문제 등이 등장한다. 특별히 장·단편 소설에 자유로운 연애 감정이나, 희열, 행복, 생활, 청춘의 아름다움에 대한 찬양 등이 증가한다는 것도 특징이다. 북한 문학에서 남녀 애정문제를 본격적으로 다루게 된 것은 1980년대 후반으로, 「청춘송가」에서는 주인공인 현옥과 진호가 눈 덮인 강변을 거닐면서 서로 뜨거운 애정을 느끼며 포옹하는 장면이 묘사되기도 한다.

이희남의 「여덟 시간」에서도 철우와 수련, 순기와 탐실 두 쌍의 젊은이가 작업장에서 함께 일하면서 느끼는 이성 간의 감정이 주를 이룬다. 이 소설에는 "사랑을 갈구하던 청춘의 심장은 설레이기 시작했다", "귀중한 사랑이 있다는 격정적인 감정이 세찬 물기둥처럼 솟구쳐 올랐다", "사랑이란 절대로 강요할 수 없는 것", "봉긋한 앞가슴과 유연한 허리선이 그대로 드러나 보는 사람들에게 매우 산뜻하고 부드러운 기분을 안겨주고 있었다. 특히 처녀의 앞가슴에 달린 10전 짜리 돈잎만 한 장밋빛 장식단추가 유난히도 눈길을 끌고 있었다. 목란꽃 모양의 그 장식단추가 어찌나 선명하게 드러났는지, 마치도 그 속에 처녀의 아름다움이며 생각이며 숨결이며 심장의 고동이며 완전무결한 깨끗함이며 이 모든 것들이 하나의 작은 덩어리처럼 합쳐져 깃들어있는 듯하였다."는 등 다양한 감정 표현이 나타난다.

소설뿐 아니라 시 분야에서도 소설 「여덟 시간」과 유사한 감정 표현이 드러나기도 한다. 북한에서는 서정적인 연애시가 거의 존재하지 않지만, 간혹 이념성이 거의 배제된 채 남녀 간의 애정문제를 소재로 한 시도 등장한다. 신상성 등(2001: 36)의 연구에서도 "숫저이 지녔던 그 말들은 / 설렁이는 잎새들이 걷어가고 말았는지"라거나, "수렁수렁 설레는 수림가에서 천년을 기다린 듯 우리 다시 만날 적에 / 나는 알았네, 긴 밤을 공간없이 채우는 ……"과 같이 감정적 표현이 드러난 시가 발견된다.

소설과 시뿐 아니라 영화 역시 최근의 작품들에서는 감정 표현이 중시되는 경우가 많다. 예술영화 '녀병사의 수기'에 대한 평가에서, "영화는 진한 심리극이라고 할 수 있을 정도로 인간의 내면세계 변화를 풍부하고 섬세하게 그려 낸 우리 식 영화의 본보기이다. 평범한 한 인간의 체험과정, 심리 변화과정을 감정의 론리에 맞게 자연스럽게 펼쳐 가는 것을 통해 관중들이 작품의 사상을 정서적으로 받아들이게 한 것이야말로 이 영화의 성공적인 형상적 수법이라고 말할 수 있다. 철학의 감정화, 사상의 정서화란 이런 것이라는 것을 알게 된다. 생경한 론리가 아니라 인간의 마음을 흔드는 정서의 힘으로 생활의 진리를 깨우치는 것이 바로 인간학인 문학예술의 특성이다. 아무리 심오한 사상과 철학적 발견이 있는 작품이라 하여도 그 사상과 철학이 생활적인 화폭 속에서 생동한 감정과 정서로 안겨오지 못하면 그것은 참다운 문학예술이라고 말할 수 없다."(「로동신문」 2003. 7. 4.)면서, 생동한 감정 표현을 중시한다.

한편 이러한 감정 노출에 그치지 않고 다양한 애정 관계와 갈등을 묘사하는 작품도 나타난다. 정철호의 소설 「두 번째 불무지」, 엄성영의 「대령강 풍경」, 신세대 작가군에 속하는 김유권의 「섣달 그믐날 밤」 등에서는 삼각관계가 묘사된다. 특별히 「섣달 그믐날 밤」은 작품의 무대를 여관으로 설정하고 있으면서 남녀 간의 사랑문제를 주제로 한 작품이다. 소설의 내용 중 "젊은이들 심정도 알아줘야지요."라거나, "너스레를 떨던 주방장 아주머니의 말이 상기되었다. 정든 님 운운하던 소리가 잇달아 떠오르자 은주는 다시금 귀 밑이 화끈 달아올랐다. 그 정든 님이라는 의미와 한계가 어디까지인지는 아주머니 자신도 딱히 아는 것 같지 않은데 가끔 철수를 빗대고 은주를 놀려대는 것이다." 등의 표현에서도 북한의 새세대 윤리관의 부분적인 변화를 엿볼 수 있다.

이러한 새세대의 가치관 변화는 영화에 있어서도 변화를 가져왔다. 북한 당국은 최근 젊은이들을 위한 영화 창작과 관련하여 청춘 남녀들의 사랑 문제를 깊이 있게 형상할 것을 제시했다. 특히 "청소년 영화에 사랑 문제를 제기하고 깊이 있게 풀어나가는 것은 그들의 생활 자체의 요구"라면서, "영화에 사랑성을 넣은 것은 결코 나쁜 것이 아니다"라고 언급하고 있다. 또한 「로동청년」에서는 김정일이 예술영화 '자신에게 물어보라'와 관련하여 만점짜리 영화라고 칭찬하면서 '영화의 애정선 문제에 대하여 가르치심'을 주었다는 구절이 나온다. "그이께서는 일군들에게 영화에 나오는 청년들의 애정관계가 삼각련애 같다고 제기되어 조절하였다고 하는데 지금 완성한 영화를 보니 문제시될 것이 없는 것 같다고 하시였다. 그러시면서 영화의 세부선택에서 지내 소심성에 사로잡히면 장면들이 기름이 안돌고 메마른 감을 줄 수 있기 때문에 창작가들은 대담할 때에는 대담여야 한다고 가르치시였다."면서, 김정일이 "영화가 그렇다고 하여 생활에 발을 붙이지 못했거나 미화분식한 것도 없다"(「로동청년」, 1993. 6. 22.)고 평가하였다는 것이다.

이러한 맥락에서 '아무도 몰라', '우리는 청춘', '내가 사랑하는 처녀' 등과 같이 사랑성을 고려하여 제작한 영화들이 인기를 끌고 있다. 또한 「민족과 운명」 시리즈에는 화면 배경에 화려한 한국의 자본주의나 연애 장면을 포함하고 있다. 2001년 3월 재방영을 마친 천세봉 원작 '석개울의 새봄'은 남녀 간 삼각관계나 불륜까지 현실감 있게 그려내고 있는 작품으로, 「로동청년」 등에도 종종 반복적으로 소개되고 있다. 또한 1990년대 젊은이들 사이에 폭발적인 인기를 끌었던 드라마로 알려지는 '건설장의 처녀들' 역시 청춘 남녀들의 애정과 밀고 당기기를 비교적 사실적으로 표현하고 있다고 평가된다.

3) 현실주의와 개인적 흥미의 강조

북한의 시와 소설 및 영화 등은 다양한 감정 표현과 애정 관련 주제가 증가하고 있을 뿐 아니라, 전체적으로 주제 및 표현이 다양화되고 있다. 이에 따라 이념적 지향 이면에 관료주의, 식량난, 부부간 갈등과 이혼 문제 등 보다 솔직한 현실 묘사가 증가하는 경향을 보이고 있다. 예컨대「한 분조장의 수기」와 「버드나무」 등의 작품과 같은 '흥미'와 '끌려 들어가는 맛'이 있어야 한다고 강조하기도 한다. 흥미와 감정 표현뿐 아니라 이념적 형상화와 기법에 있어서도 새롭고 다양한 문학적 기법을 추구하는 경향이 많다.

신상성의 연구에 의하면「조선문학」에 발표된 1980년 이후의 소설들의 내용과 주제는 김일성 가계의 우상화보다 '이상적 인간상'을 그린 경우가 더 많으며, 특별히 공장 및 산업 분야의 경제 발전과 관련된 주제가 자주 등장한다. 이처럼 이념성이 약화되고 다양화되는 경향은 고전 소설에 대한 평가에 있어서도 이어진다. 북한 당국은 고전소설에 대해서 비판적인 입장을 기본으로 하여 왔으며, '진보적이며 인민적인 것'을 '시대의 요구와 계급적 성격에 맞게' 계승하는 원칙에 따라 모든 고전 소설을 개작 혹은 윤색하여 출간해 왔다. 또한 이념성이 약한 외국소설 번역물의 경우 1968년 이후에는 거의 번역이나 판매가 금지되어 왔기 때문에 접하기 어려웠다. 그러나 이러한 금지 조치는 1984년 김정일에 의해 해금되었으며, 1986년에는 김정일의 지시로「새 세계문학선집」이 43권까지 출간되기도 했다.

고전 소설에 대한 당국의 태도는 1983년「로동청년」의 '룡남산과 더불어 길이 전해갈 이야기'라는 제목의 기사에서도 드러난다. "1960년대 초 …… 일부 사람들 특히 대학생들 속에서 우리 혁명실천과 거리가 먼 책들을 이것저것 읽으면서 기성리론과 남의 나라 경험을 우상화하고 맹목적으로 따르는 현상들이 이모저모에서 나타나고 있었다. 사대주의, 교조주의에서 벗어나지 못한 이러한 현상들을 극복"해야 한다면서, "당에서는 대학생들에게 하나를 배워도 조선혁명에 쓸모있는 산지식을 배우며 기성의 리론도 맹목적으로가 아니라 비교와 비판의 안목으로 대하는 올바른 학풍을 세워주려고" 한다고 주장한다. 이에 따라 당국은 "고전을 통채로 삼켜버릇하다가는 나중에 자기 당정책도 모르고 민족적 자부심도 못 가지게 된다고 타일러주기"도 하였으나, "남의 나라 리론을 기계적으로 본따고 고전을 절대시하는 '교조병', '고전병'은 뿌리깊은 것이어서 하루 이틀에 극복되지 않았다."(『로동청년』, 1983. 2. 11.)고 회고하고 있다.

고전 문학뿐 아니라 시 역시 마찬가지의 통제를 경험했다. 북한에서는 연애시를 공식적으로 쓰거나 발표할 수 없게 되어 있기 때문에, 김소월이나 백석, 정지용 등을 아는 사람은 드물다고 한다. 그런데 최근 들어와 시와 문학에 대한 당국의 평가가 변화하기 시작했다. 1990년대 중반에는 마크 트웨인 등의 미국적인 작가가 '진보적인 작가'로 평가받기도 하며, 1999년 출간된 헤밍웨이의 「로인과 바다」 역시 좋은 평가를 받았다. 또한 북한에서는 셰익스피어에 대해 "봉건주의, 종교적 편견, 자본주의적 폐단에서 생기는 불의와 부정을 응징한 작가"로 높이 평가하기도 한다.

한편 TV, 라디오, 유선방송, 신문, 잡지 등의 언론매체와 도서, 영화 및 각종 공연 및 전시행사 등의 문화 전달매체 중에서, 북한은 영화관과 극장 등 영화 및 공연 시설에 정책적 관심을 두고 있다. 김일성이 "영화는 광범한 대중을 교양하는 데서 가장 중요한 선전수단입니다."(『로동청년』 1983. 8. 14.)라고 밝힌 바와 같이, 영화는 '직관예술'로서 모든 예술 가운데서 '가장 직관적이고 선동적이며 대중적인 성격을 띤 교양수단'이 된다. 따라서 주민 대상의 교양에서 가장 힘 있고 유력한 수단이 되며, 기본적으로 교육과 선전의 수단이자 체제 이념의 확산과 당 정책 선전, 혁명과 건설로의 선동, 지도에 대한 헌신적 충성 유도 등이 그 목표로 되어 있다. 따라서 북한의 영화 보급 체계는 매우 광범위하고 체계적이며, 경제난 속에서도 각지에서 영화관 건립사업이 계속되고 있다.

특별히 영화관을 찾는 개인 관람객의 70%는 청소년들로서, 당국은 영화 상영을 앞둔 짤막한 시간을 이용하여 '공산주의 도덕교양' 등에 대한 해설선전사업을 진행하기도 한다. '정상적인 사업으로'라는 제목의 「로동청년」 기사 내용에서는 '공산주의 도덕교양'을 위한 노력으로 제창사이극 '이런 현상은 없는지요', 재담 '례의도덕', 제창이야기 '우리 모습 보아주세요', 극이야기 '정수동무의 뉘우침', 합창시 '공산주의도덕기풍을 활짝 꽃피우자' 등 사로청원들의 도덕생활과 밀접히 관련된 예술소품공연들을 시행하고 있다. 이러한 공연들은 청년들 속에서 커다란 실효를 거두었다면서, "이렇듯 다양한 방법으로 공산주의도덕교양을 실속있게 벌린 보람이 있어 모든 청년들이 례절과 공중도덕을 더욱 자각적으로 지키게 되었으며 서로 돕고 이끄는 미풍도 높이 발양되게 되었다."(「로동청년」 1988. 6. 2.)고 밝히고 있다.

과거에는 영화관에 일체 매점이나 휴게시설이 없었으나, 최근 들어 영화관 내에 새세대 청소년들을 위한 간단한 음료수나 먹을 것을 파는 매점을 설치해 나가고 있기도 하다. 또한 영화관과 관련된 공중도덕 교양도 등장하고 있는데, 「로동청년」에서는 "청년들이 사회질서와 공중도덕을 잘 지키도록 하는 것은 공산주의 도덕교양에서 나서는 중요한 과업의 하나이다. 사로청조직들은 모든 청년들이 공중도덕과 사회질서를 모범적으로 지키도록 교양함으로써 그들이 거리와 마을, 극장과 영화관, 렬차와 뻐스를 비롯한 공공장소들에서 제정된 질서와 규율을 자각적으로 준수하도록 하여야 한다."(「로동청년」 1988. 2. 3.)고 지적하고 있다.

「천리마」(1999. 8.)에서는 보기 좋게 빗은 머리에 기름을 바르고, 옷을 깨끗하고 맵시 있는 것으로 갈아입고, 향수도 칠 것을 권유하고 있으며, 출연한 배우에게 우렁찬 박수를 보내는 것은 극장에서 관람자들이 지켜야 할 초보적인 예의도덕이라고 밝히고 있다. 반면, 남보다 먼저 들어가겠다고 다른 사람에게 불편을 주며 부산떠는 일, 입장 시간이 지난 다음에 와서 문을 두드리는 비도덕적인 행동, 아는 사람이나 친구를 만났을 때 큰 소리로 부르거나 사람들을 밀치면서 뛰어가는 행동, 내용을 안다고 해서 작품의 흐름을 앞질러가며 옆 사람에게 이야기하는 일, 자막을 소리 내어 읽으면서 다른 사람에게 불편을 주는 일 등은 해서는 안 될 일로 교양한다.

북한 사회는 영화 이외의 특별한 여가수단이 존재하지 않기 때문에 1980년대 중반까지는 영화가 불황을 모르고 상영되어 왔다. 그러나 동구 및 구소련 몰락 이후 동구 영화 수입 금지, 1990년대 초 김정일의 정치적인 급부상 및 경제난, 소재와 주제의 빈곤, 새로운 배우 발굴 미진 등의 요인으로 인해 쇠퇴하기 시작했다. 1990년 이전에는 평균 1주일에 1회꼴로 동구 및 구소련 영화들이 상영되었는데, 정치선전이나 혁명성이 조금이라도 배제된 오락성 있는 영화나 수입 영화라는 이유로 인기가 높았다. 그러나 수입 금지 이후 사상성만 강조되는 북한 영화에 대한 싫증과 반발 심리로 인해 주 고객층인 새세대가 영화를 외면하게 되자 불황을 겪게 되었다. 이에 따라 북한 각지의 극장에서는 해당 지역의 영화보급소와 함께 인근의 공장, 기업소에 영화필름을 대여하여 의무관람을 하도록 하고 있으며, 새세대의 흥미를 유도할 수 있는 재미있는 영화를 구하려 노력하기도 한다.

이러한 청년들의 특성에 대해 북한 당국은 "청년 시기에는 탐구심이 강하며 자연과 사회에서 벌어지는 현상에 깊은 관심을 돌리게 된다. 이 시기 청년들의 머리는 사진기와 같이 보고 듣는 것을 막 받아들인다. 이 시기에는 또한 영웅심이 생겨나 무엇인가 큰 일을 하고 싶어하면서 지어는 엉뚱한 생각도 가지고 환상이 꿈도 꾸며 모험도 하려고 한다. 그러므로 이 시기에 무엇에 마음이 끌리어 좋아하거나 흥미를 느끼게 하는 마음이나 소질인 취미를 어느 세대보다도 더 많이 더 강하게 가지게 된다."(「로동청년」 1993. 9. 1.)고 인정하고 있기도 하다.

그러나 같은 기사에서 이러한 청년 시기의 특성에 대해 당국의 우려가 나타나기도 한다. 즉 "사람은 처음에 일정한 대상에 대하여 흥미를 느끼고 그에 적극적으로 참가하는 과정에 취미를 가지게 된다."면서, 청춘 시기에 좋은 취미를 가지면 사상의식발전과 생활에 긍정적 영향을 주게 된다고 본다. 그러나 "청년시절에 저렴한 취미를 가지면 사상의식발전이 저애되며 라태하고 불건전한 생활에 물젖게 되어 타락의 길로 굴러떨어질 수 있다." 고 경계하고 있기도 하다. 따라서 "부르죠아적 취미를 배격하기 위한 투쟁을 한시도 늦추어서는 안된다"면서, "취미만을 기본으로 삼거나 위주로 하는 것"인 취미본위주의는 "개인주의의 표현이며 집단주의와 배치될 뿐 아니라 나아가서 사회주의를 좀먹는 요소로 된다."고 우려하고 있다.

한편 1990년대 이후 경제난으로 사상교양을 위한 문학 작품의 대량 배포가 어려워지면서, 당국은 이를 극화해 텔레비전을 통해 주민들에게 보여주기 시작했다. 특히 1990년대 중반 김정일 총비서가 "텔레비죤 방송의 주요 구성 부분의 하나인 텔레비죤 영화를 많이 제작할 것"을 지시한 이후 최근 들어 텔레비전 영화로 활로를 모색하고 있다. 따라서 영화뿐 아니라 다양한 문학 작품을 드라마로 각색해 방영하는 것이 장려되었다. 이 과정에서 딱딱하거나 실정에 맞지 않는 내용에서 탈피하면서, 시청자들의 공감을 얻을 수 있도록 사실주의적으로 드라마를 만들고 있는 추세이다.

이러한 당국의 노력으로 인해 북한 주민들 사이에서는 TV 드라마의 인기가 매우 높아졌으나, 북한 사회의 전력난과 낮은 텔레비전 보급률로 인해 시청에 곤란을 겪고 있다. 2000년을 기준으로 TV 보급률은 평양이 60%, 지방이 30-40% 수준으로, 거의 대부분이 흑백 TV이다. 북한 주민이 가장 많이 보는 중앙 TV 방송은 평일의 경우 보통 오후 5시부터 오후 10시 30분까지 방영되며, 1999년 10월 10일부터 위성 중계되고 있다. 각 프로그램 사이에는 보천보 전자악단 음악 등을 위주로 화면 음악을 편집해 내보낸다. 그러나 프로그램이 제한적이고 그나마 인기 있는 프로그램은 연속극과 유치원 시간대에 내보내는 아동 만화 영화 정도이다.

인기를 끌었던 프로그램들은 '이름 없는 영웅들(20부작)', '홍길동', '명령 027호', '민족과 운명' 등이며, '청춘송가', '첫 기슭에서', '여박사의 마음' 등과, 최근의 7부작 '붉은 소금'도 인기를 끌었다. 또한 우키시마호 폭침사건을 다루고 있는 '살아 있는 령혼들'은 북한 영화 중 가장 많은 제작비와 인원을 투입해 화제가 되고 있는 영화이다. 최근에는 특별히 현실주의적인 작품이 늘어나고 있는데, 예컨대 청소년들의 학교생활을 소재로 한 '1학년생'과 같은 드라마는 지나치게 리얼한 장면들과 충성심 표현 부족이 문제가 되기도 했다. 또한 10부작 연속극 '가정' 역시 1980년대의 인기소설 「벗」을 극화한 것으로, 부부싸움 장면과 이혼 문제를 다루고 있다. '자강도 사람들'은 식량난을 배경으로 왜곡되지 않은 현실 표현이 드러나는 대표작으로서, '니탄'(완전히 탄화되지 않은 상태의 석탄)을 옥수수가루와 반반씩 섞어 먹는 장면도 나오는 등 매우 사실적인 표현이 특징이다.

(2) 자유화 바람과 자유주의 '황색풍조'

2001년 「로동신문」은 '21세기는 거창한 전변의 세기, 창조의 세기'라고 전제하고 있다. 따라서 "김정일 동지 식으로 살며 싸워 나가는 우리 혁명 전사들은 낡은 관념에서 벗어나 참신하게 사고하고 더 높이 비약해야 한다"면서, "새 세기는 혁신적인 안목과 기발한 착상, 진취적인 사업기풍을 요구한다"고 강조하고 있다. 이에 따라 "사상관점과 사고방식도 일본새와 생활기풍도 근본적으로 일신하고 모든 것을 새롭게 사색하고 새롭게 실천"(「로동신문」, 2001. 1. 1.)해야 한다고 주장한다. 그러나 이러한 혁신을 위한 노력을 중시하면서도, 개방으로 인한 변화와 제국주의 사상문화적 침투에 대해서는 계속적으로 경계하고 있다. 즉 "현 시기 제국주의자들은 사상의 자유선택, 사상의 무국경론을 제창하며 부르죠아 사상을 국제사회에 전파하려" 하고 있다면서, "제국주의의 사상 문화적 침투책동은 서방 문화의 가치관, 우월성을 떠들며 …… 그것을 받아들이도록 요구한다"(『로동신문』, 2001. 2. 7.)고 경계한다.

그러나 이러한 '자유주의 황색바람'에 대한 경계는 비교적 최근의 표현 방식으로서, 과거 공산주의권 붕괴 이전의 '자유주의' 개념과는 그 사용 맥락이 다소 차이가 있다. 북한에서 정의하는 자유주의는 "조직적이며 규율적인 생활을 싫어하고 제멋대로 생각하고 행동하는 사상관점과 행위를 말한다. 자유주의는 개인주의에 그 바탕을 두고 있다. 자유주의가 허용되면 사업과 생활에서 혼란과 무질서가 생기고 혁명과 건설을 다그쳐 나갈 수 없다. 자유주의를 없애기 위하여서는 조직생활을 강화하며 사상교양과 사상투쟁을 강화하여야 한다."(『로동청년』, 1983. 12. 17.)고 해설된다.

1980년대의 '자유화' 혹은 '자유주의'는 문화적 개념이라기보다는, '안일과 해이'를 부리면서 집단의 규범에서 벗어나고자 하는 태도로 사용된 경우가 많았다. 예컨대 "사로청조직들과 일군들은 사업에서의 비조직적이며 자유주의적인 현상을 철저히 배격하고 열 가지를 하고 싶어도 당에서 한 가지만 하라고 하면 무조건 그대로 하여야 하며 담벽을 밀고나가라면 밀고나가는 기풍을 세워야 한다."(『로동청년』, 1983. 9. 28.)는 식으로, 자기 마음대로 결정하고 행동하는 태도를 비판하는 식이다. 따라서 "무책임하고 주인답지 못한 태도, 형식주의, 자유주의 등 온갖 그릇된 현상을 반대하여 날카로운 투쟁을 벌려야 한다."는 식으로 조직 생활 측면에서 사용되는 경우가 대부분이다.

구체적으로 1983년경에는 '자유화'나 '자유주의' 혹은 '황색' 관련 개념들이 잘 등장하지 않으며, 비판 대상도 주로 미 제국주의나 남조선에 국한되는 경우가 많다. 김일성은 "미제를 우두머리로 하는 제국주의자들은 문화적 침투를 통하여 다른 나라의 민족문화를 말살하며 인민들의 민족자주의식과 혁명정신을 마비시키고 사람들을 부화타락하게 만들려고 교활하게 날뛰고 있습니다."라면서, 제국주의자들이 숭미사대주의, 반공사상, 온갖 부르죠아 반동사상과 썩어빠진 양키문화, 미국식 생활양식을 전파하고 "청년학생들 속에 '말세기적인 색정주의'를 선전함으로써 부패타락하고 무기력한 인간으로 만들려고 하고 있다."(「로동청년」 1983. 1. 5.)고 비판한다. 또한 "미국에서 여러 가지 퇴폐적인 출판물과 방송, 영화를 마구 끌어들여 남조선 인민들과 청소년 학생들의 민족자주의식을 마비"(「로동청년」 1983. 6. 15.)시키는 신식민주의적 문화적 침투는 남조선에서 말세기적인 퇴폐풍조가 만연하게 만들었다고 본다.

당국이 비판하는 부르죠아 반동문학예술이란, "현 시기 미제를 비롯한 제국주의자들의 반동문학예술에서 기본창작경향, 사조로 되며 다른 나라들에 대한 사상문화적 침투의 중요한 수단으로 되고 있는 것은 퇴폐주의 문학예술사조"라면서, "원래 퇴폐주의 문학예술은 로동계급을 비롯한 인민대중의 혁명투쟁으로 자본주의 사회가 위기를 겪던 시기에 극도의 불안과 절망에 휩싸인 부르죠아지의 부패타락한 사상과 기분을 반영하여 그 더러운 몰골을 나타내었다."고 비판한다. 이와 같이 "퇴폐주의는 이른바 '세련된' 취미와 허식을 추구하면서 극단한 개인리기주의와 색정주의, 인간증오사상과 잔인성, 염세주의와 비관주의 등을 사람의 본성으로 예찬한다."면서, "그런데 미제와 그 앞잡이 괴뢰역도는 부르죠아 퇴폐주의 반동문학예술을 우리 내부에, 특히 예술적 감수력이 민감한 청년들에게 주입시키기 위해 갖은 수단과 방법을 다하고 있다."(「로동청년」 1988. 1. 30.)는 것이다.

이러한 반동적 출판물은 "부르죠아지들의 생활양식을 반영함으로써 정치 경제 문화 도덕 풍습을 비롯하여 옷차림 언어 등 모든 부문에 걸쳐 퇴폐적인 생활에로 청년들을 타락시키며 혁명투쟁을 포기하게 만든다는 데 엄중한 해독성이 있는 것이다."라고 비판한다. 따라서 "반동적 출판물은 특히 자유와 민주주의를 열렬히 사랑하며 정의와 진리를 정열적으로 갈구하는 청년학생들 속에 부르죠아 자유와 부르죠아민주주의를 선전함"으로써, "청년학생들의 패기와 전투력을 마비시키고 무규율적이고 무정형적이며 무능부패하고 자유주의적이며 타락적 생활에로 그들을 이끌어간다."(『로동청년』, 1988. 3. 5.)고 강도 높게 경계하고 있다.

특별히 1988년에는 사회주의 생활문화양식의 확립과 '우리 식'을 강조하는 표현이 자주 등장한다. 평양축전으로 온 나라가 희망에 차 있으면서 개방의 분위기가 가득하지만, 그 이면에는 사상문화적 침투에 대한 우려를 표명하는 기사가 많다. 예컨대 '현대적 미감'을 강조하면서도, "그 어떤 화려한 옷차림이나 머리단장, 노래나 춤가락이라고 하더라도 그것이 혁명하는 우리 시대의 요구와 우리 인민과 청년들의 민족적 감정과 정서에 맞지 않는 것은 결코 새것으로 될 수 없는 것이며, 따라서 그것을 받아들일 수 없는 것이다. 만일 이러한 생활풍조가 조금이라도 우리 청년들의 생활양식에 침습하면 혁명의식이 마비되고 청년들이 라태한 생활에 빠져들어 갈 수 있다."(『로동청년』, 1988. 6. 21.)고 우려한다.

따라서 올바른 사회주의 생활양식을 갖추기 위해 청년들은 "우리의 주옥같은 명곡들을 모두 알고 즐겨 부르며 우리의 혁명적인 소설과 시를 적극적으로 읽고 읊으며 우리의 혁명적이며 민족적인 정서와 생활을 반영한 춤을 추고 우리의 주체적인 영화와 미술작품들을 잘 알고 선전할 수 있게 준비되여야 하며 그 과정을 통하여 자기의 정신도덕적 풍모를 완성하고 문화수준을 끊임없이 높여나가야 한다."고 강조한다. 또한 "특히 청년학생들은 사람들의 문화수준을 직접 나타내는 몸차림새와 몸가짐새를 사회주의 생활양식에 맞게 건전하면서도 문화적으로 고상하게 해야 한다. 청년학생들은 철에 따라 우리 인민의 혁명적이며 민족적인 기호에 맞게 옷차림을 다양하고 아름답게 하여야 한다."(『로동청년』, 1988. 9. 29.)는 식으로, '우리 식'과 '문화수준'을 높이는 두 마리의 토끼를 강조한다.

그런데 1990년대로 들어오면 당일군의 교양 방식과 자유주의적인 청년들에 대한 기사의 내용적 맥락이 다소 변화한다. 이 시기에는 일군들이 청년들을 교양하기 위해서는 '형식주의'를 탈피하고, '흥미롭고 구수한' 강연을 통해 청년들을 조직에 틀어 줄 것을 강조하기도 한다. 일상생활에 있어서도 '우리 식'에서 벗어난 옷차림과 머리단장을 '자유주의'의 맥락으로 지적하기 시작한다는 것도 특징이다. 예컨대 "녀자인지 남자인지 분간하기 힘들게 긴머리를 하고 다니는 청년들은 보기만 해도 싫다는 처녀들이 제기를 받은 즉시로 긴머리 청년을 찾아갔다. 그리하여 머리가 긴 것은 우리 식이 아니며 불건전한 생활양식이라는 것을 일깨워줌으로써 청년들이 시대적 미감에 맞게 머리단장도 잘하도록"(「로동청년」, 1993. 1. 13.) 교양한다는 구절도 있다.

특별히 1993년에는 사회주의권의 붕괴 과정에서의 청년들의 '자유주의'적 경향에 대한 지적이 매우 급증했다. 예컨대 "개혁, 개편 정책에 녹아나 제국주의자들이 반사회주의 책동을 마음대로 강행할 수 있도록 문을 활짝 열어준 이전 쏘련과 동구라파나라들"의 경우, "자유화 바람, 수정주의 날라리풍에 선참으로 휘말려간 것은 다름 아닌 청년들이었다. 자본주의적 자유와 민주주의에 환상을 가진 새세대 청년들이 사상적으로 변질되고 타락하기 시작하였다."는 것이다. 이러한 청년들이 "학습회, 강연회에 참가할 대신 부패한 자본주의를 선전하는 영화관과 극장에 물밀 듯이 쓸어들었으며 술집과 유흥장에서 날을 보내는 술주정뱅이들이 급격히 늘어났다."면서, "형형색색의 미국식 황색 출판물들이 도서관과 책방들에 차 넘치고 있다. 반동적이며 색정적인 출판물들은 청년들에게 커나란 영향을 미쳤고 그들을 나락의 길로 내몰았다."(「로동청년」, 1993. 1. 29.)고 표현한다.

붕괴된 사회주의 국가들에 대한 이러한 기사들은 결국 북한 청년들이 자유화 바람, 수정주의, 날라리풍에 경각성을 높여야 할 것을 강조하면서 마무리되는 경우가 많다. 이러한 날라리풍이나 양풍에 대한 지적은 청년들의 외모단장과 관련하여 가장 자주 사용된다. 즉 "만약 일부 청년들처럼 다른 나라 청년들의 머리단장을 그 어떤 '추세'나 '류행'으로 생각하면서 그 본을 따르려 한다면 그것은 잘못된 것이다. 멋없이 남의 식을 따르는 사람은 양풍에 쉽게 물젖게 되고 양풍에 물젖은 사람은 수정주의 병균의 침습을 막아내지 못하여 정신적으로 병들며 사회의 건전한 분위기를 흐리게 한다."(「로동청년」 1993. 2. 5.)고 지적하는 데서, 북한 사회 내에도 머리단장 등의 '추세'와 '류행'이 확산되고 있음을 미루어 짐작할 수 있다.

　이러한 유행 의식이 확산될 경우 사회의 건전한 분위기를 흐리는 것을 넘어서서, 민족성을 잃고 사상적 문제가 발생할 수 있다고 우려하기도 한다. 즉 "만약 오늘 우리 청년들이 옷차림에서 '추세'나 '류행'을 따른다고 하면서 고유한 민족성을 잃고 남의 풍을 따르면 자기도 모르게 '자유화' 바람에 휩말려들게 될 것이며 결국 거리의 모습이 변하고 나아가서 우리 식 사회주의제도의 참모습에 손상을 주게 될 것이다. 청년들이 새것에 민감하다고 하여 무턱대고 외국식을 본따서 우리 감정에 맞지 않는 옷차림을 하거나 처녀들이 치마를 짧게 해 입고 다닌다면 그것이 래일에는 엄중한 사상정신적 변화를 가져올 수 있다."(「로동청년」 1993. 2. 5.)는 것이다.

　특히 임수경의 방북 이후 화제가 되었다는 청바지 역시 유행하고 있음을 간접적으로 확인할 수 있게 하는 구절도 존재한다. 예컨대 '진바지'의 해독성에 대한 장문의 기사들에서는, "색다른 것에 호기심을 가지고 그것을 쉽게 받아들이려는 청년들의 심리를 이용하여 각종 악취가 풍기는 썩어빠진 류행을 퍼뜨리고 있는 것이다. 지금 다른 나라들에서 청년들이 많이 입고 다니는 진바지도 그러한 류행의 하나이다."라면서, "놈들은 지난 시기 발전도상나라들과 3세계 나라들을 침략하는 데서 수많은 선교사, 의사, 기술자들을 파견하면서 이 진바지를 입혀 들여보냈다. 그리고는 저들의 침략적 목적을 가리우려고 그것을 '평화의 바지'라고 설교하였다."고 청바지의 기원을 밝히고 있다. 또한 "이전 쏘련의 청년들도 이 진바지를 입고 다니면서 날라리를 부리고 불량행위를 하는 망동을 부렸으며 나중에는 반혁명세력에 롱락되어 당과 정부를 반대해나서는 데까지 이르게 되었었다. 청년들은 이것을 똑똑히 알고 진바지가 우리 내부에서 절대로 류행되지 못하고 또 들어오지도 못하게 철저히 막아야 한다.”(「로동청년」 1993. 10. 2.)고 경계하기도 한다.

이러한 날라리풍과 황색문화에 대한 비판의 강도는 매우 높은 편으로, ‘황색문화독소를 내뿜는 제국주의 독사’라는 표현까지 사용하고 있다. 황색문화는 “제국주의의 노예가 되라는 악마의 유혹이며 정신적 마약”이며, “인간을 정신적 불구로 만들고 사회를 기형화, 동물화하는 가장 반동적인 사상독소”(「로동청년」 1993. 9. 8.)로서 돈과 물건의 노예가 되게 한다고 비난한다. 이러한 썩어빠진 부르죠아 사상문화와 생활양식으로 인해 청년들이 “자유화 바람에 물젖어 날라리를 부리면서 사회질서를 문란시키고 불량행위를 하며 장사질과 미신행위까지도 하고 술풍에 빠지는 등 온갖 비사회주의적 현상이 생겨나게 된다.”면서, “옷차림이나 머리단장을 하나 놓고도, 노래를 부르고 춤을 추며 오락을 하여도 만일 우리 인민의 고상한 감정과 기호, 풍속에 맞지 않거나 혁명하는 시대의 요구에 어울리지 않는 그 어떤 색다른 것이라면 그것은 우리가 반대배격해야 할 낡고 썩어빠진 부르죠아 사상문화와 생활양식으로 보아야 한다.”(「로동청년」 1993. 10. 2.)면서 이색적인 풍조에 대한 강한 두려움을 보이고 있다.

청년들의 외모와 관련하여 ‘자유주의’ 날라리풍을 비판하는 이러한 경향은 1998년까지도 이어지면서, ‘우리 식이 아닌 옷차림’을 한 청년들에 대해서는 강한 비판사업을 진행할 것을 강조한다.(「청년전위」 1998. 7. 5.) 또한 “인간의 아름다움은 겉모습에 따르는 것이 아니라 그의 사상도덕적 풍모에 달려 있다”는 김정일의 말을 인용하면서, “종종 역스러울 정도로 징소리가 요란하게 울리는 구두를 신고 우리 식이 아닌 옷을 입고 우리 식이 아닌 화장을 하고 나보라는 듯 히히닥거리며 거리로 걸어가는 처녀들”(「청년전위」 1998. 1. 8.)을 비판하는 구절도 있다. 또한 자유주의와 관련하여 “제국주의에 대한 환상을 단호히 배격하고 자본주의 황색바람이 스며들지 못하게 모기장을 단단히 칠 것"(「청년전위」, 1998. 6. 26.)을 강조하는 구절도 자주 등장한다.

자유주의 황색바람의 유입으로 인해 발생하는 '퇴폐적인 생활풍조'나 '부화방탕'도 이 시기에 자주 발견되는 구절이다. 제국주의자들은 "청년들의 건전한 사상의식을 마비시키기 위하여 공격의 예봉을 그들에게 집중하여 황색바람, 퇴폐적인 생활풍조를 불어넣으려고 온갖 모략행위에 미쳐날뛰고 있다. 청년들 속에서 놈들의 사상문화적 공세를 짓부시기 위한 교양사업을 강화하여 우리 대오 안에 황색바람, 특히 미국식생활양식, 양풍과 왜색왜풍이 조금도 스며들지 못하게 하여야 한다."(「청년전위」, 1998. 9. 24.)고 주장하기도 한다. 1980년대에 비해 매우 구체화되고 있는 이러한 기사내용은 1990년대 이후 북한 새세대들 사이에 양풍, 미국풍, 왜색풍이 부분적으로나마 유행하고 있을 가능성을 제공해 준다.

또한 1998년에 가장 눈에 띄는 개념인 '황색바람'은 "무엇보다도 극단한 개인리기주의와 자유주의를 고취하고 사람들을 부화방탕한 생활에로 이끌어가는 독소이다. 황색바람은 허위와 기만에 찬 각종 잡다한 반동적인 사상을 류포시켜 사람들이 건전한 사고와 행동을 하지 못하게 한다."고 비판된다. 이러한 황색바람은 "썩어빠진 부르죠아 생활양식과 생활풍조, 강탈과 살인, 극단한 야수성과 인간증오사상, 사기와 협잡을 찬양하고 조장시키며 말초신경을 자극하는 색정적인 영화와 음악, 소설, 광란적인 춤과 라체미술, 알콜과 마약으로 사람들의 정신을 마비시키고 부패타락시킨다."(「청년전위」, 1998. 10. 15.)는 것이다.

1990년대 후반부로 올수록 이러한 자유주의 '황색바람'에 대한 우려 및 비난의 강도는 보다 심각해진다. 김정일은 "전당적으로 자본주의사상, 황색바람을 쓸어버리기 위한 대섬멸전을 벌려야 합니다."라고 하면서, "참으로 오늘 황색바람을 막는가 막지 못하는가 하는 것은 우리 식 사회주의를 지키는가 못 지키는가, 우리가 자주적 인간의 삶을 계속 누리느냐 아니면

노예가 되느냐 하는 것을 좌우하는 심각한 문제로 된다."(「청년전위」, 1998. 10. 29.)라고까지 확대하여 인식하고 있다. 또한 "황색병균을 가진 온갖 '벌레'들이 스며들지 못하도록 '모기장'을 든든히 치며 국가의 법과 규정을 엄격히 지키는 강한 규율을 세워야" 한다는 표현을 사용하면서, "자본주의에 대한 환상과 비사회주의적인 현상이 나타나지 않도록 강하게 투쟁"할 것에 대한 경계의 강도가 높아진다.

3. 문화생활의 자유주의 확산

(1) 의식주 생활 문화 측면

1) 식생활 변화와 외식 문화의 유행

오랜 식량의 곤란을 경험하면서 북한 사회에서 가장 긴급하고 중요한 문제가 된 것은 먹는 문제라 할 수 있다. 북한의 농업정책은 알곡생산 위주로 되어 있어서, 쌀과 옥수수 이외의 다른 작물은 최소량만 경작하도록 작물 배치가 이루어져 왔다. 이는 부식류 부족을 가져와 알곡 위주의 식생활로 유도하게 되는데, 이에 따라 북한의 식량 부족이 더욱 심화된 것으로 보인다. 특히 김장이 떨어지거나 남새기 부족한 겨울에는 장 이외에 별다른 반찬이나 양념이 거의 존재하지 않는다. "잘 사는 집에는 간장이 모자라고 못 사는 집에는 된장이 모자란다"는 북한의 속담은 북한의 부식류의 부족 문제와 관련이 있다.

이러한 식량 곤란으로 인해 결혼식이나 직장 내 회식 등에서도 '먹고 마시는 일'이 우선적인 관심이 되는 경우가 많다. 이는 최근의 「청년전위」 기사들에서 새세대 청년들 사이에서 벌어지는 '먹자판, 술판' 등에 대한 지적이 늘고 있는 것과도 관련된다. 북한 실정상 다양한 음식을 먹어보기 어렵기 때문에 어린이들이나 새세대들은 일 년에 한두 번이라도 명절 때 유명한 식당에서 식사하는 것을 매우 선호한다. 남한에 비해 북한은 외식이 가능한 식당이 매우 적은 편이지만, 1980년대 이후 '인민생활의 질을 높이기 위한 봉사혁명'의 일환으로 식당의 수와 종류가 늘어나고 있다. 식당 이외에도 아이스크림과 냉차 장사, 청량음료점, 요구르트 판매점 등이 등장하고 있기도 하다.

북한에서 외식이 가능한 유명한 식당으로는 평양시 옥류관, 경흥관, 창광거리의 식당망, 원산시 해안거리 등이 있으나, 불고기백반과 냉면 등이 주종을 이루는 등 음식의 종류는 비교적 제한적이다. 1980년대에 건설된 북한식 먹자골목인 창광거리는 보통강기슭에서 평양역까지의 구간으로, 간선도로를 따라 평양고려호텔, 봉화신선로, 금강술집, 서양요리점, 은정청량음료, 진주조개구이, 구룡맥주집, 락원갈비국집, 금강생맥주집, 골단고기집, 은방울찻집 등이 있다. 이외에 광복거리 청춘관의 경우에는 단고기 식사실, 불고기 식사실, 중국요리 식사실, 조선요리 식사실 등이 구분되어 있다. 2000년대 이후에는 개성시 자남산 기슭의 한옥촌지구인 보존거리가 세워지기도 했다.

김정일은 "력사적으로 내려오는 민족유산을 옳게 살리는 것과 함께 민족의 새로운 우수성을 끊임없이 창조해 나가야 한다."라고 강조한 바 있다. 이러한 원칙에 따라 2003년 「로동신문」, '민족음식점을 꾸리고 운영'이라는 제목의 기사에서는 도 단위로 민족 음식점들을 꾸리는 사업을 소개하고 있기도 하다. "황해북도 안의 일군들과 근로자들이 민족음식을 전문으로 하는 식당들을 새로 건설하거나 보수하여 놓고 여러 가지 특색 있는 민족음식을 많이 만들어 인민들에게 봉사하고 있다."면서, "예로부터 내려오는 그 지방의 민족음식과 가공방법들을 발굴하기 위한 사업을 실속 있게 진행하였다."(「로동신문」 2003. 6. 23.)고 밝히고 있다. 기사에서는 수

안군의 메밀국수, 사리원시의 찰떡, 녹두지짐, 쑥떡, 연산군의 단고기 전문 식당 등을 대표적으로 소개하고 있다.

북한 사회에 존재하는 외식문화의 특유성으로는 음식점 내부에 존재하는 뒷골방을 들 수 있다. 이는 고위 간부나 외국인이 아닌 일반인이나 하급 간부들이 식사 대접 등을 하기 위한 곳으로 마련된 곳으로, 비밀스럽게 술을 주문해 마실 수 있는 곳이기도 하다. 한편 외지인들이 숙식을 할 수 있는 유일한 숙박시설인 여관에 존재하는 여관 식당도 특징적이다. 일반 음식점의 경우 점심시간 위주로 식사를 판매하지만, 여관식당은 매 끼마다 양표를 제출하는 손님들에 한해 하루 세 끼 식사를 제공한다.(김승철, 2000: 83)

이외에 도시와 노동자구, 군 소재지 등에는 1980년대 후반에 생겨난 자영업 형태의 음식점인 '협동식당'이 있다. 이는 가내반이라는 형태로 국가에서 승인을 얻어 개인들이 운영하는 것으로, 다양한 외식문화를 희망하는 주민들의 욕구를 충족하기 위해 허용했다고 한다. 협동식당의 운영은 수익금의 일부를 국가에 세금 식으로 납부하고 나머지 수익금을 운영자들이 분배하는 식으로 이루어지는데, 다소 자본주의적인 요소가 있다. 더구나 일정액으로 정해진 세금만 내면 되기 때문에, 운영이 잘될 경우 당 관리나 안전원에게 술이나 식사대접 등을 하면서 추가 세금 없이 높은 이익을 얻을 수 있다고 한다.(김승철, 2000: 87) 원칙적으로는 협동식당에서 술을 파는 것은 금하고 있으나, 여기에서도 역시 개인들이 몰래 담근 술을 받아 되거리로 팔기도 한다. 1990년대 이후 이러한 협동식당들은 식량난으로 잠시 어려움을 겪지만, 특정음식에 있어서 전문성을 갖추고 비교적 장사가 잘 되는 직종으로 알려졌다.

국가 명절이 되면 예외적으로 모든 음식점과 식당들이 영업을 한다. 따라서 명절에는 청소년들이 용돈을 가지고 식당에 가서 먹고 싶었던 음식을 사 먹는 경우가 많다. 그러나 식당이 제한되어 있기 때문에 명절이 되면 이름난 식당들은 사람들이 몰리게 된다. 식당 매표소에서 제한된 표가 떨어져 식사를 못하게 되는 경우도 생기기 때문에 암표를 파는 사람들도 있다. 따라서 식당 직원과의 연줄이나 지위 등을 이용하여 입장을 하는 경우도 발생한다. 이러한 매표소는 소매치기나 패거리들이 활동하는 장소이기도 한데, 「청년전위」 기사들 중에는 '식당'에 들어가 질서를 문란케 하는 행위들이 매우 자주 등장한다. 예컨대 "얼마 전까지만 하여도 나는 조직생활에 유리되어 역기다림칸과 식당 등에서 사회질서를 문란시키며 못된 장난만을 일삼던 독버섯과 같은 존재였다."(「청년전위」 1998. 11. 12.)거나, "작업 후 밤시간을 리용하여 어느 한 식당에 들어가 또다시 물의를 일으켰다."(「청년전위」 1998. 11. 15.)는 식의 표현이 종종 등장한다.

2) 술 · 담배 등의 기호 문화

북한 사회에서는 스트레스를 풀 수 있을 만한 취미나 기호품이 다양하지 못하다. 따라서 노동자나 청년들이 스트레스가 쌓이거나 갈등이 생기게 되면 기분을 풀고 화합을 다지기 위해 회식을 하기도 한다. 1980년대 이후 식량 사정이 조금씩 나빠지기 시작하면서 회식의 일차적 목적이 '술판, 먹자판' 등으로 바뀌었다. 그런데 회식은 북한에서 '먹고 마시고 놀기'의 부정적 의미를 지니기 때문에, 공개적인 행사로 하기보다는 노동자들의 집을 이용하는 경우가 많다. 그런데 회식 비용을 마련하는 데 있어서 절취 등의 일탈이 발생하기도 한다. 예컨대 작업반장과 세포비서가 협의하여 계획 외의 불법 작업으로 농장의 트랙터 부품이나 기타 농기계 부품을 만들어 밀반출하기도 하며, 화학공장에서는 비료나 농약을 밀반출하여 농장과 돼지나 알곡, 채소 등과 맞바꾸기도 한다.

북한 사회는 보수적인 가부장적 전통이 있어서, 할머니들을 제외하고는 여성이 술이나 담배를 하는 경우가 거의 없다. 그러나 회식 자리에서는 이러한 금기가 다소 완화되며, 혁명 등의 정치적 표현도 거의 등장하지 않는 등 비교적 자유로운 분위기가 형성된다. 그러나 이러한 사적인 모임이 이루어질 경우 체제 비판적인 논의가 확산될 가능성이 있기 때문에, 당국은 「청년전위」 등의 언론매체를 통해 이러한 술판, 먹자판 등에 대해 비판적인 입장을 취한다. 예컨대 "우리 청년들 중에는 시대와 숨결을 같이할 줄 모르고 '나'만을 위해 사는 쭉정이들이 없지 않다. 남들은 누가 시키지 않아도 하루 일을 마치고는 대기념비 건설장으로 달려나가 밤을 밝혀가며 충성의 구슬땀을 흘리는데, 남들의 눈을 피해가며 먹자판을 찾아다니거나 제 호주머니 불굴 생각을 하며 딴 짓을 하는 청년들"(「청년전위」, 1998. 1. 8.)이라는 표현이 등장한다.

또한 '우리는 무엇을 경계해야 하는가'라는 제목의 기사에서는, "혹시 우리 동무들 중에 지난날 술판, 먹자판을 즐기고 그 자리에서 서로의 '믿음'과 '의리'에 대하여 론한 동무들이 있다면 다시 생각해봅시다. 술판 먹자판에서 논의되는 믿음과 의리란 과연 어떤 것인가. 영화에서 보여주고 있는 것처럼 술판은 그것이 직접적이든 간접적이든 사람들을 배신과 죄악의 구렁텅이에 몰아넣는 '안내자'이기 때문에 그런 자리에서 논의되는 '믿음' 역시 구렁텅이로 빠져들어가는 자들의 쑥덕공론에 지나지 않습니다." (「청년전위」, 1998. 10. 23.)라고 경계하는 구절도 있다. 이는 술판과 먹자판의 모임 속에서 나름대로의 사적인 의리 관계가 형성될 가능성이 있다는 것을 우려하고 있는 것으로 보인다.

평양 시내에서는 직장인들을 대상으로 하는 맥주집이 존재하는데, 2003년 「로동신문」에서는 인민들이 좋아하는 맥주를 더 많이 생산하도록 대동강맥주공장 노동자들을 독려하는 기사가 등장한다. "지난 해부터 이 공장에서 생산하는 대동강맥주는 평양시 안의 백 수십 개의 식당망들에 정상적으로 공급되고 있는데 그에 대한 반영이 대단하다. 시안의 어디 가나 자리 잡고 있는 '대동강맥주집'으로는 수많은 근로자들이 하루 일을 끝마치고 즐겨 찾아오고 있으며 그 수는 날을 따라 늘어나고 있다. 대동강맥주를 실은 현대적인 대형자동차들이 매일 어김없이 맥주집들을 찾아 달려 당의 온정을 뜨겁게 전하고 있다."(「로동신문」 2003. 2. 18.)고 소개하고 있다.

그러나 북한 사회의 술 생산량이 매우 적고 대부분 수출되기 때문에, 평양을 제외하고는 술을 구하기가 쉽지 않다. 따라서 대부분의 지역에서는 민속주에 가까운 밀주가 성행한다. 이는 지방산업을 육성하고 지방의 내부자원을 적극 활용한다는 자립경제 노선과 관련된다. 또한 북한 경제 여건상 쥬스나 청량음료 등의 수입 원료를 들여오기 어렵다는 현실적 요인과도 연관된다. 따라서 개성인삼주, 백두산들쭉술 등 지역 특산 술들이 매우 보편화되어 있다.

술이나 음료 이외의 기호품으로 북한 청년들에게 대표적인 것은 담배라 할 수 있다. 「로동청년」의 '로씨야 학생들의 불량행위'와 관련된 기사에서는 "중학교 졸업나이 청년들의 72-92%, 직업기술학교 학생들이 100%가 술을 마시고 있으며 남학생의 3분의 1, 여학생의 5분의 1이 담배를 피우고 있고 남학생의 4%, 여학생의 2.5%가 마약을 사용하고 있다."고 소개하며, "어린이들은 대체로 11살부터 술을 마시고 담배는 9살부터 피우고 있으며 마약은 13살부터 사용하고 있다."고 주장한다. 로씨야에서는 "수입제 술과 담배를 소개하는 각양각색의 커다란 광고들이 사방에 나붙어 있다. 텔레비죤에서는 청년들이 맥주로 목욕을 하고 세계에서 제일 좋은 담배를 피우는 내용을 계속 보도하고 있다."는 데 문제가 있다고 보고, 술, 마약, 담배와의 투쟁을 러시아에서 국가 정책화하여야 한다고 주장한다. 기사에서 제시한 지적 내용은, "술, 담배 광고를 금지시키고 벌금을 받아야 한다. 로씨야에 술반대 강령이 필요하다. 학교들에서 약과의 투쟁을 시작하는 것이 필요하다. 어린이들로 하여금 그들이 술과 담배에 처음으로 손을 뻗치기 시작하는 11살 때부터 그 해독성에 대하여 알게 하여야 한다. 그들에게 건전한 생활양식을 가르쳐주는 강의도 해야 한다."(「로동청년」 1993. 11. 30.) 등을 포함하고 있다.

그러나 이와 같은 술과 담배의 해악성을 지적하는 대상은 주로 구사회
주의권 국가들과 자본주의 사회들에 한정되어 있는 경우가 많다. 따라서
실제로 북한 당국이 북한 새세대들을 대상으로 술과 담배의 해독성을 비
판하거나 금지하는 경우는 별로 발견되지 않는다. 이는 북한 사회에 담배
나 술을 대신할 만한 스트레스 해소 방법이 거의 없으며, 기호품의 발달
이 거의 이루어지지 못하고 있다는 것과 관련된다. 북한에서 담배를 피우
기 시작하는 연령은 고등중학교 1학년부터 4학년 사이로, 청년들과 상급
생들이 담배를 피우는 것을 보고 따라 배우는 경우가 많다. 북한의 고등
중학교 학생들이 쉽게 담배문화에 빠져드는 것도 진로 등의 미래가 불투
명하다는 것과, 학생들이 즐길 놀이 문화가 별로 없다는 것과 관련된다.

술이나 담배를 배우게 되는 과정 중 가족 구성원을 통해 배운다는 지적
이 드러나는 기사도 존재한다. 「청년전위」에서 연재되는 '공산주의도덕교
양실'의 '웃물이 맑아야 아래물이 맑다'는 기사에서는, "가정에서 동생들은
형이나 언니의 행동에서 좋은 것만이 아니라 나쁜 습관도 쉽게 닮을 수
있다."면서, "그 대부분은 부모와 형 언니들에게서 배운 것이다."라고 밝
히고 있다. 즉 "그 어느 시기보다도 호기심이 강하고 어른들이 하는 일을
다 해보고 싶어하는 동생들 앞에서 담배를 피우거나 술을 마시는 것과 같
은 일이 자주 반복되면 그들은 스스로 그런데 마음이 끌리고 나중에는 버
릇을 굳히게 된다."(「청년전위」, 1998. 6. 3.)는 것이다.

북한에서 담배를 피우지 못하는 장소로 금지하고 있는 가장 대표적인 장
소는 대학과 고등중학교를 비롯한 학교이며, 이외에도 평양의 중요 기관과
극장 등이 있다. 대학 내에서 담배를 피우다 발각되면 비판의 대상이 되기
때문에 화장실이나 기숙사에 숨어서 사전종이나 로동신문 종이로 담배를
말아 피우는 경우가 많다. 「청년전위」, '공산주의도덕교양실'을 통해 나타난
'복도와 계단에서 지켜야 할 례절'(「청년전위」, 1998. 3. 21.)에 관한 기사를
보면, "복도에서 담배를 피우며 걸어 다니는 일이 없어야 한다. 례의에 어

굿나는 일이며 복도를 어지럽혀 위생적으로도 해롭다."라고 지적하면서, 공공장소에서 담배를 피우는 것을 '문화성이 없는' 행위로 비판하고 있다.

한편 북한에서 피우는 담배의 종류는 곧 그 사람의 신분이나 능력을 나타내는 기능을 하기도 한다. 권력이 있거나 경제력이 있는 사람, 예컨대 북송교포들은 필터가 달린 값이 비싼 여과담배를 피우는 경우가 있다. 특히 일제 '세븐'이나 미제 '켄트' 담배를 피운다는 것 자체가 상당한 경제력을 표시하기 때문에 부러움을 산다. 특별히 최근으로 올수록 담배뿐 아니라 외제 상품에 대한 부러움과 관련된 언론 매체의 지적이 늘고 있다. 예컨대 "다른 나라의 상품에 대한 환상을 가지고 시장을 기웃거리는 학생들"(「로동청년」, 1993. 1. 20.)이라거나, "썩고 병든 자본주의를 옳게 보지 못하고 환상적으로 대하는 그릇된 사상경향과 다른 나라 상품과 외화에 대한 우상화, 국가사회재산을 아끼지 않거나 집단의 리익을 침해하는 현상들"(「청년전위」, 1998. 10. 29.)을 경계하는 기사가 존재한다.

3) 의복의 자유주의 경향

오늘날의 북한의 의생활은 민족적인 것을 기본으로 하면서 현대적인 미감을 넓게 받아들이는 가운데, 현대옷과 전통옷을 병행 발전시키는 방향으로 발전해 왔다. 전통적으로 남자의 경우는 인민복, 여자는 흰 저고리에 검정 치마 등 집단주의적 복장을 착용하도록 권장되어 왔다. 그러나 김정일이 후계자로 결정된 1970년대 이후 당국의 권장에 의하여 점진적으로 의복생활의 자율화가 확대되고 있다. 또한 1980년대 중반 이후 일본 북송교포 친척들의 방문 등으로 서구적 의복이 서서히 유입되었으며, 평양축전 이후 변화의 속도가 다소 빨라졌다. 이러한 변화는 오랫동안 지속되어 온 통제생활과 점차 심화되는 경제난 등으로 청소년들의 불만이 조금씩 표출되기 시작하자, 이에 대한 반대급부로 옷차림에 대한 통제를 푼 것일 가능성도 있다.

1980년대까지는 언론 매체들에 등장하는 옷차림 관련 기사들에서는 주로 '위생'과 미(美)적 측면을 가장 중시하는 것으로 보인다. 예컨대 "청년들의 옷은 대담하고 용감하며 새것에 민감한 성품과 다감한 감정세계를 그대로 반영할 수 있는 색깔들인 연한 풀색, 하늘색, 감색, 푸른 재색 등 여러 가지 색의 천이나 줄무늬 천으로 옷을 해 입는 것이 좋다"거나, "남자옷은 일반적으로 봄철에는 진재색, 연자색 등이 좋고, 여름에는 푸른 재색, 연한 재색 들이고 겨울에는 진한재색, 진한남색, 검은 곤색과 붉고 푸른 계통의 색으로 가로세로줄이 있는 여러 가지 줄무늬 천으로 옷을 해 입는 것이 좋다"는 식이다. 특히 "녀성 동무들은 남자들의 옷 색깔보다 연하고 깨끗하며 아름답고 화려해야 한다"면서, "처녀시절에는 기본색에 가까운 분홍색, 연두색, 풀색, 남색, 옥색 등 밝고 맑으면서도 화려한 색깔이 맞는다"와 같이 아름답게 입을 것을 강조하는 기사 등이 존재한다. 이러한 미(美)적 측면 이외에도, "모든 청년들이 여름엔 샤쯔를 바지 안에 넣고 다니게 하였으며 녀성 동무들도 언제나 주름이 서고 산뜻한 옷을 입고 다니도록 하였다."(「청년전위」 1988. 9. 29.)는 지적도 나타난다.

한편 평양축전을 준비하는 과정에서 '현대적 미감'을 더욱 강조하는 경향이 나타난다. 「청년전위」 사설에서는 "사람들의 몸차림은 나라의 문화 정도와 사람들의 문화 수준을 보여준다. 사람들의 몸차림이 깨끗하고 단정하고 문화적이여야 거리도 밝고 아름다운 문화적인 면모를 갖출 수 있나. 단정한 몸차림을 하고 외국 손님들을 친절하게 맞이하는 것은 주인으로서 응당한 례의 도덕이다."라면서, "몸차림을 시간이 있다고 하여 단정하게 하고 시간이 없다고 하여 되는 대로 하는 현상을 없애야 하며 매일 아침 세수를 하고 하루 세끼 식사를 하듯이 몸차림도 언제나 깨끗하게 하는 것을 습성화하여야 한다."(「청년전위」 1988. 12. 21.)고 강조한다.

또한 옷차림을 현대적으로 갖추어야 할 것을 조직생활을 통해 적극적으로 교양하고 있기도 하다. 즉 "일부 사로청원들은 '검박하게 생활한다'고

하면서 옷차림에 크게 관심을 돌리지 않았다. 이런 현상을 제때에 포착한 초급사로청위원회에서는 옷차림을 현대적 미감에 맞게 잘하고 다니는 것이 가지는 의의를 사로청원들 속에 깊이 인식시켰다."면서, 이러한 교양의 결과로, "거리에 나서고 직장에 출근할 때마다 다시 한 번 자신의 옷차림에 대하여 잘 살펴보는 것을 습관화해갔다."(「청년전위」, 1988. 6. 2.)고 평가하기도 한다.

그러나 1988년 기사에서는 이러한 현대적 미감에 대한 강조와 더불어, '자본주의'적 측면에 대한 경계가 함께 지적되곤 한다. 이는 의생활 측면을 통해 사회주의적 생활양식에서 벗어난 태도와 행위들이 발생할 가능성이 있다는 우려로 보인다. 즉 '전국의 대학생들이 옷차림을 단정히 하는 것'이 곧 '민족성과 주체성을 고수하는 중요한 일'이라며 소위 사회주의 생활양식에 맞는 단정한 옷차림을 요구하고 있다. 또한 "반동적 출판물이 이러한 부르죠아지들의 생활양식을 반영함으로써 정치 경제 문화 도덕 풍습을 비롯하여 옷차림 언어 등 모든 부문에 걸쳐 퇴폐적인 생활에로 청년들을 타락시키며 혁명투쟁을 포기하게 만든다는 데 엄중한 해독성이 있는 것이다."(「청년전위」, 1988. 3. 5.)라면서 경계할 것을 강조한다. 따라서 대학생들이 옷을 단정히 입는 것이 "그 어떤 황색바람에도 물젖지 않는 김일성 조선의 새세대들의 건전한 정신세계를 시위하는 것으로 된다"면서, "우리 젊은 대학생들은 혁명하는 시대, 투쟁하는 시대의 대학생들답게 옷차림도 사회주의적 생활양식에 맞게 잘 입어야 한다"고 촉구했다.

이러한 경향은 최근으로 올수록 더욱 늘어나고 있는데, 이는 새세대들의 의생활 문화에서 비사회주의적인 현상들이 증가하고 있다는 것을 암시하기도 한다. 최근 새세대 사이에서는 귀고리, 반지, 쫑대바지, 외국어가 쓰인 옷, 화장이나 문신, 청바지 입기, 장발, 디스코 춤 등과 같은 자본주의적 생활양식의 모방이 유행하고 있다. 이러한 행위들은 학교에서 일탈 행동으로 취급되고 있으며, 때에 따라서는 처벌받기도 하지만 계속 확산되고 있다고 한다. 반지는 여학생은 물론 남학생들 사이에도 유행하고 있으며, 값이 비싼 도금반지보다는 동으로 만들어진 반지가 인기가 있는 것으로 알려지고 있다.

한편 진바지라고 불리는 청바지는 1989년 평양축전 이후 임수경 등을 통해 청소년들 사이에 확산되었다. 이러한 청바지에 대하여 당국은 매우 적극적인 비판을 가하고 있는데, 이는 청바지와 관련된 언론 비판들이 늘어나고 있음을 통해 짐작할 수 있다. 「로동청년」의 '우리 식의 옷차림을 하도록'이라는 기사에서는 청바지를 뜻하는 진바지의 해독성을 장문에 걸쳐 비판하고 있기도 하다. "진바지는 원래 미국에서 생겨났고 제국주의자들은 다른 나라들에 진바지를 들이미는 것으로부터 자본주의 사상문화적 침투를 시작하였다. 진바지는 자본주의적 사상문화를 침투하는 데 언제나 앞장서왔다. 진바지가 들어오면 자본주의 사상문화가 따라서 들어온다."(「로동청년」, 1993. 11. 14.)는 것이다.

비교적 여유 있는 집의 일부 대학생들은 그림이나 영어글자가 새겨진 티셔츠를 입기도 한다. 이들 티셔츠는 대부분 재일동포를 통해 유입되어 고가에 거래된다. 이 티셔츠는 '자본주의 풍조'라는 이유로 단속대상이 되고 있으나, 이 옷을 가지고 있는 청소년들은 겉옷 안에 몰래 입고 다니다 동료들끼리 모였을 때 자랑삼아 보여주는 경우도 있다고 한다. 글자가 새겨진 티셔츠와 관련된 「청년전위」 기사에서는, "간혹 어떤 청년들은 옷에 어울리지 않는 그림을 그리거나 무슨 글자를 쓴 옷을 그대로 입고 거리에 나섬으로써 사람들의 손가락질을 받고 있다."(「청년전위」, 1988. 1. 17.)고 지적하고 있기도 하다. 같은 기사에서는 "남이 멋있는 옷을 해 입었다고 하여 덮어놓고 그대로 본따거나 미학적 견해가 없이 그저 보기 좋게만 해 달라고 요구하는 청년들은 자기의 옷차림에 관심이 없는 청년들이다."라고 비판한다. 이러한 유행들에 대해 당국은, "그 어떤 화려한 옷차림이나 머리단장, 노래나 춤가락이라고 하더라도 그것이 혁명하는 우리 시대의 요구와 우리 인민과 청년들의 민족적 감정과 정서에 맞지 않는 것은 결코 새 것으로 될 수 없는 것이며, 따라서 그것을 받아들일 수 없는 것이다."(「청년전위」, 1988. 6. 21.)라고 강변한다.

예술영화 '먼 훗날의 나의 모습'에 대한 지상토론 기사(「청년전위」, 1998. 1. 8.)에서는 새세대의 의생활 문화에 대한 보다 구체적인 지적이 등장한다. "나는 종종 역스러울 정도로 징소리가 요란하게 울리는 구두를 신고 우리 식이 아닌 옷을 입고 우리 식이 아닌 화장을 하고 나보라는 듯 히히닥거리며 거리로 걸어가는 처녀들을 보며 생각하군 한다."면서, "시대 앞에, 조국 앞에 기여하는 자기의 것이 듬직히 있어 저토록 요란스럽게 차리고 저토록 거들먹거릴까."라고 반문한다. 이어서, "십중팔구 그런 처녀들은 속에 든 것이 없는 쭉정이, 부모나 자기의 땀이 한 방울도 스며있지 않은 남의 것으로 위세를 돋구며 사는 우리 시대의 박색들이 아닐까 생각된다. 나는 실지 생활에서 이런 시대의 박색들이 어렵고 힘든 일이 제기되면 어떻게 뒤구멍만 찾고 생활에서 사소한 애로나 난관만 제기되여도 가정불화까지 일으킬 정도로 소란스러워지며, 혁명적 량심과 의리를 헌신짝 줴버리듯 저버리는가를 적지 않게 보아 왔다."라는 표현이 등장한다.

'우리 식' 혹은 민족적 전통을 강조하는 경향은 옷차림뿐 아니라 머리단장에서도 일관된다. 시대적 미감과 계절 그리고 생김새와 나이에 어울리게 하면서도 아름다운 민족적 특성이 잘 나타나도록 하는 것이 중요하다고 지적한다. 예컨대 "머리단장을 보면 그 사람의 정신도덕적 풍모를 알 수 있다. 청년들은 우선 머리단장을 자기의 년령, 직업, 생김새 등에 맞게 그리고 혁명하는 시대의 요구에 맞게 간편하고 시원스럽게 하여야 한다."(「청년전위」, 1988. 12. 21.)는 식이다. 특히 청년 학생들은 "머리단장과 신발차림도 단정하고 깨끗하게 해야 한다."(「청년전위」, 1988. 9. 29.)거나, "머리를 단정하게 깎고 깍듯이 빗어넘기니 청년들의 활기띤 모습을 보게 된다."(「청년전위」, 1988. 3. 5.)고도 한다.

머리단장 역시 의생활과 마찬가지로, 현대적 미감과 미(美)적 측면에 대한 기사들이 주를 이룬다. '처녀들의 머리단장'이라는 제목의 기사에서는 "학교를 졸업하고 사회에 갓 나온 처녀들은 머리를 살짝 지지여 밑머리만 파마가 나타나게 단장한 것이 애티있어 보이며 사회적 분위기에도 어울린다. 뿐만 아니라 머리에 빈침이나 띠로 간단하게 단장하는 것도 매우 아름답고 고상해 보인다."고 하며, "나이가 좀 있는 처녀들은 머리를 굵게 지져 굽실굽실 파도모양이 생기게 자연스럽게 내려빗거나 여러 가지 모양의 빈침을 꽂아 치레할 수도 있다."는 식으로 소개하고 있다. 요컨대 "이처럼 처녀들은 머리단장을 우리 인민의 정서와 생활감정에 맞게 간편하고 편리하게 하여야 한다."(「로동청년」 1993. 11. 14.)고 한다. 최근 평양이나 역전에서는 가판대에서 처녀들의 머리단장을 위한 빈침 등을 판매하고 있다고도 한다.

그런데 1980년대 후반에는 북한 사회에 장발이 유행하기 시작했다는 것이 언론 기사들의 비판을 통해 간접적으로 확인할 수 있다. 예컨대 "청년들은 머리단장을 혁명하는 시대 청년의 맛이 나게 하여야 한다. 특히 머리를 더부룩하게 기르고 다니는 현상이 없게 하며 남녀 청년들이 다 머리만 보아도 혁명적이며 전투적인 기백이 넘쳐나고 문화성이 나타나게 하여야 한다."(「청년전위」 1988. 1. 17.)는 식이다. 또한 "그런데 일부 처녀들은 우리 인민들의 고상한 정서와 감정, 시대의 요구와는 맞지 않게 머리를 지내 길게 늘어뜨리고 그것도 풀어 헤치고 다니는가 하면 얼굴형태와는 관계없이 머리모양을 하거나 머리를 제대로 빗지도 않고 다닌다."(「청년전위」 1988. 1. 24.)는 지적도 존재한다. 이러한 장발의 유행에 대하여 정무원 교육위원회는 1994년 1월 "청소년들의 사상무장강화와 단결이 요구되는 현 시점에서 강인한 정신력 함양이 필요하다"면서 학생들의 머리를 삭발시키는 조치를 취하기도 했다.

(2) 체육 및 여가 문화의 변화

1) 새세대의 체육 문화의 변화

북한에서는 스포츠라는 외래어보다는, '신체활동을 통한 교육'의 의미를 갖는 체육(體育)이라는 용어를 선호한다. 북한에서 학교 체육의 중요성은 김정일이 1986년 5월 체육부문 지도자들에게 한 담화인, "체육을 대중화, 생활화하기 위해서는 학교체육사업을 장려하여야 한다. 학생시절은 육체적으로 한창 성장 발육하는 때이므로, 학교체육을 강화하면 자라나는 세대들을 모두 키가 크고 몸이 조화롭게 발달된 건강한 사람으로 키울 수 있으며 그들 속에서 우수한 선수후보도 많이 키워 낼 수 있다. 학교체육사업을 강화하여 학생들에게 체육에 대한 기초지식과 일정한 체육 기술을 배워주면 그들이 학교를 졸업하고 사회에 나아가 군중체육을 발전시키는 데 이바지할 것이다."에서도 알 수 있다.

북한 청소년들은 학교 체육수업을 통해 기본운동, 질서운동, 던지기운동, 오르내리기운동, 계절운동 등을 배운다. 계절운동에서는 수영이나 스키타기를 배우는데, 수영은 인민학교에서 고등중학교에 이르기까지 여름 시기에 적극적으로 실시하고 있다. 청소년들이 가장 선호하는 종목은 축구와 탁구로, 실외 탁구장은 마을마다 있으나 라켓의 부족으로 판자를 깎은 뒤 운동화 깔창을 붙여 대신하는 경우가 많다고 한다. 북한 체육의 특징 중 하나로 '키크기운동'이 있는데, 달리기, 철봉, 줄넘기, 체조, 뜀틀, 농구, 배구, 핸드볼 중 2, 3종목을 10-15일 주기로 실시하도록 권장하고 있다. 이 과정에서 김정일 국방위원장이 '청소년들의 성장 발육에 아주 좋은 운동'이라며 농구를 권장[69]하였으나, 농구공이 부족하여 실제로는 잘 하지 못한다.

학교 체육에서는 또한 인민학교 때부터 사열식(행진)을 많이 시키는데,

---

69) 「천리마」 1999년 8월과 9월호는 이명훈, 박천종 선수를 히어로로 부각시키기도 했다.

대다수의 학생들이 흥미를 느끼지 못한다고 한다. 또한 고등중학교 때 의무적으로 하게 되는 집단체조나 잠망대(카드 색션)는 행사를 앞두고 몇 달씩 계속되기도 한다. 그러나 체육복이나 신발 및 체육 기자재가 많이 필요한 체육 활동은 거의 이루어지지 못하는 상황이다. 신발류 공급 규정에 의하면 학생은 2개월에 운동화를 1켤레씩 공급받도록 되어 있으나, 1980년대 이후 외화부족으로 원료수입이 어려워지면서 1년에 한 켤레씩 지급받는 것으로 바뀌었다. 따라서 공급이 비교적 원활한 군 단위 체육구락부에 속한 청소년들이나 운동선수에 대한 부러움이 매우 크다고 한다. 대학 창립일 등의 명절 등에 열리는 체육대회에서도 운동을 잘하는 대학생이 인기가 있다고 한다. 대학생을 제외한 대부분의 청년들의 체육활동은 주로 직장 단위로 이루어지고 있으며, 대체로 직장 내 복지시설로 축구장과 탁구장이 갖추어져 있다.

북한 사회에서 축구는 매우 대중적 인기를 얻고 있으며, 여자축구팀만해도 평양에 6개 팀이 있다고 한다. 이러한 운동의 인기는 TV 드라마로 등장하기도 하는데, 축구선수와 관련된 '중앙공격수'라는 연속극과 농구를 소재로 한 '농구선수 5번' 등이 존재한다. 「청춘송가」에 등장하는 딸 셋이 모두 운동선수이며 막내아들이 연구사인 가정이 등장하며, 며느리도 태권도선수 출신에 체육연구사로 묘사된다. 체육에 대한 이러한 국가적 관심에 따라 1980년대의 「로동청년」의 기사에서도 상당히 많은 지면이 체육 관련 기사에 할애되고 있다. 경제 위기로 인해 1990년대 이후 이러한 체육 관련 기사들은 줄어들기는 했으나, 여전히 국방 차원에서의 체육 활동이나 별다른 기자재가 필요하지 않은 종류의 체육을 강조하는 기사가 등장한다.

이외에 일반 주민에게 가장 많이 보급된 생활 체육 종목으로는 건강태권도와 대중율동체조(에어로빅) 등이 있다. 이러한 종목은 별다른 체육시설과 기구 없이도 적은 공간만 있으면 즐길 수 있는 특징이 있다. 이전까지는 「로동청년」 등에서 생활체조와 업간체조 등이 자주 등장했으나, 1993

년 11월에는 체조 대신 '건강태권도'를 공장, 기업소, 협동농장, 학교 등에 보급하였다. 건강태권도는 북한의 '조선태권도위원회'에서 체력적 부담이 적은 쉬운 동작과 어렵고 복잡한 동작을 배합해서 50개 동작으로 구성한 것이다. 한편 남한의 에어로빅 같은 북한의 대중 율동체조는 북한의 국가 체육지도위원회 체육과학연구소에서 만든 것으로, 피로 회복뿐만 아니라 건강과 몸매 가꾸기에도 효과적인 운동으로 알려져 인기를 얻고 있다.

2) 여가 및 관광 문화의 변화

자본주의 사회에서의 여가는 '구속을 받지 않는 자유로운 시간인 동시에 자유로운 마음의 상태로서 자기발전을 위한 자발적 활동'으로 정의된다. 그러나 사회주의 국가의 여가는 '노동 혹은 교육의 장'으로서,[70] 노동 8시간, 수면 8시간을 제외한 '학습 8시간' 동안에 여가활동이 이루어진다. 북한에서는 여가 대신 '휴식'이나 '여유 시간'이라는 표현을 쓰는데, 「사회주의헌법」과 「사회주의로동법」은 노동권과 함께 휴식권을 보장하고 있다. 북한 헌법 제71조는 "공민은 휴식에 대한 권리를 가진다. 이 권리는 로동시간제, 공휴일제, 유급휴가제, 국가비용에 의한 정휴양제, 계속 늘어나는 여러 가지 문화시설들에 의하여 보장된다"라고 규정하고 있다. 사회주의 노동법 제65조에도 "로동자, 사무원, 협동농장원들은 해마다 14일의 정기휴가와 직종에 따라서 7일 내지 21일간의 보충휴가를 받을 수 있다"고 명시해 놓았다. 이 이외에 포상제도로 활용하는 휴양권과 정양권 명목의 휴가 제공도 존재한다.

그러나 실제적으로는 강력한 사회 통제 가운데 휴일에도 도로작업, 나무심기 등의 공공작업에 동원된다. 정기휴가와 유급휴가 역시 직장 내 정치조직이 생산량 초과달성 등 목표를 정하고 선전선동활동을 벌이면 자진

---

70) 안민석, "북한주민의 여가생활과 체육활동", 민족화해협력범국민협의회 정책위원회 편, 앞의 책, p.45-46.

하여 휴가를 반납하는 경우가 많다. 일과 중에도 기본적인 직장 생활과 아울러 농근맹이나 직업총동맹 등 근로단체활동을 병행해야 하는데, 아침 '독보회', 일과 후 '작업총화', '학습회' 등으로 인해 여유 시간이 매우 부족하다. 이러한 여가 시간의 부족은 북한 주민과 새세대들이 스트레스가 해소되지 못하고 누적되도록 만드는 요인이 될 수 있다.

특별히 대도시와 농촌 간에는 문화시설의 격차가 매우 큰데, 이는 여가 시간의 부족과 더불어 여가에 대한 관심과 참여를 제한적일 수밖에 없도록 만든다. 문화생활을 즐긴다 하더라도 직장이나 인민반 등 집단적으로 영위되기 때문에 개인적 시간을 갖기 어렵다. 공장 등에서는 평일 출퇴근이나 점심시간, 혹은 근무시간에는 아마추어 중심의 '기동예술선전대'나 전문예술가 중심의 '예술선전대'가 음악과 무용, 촌극 등을 공연하기도 한다. 직장이나 학교 등에서는 각종의 군중문화회관 혹은 군중문화오락실이 있어서 민속춤이나 탁구시합, 장기 등 집단적으로 놀이를 즐기는 정도이다.

따라서 근로 청년들의 경우 노동 시간 이후 친구들과 어울려 술을 마시는 경우가 많으며, 텃밭을 가꾸거나 사냥, 낚시 등이 고작이다. 가장 보편적인 오락은 장기, 주패놀이, 윷놀이 등으로, 특히 주패는 초기에는 국가에서 장려했으나 돈내기 도박의 경우에는 사회안전부에서 단속을 한다. 따라서 근로 청년의 경우에는 가끔 술이나 담배내기를 하거나, 공장 및 대학 기숙사에서는 식권 내기로 주패놀이를 하는 경우가 많다. 여성들의 경우 선축, 토목, 농사 등 남자들과 똑같은 중노동에 종사하지만, 가사 노동으로 인한 이중고 때문에 거의 여가시간이 존재하지 않는다. 노인들의 경우에도 퇴비사업 등에 동원되면서 개인적인 시간여유를 많이 갖지 못하며, 장기 등을 두는 정도라고 한다.

북한 청소년들 역시 수업이 끝난 뒤에 학습과 사회노동 및 봉사활동 등으로 거의 쉬지 못하는 편이다. 청소년들은 수업 이후나 공휴일에도 고철수집, 퇴비하기, 사회활동, 선전대, 강연회, 외화벌이운동, 농촌지원활동,

밀린 보충수업 참석 등을 해야 한다. 특별히 고등중학생들은 여름에는 10일, 겨울에는 15일 이상씩 공장이나 탄광 등 생산현장에 가서 현장실습을 하고 그 확인서를 사로청에 제시하여야 한다. 또한 가족들이 소속된 조직들에 따라 휴무일이 각각 다르기 때문에 가족이 함께 모여 시간을 보내기도 힘들다. 따라서 가족 단위로 여행을 가거나 외식을 하는 등 함께 여유시간을 즐기는 경우가 거의 드물다.

특별히 학생 청소년들에게는 독서가 취미생활로서가 아니라 의무적인 활동으로 부과된다. 이는 교원이 학생에게 읽을 범위를 지정한 후 '읽은 책 발표모임', '감상문 작성' 등을 통해 검증하는 방법을 사용한다. 그러나 이 경우에도 '김일성, 김정일에 대한 충성심'과 '자본주의에 대한 증오심 배양' 등 사상 교육을 위한 세뇌수단으로서 책의 역할을 중시하는 경우가 대부분이다. 따라서 청소년들이 이념성이 제외된 세계명작이나 고전 책을 읽는 경우는 찾아보기 힘들며, 때로는 '학습본위주의'로 비판되기도 한다. 「로동청년」, '학생청소년들 속에서 학습 제일주의구호를 더욱 높이 들자'라는 제목의 사설에서는 "학생들은 자신들이 하는 학습이 단순한 글공부가 아니라 위대한 수령님과 당에 충성을 다하며 조국과 인민에게 이바지하기 위한 영예로운 혁명사업이라는 높은 긍지와 자부심을 안고 분초를 아껴가며 학습에 전심전력하는 혁명적 학습기풍을 세워 학습제일주의방침을 철저히 관철해나갈 수 있다."고 강조하고 있다. 이어서, "학생들이 학습제일주의로 나가라는 것은 결코 글뒤주가 되라는 것이 아니다. 그것은 또한 학습본위주의와도 다르며 그것과는 아무런 인연도 없다. 혁명하는 시대 우리 학생들이 결코 글뒤주가 되어서는 안 된다. 글뒤주는 우리 혁명에 아무런 쓸모도 없다. 그러므로 학생들은 글만 알고 학습본위로 나가려는 경향을 견결히 배격하고 학습과 결부하여 여러 가지 사회정치활동과 좋은일하기 운동, 현실연구와 참관사업 등을 활발히 벌려야 한다."(「로동청년」 1983. 9. 27.)고 경계한다.

한편 공휴일에 공원이나 유원지를 찾는 것도 중요한 여가 생활이지만, 북한에서는 대도시를 제외하고서는 놀이시설이 제대로 갖추어져 있지 않다. 평양 시민들이 즐겨 찾는 곳으로는 대성산유원지,[71] 만경대유희장,[72] 능라도유원지,[73] 모란봉공원,[74] 개선청년공원[75] 등이 있으며, 보통강변의 가로수길은 젊은이들이 자주 찾는 곳이다. 이처럼 여가 시설이 부족하기 때문에 가족 단위로 여가를 즐기는 경우는 흔치 않으며, 직장이나 조직에서 단체로 견학을 가는 경우는 종종 있다.

평등을 이념으로 하는 북한 내에서도 차별대우와 특권이 존재하는데, 허용되는 휴가의 내용과 기간도 지역과 직위, 성분에 따라 달라진다. 북한 당국은 이러한 차별대우를 오히려 특권 의식으로 이용하면서, 그로부터 발생하는 갈등과 불만을 통해 주민들을 통제하고 유혹하기도 한다. 이러한 과정을 통해 북한 청소년들은 국가와 지도자로부터 어떠한 형태로든지 신임을 얻고 출세를 하기 위해 노력하게 될 가능성이 있다. 예컨대 청소년들이 다른 지역으로 여행할 수 있는 유일한 기회는 사로청 주관하에 개최되는 혁명전적지, 사적지 답사활동, 소년단 야영활동, 소년과학대 탐사활동 등에 참여하는 것인데, 이러한 기회를 얻으려면 공부 혹은 조직생활에서 모범단원으로 뽑혀야 가능하다.

---

71) 1971년 개장한 대성산 유원지는 하루 수천 명에서 많게는 4-5만 명이 찾는 '문화정서기지'로서, 각종 놀이시설과 중앙동물원, 인공호수, 수영장 등을 갖추고 있다. 평양 대성산 유원지에는 청룡열차 등 현대식 어린이 놀이시설이 갖춰져 있으며, 가족단위 혹은 공장 노동자들의 야유회가 이루어지는 경우들이 종종 있다고 한다.
72) 1982년 개장한 만경대유희장은 하루 수용인원이 10만여 명으로 동물원과 물놀이장을 비롯한 50여 종의 현대식 놀이시설을 갖추고 있다.
73) 각종 버드나무로 어우러진 능라도유원지에는 동쪽에 보트장이 있고, 곳곳에 자연 그대로인 강변수영장이 있다.
74) '수도의 정원'으로 불리는 모란봉공원에는 야외극장, 각종 유희시설을 갖춘 청년공원, 아동공원, 산림전람관, 6개의 인공연못과 인공폭포가 건설되어 있고, 이끼 오른 평양성축과 을밀대, 칠성문, 청류정, 부벽루, 현무문 등이 두루 펼쳐져 있다.
75) 1984년에 세워진 개선청년공원은 개선문과 김일성광장, 우의탑 등과 인접해 있다.

근로 청년들은 휴가를 받더라도 취미생활이나 휴식에 보내기보다는, 가정 내의 대소사, 성묘 혹은 제사, 김장이나 무연탄 등 월동준비 등에 이용하는 경우가 많다. 특히 젊은 세대들은 휴가를 즐기는 대신 휴가비를 받기를 원하는 경우도 있다고 한다. 여름이 되면 직장별로 바다나 산으로 피서를 가는 경우가 있으나, 숙박시설이 제대로 갖추어져 있지 않기 때문에 주로 당일 코스로 다녀온다. 피서지로는 강원도의 명사십리와 송도원해수욕장, 함경남도의 마전유원지, 남포의 와우도해수욕장, 황해남도의 몽금포 등이 유명하다. 근로 청년들에게는 정기휴가 외에 생산경쟁을 유도하기 위한 인센티브 제도로 휴양권[76]과 정양권[77]이 주어진다. 2001년 시설 확충 천명(「로동신문」 2001. 1. 1.)이 이루어진 이후에는 각지의 농민휴양소 이외에도 만경대구역 용악산, 함경북도 칠보산, 평안북도 만풍호 등지에 휴양소를 신설하기도 했다.

3) 오락 및 놀이 문화 측면

일반적으로 사회주의 체제에서 서방의 자본주의적 문화 양식이 드러날 수 있는 분야로는 록크, 쟈즈 및 디스코 등이 있다. 북한 당국 역시 이러한 비사회주의적인 음악과 춤에 대하여 「청년전위」 등을 통해 지속적으로 비판해 왔다. '제국주의의 사상문화적 침투를 철저히 막고 자본주의 황색바람이 우리 내부에 조금도 스며들지 못하게 하자.'는 제목의 기사(「청년전위」 1998. 6. 26.)에서는, "제국주의자들이 사상문화적 침투를 위해 돈과 재물로

---

76) 대개 2주간인 휴양권은 각 직장마다 일정량이 배당된다. 그러나 휴양권의 양이 절대적으로 부족하기 때문에 노력영웅이나 모범근로자 또는 열성당원에게 우선 배정된다. 이들은 산, 바닷가, 온천지에 있는 휴양소에서 지내면서 영화감상, 가요신곡 배우기 등 문화시설을 이용할 수 있고, 등산 및 보트타기 등도 즐길 수 있다.

77) 약수나 온천이 있는 곳에 설치된 정양소는 모범노동자, 열성당원들 중에서 신체적으로 정양이 필요한 자를 선발하여 보낸다. 2주간의 정양 기간 동안 규정된 일과표에 의해 집체적으로 생활하나 상대적으로 휴식시간은 많이 주어진다.

써 청년들을 현혹시키고 각종 출판물들과 록화물, 방송을 비롯한 선전수단들을 통하여 황금만능주의를 설교하고 사회주의에 대한 비방과 자본주의에 대한 환상을 주입시키려 하고 있다"고 주장한다. 이러한 문화적 침투에 대해서 북한 당국은 "제국주의의 사상문화적 침투를 방임해둔 결과 사회주의적 기초인 집단주의 사상이 부패변질되고 나아가서 피로써 쟁취한 사회주의를 무너뜨리는 비극을 초래하게 된 이전 쏘련과 동구라파 사회주의나라 청년들의 비참한 처지"를 경계하면서 강한 우려를 보이고 있다.

같은 날 '이전 쏘련의 교훈을 놓고'(「청년전위」1998. 6. 26.)라는 제목의 기사에서는, "이전 쏘련에서 현대 수정주의자들은 '교류'의 간판 밑에 서방의 예술단, 무용단 등을 끌어들여 부르죠아 날라리바람을 일으켰다. 미국의 록크, 쟈즈 음악단들과 라체무용단들이 도처에서 공연을 하고, 미국 청소년들의 유희집과 같은 책들이 대대적으로 보급되었으며, 서방록화물들이 영화관은 물론 공청회관에서까지 상영되었다."고 비판하면서, "사상교양사업을 줴버리고 청년들의 즐겁고 유쾌한 문화오락생활을 보장한다는 미명하에 공청 조직을 하나의 구락부로 전락시켰다."고 경계한다. 즉 이러한 문화적 침투를 내버려 둘 경우 조직이 와해되고 체제가 무너질 수 있다고 인식하고 있는 것을 알 수 있다.

북한 당국이 우려하고 있는 디스코가 북한에서 유행하게 된 것은 1989년의 평양축전에 참가한 외국의 학생들의 영향이 컸다. 더구나 평양축전을 맞이해 당국이 군중무용을 디스코식으로 개조해 가르쳤는데,(「중앙일보」1995. 2. 9.) 이는 평양에서 유행하면서 지방으로 확산되게 되었다. 디스코가 과도하게 유행하자 당국의 탄압으로 한때 금지되었으나, 1990년대 초부터 중국 접경 지역의 청년들이 중국채널을 통해 디스코를 접하고 다시 유행되기 시작하였다. 특히 카세트의 보급이 확산되어 디스코풍의 록음악을 듣는 것이 용이해지면서, 일부 평양의 새세대들은 모여서 디스코를 추기도 하였다. 이러한 경향은 점차로 확산되어 소조 등 동아리들의 회식, 생일모임, 야유회, 결혼식, 망년회 등의 모임에서도 술판과 춤판이 벌어진다고 한다. 1990년대 이후에는 고려호텔의 무도회장에서 트로트 가요나 팝 계열의 람바다 등이 공연되기도 했다.

북한에는 주민을 위한 공개적인 디스코텍은 없으나, 평양의 외국인 관광객들을 위한 호텔 등 10여 곳에는 디스코텍이 설치되어 있다. 일부 고위층과 북송교포 등 특권층 자녀들은 외국인에게만 개방되어 있는 평양 고려호텔과 안산호텔, 민족식당의 댄스장이나 남포 와우도 호텔이 있는 디스코장을 출입한다. 북한의 댄스장은 남한의 가라오케와 나이트클럽, 바를 혼합한 형태로, 민족예술단 성원들이나 퇴역한 음악인들이 동원되어 외국 곡이나 보천보 전자악단의 경쾌한 음악을 연주하기도 한다.(내외통신, 745호, 1991. 5. 24.)

한편 「청년전위」 등에는 김일성 생일(4.15), 김정일 생일(2.16), 정권 창건일(9.9), 노동당 창건일(10.10) 등 국가적인 명절과 '청년절'(8.28) 등에 열리는 대규모의 청년 군중무도회 기사들이 종종 소개된다. 무도회 준비를 위해 각 학교나 기업소에서는 춤을 잘 추는 남녀 청년들을 선발하고, 이들을 집중적으로 훈련한 뒤 각자의 소속기관에서 점심시간이나 저녁시간을 이용해 춤을 가르치게 한다. 무도회 날에 청년들이 추는 군중무용은 노동당 선전선동부에서 지정해 준 유격대 행진곡이나 결사전가 등의 음악에 맞춰 반복 동작을 하게 되어 있다. 이러한 무도회장에서 간혹 디스코를 추는 젊은이도 발견되는데, 당국은 이를 '엉덩이 춤'으로 부르면서 불량 행위로 제지하기도 한다.

한편 문화적 자유주의의 경향은 서방 자본주의 사회의 음악의 확산과도 관련된다. 「로동청년」 사설 '청년들은 언제나 새것을 열렬히 지향하여 나가자'에서는 문화적 측면에 있어서 '민족적 정서'에 맞는 것만을 '새것'으로 규정하고 있다. 즉 "혁명은 온갖 낡고 침체한 것을 없애고 새것을 창조하는 투쟁이다."면서, "비록 그 어떤 화려한 옷차림이나 머리단장, 노래나 춤가락이라고 하더라도 그것이 혁명하는 우리 시대의 요구와 우리 인민과 청년들의 민족적 감정과 정서에 맞지 않는 것은 결코 새것으로 될 수 없는 것이며, 따라서 그것을 받아들일 수 없는 것이다. 만일 이러한 생활풍조가 조금이라도 우리 청년들의 생활양식에 침습하면 혁명의식이 마비되고 청년들이 라태한 생활에 빠져들어갈 수 있다."(「로동청년」1988. 6. 21.)고 경계한다.

또한 「로동청년」 사설 '제13차 세계청년학생축전을 앞두고 청년학생들의 문화수준을 더욱 높이자'는 기사에서는 새세대들의 문화생활에 대한 당국의 우려가 더욱 강하게 드러난다. "제국주의자들은 지금 문화정서적 감수성이 예민한 청년학생들에게 퇴폐적인 영화와 노래, 무용과 미술 그리고 온갖 퇴폐적인 부르죠아 생활양식을 퍼뜨려 그들의 혁명적인 사상의식과 건전한 문화정서생활을 마비시키려고 악랄하게 책동하고 있다."고 경계하면서, "약육강식의 생활방식을 범람시키고 패륜패덕과 살인, 강도와 같은 사회악을 조장시키려는 제국주의 반동문화의 자그마한 독소라도 허용한다면 사람들은 점차 한푼의 돈이나 사치를 위하여 자신의 신성한 인격을 팔고 존엄을 더럽힐 수 있으며, 정신적 기형아, 육체적 불구자, 문화생활의 비참한 거지가 될 수 있다."고 우려한다. 따라서 "청년들은 우리의 주옥같은 명곡들을 모두 알고 즐겨 부르며 우리의 혁명적인 소설과 시를 적극적으로 읽고 읊으며 우리의 혁명적이며 민족적인 정서와 생활을 반영한 춤을 추고 우리의 주체적인 영화와 미술작품들을 잘 알고 신진힐 수 있게 준비되여야 하며 그 과정을 통하여 자기의 정신도덕적 풍모를 완성하고 문화수준을 끊임없이 높여나가야 한다."(「로동청년」1988. 9. 29.)고 강조한다.

특별히 1980년대 후반 이후 최근으로 오면서 남한 가요가 빠른 속도로 확산되고 있다는 것도 다양한 문헌들에서 확인된다. 이러한 유행의 배경은 사상성에 치우친 북한 가요와 달리 한국의 대중가요가 대부분 사랑과 낭만을 그리고 있기 때문으로 파악된다.[78] 처음에는 이러한 노래들이 단순한 연변노래로 알려졌으나, 보위부에서 단속하고 금지시키는 등 당국의 과잉반응으로 인해 오히려 남한 노래임이 점차로 알려졌다고 한다. 새세대 청소년들은 대부분 암시장에서 카세트 녹음기를 구입한 뒤, 외국 노래 테이프를 은밀하게 서로 돌려가며 복사하여 음악을 듣게 된다. 집뿐 아니라 공장 합숙소나 청년돌격대 등에서도 카세트 녹음기를 쉽게 발견할 수 있으며, 지방과 같이 단속이 심하지 않은 곳일수록 더욱 많은 청년들이 듣고 있다고 한다.

북한에서는 한국 노래나 소설책을 듣고 보다가 발각되었을 경우 그 처벌의 정도가 매우 높지만, 이러한 테이프의 색출과 수거바람이 불 때를 제외하고는 거의 문제가 되지 않는다고 한다.(중앙일보, 1995. 2. 9.) 또한 외부 세계의 현실을 접할 기회가 많은 대학생들의 경우, 남한 문화에 대한 관심 가운데 남한 방송을 몰래 청취하기도 한다. 최근 북한을 이탈한 대학생들의 경우 상당수가 남한의 라디오 방송을 들은 경험이 있다고 한다.[79] 이 과정에서 남한 가요 등 문화적 관심이 더욱 증가하고, 1988년 남한 올림픽 개최와 경제 발전 등에 대한 정보가 북한에 유입되기도 한다.

이러한 외부 문화의 유입은 북한 내의 문화적 다양성을 증진시키기도 한다. 1990년대 이후 북한에서는 생활가요의 창작 및 보급이 현저하게 증가했다. 또한 주제의 다양화가 특징적인데, 생활과 정서를 담은 노래, 어린이에 대한 노래와 자장가, 결혼, 환갑 축하노래, 청춘의 사랑에 대한 노래 등이 제작되었다. 특히 영화 주제가인 영화가요의 경우 주인공의 내면을

---

78) '바람 바람 바람', '이별', '타향살이', '각설이타령', '언제라도 갈테야', '그때 그 사람', '낙화유수', '베사메무초' 등의 노래들은 대부분 중국의 연변 지역에서 유행하다가 1989년 평양축전 때 대량으로 유입되었다. 또한 이들은 북한에서 1992년부터 대남적개심 고취용으로 제작된 한국배경영화 「민족과 운명」시리즈에 삽입되어 있는 곡들이기도 하며, 사랑의 미로는 개사되어 북한의 「세계민요집」에도 실려 있다고 한다.
79) "김일성사회주의청년동맹과 청년들의 생활 - 전 평남 은산군 천연스레트공장 사로청위원장 황영과의 대담", 통일한국, 2000. 4.

그대로 옳은 노래들이 많은데, 사상성이 배제된 '인위가 없는 노래'라 하여 젊은이들에게 인기가 많다. 북한의 1990년대 가요 중 '휘파람', '우등불', '내 이름 묻지 마세요', '준마처녀', '녀성은 꽃이라네', '도시처녀 시집와요' 등은 매우 인기가 높았다. 이 노래들은 대부분 보천보전자악단[80]과 왕재산경음악단이 창작한 노래로서, 「민주조선」은 "인민들과 뗼레야 뗼 수 없는 친근한 생활의 길동무"(「민주조선」, 2001. 7. 17.)라고 평하기도 했다.

1990년대 이후에는 문화적 다양성뿐 아니라, 부분적으로나마 문화 정책이 변화하기도 한다. 김정일 총비서는 1996년 12월 '건전한 유행가'를 비판적으로 계승 발전시키기 위해 계몽기 가요에 대한 재평가를 지시하기도 했다. 이에 따라 1998년 4월과 2000년 5월에 각각 「계몽기가요 선곡집」이 출판되었다. 이어 조선 작가동맹 기관지인 「조선문학」은 해방 전 대중가요에 대해, "일부 문제점을 안고 있지만, 나라 잃은 민족의 슬픔과 울분, 향토와 고국에 대한 절절한 그리움, 내일에 대한 동경과 희망을 담고 있으며, 부드럽고 경쾌한 민요가락과 소박한 노랫말로 고유한 민족적 정서를 짙게 풍기고 있다"(「조선문학」, 2000. 8.)고 평가하고 있다.

당국의 정책 변화는 최근까지 이어지고 있다. 2000년에 김정일 총비서는 조선인민군 공훈합창단과 보천보전자악단이 창작한 가요를 살펴본 후, "인민들이 불러야 할 시대의 지도적 감정을 담은 무게 있는 가요들과 함께 다양한 주제의 생활가요들도 방송과 텔레비죤으로 많이 내보낼 것"을 지시했다. 또한 북한 당국이 2001년 4월 10일 북한 전역에서 당과 근로단체 합동 강연회를 열고 김정일 총비서의 방침에 따라 남한 가요 20곡을

---

80) 이 악단은 당 문예방침을 구현하기 위해 리듬보다는 가사를 중시하는 북한식 음악을 지향하고 있으나, 팝송 등 세계 각국의 대중음악 여러 곡도 레퍼토리로 갖고 있다. 남한에도 잘 알려진 '휘파람', '그 품 떠나 못살아', '도시처녀 시집와요', '축배를 들자', '조선팔경가', '총동원가', '적기가' 등이 대표적인 연주음악으로, 주민들 사이에서 유행하고 있는 '김치 깍두기 노래'에는 맨 앞과 맨 뒤의 가사 '김치 깍두기 맛 참 좋시다'를 랩으로 처리하고 있기도 하다.

부를 수 있다는 결정을 주민에게 통보하기도 했다.[81] 이처럼 북한 당국은 부분적인 개방 노력을 하고 있으며, 남북정상회담 등 최근의 변화된 정세에 따라 남쪽의 코레콤과 북쪽의 아태위원회는 '2000년 평화친선음악회'를 공동 주최하기도 했다.

이러한 춤과 음악의 부분적 개방 분위기에도 불구하고, 북한 청소년들의 일상적 놀이 문화는 매우 단조로운 편이다. 북한 청소년들은 맨땅에서 집단놀이를 하거나 혹은 별다른 기자재 없이 수영, 팽이, 썰매 등을 하는 경우가 많다. 청소년들의 텔레비전 시청률도 높지 못한 편인데, 이는 텔레비전 보급률이 낮고 프로그램도 다양하지 못한 데 기인한다. 그럼에도 불구하고 인민배우 등의 공연예술 스타들에 대한 북한 새세대들의 인기는 매우 높으며, '공연예술 성과편지'라는 팬레터를 보내기도 한다. 또한 연예인이 되기 위해 지원하는 평양연극영화대학의 입학경쟁률은 100 대 1을 넘어선다고 한다.

81) ① 동요: 고향의 봄, 과수원 길, 개구리, 낮에 나온 반달, 달맞이, 여름, 작은 별, 퐁당퐁당, 하모니카, 햇볕은 쨍쨍, 가을밤, 오빠 생각, 고기잡이, 반달, 설날, 따오기, 봄나들이, 형제별, 짝자꿍, 그리운 강남, 가을, 고향생각, 누가누가 잠자나, 아기별, 우리의 소원은 통일 등, ② 가곡: 가려나, 봉선화, 그리움, 봄처녀, 사공의 노래, 사랑, 성불사의 밤, 옛 동산에 올라, 동무생각, 마의 태자, 작별, 아무도 모르라고, 선구자, 고풍의상(이하 윤이상 곡), 달무리, 추천, 편지 등, ③ 신민요: 각설이 타령, 울산아가씨, 노들 강변, 능수버들, 신고산 타령, 사랑가, 아리랑, 아리랑랑랑(봄이 오는 아리랑고개), 처녀총각, 맹꽁이타령, 조선팔경가 등, ④ 대중가요: 계몽기가요인 감격시대, 강남달, 꿈에 본 내고향, 꿈꾸는 백마강, 나그네 설움, 낙화유수, 눈물젖은 두만강, 목포는 항구다, 목포의 눈물, 바다의 교향시, 번지 없는 주막, 북극 오천키로, 불효자는 웁니다. 사랑에 속고 돈에 울고, 사막의 한, 서귀포 70리, 선창, 신라의 달밤, 애수의 소야곡, 울어라 쌍고동, 짝사랑, 찔레꽃, 타향살이, 홍도야 울지 마라, 황성 옛터, 희망가 등. 이외에 분단 이후 남한 대중가요인 사랑의 미로, 이별, 아파트, 언제라도 갈 테야, 그때 그 사람, 아침 이슬, 동백아가씨, 우린 너무 쉽게 헤어졌어요, 돌아와요 부산항에, 바람 바람 바람, 소양강 처녀, 첫 사랑, 당신은 모르실거야, 애모, 안개, 앉으나 서나 당신 생각, 사모곡, 누이, 칠갑산, 님을 위한 행진곡, 솔아 솔아 등.

한편 최근에는 북한 새세대들의 취미 오락 생활의 폭이 조금씩 넓어지고 있다. 특별히 평양축전 이후에는 만경대학생소년궁전과 각지 야영소 및 체육관 등에는 전자오락시설이 갖추어지기도 했다. 당국은 '사회적으로 오락을 장려할 데 대하여' 강조한 김정일의 말을 기초로, 사설 전자오락실에 대해 제한을 가하지 않고 영업허가를 내주고 있다. 따라서 이러한 당국의 방침은 중국의 저렴한 게임기 도입과 함께 오락실이 더욱 확산될 수 있는 배경이 된다. 여기에는 태권도를 소재로 한 격투기 게임 등이 준비되어 있으며, 영업을 하지 않는 심야시간에는 게임팩을 대여해 주기도 한다.

1998년 「청년전위」에 소개되고 있는 '청년중앙회관'은 청년들이 자동차운영소조, 텔레비죤조립소조 등에 속하여 과외활동을 할 수 있도록 만든 장소이다. 이외에도 청년중앙회관에서는 청년들이 화면반주음악실과 전자오락실, 로라스케트장 등의 오락설비들을 이용할 수 있게 되어 있다. 기사에서는 "호기심에 끌려 2층으로 올라가니 전자오락실에서 청소년들이 여러 가지 전자오락경기로 열을 올리고 있었다. 텔레비죤 화면 앞에 마주앉은 청소년들이 땅크병, 운전수, 사격선수 등 각이한 직업으로 변신하여 화면흐름에 따라 저도 모르게 온몸을 비틀면서 조종판 단추를 눌러대는 모습은 정말 웃음 없인 볼 수 없다."면서, "우리의 청년들은 과외교양기지로 훌륭히 꾸려진 청년중앙회관에서부터 다양한 대중정치활동과 문화적 소양을 키우기 위한 사업, 대중오락을 통하여 강성대국을 떠메고 나갈 래일의 억센 기둥감들로 자라나아 할 것이다."고 기록하고 있다.[82]

---

82) "모든 대중활동들은 오후에 진행된다. 각 소조들은 1년에 두 기에 걸쳐 진행한다(자동차운영소조만은 1년을 한기). 각 계층 청년들의 직업적 특성에 맞게 군중문화교양소조들은 오후 두시 반부터, 전자계산기, 텔레비죤조립소조는 5시부터, 자동차운영소조는 4시부터 저녁 7시까지 진행한다. 각 소조마다 소조원수는 20-40명 정도이며, 소조운영은 한 주일에 5, 6일간 진행한다. 각 계층 청년들은 자기가 속한 조직의 추천을 받고 희망하는 소조에 망라될 수 있다. 오락설비들도 누구나 다 리용할 수 있다. 모든 오락시설들은 화요일을 제외하고 매일 운영하는데, 화면반주음악실은 매일 오후 4-5시, 일요일은 오전 10시

　한편 대학생 청년들의 생활은 군대 체제로 편성되어 있어서 조직성이 매우 강하다. 강의가 끝나는 4, 5시경 이후에도 대대, 연대 단위로 활동하다가 밤 10시에 소집을 하기 때문에, 대학생들이 자유로운 여가와 놀이 문화를 즐기기 쉽지 않다. 북한의 대학에도 축제는 있으나, 모처럼 있는 대학 축제에서도 '충성의 노래 경연대회'나 '충성의 편지 이어달리기', '충성의 시낭송 모임', '축하문 채택모임' 등의 정치적 행사가 주를 이룬다. 신학기가 시작되는 9월에는 신입생 입학 모임이 있으나, 이 역시 남한과 같은 음주 뒤풀이 문화는 없고 각급 학교에서 박수를 치면서 환영하는 정도라고 한다.

　대학생의 음주는 엄격히 금지되어 있는데, 이는 김일성이 대학생들은 절대로 술을 마셔서는 안 된다고 교시한 데 기인한다. 대학생들의 음주가 교원 당위원회 성원 또는 대학생 규찰대 성원들에게 발각될 경우 퇴학당하기도 한다. 따라서 대학 구내, 기숙사 안, 대학가 주변 어디에서도 술을 마시기 어려우며, 특히 여학생이 술을 마시는 경우는 거의 없다고 한다. 이는 북한에 대학생을 대상으로 하는 술집, 커피숍 등의 휴게공간이 없다는 것과도 관련된다. 따라서 평양을 중심으로 최근에 늘어나고 있는 직장인을 위한 맥주집 등에서 대학생들이 섞여 몰래 마시는 정도이다. 대학생들의 놀이 문화로는 담배 또는 식권 따먹기 주패놀이 등이 대표적이지만, 공개적으로 하다가 발각될 경우 엄중한 처벌을 받거나 때로는 퇴학까지 당한다. 이외에도 1990년대 초 조총련을 통해 유입된 고스톱은 초기에는 고위 간부층과 대남 공작 담당자들이 즐기는 데 그쳤으나, 최근에는 학생과 일반주민 사이에서 부분적으로 확산되고 있다고 한다.[83]

　-11시, 오후 3-5시까지이다. 전자오락실, 로라스케트장 운영시간도 화면반주음악실운영시간과 대체로 같다.", 「청년전위」, 1998. 11. 21.
83) 최대석, 이상숙, "북한의 대학생활과 새세대의 가치관", 민족화해협력범국민협의회 정책위원회 편, 앞의 책, pp.311-312.

Ⅶ. 북한 새세대 가치 지향의 변화 추세

구체적 연도별로 살펴보면, 전체적으로 1983년에는 경제적 측면에 대한 표현이 드물게 나타나는 편이다. 1983년에는 〈10〉 '돈, 황금만능'의 개념은 주로 남조선과 자본주의 사회에 대한 비판 차원에서 등장하는 경우가 가장 많았다. 북한 내부에 사용되는 경우에는 청년들이 '물욕을 모르고 혁명을 위해 투쟁하도록 교양'하려는 차원에서 사용되는 데 그친다. 따라서 북한 새세대들이 '물욕'과 관련하여 부정적인 행위를 하는 것에 대한 교양이나 지적은 거의 나타나지 않는다. 1983년의 시기에는 〈12〉 '외제, 남의 나라 상품에 대한 관심' 등에 대한 지적은 등장하지 않고 있다. 반면 〈13〉 '순박, 소박성'의 덕목과 관련된 교양 기사는 종종 등장하지만, 이 역시도 구체적인 북한 내의 사건과 관련짓지 않고 단순히 제시되는 형태를 지닌다.

1983년의 〈11〉 '사치, 향락' 개념 역시 비판 대상이 남조선인 경우가 대부분이다. 또한 이러한 비판 기사와 관련해서도, 결국은 북조선의 무상 교육과 무상 진료라는 제도적 우월성을 부각시키는 식으로 마무리된다. 예컨대 남조선의 부자들 중에는 '애완용 개'를 치장하는 데 쓸 돈은 있어도, 돈이 없어 교육과 진료를 받지 못하는 노동자들에 대해서는 관심을 갖지 않는다는 식으로 비판한다. 이러한 〈11〉 항목을 북한 사회와 관련시킬 때에는, 청년들은 '몸차림을 검소하게' 해야 한다는 교양 기사 중에 부분적으로 등장하는 것이 고작이다.

1988년의 시기는 1983년에 비해 〈10〉 '돈, 물질'에 대한 기사들이 오히려 적게 나타난다. 그러나 낮은 빈도에도 불구하고 1988년에는 그 표현방식이나 사례 제시는 다소 구체적인 형태를 띠는 것이 특징이라 할 수 있다. 예컨대 "약육강식의 생활방식을 범람시키고 패륜패덕과 살인, 강도와 같은 사회악을 조장시키려는 제국주의 반동문화의 자그마한 독소라도 허용한다면, 사람들은 점차 한푼의 돈이나 사치를 위하여 자신의 신성한 인격을 팔고 존엄을 더럽힐 수 있으며, 정신적 기형아, 육체적 불구자, 문화생활의 비참한 거지가 될 수 있다."고 우려하는 식이다.

〈11〉 '사치, 향락'에 대한 표현은 다소 비중이 증가하고 있으나, 〈12〉 '외제, 다른 나라 상품에 대한 우상화' 경향은 여전히 등장하지 않는다. 1988년의 가장 주목할 만한 특징은 평양축전을 앞두고 '공산주의도덕교양' 과 관련된 기사가 급증하고 있다는 것이다. 이러한 맥락에서 〈13〉 '순박, 검박'의 항목의 빈도도 급증하고 있다. 예컨대 축전을 앞두고 '깨끗하고 순박한 양심'으로 살면서 모범이 되어야 한다거나, 현대적 미감을 고려하더라도 소박한 '우리 식'을 사랑하라는 차원에서 등장한다. 따라서 북한 새세대의 경제적 가치 변화를 드러내 줄 만한 특징적인 사항이 1988년 기사에서는 잘 발견되지 않는다. 이는 북한 사회 내에 존재할 수 있는 '부정적 사례'라 하더라도 애써 은폐하면서, 가급적 '긍정적 감화'를 통해 부정을 극복할 것을 강조하는 교양 방식을 취하는 1988년 기사 특성과 관련지어 생각해 볼 수 있다.

한편 1993년이 되면 〈10〉 '돈'과 '물질, 물건'에 대한 기사가 매우 급격히 늘고 있다. 북한 사회는 1980년대에 계속된 원자재와 에너지의 부족에 이어, 1990년대 들어와 대외적인 위기가 증폭되면서 대내적으로는 배급제가 정상적으로 작동하지 못하는 등 경제적 어려움을 겪기 시작하였다. 이러한 환경 변화는 북한 주민과 새세대들로 하여금 기본적인 생존을 위한 물질적인 측면에 관심이 집중되게끔 하는 배경으로 작용할 수 있다. 북한 당국은 이러한 위기의 근본 원인을 해결하고 개혁·개방 정책을 펼치기보다는, 대내적으로 사상·정신적인 교양을 강화함으로써 안정을 유지하고자 하였다. 당국이 시도한 사상 교양의 강화 정책은 우선, 동구 등에서 유학한 경험이 있는 청년들을 중심으로 대비 교양을 실시하는 것으로 나타났다. 예컨대 '사회주의 좌절을 경험한 일부 나라들의 현실'을 제시하면서, 청년들의 타락과 부패상을 강도 높게 비판하기 위한 토론회 등을 자주 개최하기도 했다.

그런데 「로동청년」 등의 언론 매체를 통해 확인할 수 있는 대비교양기사 중에는 북한 새세대들로 하여금 부분적으로나마 물질적 동경심을 유발할 수 있는 내용을 포함하고 있다는 문제점이 존재한다. 예컨대 대비교양에서는 '사회주의를 포기한 나라들'에는 '화려한 상품과 물건' 등이 진열장에 가득하지만, 청년들이 돈 버는 데에만 관심을 갖고 부패타락하고 있다는 식으로 비판이 이루어진다. 이러한 대비교양은 우선 사회주의를 포기한 국가들이 존재한다는 사실 자체가 사상적인 권위를 실추시키는 역할을 하게 된다는 문제점이 있다. 또한 동구 청년들이 행하는 일탈에 대한 자세한 해설을 가하는 과정에서, 북한 새세대들은 당국이 의도하지 않았던 부정적 행위들에 대한 잠재적 학습과 자본주의에 대한 간접 경험을 획득하게 된다는 문제가 있다.

또한 1993년에는 빈도 자체는 낮지만, 〈12〉 '남의 것, 색다른 물건, 이색적 물건' 등에 대한 지적도 종종 등장하고 있다. 이는 1980년대에는 등장하지 않았던 개념이라는 점을 생각하면, 1990년대 들어와 나타나는 특징적인 변화로서 주목할 수 있다. 더 나아가 1993년의 「로동청년」에는 기존에 연재되던 [술어해설] 기사를 보다 강화하여, 동유럽 및 소련의 부정적 사례들을 중심으로 청년들을 교양하기 위한 구체적인 해설을 싣고 있다. 1980년대의 [술어해설] 란에서는 주로 마르크스 사상 및 주체사상 등과 관련된 주요 사상 개념들을 기본 내용으로 해설해 왔다. 그러나 1993년의 「술어해설」에 사용되는 대표적인 개념들은 과거와는 크게 변화하여, '장사, 막후경제, 암경제, 딸라, 호화로운 생활, 부정부패, 뇌물행위, 황금만능' 등의 내용을 포함하고 있기도 하다. 당국이 이처럼 경계하던 장사와 뇌물 등의 부정적인 행위들은 실제로 '고난의 행군기' 동안 북한 사회 내에서 급속도로 확산된 것으로 알려지는 행위들이라는 점이 주목할 만하다.

앞서 제시한 바와 같이 1993년은 당국의 불충분한 배급으로 인한 경제적 한 사회가 어떤 특정한 시기에 어떤 사회적 행위를 부정적으로 여기고 있는지를 확인하는 것은 그 사회의 관심사와 지향점이 무엇인지를 파악할 수 있게 해 준다. 즉 한 사회가 부정적으로 비판하고 있는 행위와 관련된 내용들을 확인하게 되면, 그 시기에 그 사회가 가장 자주 발생하고 있는 문제점이 무엇인지를 확인할 수 있다. 또한 그 사회가 문제로 인식하고 있는 내용을 확인함으로써, 어떤 행위를 가장 심각한 것으로 받아들이고 있는지를 확인할 수 있다. 더 나아가 이러한 당국의 관심사를 바탕으로, 그 사회가 향후 지향하고자 하는 방향을 간접적으로 짐작할 수 있게 된다.

이에 따라 본 글에서는 김일성사회주의청년동맹 기관지 「청년전위」 기사를 통해, 북한 당국이 북한 새세대의 가치관과 태도 및 행동특성에 대해 언급하고 있는 기사 내용을 대상으로 분석을 시도하였다. 따라서 본 장에서는 1983년부터 1998년까지의 「청년전위」 기사 내용 분석을 토대로 한 북한 새세대 가치 지향 변화의 추세를 정리하였다. 북한에서 14세에서 30세의 학생 청년과 근로 청년을 포함하는 '김일성사회주의청년동맹'은 북한 청년들의 일상생활에서 매우 중요한 영향력을 행사하는 청년 단체이다. 특별히 1980년대의 북한 청년들은 대략 1960년대를 전후하여 출생한 세대라 할 수 있으며 이는 남한의 소위 '386 세대'와 관련지어 생각할 수 있다. 반면 1990년대의 북한 청년들은 남한의 소위 '신세대'라고 불리는 세대의 경우와 부분적으로 유사한 시기를 의미한다고 볼 수 있다.

본 글에서는 1983년부터 1998년까지 5년 단위로 기간을 선정하여 1983년, 1988년, 1993년, 1998년 총 4개의 연도를 대상으로 하였다. 이를 바탕으로 각 연도의 기사 전체 중 북한 새세대의 가치관을 직·간접적으로 드러내는 기사 내용을 토대로 하여, 특징적으로 등장하는 가치 항목을 살펴보았다. 이를 통해 대상 연도에 따른 새세대의 가치관을 반영하는 가치 항목들의 빈도 변화를 분석하고자 하였으며, 최근 연도로 올수록 높은 빈도로 사용되고 있는 가치 항목들을 토대로 새세대의 가치 지향과 그 변화 추세를 살펴보고자 하였다.

가치 항목 추출의 기준은 앞에서 밝힌 바와 같이, 첫째, 기사의 종류와 등장하는 면을 염두에 두지 않고 독립된 제목을 달고 있는 하나의 기사

단위를 중심으로 등장한 기사의 빈도를 중시하였다. 둘째, 기사 전수(全數)를 조사 대상으로 하되 단순한 정치적 기사나 경제적 동원 및 외교적 측면의 기사는 제외하고 새세대의 가치 특성이 한 번이라도 등장한 기사를 분석 대상으로 선정하여 계수하였다. 셋째, 한 기사 내에 각기 다른 가치 특성을 나타내는 개념들이 등장할 경우 각각을 모두 인정하여 중복을 허용하였다. 넷째, 한 기사 내에 어느 개념을 반복적으로 사용하여 강조하였더라도 그 강조점을 인정하지 않았으며, 단지 한 번 등장한 것으로 여겨 계수하였다. 다섯째, 기간별로 사용된 개념의 빈도를 비교하되, 빈도 차이만 비교하는 것이 아니라 사용되는 맥락을 함께 살피고자 하였다.

앞서 제시한 〈표 1〉에서와 같이 분석에 사용한 기사는 1983년부터 1998년까지 매 5년 동안의 「청년전위」 총 787편이며, 추출한 가치 항목의 수는 1600개이다. 가치 항목을 추출할 수 있었던 기사 수는 1983년부터 1998년까지 각각 246편, 71편, 398편, 72편이었다. 추출한 가치 항목의 수는 각각 순서대로 379개, 190개, 829개, 202개이다. 추출한 가치 항목은 사상적 측면, 사회·경제적 측면, 규범적 측면, 문화적 측면 네 가지로 분류하였으며, 하위에 총 29개의 항목으로 나누었다. 또한 가치 지향 변화의 종합적 추세를 살펴보기 위해 1983년부터 1998년까지 매 5년 동안의 가치관 항목 취급 기사의 연도별 비교, 1980년대와 1990년대의 비교, 연도별 가치관 항목의 취급빈도 순위 등을 조사하여 제시하고자 하였다.

또한 연도별 비교에 그치지 않고 1980년대와 1990년대의 가치관 항목 취급 기사에 대한 비교를 추가하였는데, 그 이유는 다음과 같다. 우선, 1980년대와 1990년대 사이에는 가치관의 변화를 유도할 가능성이 있는 다양한 배경적 요인이 존재한다. 1983년과 1988년 사이에는 최고인민회의에서 합영법 채택(1984. 9. 8.), 남북이산가족 고향방문단 및 예술공연단 상호 방문(1985. 9. 20.), 핵확산금지조약(NPT) 가입(1985. 12. 12.), 노동당 중앙위 제6기 12차 전원회의에서 제3차 7개년 계획(1987-1993) 의결(1986. 12.

30.), KAL기 폭발 추락(1987. 11. 29), 정권 수립 40주년 기념식(1988. 9. 9.) 등이 있었으나, 이러한 사건들은 눈에 띄는 가치 변화를 초래할 만한 사건들이라고 보기는 어렵기 때문이다. 따라서 1988년 서울올림픽에 대한 반대급부로 이루어진 제13차 세계청년학생축전(1989. 7. 1. 개막)에 대한 준비 이외에는 큰 차이가 없어서 1980년대로 묶어 살펴볼 필요성도 존재한다.

반면, 1988년에서 1993년 사이에는 급격한 국내외적 환경 변화가 존재했으며, 그 종류 역시 정치, 경제, 사회, 문화 등 다양한 특성을 보인다. 이 시기에는 우선 소련 및 동유럽 공산주의 국가의 붕괴라는 대외적 환경 변화가 존재하며, 대내적으로는 평양축전 이후의 개방의 후유증이 존재하는 시기이다. 또한 문익환 목사의 방북(1989. 3. 25.)과 임수경 전대협 대표 방북(1989. 6. 30), 최고인민회의 제9기 1차회의 개최(1990. 5. 24.), 연형묵 총리가 참석한 제1차 남북고위급 회담 서울 개최(1990. 9. 4), 남북 탁구·축구 단일팀 구성(1991. 4. 24.), 제46차 유엔총회에서 남북한 유엔 동시가입(1991. 9. 17), 제5차 남북고위급회담 서울 개최 후 '남북한간 화해와 불가침 및 교류·협력에 관한 합의서' 채택(1991. 12. 10.), 노동당 제6기 19차 전원회의에서 김정일 군 최고사령관 추대(1991. 12. 24.), 나진-선봉 자유경제무역지대 선포(1991. 12. 28), 최고인민회의 제9기 3차회의에서 사회주의헌법 대폭 개정(1992. 4. 9.), 북한 창군 이래 가장 큰 군부 인사 이동(1992. 4. 23.), 핵확산금지조약(NPT) 탈퇴 선언(1993. 3. 12.), 최고인민회의 제9기 5차회의에서 김정일 국방위원장 추대(1993. 4. 9.), 노동당 제6기 21차 전원회의에서 제3차 7개년 계획 실패 자인(1993. 12. 8.) 등의 중대한 사건이 놓여 있다.

한편 1993년과 1998년 사이에는 이전 시기와 같은 큰 사건이 존재하지는 않는다. 1980년대 말부터 누적되어 온 경제 침체가 표면화되어 배급제가 붕괴하고 '사회주의 고난의 행군'을 겪게 되었으나, 배급제 붕괴는 1993년 이전부터 진행되어 온 문제임을 인식해야 한다. 실제로 1993년에 이미 '돈'과 '말썽꾼 청년'들과 관련된 기사가 충분한 수로 존재하고 있으며, 1998년에 들어와 가장 특징적인 기사는 문화적 측면에서의 '황색풍조'의 확산이라는 점이다. 따라서 1980년대의 특징과 1990년대의 특징을 각각 묶어 큰 시대별로 비교할 때 유의미한 차이를 감지할 수 있는 부분이 존재한다. 이에 따라 1983년부터의 5년 단위 기사 분석뿐 아니라 1980년대와 1990년대의 시대별 비교를 포함하였다.

또 다른 이유로는, 앞서 서론에서 〈표 1〉로 제시한 바와 같이 기사 내용에서 북한 새세대의 가치 지향을 드러낸다고 보이는 기사 수와 개념 항목 수에 있어서 매해별로 차이가 존재한다는 데 기인한다. 예컨대 새세대의 가치 지향을 포함하고 있는 개념 항목의 수는 1983년부터 1998년까지 5년 단위로 각각 379회, 190회, 829회, 202회로 차이가 존재한다. 또한 새세대의 가치 지향을 포함하고 있는 기사의 편수는 각각 246편, 71편, 398편, 72편으로 나타난다. 따라서 앞서 제시한 바와 같은 배경적 요인과 더불어, 기사 수로 인한 오차를 줄일 수 있도록 하려는 의도 가운데 1980년대와 1990년대를 각각 합쳐서 전체적인 차이를 살펴볼 수 있도록 포함하여 제시하였다.

기사 수에 있어서 이러한 차이가 나타나는 이유는 1983년에 매우 높은 빈도로 나타나는 '수정주의', '종파주의', '절약' 등의 가치 항목이 각기 독립적으로 등장하고 있는 경우가 많기 때문에 총 기사의 수가 늘어나게 되었다. 또한 1988년의 경우에는 '축전' 관련 기사가 많았는데, 이 경우 한 기사 내에 '도덕기풍', '언어예절', '개인리기주의' 등의 가치 항목이 모두 함께 등장하는 등 복합적인 구성을 지니는 기사가 많았기 때문이다. 또한 1993년의 경우 사설 형태의 복합적인 기사뿐 아니라 공산주의적 미거와 토론회 등이 다양하게 개최된 해로, '뒤떨어진 청년'과 '돈가방'을 찾아 주는 미풍 등의 짤막한 기사가 매우 빈번하게 등장하였기 때문에 기사의 수가 많아졌다. 반면 1998년의 경우에는 주된 관심이 '황색풍조'와 관련된 기사가 많았는데, 이러한 기사는 단순히 '문화'적인 측면에 그치지 않고 정치, 경제, 사회, 규범적인 측면의 가치관이 복합적으로 포함되어 있기 때문에 총 기사 수가 적게 나타난다. 본 글에서 추출한 29개의 가치 항목의 변화 추세를 유사한 영역별로 나누어 제시하면 다음과 같다.

1. 정치적 측면: 사상적 약화와 조직 이탈

(1) 비사회주의적 요소의 증가와 사상적 약화

우선 1980년대와 1990년대에 나타난 〈사상적 측면〉의 기사 변화 추세를 살펴보면.[84] 최근으로 올수록 〈사상적 측면〉에 대한 지적이 증가하고 있음을 확인할 수 있다. 북한 '새세대'의 가치 항목을 드러내는 전체 기사에서 〈사상적 측면〉이 차지하는 비율은 1980년대에는 38.2%에서 1990년대에는 50.2%로 증가하고 있다. 이를 달리 말하면, 북한 새세대의 가치관을 반영하는 기사들 중 거의 반수 이상이 〈사상적 측면〉을 의미하는 가치 항목을 포함하고 있다는 것을 의미한다. 구체적으로는 최근으로 올수록 〈3〉 '낡은 사상'과 〈4〉 '수정주의, 교조주의, 사대주의' 등의 빈도가 줄어드는 반면, 〈1〉 '비사회주의적인 요소, 불건전한 잡사상'과 〈2〉 '제국주의에 대한 환상'에 대한 지적의 빈도가 증가한다.

구체적으로 1980년대에는 〈3〉 '낡은 사상'과 〈4〉 '수정주의, 교조주의, 사대주의' 등의 구체적인 부정적 사상 조류들에 대한 설명이 자주 등장한

---

84) 위에 제시된 표에서 사용한 내용 분류는 다음과 같다.

〈1〉 비사회주의적 요소, 자본주의, 부르죠아, 불건전한 잡사상, 반동적 사상요소
〈2〉 제국주의와 자본주의 환상
〈3〉 낡은 사상
〈4〉 수정주의, 교조주의, 사대주의, 허무주의, 종파주의, 기회주의

다. 이는 북한 당국이 오랫동안 '낡은 사상'과의 투쟁을 벌여 왔음에도 불구하고, 이러한 낡은 사상적 잔재가 여전히 북한 사회 내에 남아 있으면서 새세대들에게 영향력을 발휘하고 있음을 암시해 준다. 다른 한편으로는 김일성 사망 전인 1980년대의 경우 '항일혁명기'에 대한 회상 기사가 연재되는 경우가 많았기 때문에, 이러한 기사 내에 〈4〉와 같은 구체적인 부정적 사상 조류가 자주 지적되는 것으로 파악할 수도 있다.

반면 1980년대에는 〈1〉 '비사회주의적인 요소, 불건전한 잡사상'에 대한 언급은 이후 시기에 비해 상대적으로 적게 나타난다. 또한 이러한 기사가 등장하는 경우에 있어서도 이러한 기사가 북한 내의 새세대를 대상으로 이루어지는 경우는 좀처럼 없으며, 미 제국주의나 '남조선' 등에 대한 비판 과정에서 등장하는 것으로 국한된다. 따라서 북한 새세대가 〈2〉 '제국주의에 대한 환상'을 품어서는 안 된다는 식으로 지적되는 기사는 극히 드물게 등장한다는 특징이 있다. 따라서 이 시기에는 북한 새세대들에게 위협적인 요소로 당국이 인식하고 있는 사상적 조류는 '종파주의, 사대주의' 등의 '낡은 사상'들이 주가 되며, '부르죠아 잡사상, 비사회주의적 요소'의 경우는 당국이 아직까지는 그다지 큰 위협 요소로 받아들이고 있지 않은 것으로 확대 해석할 수도 있다.

그러나 1990년대 이후에는 〈사상적 측면〉에 대한 기사의 비중 자체가 늘어나게 되며, 특별히 〈1〉 '부르죠아 잡사상', '자본주의 사상', '비사회주의적 현상'의 빈도가 급격히 늘어난다. 〈2〉 '제국주의 환상' 역시 전체적인 비율은 낮은 편이지만 1980년대에 비해 1990년대로 오면서 급격히 늘어난 항목이다. 반면 1980년대에 자주 등장하던 〈3〉 '낡은 사상'은 감소 추세이며, 특히 〈4〉 '종파주의', '사대주의' 등의 구체적인 부정적 사조들은 그 빈도가 급격히 줄어들었다. 그러나 이러한 〈3〉과 〈4〉의 감소 추세가 북한 사회 내에서 '낡은 사상'이 줄어들었음을 실제로 알리는 것이라고 해석하는 것은 다소 무리가 있을 수 있다. 즉 당국의 주된 교양 대상 항목이

〈3〉'낡은 사상' 조류들보다는, 새로이 유입되고 있는 〈1〉'비사회주의적 요소'에 관심이 집중되고 있어서일 수 있음을 유의해야 할 것으로 보인다.

빈도의 변화 이외에 제시되는 기사의 논조에 있어서도 변화가 나타난다. 즉 남조선과 미제를 주된 비판 대상으로 하던 과거의 1980년대의 경향에서 벗어나, 1990년대에는 북한 새세대를 직접적인 대상으로 하여 제시되는 경우가 많다. 또한 다양한 부정적인 사상적 조류와 행위를 단순히 나열하는 방식에서 벗어나, 구체적인 사례 제시와 함께 다양한 표현 방식을 사용하게 된다. 예컨대 〈3〉'낡은 사상'은 빈도 면에 있어서는 1980년대와 1990년대가 비슷한데, 그럼에도 불구하고 빈도의 높고 낮음과 상관없이 분석에 포함시킨 이유는 사용 맥락에 있어서 부분적인 차이가 존재한다는 데 있다. 즉 〈3〉'낡은 사상'과 같이 총칭해 오던 1980년대의 경향에서 벗어나, 1990년대에는 구체적인 '낡은 사상'들을 세세하게 제시하는 가운데 지적이 이루어지는 경우가 많다. 1980년대와 1990년대의 사상ㆍ이념적 측면의 가치관 항목 취급 기사는 다음 〈표 6-1〉과 같다.

〈표 6-1〉 사상적 가치관 항목 취급 기사(1980년대, 1990년대)

항목	1980년대			1990년대		
	개념을 언급한 기사 수	전체 개념 항목에 대한 비율(%)	전체 기사에 대한 비율(%)	개념을 언급한 기사 수	전체 개념 항목에 대한 비율(%)	전체 기사에 대한 비율(%)
〈1〉 부르죠아 사상	26	4.6	8.2	105	10.2	22.3
〈2〉 자본주의 환상	2	0.4	0.6	19	1.8	4.0
〈3〉 낡은 사상	46	8.1	14.5	68	6.6	14.5
〈4〉 사대주의, 종파주의	47	8.3	14.8	44	4.3	9.4
합	121편	21.3%	38.2%	236편	22.9%	50.2%
총계		569개	317편		1031개	470편

이상과 같은 1980년대와 1990년대의 가치관 항목 취급 기사[85]를 보다
세분해 보면, 각 시대의 초반과 후반에 드러난 구체적인 가치 특성을 확
인해볼 수 있다. 우선 1983년에 비판적 용도로 자주 지적되는 단어들로는
〈4〉 '봉건사상', '숭미사대주의', '민족허무주의사상', '공미숭미사상', '종파
사대주의', '수정주의', '교조주의' 등이 있다. 이 기간 동안 특히 자주 등장
하는 '종파주의'는 김일성 항일 혁명 회상 기사들이 연재되는 과정에서 반
복적으로 등장하게 되면서 빈도가 늘어났다. 「로동신문」 사설의 경우 김
일성 사망 직전에는 김일성보다는 김정일의 교시가 더 자주 등장하는 반
면 김일성 사망 이후에 오히려 김일성과 관련된 기사가 늘어나는 경향을
보인다. 그러나 「청년전위」 기사의 경우에는 김일성 사망 훨씬 이전인
1980년대에 더욱 자주 등장하는데, 이 역시 김일성의 혁명기 회상 기사가
자주 연재된다는 데 기인한다. 또한 회상기 관련 기사를 제외한 일반적인
기사에서 김일성 혹은 김정일의 교시를 인용할 경우, 같은 1980년대라 할
지라도 1983년에는 김일성의 교시에 의존하는 경우가 많은 반면 1988년이
되면 상당수가 김정일의 교시로 바뀌어 있는 경우가 많다.

---

85) 1980년대와 1990년대의 빈도 비교에 있어서, 전체 개념 항목에 대한 비율과
전체 기사에 대한 비율이 다소 차이가 나타난다. 이는 개념추출 방식에 있어
서의 차이이다. 한 기사 내용에서 여러 주요 개념들이 발견될 경우 각각을 모
두 선정했는데 이 과정에서 중복이 허용되게 된다. 단 한 개의 개념이라도 등
장했을 경우에는 그 기사를 '1편'으로 계수하여 '전체 기사에 대한 비율'을 조
사하였다. 반면 '항목'은 하나의 기사 안에서 여러 개념이 나타났을 경우에는
1개 이상이 나오게 되며, 따라서 항목의 총수는 총 편수보다 많게 된다. 예를
들어 1990년대 기사들 중 개념이 한 번이라도 등장하여 선정된 총 편수는 470
편이다. 그러나 1998년 기사의 경우 하나의 기사 내에 매우 많은 단어가 복합
적으로 등장하기 때문에 1990년대의 '항목'의 수는 1031개나 된다. 또한 1980
년대의 경우에는 기사 분량이 적은 경우들이 많이 있었기 때문에 상당수가 하
나의 기사 내에 한 개의 '항목'만 등장한 경우도 많았다. 따라서 1980년대의
총 편수는 317편이며, 항목 수는 569개에 불과하다. 요컨대 1990년대와 같이
전체 개념 항목에 대한 비율과 전체 기사에 대한 비율이 차이가 클 경우에는
한 기사 내에 여러 개의 항목들이 복합적으로 나온 것으로 이해할 수 있다.

또한 1983년에 등장하는 〈1〉 '이색적 요소' 및 '비사회주의적 현상'들은 빈도도 낮거니와, 사용 맥락에 있어서도 이러한 부정적 요소들이 실제 북한 사회에 나타나고 있다고 하여 비판되는 경우는 극히 드물다. 즉 이러한 가치 항목들은 대부분 남조선의 비참한 현실을 부각시키는 과정에서 등장하는 경우가 많으며, 혹은 미국 등 자본주의 국가의 '반동적 출판물들의 해악성'을 논하는 과정에서 등장하게 된다. 예컨대 남조선과 같은 자본주의 사회에 확산되어 있는 '썩어빠진 양키문화'와 '퇴폐적인 미국식 생활양식'을 비판하는 과정에서, 외부에서 유입된 '불건전한 잡사상'들이 청년들의 정신적 타락을 가져온 원인이라고 비판하는 식이다. 또한 이러한 '불건전한 잡사상'이 북한에 들어올 경우 주체의 혁명과업을 방해하는 요소로 작용할 수 있다는 점에서 경계하는 식으로 제시된다.

한편 1988년이 되면 전 시기인 1983년에 비해 〈1〉 '부르죠아 사상'과 '비사회주의적 현상'의 빈도가 급격히 늘어나는 반면, 〈4〉 '종파주의, 사대주의' 등의 구체적인 낡은 사상에 대한 지적의 빈도는 급격히 줄어든다. 그러나 이후 시기인 1990년대에 비해 1988년에는 〈1〉 '비사회주의적 현상'에 대한 지적은 늘어났음에도 불구하고, 〈2〉 '제국주의 환상'에 대한 항목은 나타나지 않는다는 점이 특징적이다. 이러한 차이는 여러 측면에서 고려할 수 있으나, 우선 1988년의 시기가 1989년의 제13차 세계 청년학생축전을 앞두고 있는 시기라는 것과 관련이 있을 것으로 보인다. 즉 이 시기는 1980년대 초부터 지속적으로 누적되어 온 경제적 침체에도 불구하고, 이전 시기와 이후 시기 모두에 비해 상대적으로 자신감과 희망에 부풀어 있던 시기라는 것을 주목할 수 있다. 실제로 모든 언론매체에서 거의 매일 축전 관련 기사가 등장하고 있으며, 전 국민 차원에서 평양축전을 대대적으로 준비하는 가운데 한시적으로라도 결속력이 증가되고 있는 것으로 보인다.

또한 1988년의 언론 매체에 나타나는 기사들의 논조 역시 1983년과

1993년의 경우와 비교해 보았을 때 상당히 희망적이라는 특징을 지닌다. 각 연도별로 같은 날 같은 주제를 교양하려는 기사라 하더라도, 1988년의 경우에는 교양이 필요하다고 여겨지는 부정적 행위들에 대한 표현방식 역시 보다 '긍정화'되어 나타나는 경우가 많다. 따라서 기사 내에서 청년들의 잘못된 행위를 꼬집어 비난하는 식의 '부정적 논조'를 띠는 표현은 거의 발견되지 않을 정도로 매우 적게 나타난다. 예컨대 "청년들 속의 '낡은 사상'의 잔재를 청산하자"는 식으로 제시되는 것이 아니라, 오히려 "우리 청년들은 '낡고 썩어빠진 것'을 좋아하지 않는다"는 식으로 돌려 완곡한 표현을 쓰거나 혹은 은폐하는 듯한 표현 방식이 많다.

한편 1993년은 1980년대와는 매우 다른 대내외적 상황 변화에 직면하는 시기로서, 기사의 내용과 논조 역시 큰 변화를 나타내는 시기이다. 즉 1993년은 1989년의 평양축전이 끝난 뒤 그와 관련된 후유증으로서 경제적 침체를 겪게 되는 시기이며, 외부 서방 세계의 문화적 침투가 당국의 우려를 자아내게 했던 시기이기도 하다. 또한 1980년대 후반 이후의 사회주의권의 붕괴로 인해 북한이 국제적인 고립을 경험하고 있었던 시기이다. 또한 뒤이어 사회주의 우호무역이 사라지면서 에너지와 원자재 등의 도입이 곤란해지면서 대내외적으로 경제적 위기를 경험하고 있던 시대이다. 이에 따라 물질적인 관심이 증대될 위험이 있으며, 체제에 대한 비판 의식이 자라나면서 간접적인 저항 행위로서의 조직 이탈 경향이 확산될 수 있는 상황적인 요인을 지니고 있는 시기이다. 이러한 정치, 경제, 사회, 문화 등 다양한 차원의 급격한 환경 변화가 복합적으로 작용함으로 인해, 1993년은 북한 당국으로 하여금 새세대에 대한 사상적 교양이 매우 시급하고 중대한 과업으로 여기게 하는 시기라 할 수 있다.

이에 따라 1993년에는 〈1〉 '부르죠아 사상', '자본주의 사상', '비사회주의적 현상'의 비중이 급격히 늘어났다. 또한 「청년전위」, '술어해설' 연재란을 마련하여 부르죠아 사상, 비사회주의적 현상, 자본주의와 사회주의 등을 비교하면서 자세한 개념 설명을 반복하고 있기도 하다. 이 과정에서 "사회주의 사회에서는 부르죠아 사상이 나올 수 있는 물질적 조건은 없어지지만 사람들의 머리 속에는 아직 낡은 부르죠아 사상의 잔재가 오래 동안 남아있게 된다"는 표현이 나타나기도 한다는 것이 1993년의 기사 내용에 있어서 특징적인 점이다. 이는 외부 자본주의 국가와 남조선을 대상으로 비난하던 1980년대의 경향에서 벗어나, 북한 사회 내에도 실제로 존재할 수 있는 '부르죠아적 잔재'를 경계하고 있다는 것을 의미한다. 따라서 "장기적인 사상교양과 심각한 사상투쟁을 통해서만 그것을 없앨 수 있다"고 강도 높게 경계하고 있다는 데서도 이러한 사상 경향이 북한 내에 실제로 존재하고 있을 가능성을 암시해 준다고 볼 수 있다.

1993년에 사용되고 있는 〈3〉 '낡은 사상'의 경우에도 1980년대의 경우와는 개념이 사용되는 맥락에 있어서 차이를 지닌다. 즉 1980년대에는 '낡은 사상'을 김일성의 혁명 경험과 관련하여 제시하면서, '혁명의 걸림돌'로 작용할 위험이 있다는 식으로 비판하는 경우가 많았다. 그러나 1993년에는 과거의 단순한 회상기 학습 기사 가운데 '낡은 사상'을 비판하는 것이 아니라, 현재의 북한 사회 내에 초점을 맞추어 구체적인 문제를 지적하고 있다는 특징을 보인다. 예컨대 '낡은 사상'을 설명하는 기사 가운데 "이러한 락후성은 농촌에 특히 심하게 남아 있다"는 표현을 사용하기도 하며, 혹은 "사회주의 사회에서 일부 나타나게 되는 세도와 관료주의도 낡은 사회의 유물이다"라고 인정하는 구절들이 등장하기도 한다. 더욱이 "사회주의 사회에서 일부 사람들 속에 관료주의가 남아있게 되는 것은 그들의 머리 속에 아직 낡은 사상잔재가 남아 있기 때문이다"라고 하면서, 구체적으로는 "명령과 호령의 방법으로 내리먹이거나, 군중 우에 올라앉아 틀만 차리고 세도를 쓰면서 군중에게 욕설하고 모욕"하는 등의 여러 가지 형태로 나타난다고까지 드러내고 있다.

또한 1993년에는 구소련의 해체와 동구권 붕괴와 관련된 기사가 눈에 띄게 증가하고 있다. 즉 이러한 '일부 나라들'에서 '자본주의로의 복귀'가 선언된 이후의 사회적인 문제와 타락상을 지적하는 기사가 급증하며, 제시되는 기사 내용도 매우 세부적이라는 특징을 지닌다. 따라서 1993년 시기에 사용되는 〈3〉 '낡은 사상'의 개념 역시 사용 맥락이 확대되어, 북한 사회 내의 '낡은 사상'은 이들 나라에서와 같은 '자본주의로의 복귀'로 이르게 할 수 있다는 점을 경계하는 데 초점이 맞추어진다. 예컨대 "사대주의, 교조주의에 물젖게 되면 남의 장단에 춤을 추면서 남이 수정주의를 하면 수정주의를 끌어들이고 남이 자본주의를 하면 자본주의를 끌어들이게 됩니다."라는 것이다. 또한 '사회주의 배신자'들이 "부르죠아 자유화바람을 유포하면서 일부 당들이 사대주의, 교조주의를 하여 사회주의를 망쳐먹은 것"을 통해, 현대수정주의의 반동적 본질을 꿰뚫어 보아야 한다고 강도 높게 비판하고 있다.

한편 1998년은 〈1〉 '자본주의', '부르죠아 사상' 등이 압도적으로 늘어나고 있는 시기이다. 또한 비판 대상에 있어서도 남조선과 미제를 대상으로 하는 것이 아니라, 특별히 북한 내부의 새세대들을 향해 보다 구체적인 지적과 비판을 가하게 된다. 예컨대 "청년들은 제국주의자들과 반동들의 책동에 경각성을 높이고 썩어빠진 부르죠아적 사상문화와 생활양식을 반대하는 투쟁을 강하게 벌려 그 자그마한 요소도 우리 내부에 들어오지 못하게 하여야 합니다."라는 식의 표현은 1998년의 기사 내용에서 매우 자주 등장하는 구절이기도 하다. 또한 "청소년들 속에서 비사회주의적 현상을 없애기 위한 투쟁을 힘있게 벌릴" 것에 대한 지적이 등장한다는 점에서도, 북한 청소년들에게 있어서 이러한 비사회주의적 현상이 실제로 존재하고 있을 가능성을 부분적으로 확인할 수 있다.

1998년 기사 내용에서 또 하나 특징적인 것은 〈2〉 '제국주의에 대한 환상'이나 '자본주의에 대한 환상'과 같은 표현이 급격히 늘어나 있다는 점이다. 전체적인 가치 항목 29개 중 〈2〉가 차지하는 비율은 그다지 높지 않지만, 이러한 표현이 1980년대에는 매우 드물게 등장하고, 1988년에는 아예 한 번도 등장하지 않았다는 것과 비교할 때 매우 중요한 변화이다. 이러한 지적은 예컨대 "청년들이 미제에 대한 사소한 환상도 철저히 없애며 전쟁 공포증, 염전사상을 단호히 배격하는 것"을 강조하는 식으로 제시된다. 때로는 청년들이 '자본주의에 대한 환상'에 물젖어 결국 '다른 나라 상품들에 대한 우상화'에 빠질 위험이 있음을 우려하는 구절이 뒤따라 나온다.

이를 확대 해석하면 1998년의 새세대들에게 있어서 이러한 '환상'이 상당히 중요한 문제점으로 작용할 가능성이 있다고 북한 당국이 파악하고 있는 것으로 볼 수도 있다. 또한 이러한 '환상'의 확대로 인해 새세대들이 '평화적 기분과 염전사상'이 확산되는 것을 막아야 한다는 경계 구절을 통해, 실제로 북한 새세대들 사이에서 반제 혁명 의식의 약화와 이로 말미암은 전쟁 기피 의식이 존재하고 있을 가능성이 있다고 해석할 수도 있다. 더 나아가 북한 새세대들의 의식 속에 존재할 수 있는 '제국주의에 대한 환상'은 결국 미 제국주의의 문화나 유행 및 상품들에 대한 환상과 동경으로 이어지고 있을 가능성도 유추할 수 있다. 1983년부터 1998년까지의 사상적 가치관 항목의 연도별 기사에 대한 빈도는 다음 〈표 6-2〉와 같다.

〈표 6-2〉 사상적 가치관 항목 취급 기사(연도별)

항목	1983년		1988년		1993년		1998년	
	개념을 언급한 기사 수	전체 기사에 대한 비율(%)	개념을 언급한 기사 수	전체 기사에 대한 비율(%)	개념을 언급한 기사 수	전체 기사에 대한 비율(%)	개념을 언급한 기사 수	전체 기사에 대한 비율(%)
〈1〉	12	4.9	14	19.7	83	20.9	22	30.6
〈2〉	2	0.8			9	2.3	10	13.9
〈3〉	32	13.0	14	19.7	57	14.3	11	15.3
〈4〉	43	17.5	4	5.6	38	9.6	6	8.3
합	89편	36.2%	32편	45.1%	187편	47.0%	49편	68.1%
총계		246편		71편		398편		72편

(2) 조직 관념의 약화와 조직 이탈

우선 1980년대와 1990년대에 나타난 〈조직 생활 측면〉의 기사 변화 추세를 살펴보면, 최근으로 올수록 〈조직 생활 측면〉에 대한 지적이 감소하고 있음을 확인할 수 있다. 북한 '새세대'의 가치 항목을 드러내는 전체 기사에서 〈조직 생활 측면〉이 차지하는 비율은 1980년대에는 44.5%에서 1990년대에는 26.4%로 감소하고 있다. 전체적인 조직생활 관련 기사들은 상당한 정도로 감소하고 있으나, 구체적인 항목별 분석을 통해 살펴보면 1980년대와 1990년대의 특징적인 차이가 존재함을 알 수 있다. 우선, 1980년대의 경우 기존의 사회단체나 학교 등의 조직 내에서 〈6〉 '나태 안일'을 부리거나 〈8〉 '조건타발'을 하는 등, 비교적 소극적 저항의 태도로 일관하는 행동에 대한 지적이 많다. 반면 1990년대의 기사 내용에서는 이전 시기에 비해 보다 적극적인 저항의 형태를 띠는 〈5〉 '조직 이탈'과 관련한 지적이 증가하고 있다는 특성을 보인다.[86]

구체적으로 1980년대에는 〈5〉 '조직을 싫어함', '비조직성', '무규율성'과 같은 비교적 적극적 저항 행위와 관련된 지적이 그다지 자주 등장하지 않는다. 또한 항목 〈5〉가 사용되는 경우라 하더라도, "모임에도 자주 빠지군 하였으며 참가하는 경우에도 토론과 비판 한마디 없이 매우 불성실하게 참가하군 하였다."와 같이 생활 총화와 같은 가벼운 경우와 관련하여

---

86) 위의 표에서 사용한 〈조직 생활 측면〉의 내용 분류 항목은 다음과 같다.

> 〈5〉 조직을 싫어함, 조직생활을 부담으로, 비조직성, 무규율성, 총화에 빠짐, 반발심
> 〈6〉 불성실, 출근 안함, 권태, 나태, 안일, 해이, 편안
> 〈7〉 팔짱끼고 무관심, 무책임, 대답과 보고만, 자리지킴, 형식주의, 보수주의, 소극성, 주인답지 못한,
> 〈8〉 요령주의, 조건타발, 말공부, 흥정, 자의적 해석, 5분열도함
> 〈9〉 무력, 시무룩, 울상, 찡그림, 뒤구멍, 겁을 먹고, 오물쪼물, 패배주의

제시된다. 이러한 생활 총화 측면의 이탈은 내용상으로는 1990년대의 경우에도 이어지고 있으나, 1990년대에 비해 빈도의 차이가 난다는 데 주목할 수 있다. 따라서 '조직에서 이탈'하려 하거나 '학교 및 직장에 불충실'하는 등의 간접적인 저항 행위와 그 기초가 되는 비판 의식은 1990년대 이후 보다 강화되고 확대된 특성으로 볼 수 있다.

반면 1980년대에는 〈5〉를 제외한 나머지 〈6〉, 〈7〉, 〈8〉, 〈9〉 등 다양한 조직 생활 측면과 관련된 지적들은 이후 시기인 1990년대에 비해 보다 자주 등장하고 있다. 예컨대 1980년대에는 '불성실하거나 나태, 안일해이, 형식주의, 보수주의, 소극성, 주인의식 부재, 조건타발, 흥정, 패배주의' 등과 같이, 비교적 소극적인 형태를 띠는 저항 행위들이 보다 주목받은 것으로 볼 수 있다. 특히 〈8〉 '요령주의, 조건타발, 흥정, 자의적 해석, 5분열도' 등에 대한 지적은 1980년대에는 매우 높은 빈도로 등장하는 가치 항목이지만, 1990년대가 되면 가장 급격히 줄어드는 항목이 된다. 〈8〉과 같은 행위들의 특성은, 상부로부터 주어지는 계획이나 명령의 큰 틀을 겉으로는 따르면서 외형적으로는 순종하는 듯하면서도, 내부적으로는 충실하게 이행하지 않고 부분적으로 불순종하는 방식의 저항과 관련되는 행위로 볼 수 있다.

또한 1980년대의 기사들의 경우 청년들 개인의 문제점을 지적하는 기사는 많지 않다는 특징이 있다. 대신에 주로 사로청 일꾼들 속에서 혁명적 사업기풍을 철저히 세울 것을 강조하는 가운데 제시되는 경우가 대부분이다. 지도원들에게 특별히 요청되는 내용은 실제로 당국이 결국 그 시기 청년들에게 가장 부족하다고 여기고 있는 부분과 관련된다고 볼 수 있다. 따라서 1980년대의 새세대들의 경우 '불성실하거나 나태, 안일해이, 주인의식 부재, 조건타발, 흥정, 패배주의' 등의 태도가 실제로 존재하고 있을 가능성이 있다.

반면 1990년대에 들어오게 되면, 〈5〉 '조직 이탈'과 '무규율성', '반발심'

등의 항목만이 급격히 증가하고, 나머지 모든 항목은 줄어들고 있다. 다시 말해, 1980년대는 '안일과 해이', '나태와 소극성'을 비판하면서 '주인의식'을 강조한 시대라면, 1990년대는 '비사회주의적 현상'이 침투하면서 '조직이탈'의 경향이 문제가 되었던 시기라 할 수 있다. 같은 저항의식의 표출이라 할지라도 비교적 소극적 형태의 저항의 양상을 보였던 1980년대와 달리, 1990년대의 새세대는 상대적으로 적극적인 수준의 이탈과 저항 경향을 보이고 있다고 해석할 수도 있다. 이러한 적극적인 수준의 저항의 증가 추세는 뒤에서 살펴볼 〈16〉 '불량 행위'의 증가의 경우와 마찬가지의 맥락에서 나타나는 것으로 볼 수 있다.

또한 〈8〉 '요령주의', '조건타발' 등의 항목은 1990년대 들어와서 가장 급격히 감소하는 경향을 보이는 항목이다. 이러한 감소 추세는 1990년대 이후 경제 침체로 인해 배급제가 붕괴하고 당국의 통제력이 약화되었다는 것과 관련지어 살펴볼 수 있다. 원자재의 부족은 이전부터 지속적으로 문제가 되어 왔었던 부분이기 때문에, 1980년대에도 '우에서 내려줄 것'을 기대하면서 '요령주의'와 '조건타발'을 하는 행위를 비판하는 기사가 자주 발견된다. 그러나 1990년대 이후 경제 위기로 인해 원자재는커녕 당국이 계획을 '내리먹이는 것' 자체가 어려워지면서, 하부 단위에서 '요령'을 부리거나 '조건'을 타발할 조건마저도 되지 못했던 것으로 볼 수도 있다.

이러한 변화 추세는 뒤에서 살펴볼 1990년대 이후 〈14〉 '로동을 사랑할 것'에 대한 지적의 빈도가 감소하는 것과 마찬가지 맥락에서 생각할 수 있다. 즉 북한 사회는 전통적으로 천리마 대고조를 부르짖는 가운데 노력 동원을 시도해 왔고, 근본적인 개혁과 체질개선보다는 '제2의 차광수, 김혁 운동' 등을 벌이면서 '노동을 사랑할 것'을 강조해 왔다. 그러나 1990년대 중반경 경제 위기가 극심해지고 대부분의 공장이 가동을 멈추게 되자, 유휴노동자의 수가 급증하면서 노동을 독려하는 것 자체가 무의미해진 것으로 해석할 수도 있다. 1980년대와 1990년대의 비교는 다음 〈표 7-1〉과 같다.

〈표 7-1〉 조직 생활 측면 항목 취급 기사 (1980년대, 1990년대)

항목	1980년대			1990년대		
	개념을 언급한 기사 수	전체 개념 항목에 대한 비율(%)	전체 기사에 대한 비율(%)	개념을 언급한 기사 수	전체 개념 항목에 대한 비율(%)	전체 기사에 대한 비율(%)
〈5〉 비조직성	18	3.2	5.7	45	4.4	9.6
〈6〉 나태안일	34	6.0	10.7	41	4.0	8.7
〈7〉 소극성	34	6.0	10.7	17	1.7	3.6
〈8〉 조건타발	31	5.5	9.8	9	0.9	1.9
〈9〉 무기력	24	4.2	7.6	12	1.2	2.6
합	141편	24.8%	44.5%	124편	12.0%	26.4%
총계		569개	317편		1031개	470편

　구체적 연도별로 살펴보면, 우선 1983년의 경우에는 청년들 개인의 문제점을 지적하는 기사보다는, 사로청 일꾼들 속에서 혁명적 사업기풍을 철저히 세우는 일에 보다 많은 지면을 할애하고 있다. 지도원들에게 요청되는 내용은 결국 그 시기 청년들에게 가장 필요하거나 가장 부족한 점과 관련된다는 점에서, 이러한 지적 점들을 주목하는 것은 북한 새세대들의 가치관과 관심사를 살펴보는 데 도움이 된다고 볼 수 있다. 1983년에는 〈5〉에서 〈9〉까지 전체적으로 고르게 등장하는 것이 특징적이다. 다른 시기와 비교해 본다면 〈5〉 '비조직성'이나 '무규율성' 등과 같은 비교적 적극적인 형태의 조직 이탈 경향이 상대적으로 적게 나오는 편이다. 반면 다른 시기에 비해 〈6〉, 〈7〉, 〈8〉, 〈9〉 등의 다양한 〈조직 생활 측면〉의 항목들은 1983년에 가장 많이 등장하고 있다.

　특히 1983년에는 〈7〉 '형식주의'와 '소극성' 등과 같은 항목이 자주 등장하는데, 이 시기의 주된 관심이 〈7〉과 같은 '소극적 태도'에 맞춰져 있음을 의미한다. 그러나 이러한 가치 특성들은 1983년의 북한 새세대의 특성이라기보다는, 새세대를 교양할 책임을 지고 있는 당일꾼들에게 요청되는 특성이라고 볼 수 있다. 즉 새세대 교양을 위해 분골쇄신해야 할 일꾼들이 창의적이지 못한 태도로 일관하고 있다는 비판의 맥락에서 등장하는 기사 내용이라고 볼 수 있다. 즉 1983년의 경우에는 무사안일이나 절차만을 중시하는 목적 전치와 관련된 관료주의적인 병폐가 문제점으로 자주 등장하고 있다는 것을 알 수 있다.

이와 관련하여 뒤에서 살펴볼 항목 중 '절약' 관련 기사들은 1983년에 상당히 많이 등장하는 편이다. 이는 곧 '우에서 대 줄' 원자재가 부족하기 때문에 아래에서 자체적으로 '절약'을 통해 예비를 마련할 것을 강조하는 것으로 볼 수 있다. 이러한 시기적 특성으로 인해 1983년에는 〈8〉'조건타발', '흥정'의 태도가 많이 등장하게 된다. 즉 청년들이 '소극성'을 버리고 "우에서 대주면 좋고 대주지 않아도" 하겠다고 덤비는 적극적 태도를 지닐 것을 자주 강조하고 있기도 하다. 실제로 1983년에는 1988년에 비해 〈9〉'무력, 오물쪼물' 등의 나약하고 무기력한 태도도 비교적 자주 비판되는 가치 항목이다. 따라서 이 시기에는 청년 교양 일꾼과 새세대 청년 모두에게 있어서 '조건타발'이나 '무기력' 등의 비교적 소극적인 태도가 주된 비판 대상이라고 볼 수 있다.

또한 이 시기에는 북한 당국이 새세대들의 〈6〉'나태, 안일'의 태도를 크게 문제시하고 있다는 것을 알 수 있게 해 주는 구절들이 자주 등장한다. 예컨대 북한 새세대를 대상으로 하여 "우리 머리 우에 총포탄이 아직 날아오지 않는다고 하여 순간이라도 평화적 기분에 사로잡혀있거나 긴장성을 늦춘다면 그것은 큰 잘못이다."라는 식으로 비판하기도 한다. 과업을 수행한다 할지라도 '5분열도'와 같이, '일을 벌려 놓은 뒤 대충대충 일하면서 끝마무리를 지지 못하는 태도'에 대한 비판 구절도 종종 나타난다. 따라서 「청년전위」 기사를 통해 살펴본 1983년의 북한 새세대는 소극적인 태도와 무사안일의 태도, 조건을 타발하면서 대충 일하고 공부하려는 태도 등이 특징적이라 할 수 있다.

반면 1988년이 되면, 같은 1980년대이면서도 1983년과는 다소 차이가 나타난다. 이는 이 시기가 1989년의 평양축전을 앞두면서 새로운 희망과 목표를 가지고 사회적 동원을 시도하는 시기였다는 것을 감안해야 할 것이다. 이러한 맥락에서 1988년에는 〈5〉 '조직 이탈'과 같은 상대적으로 적극적인 행위에 대한 빈도가 1983년보다도 더 감소하여 있는 것으로 나타난다. 이는 1988년의 북한 새세대가 축전을 앞두고 적극적이고 희망적으로 생활하면서 조직생활에 보다 성실하게 참가했기 때문일 수도 있다. 그러나 앞서 제시했던 바와 같이 1988년의 언론 매체의 논조는 앞뒤 시기에 비해 비교적 긍정적인 경우가 많기 때문에, 이를 실제적인 1988년경의 북한 새세대의 특성으로 돌리기에는 무리가 있다. 북한 언론 매체의 경우 전통 명절 혹은 사회주의 명절 등에 실리는 기사가 해마다 거의 유사한 경우가 많으나, 1988년의 경우에는 예외적으로 부정적 행동에 대한 교양 기사조차도 완곡한 표현으로 돌려 긍정화하는 경우가 많다는 것을 감안해야 한다.

이러한 맥락에서 1988년에는 〈7〉 '형식주의와 소극성' 항목과 〈8〉 '조건타발과 흥정' 등에 대한 표현 양식 역시 완곡해지는 특성을 지닌다. 제시되는 빈도 역시 1983년보다 다소 줄어들고 있으며, 이러한 〈7〉, 〈8〉 항목의 감소 추세는 1990년대 이후까지도 지속된다. 항목 〈5〉와 마찬가지로 〈9〉 '무력, 겁을 먹고, 오물쪼물, 울상, 패배주의' 항목의 감소 역시 특징적인데, 이는 1983년에는 매우 빈도가 높았으나 1988년의 시기에는 아예 등장하지 않는다. 따라서 1988년이 경제적 상황과 원자재의 보급에 있어서 1983년보다 좋아진 것은 결코 아님에도 불구하고, 항목 〈9〉와 같이 상당히 나약하고 무기력한 태도와 관련된 항목들은 1988년 한 해 동안에는 찾아보기 어렵다.

한편 1993년은 사회주의권의 붕괴로 인한 외교적 고립, 경제 제도의 누적된 모순과 우호무역 상실로 인한 경제적 어려움, 배급 등을 통한 정치적 통제의 부분적인 균열, 평양축전 및 개방 노력으로 인한 문화적 혼란 등 다양한 갈등 요소가 존재하던 시기였다. 이러한 문제에 직면한 북한 당국이 외교·정치·경제적 측면의 갈등 요소를 근본적으로 해소하고 문제를 해결할 것으로 기대하기는 어렵다. 결국 당국은 새세대에 대한 사상교양을 강화함으로써 이러한 어려움을 극복하려는 노선을 견지했다. 이에 따라 1993년의 「로동청년」 기사 내에는 새세대에 대한 교양 기사가 급증했으며, 이에 따라 기사에 등장하는 새세대의 가치 항목 역시 전 시기보다 급격히 증가하게 되었다.

1993년은 특별히 〈5〉 '조직 이탈'과 관련된 항목이 가장 급격한 증가를 보인 시기이다. 이는 다른 조직 생활 측면의 특성들에 비해 비교적 적극적 형태를 띠는 행동 특성이라 할 수 있다. 뒤에서 제시하겠지만 1993년은 〈16〉 '뒤떨어진 청년'에 대한 지적이 매우 많이 등장한 시기임을 함께 감안해야 할 것이다. 따라서 "사회주의제도하에서 나서 자라는 새세대들이라 하더라도 그들 속에서 나타나는 불건전한 요소들을 없애기 위한 옳은 교양대책을 세우지 않는다면 불량행위가 늘어날 수 있습니다"라는 김정일의 지적에 따라, '조직생활'을 통한 적극적인 교양을 행하지 않으면 '또래들과 휩쓸려 들어서는 것'이 발생할 수 있다고 우려하기도 한다.

북한 당국은 이러한 '조직이탈'과 같은 적극적인 행동을 행하는 새세대들은 결국 기존 규범과 법 준수와 괴리된 '불량행위'로 귀결되게 된다고 지적한다. 따라서 1993년의 기사 내용에서는 이들에 대한 적극적인 교양을 독려하는 구절이 자주 등장한다. 예컨대 새세대들이 계속하여 '조직생활의 용광로 속'에 있어야 어떠한 잡사상에도 오염되지 않을 수 있으며, 그들을 "조직생활에서 풀어놓으면 우리 당의 사상으로 무장시킬 수 없고 사상적 공백이 생길 수 있으며 나아가서 자유화바람에도 물젖을 수 있다."는 것이다. 이는 결국 '말썽꾼' 청년들이라 하더라도 밀어 놓지만 말고 구체적인 지도에 힘써야 한다는 주장으로 이어진다.

과거에는 사회주의로동청년동맹 규약 등을 통해 조직생활에 불충실하거나 총화에 빠지는 등의 행위가 발견될 경우, 조직생활에서 격리하거나 맹원 자격을 박탈하는 등의 당국의 강력한 대처가 뒤따랐다. 그러나 1993년의 기사 내용을 통해 확인할 수 있는 사실은, 단순한 처벌 위주의 대응보다는 적극적인 교양을 통한 조직 생활의 회복에 더 주안점을 두고 있다는 것이다. 이는 이러한 말썽꾼 청년들의 수가 워낙 급증함에 따라, 전통적으로 행해 왔던 격리 위주의 처벌을 가하는 것이 전체 조직 운영에 무리가 되어서일 가능성도 있다. 혹은 경제 침체와 배급제 작동에 있어서 문제를 경험하기 시작한 1990년대 초를 지나면서 당국의 사상적 영향력의 약화가 나타나듯이, 과거와 같은 당국의 영향력이 새세대들이 소속된 조직생활의 말단까지 미치지 못하고 있어서일 가능성도 있다고 확대 해석할 수 있다.

한편 1993년의 〈6〉, 〈7〉, 〈8〉 항목들은 모두 전 시기보다 감소하는 특성을 보인다. 〈9〉 '무력, 패배주의' 등에 대한 지적은 극소수이긴 하지만 4회 등장하고 있는데, 이는 한 번도 나오지 않은 1988년에 비해 특징적인 것으로 볼 수 있다. 1993년에 제시된 〈9〉 '패배주의'의 태도는, '온갖 그릇된 현상'이나 '온갖 불건전한 현상'과 관련하여 등장하기도 하며, 혹은 경제적인 난관과 관련하여 사용되기도 한다. 예컨대 "만일 오늘의 성과에 자만하거나 부닥치는 난관 앞에 겁을 먹고 주저하며 동요하거나 혁명을 중단하면 사회주의의 완전한 승리를 이룩할 수 없다."면서, '랑만'을 가지고 살아갈 것을 강조하는 구절도 자주 나타난다. 특별히 "우리 청년들의 혁명적 랑만은 그 어떤 물질생활의 풍족이나 정서생활의 만족에서만 오는 단순한 랑만이 아니다."라면시, "혁명에 대한 승리의 신심이 없는 사람에게는 결코 랑만이 있을 수 없으며, 언제나 비관과 실망만이 있게 되고 결국 패배주의자로 굴러떨어지고 만다."고 경계하기도 한다. 이러한 〈9〉와 같은 무기력한 태도는 '사회주의 고난의 행군'을 겪는 동안 계속 누적되어, 이후 1998년에는 급격한 증가 추세를 보이고 있다.

한편 '사회주의 고난의 행군'을 경험한 이후인 1998년의 가치 특성은 기본적으로는 1988년과 1993년을 연결한 연장선상 가운데 존재한다. 즉 1993

년의 기본적인 변화 추세를 이어가지만, 세부적인 항목별 변동 속도는 다소 차이가 존재한다. 예컨대 〈5〉 '조직 이탈'의 경향은 1993년보다 다소 완만한 정도로 증가하면서 〈조직 생활 측면〉에서 가장 빈도가 높은 항목이되었다. 이는 결국 1980년대에 특징적이던 소극적인 저항의 형태에서 벗어나, 상대적으로 적극적인 조직 이탈의 경향이 자리잡고 있는 것으로 해석할 수 있다.

반면 1980년대에 비해 1993년에 들어서면서 감소 추세이던 〈6〉 '나태, 안일, 출근 안함' 등은 1998년 들어와서도 감소 추세를 이어간다. 그런데 1993년에 비해 1998년의 〈6〉 항목의 감소 속도가 매우 급격하다는 것이 특징적이다. 실제로 1998년의 경우에도 '고난의 행군' 관련 기사가 현재형으로 표현되고 있는 등 경제적인 어려움은 여전히 존재하고 있었다. 그러나 1998년은 이전 시기까지 거의 가동을 멈추었던 공장과 기업소가 조금씩 상황이 나아지면서 근로 청년들이 새로운 희망 가운데 노동에 임하기 시작하는 시기이다. 생산력 회복에 따라 북한 새세대들의 '노동 의욕'이 실제로 높아지고 있을 가능성도 있으며, 따라서 1980년대에 특징적이던 〈6〉 '나태, 안일'과 같은 특성에 대한 지적이 적게 나타나는 것으로 볼 수도 있다.

1998년에는 〈6〉을 제외한 다른 항목은 모두 증가하였는데, 특히 〈9〉 '무력, 시무룩, 겁을 먹고' 등의 항목은 급격히 늘어났다는 특성을 보인다. 이는 1990년대 중반의 '고난의 행군'을 관통해 오는 과정에서 형성된 성격적인 문제점일 가능성이 있다. 예컨대 "오늘의 난관 앞에 겁을 먹고 동요"하는 청년들에 대한 지적이나, "어려움에 굴복하여 양기와 기백을 잃고 늘크데해서 돌아가는 사람"에 대한 표현도 등장한다. 또한 "고난의 행군이 진행되는 어려운 조건을 외우면서 시무룩해 있는 청년들도 있었고 지어 어떤 청년들은 생활상의 문제를 코에 걸고 작업에 분발하지 않고 있었다."는 지적 등에서도 이러한 태도를 엿볼 수 있다. 각 연도별 정치적 가치관 취급 기사의 빈도 비교는 다음 표 〈7-2〉와 같다.

〈표 7-2〉 조직 생활 측면 항목 취급 기사(연도별)

항목	1983		1988		1993		1998	
	개념을 언급한 기사 수	전체 기사에 대한 비율(%)	개념을 언급한 기사 수	전체 기사에 대한 비율(%)	개념을 언급한 기사 수	전체 기사에 대한 비율(%)	개념을 언급한 기사 수	전체 기사에 대한 비율(%)
〈5〉	17	6.9	1	1.4	36	9.1	9	12.5
〈6〉	26	10.6	8	11.3	39	9.8	2	2.8
〈7〉	29	11.8	5	7.0	14	1.7	3	4.2
〈8〉	27	11.0	4	5.6	6	1.5	3	4.2
〈9〉	24	9.8			4	1.0	8	11.1
합	123편	50.0%	18편	25.4%	99편	24.9%	25편	34.7%
총계		246편		71편		398편		72편

2. 사회·경제적 측면: 개인주의와 물질주의 확산

(1) 물질주의와 배금주의 가치관의 확산

경제적 측면에 대한 지적은 비교적 시대별 차이가 큰 부분에 속한다.[87] 우선 1980년대와 1990년대에 나타난 〈경제적 측면〉의 기사 변화 추세를 살펴보면, 최근으로 올수록 〈경제적 측면〉에 대한 지적이 급격히 증가하고 있음을 확인할 수 있다. 북한 '새세대'의 가치 항목을 드러내는 전체 기사에서 〈경제적 측면〉이 차지하는 비율은 1980년대에는 14.8%에서 1990년대

---

87) 위 표에 사용된 〈경제적 측면〉 내용 분류는 다음과 같다.

〈10〉 황금만능, 물욕, 돈, 재물, 물질, 금전, 농민시장, 보수를 바람
〈11〉 호화, 부귀영화, 사치, 향락, 허례허식
〈12〉 남의 것, 외제, 다른 나라 상품, 색다른 물건
〈13〉 경제 도덕, 청렴, 순박성, 검박, 깨끗한 양심

에는 40.2%로 급격히 증가하고 있다. 이를 달리 말하면, 북한 새세대의 가치관을 반영하는 기사들 중 거의 절반 가까이가 〈경제적 측면〉을 의미하는 가치 항목을 포함하고 있다는 것을 의미한다. 구체적으로는 최근으로 올수록 〈10〉 '황금만능, 물질'과 관련된 지적이 매우 크게 증가하는 반면, 〈13〉 '청렴결백, 검박' 등에 대한 지적은 다소 감소한다. 또한 〈12〉 '다른 나라 상품, 외제' 등에 대한 지적은 빈도 자체는 낮으나 이전 시대에는 등장하지 않았다는 것을 감안하면 특징적인 것으로 파악할 수 있다.

1980년대경에는 〈10〉 '돈, 물질, 황금만능'에 대한 직접적인 지적 자체가 별로 등장하지 않는다. 등장하는 경우라 하더라도 "조선은 체제가 훌륭해서 돈이 없어도 교육과 치료를 받는다"는 식으로, 사회주의제도에 대한 자부심을 표현하는 과정에서 나타나는 정도이다. 따라서 북한 사회를 대상으로 하는 기사의 경우보다는 남조선과 미국, 유럽 등의 부자들의 썩어 빠진 행위를 밝히는 과정에서 항목 〈10〉이 사용되는 것이 대부분이다. 또한 1980년대에는 〈12〉 '다른 나라 상품'이나 '색다른 물건'에 대한 관심을 가지는 청년들을 비판하는 기사는 나타나지 않는 것이 특징적이다. 이는 1980년대 시기의 북한 새세대들 속에 외제 상품에 대한 관심이 실제로 거의 없거나, 혹은 있더라도 그다지 중요한 문제로 당국이 인식하고 있지 않다는 것으로 해석할 수도 있다.

1980년대의 〈11〉 '호화, 부귀영화, 사치' 등의 항목은 빈도 자체도 다른 시기보다 낮게 나타나며, 사용되는 맥락과 내용에 있어서도 북한 사회를 대상으로 하지 않고 있다는 특성을 보인다. 즉 1980년대에는 주로 자본주의 사회의 '빈익빈 부익부'를 비판하기 위한 용도로 '사치 향락' 등의 개념을 사용하고 있다. 1990년대와 비교했을 때 특징적인 것은 1980년대에는 자본주의 비판 의도를 분명히 하는 가운데 그 부패상에 대해 상당히 자세하게 묘사하고 있다는 것을 들 수 있다. 즉 「로동청년」에 자본주의 사회의 부패상을 설명하는 연재란을 마련하여 때로는 사진까지 게재하면서 세세한 비판을 가하고 있다.

그에 상반되는 항목으로 〈13〉 '검소'와 '소박'에 대한 지적은 1990년대보다 1980년대에 더 빈도가 높다. 그러나 이 역시도 북한 사회 내에 존재할지 모르는 '사치, 향락, 황금만능주의'를 비판하려는 의도를 반영한다기보다는, 일상적 차원에서 사용되는 경우가 많다. 즉 전통 사회의 미풍을 강조하면서 '청렴결백'이 등장하거나, 사회 제도와 법 준수 및 의복 예절 등의 복합적인 도덕 교양 차원에서 '검박성'이 함께 나열되는 정도라 할 수 있다. 때로는 1980년대의 원자재와 에너지 부족과 관련하여 '검소'를 강조하는 경우도 나타난다. 예컨대 '검소'와 '절약'을 생활화하는 가운데 에너지와 원자재를 '극력으로 아껴쓰자'는 식의 표현이 사용되거나, 혹은 상부에서 자재를 보장해 주지 않더라도 자체적으로 '청년절약창고', '청년절약초소' 등을 만들어 예비를 갖추자는 식이다.

반면 1990년대에 들어서게 되면 이러한 〈10〉 '물질, 돈, 황금만능'에 대한 기사의 빈도가 급격히 증가하게 된다. 때에 따라서는 거의 신문 한 면 가득 '돈가방'을 찾아 주는 등의 '아름다운 소행'에 대한 감상글들이 채우고 있기도 하다. 또한 이러한 미풍에 대한 지속적인 토론회를 개최하거나, 이와 관련된 연재글 등을 자주 싣고 있다. 이처럼 '돈'과 관련한 교양 기사가 급증하는 것은 북한 새세대들에게 이러한 물질적 측면과 관련된 교양이 매우 긴급하게 요청되기 때문일 것으로 해석할 수도 있다. 즉 배급제가 제 기능을 발휘하지 못하고 기본적인 생리적 욕구 충족이 이루어지지 못할 경우, 북한 새세대의 일차적인 관심사 역시 기본적인 욕구 충족과 관련된 물질적 측면에 집중될 수 있다. 따라서 스스로의 힘으로 자구책을 마련하는 것만이 자신의 생존을 보장하는 유일한 길이라고 인식하는 가운데 사회주의 강행군을 진행해 오면서, 북한 새세대의 의식 속에 '물질'과 '돈'이 가장 긴급한 가치가 되었을 가능성이 있다.

이처럼 〈10〉 '물질, 돈' 항목의 빈도가 증가하게 되면서, 〈11〉 '사치, 향락, 허례허식' 등도 증가하고 있다. 이 시기의 〈11〉 항목과 관련해서는 자본주의 사회뿐 아니라 구사회주의권 국가에 대해서도 비판의 화살을 돌리고 있다는 것이 특징이다. 북한 사회 내부와 관련하여 제시되는 〈11〉 항목의 경우는 주로 '결혼'과 관련되어 이루어지는 경우가 많다. 예컨대 결혼식 날이라고 하여 특별히 '자동차'를 빌려 타고 다니면서 허세를 부리는 것을 비판하거나, '지하철'을 타고 다니면서 결혼식을 하는 평양 젊은이들의 유행을 따르자는 식으로 교양하고 있다.

이처럼 결혼 의식과 관련된 '허례허식'을 비판하는 식의 표현이 언론 매체에서 상당히 자주 반복되는 것을 통해, 북한 새세대들이 결혼 의식의 일부분을 엿볼 수 있다. 이러한 경향은 언론 매체뿐 아니라 예술영화 '먼 훗날의 나의 모습'에서도 확인할 수 있다. 영화에서는 남자 주인공이 마음속으로 사모하여 오던 여주인공을 자기 집에 데려다 풍족한 살림형편을 보여주면서 구애한다. 예컨대 "나에겐 수양이를 행복하게 해줄 모든 조건이 다 구비되어 있소. 동무도 이자 봤겠지만 난 외아들이요. 그러니 그 모든 건 다 우리거란 말이요."라면서 사랑을 표현하는 장면이 등장하기도 한다.

1990년대에는 다른 항목에 비해 빈도는 상대적으로 낮지만 〈12〉 '남의 것, 외제'에 대한 기사도 종종 등장한다. 이는 아예 등장하지 않았던 1980년대에 비하면 주목할 만한 변화라 할 수 있다. 이와 같은 변화 추세가 지속될 경우, 북한 당국은 이에 대응하여 〈13〉 '청렴, 순박'과 같은 덕목을 교양 목표로 삼고 적극적으로 강조해야 할 것으로 보인다. 그런데 1990년대에는 이러한 〈13〉 항목의 실제적인 등장 횟수는 1980년대와 유사하지만, 〈10〉, 〈11〉, 〈12〉와 같은 가치 항목들이 급격히 증가하면서 상대적인 비중은 오히려 줄어들고 있다. 1980년대와 1990년대의 경제적 측면의 기사 빈도 비교는 다음 〈표 8-1〉과 같다.

〈표 8-1〉 경제적 가치관 항목 취급 기사(1980년대, 1990년대)

항목	1980년대			1990년대		
	개념을 언급한 기사 수	전체 개념 항목에 대한 비율(%)	전체 기사에 대한 비율(%)	개념을 언급한 기사 수	전체 개념 항목에 대한 비율(%)	전체 기사에 대한 비율(%)
〈10〉 물질	24	4.2	7.6	141	13.7	30.0
〈11〉 사치	9	1.6	2.8	25	2.4	5.3
〈12〉 외제				8	0.8	1.7
〈13〉 청렴	14	2.5	4.4	15	1.5	3.2
합	47편	8.3%	14.8%	189편	18.3%	40.2%
총계		569개	317편		1031개	470편

어려움과 관련하여, 주민과 새세대의 생존 욕구와 물질적 관심사가 증대되던 시기이다. 따라서 이러한 물질적 관심의 증대와 관련하여 1993년에는 〈11〉 '사치, 향락, 허례허식' 등의 개념도 비교적 자주 등장하는 편이다. 특히 결혼식 등에서의 사치와 허례허식을 부리려는 청년들이 많이 있다면서, '자동차를 빌려 거들먹거리거나 큰 상을 차리는 행위' 등을 '낡은 인습'으로 적극적으로 비판하는 기사가 많다. 흥미로운 것은, 이러한 인습을 버리고 검소하고 소박하게 행하기 위한 모범으로서 '평양 청년'들을 자주 들먹인다는 것이다. 즉 결혼식을 마친 뒤에도 자동차가 아니라 지하철을 이용하여 관광하는 것이 '평양의 새로운 유행'이라는 것이다. 즉 '뭔가 다른 평양 청년'들의 모범을 알려 주는 것이, 북한 새세대들을 위한 교양의 방법으로서 나름의 실제적인 기능을 할 수 있다는 것을 암시한다고 볼 수 있다. 이는 결국 북한 새세대들에게 있어서 '평양'에 대한 선호가 매우 강하며, 역으로 평양 사람들의 경우 일종의 선민(選民) 의식이 존재하고 있을 가능성도 미루어 짐작하게 한다.

특별히 1993년의 「로동청년」 기사에서는 '돈'과 관련된 범죄들이 종종 지적된다는 것도 특징적이다. 1980년대까지는 북한 사회와 관련된 '돈' 기사가 거의 등장하지 않았으며, 남조선 등의 자본주의 국가에서나 '돈'을 위해 가족과 동지도 해치는 것으로 비판해 왔다. 그러나 1993년에는 이러한 비판이 북한 사회 내에까지 가해지고 있다는 점에서, 북한 주민과 새세대의 의식 속에 돈과 물질에 대한 욕구가 강화되어 가고 있을 가능성이 있다. 또한 사건·사고나 혹은 부정적 사례에 대한 기사를 거의 싣지 않는 것을 원칙으로 하는 사회주의 언론의 특성에도 불구하고, 1993년에는 '돈'과 관련된 부정적 행위에 대한 비교적 자세한 설명이 뒤따르는 경우가 많다. 예컨대 "국가와 사회재산을 탐오낭비"하는 태도나, "공동재산으로 제 리속을 차리며 국가물건을 가지고 낯내기를 하는" 행위들을 비사회주의적 현상으로 비판하는 기사들이 종종 나타난다.

북한 내부에서 '돈'과 관련한 기사의 빈도가 급증하고 있다는 것 자체가 1993년 시기의 특징이기도 하지만, 빈도를 넘어서서 기사가 등장하는 맥락 역시 다양화된다. 즉 '돈'과 관련된 범죄에 대한 비판에 그치는 것이 아니라, 언론 매체를 통해 긍정적 감화를 통한 당국의 교양 노력도 지속된다. 따라서 절도나 절취 등의 경제적인 범죄 행위에 대한 반대급부로서, '청렴결백'과 '순박성'과 관련된 공산주의적 미풍을 강조하는 기사들도 매우 높은 빈도로 등장한다. 가장 자주 등장하는 기사는 '돈가방'을 주워 주인에게 돌려주는 미풍으로서, 거의 유사한 내용을 장소와 상황만 바꾸어 가면서 반복적으로 소개하고 있다. 특별히 1990년대의 북한 경제 상황을 미루어 볼 때 사진기나 돈가방, 딸라 등을 소지하는 것이 현실적으로 가능한 계층은 외국의 방문객들이라 할 수 있다. 외국의 손님들의 물건이나 지갑을 주워 돌려주는 미풍을 부각시키면서, 이러한 미풍은 세계 어느 나라에도 없는 조선만의 미풍이라고 강조한다. 1993년에 〈10〉 '돈, 물질' 측면의 기사 수가 급격히 늘어난 데는 이러한 미풍을 따라배우기 위한 토론회와 수기글이 자주 등장하는 것과도 관련이 있다.

한편 1998년이 되면 이러한 〈경제적 측면〉의 부정적 행위들에 대한 지적이 좀더 다양화되고 구체화된다. '돈가방'을 찾아 돌려주는 미풍과 관련한 토론회 등이 많았던 1993년에 비해 1998년에는 〈10〉 '돈'과 관련된 기사의 빈도는 다소 낮아졌다. 그러나 단순히 '돈가방'을 찾아 주는 등 긍정적인 미풍 교양 위주였던 1993년과 달리, 1998년에는 부정적 사례들이 매우 구체적으로 제시된다는 특징을 지닌다. 예컨대 교실에 앉아서도 '제 호주머니 불굴 생각을 하며 딴 짓을 하는 청년들'이라는 표현을 통해, 북한의 학생 청년들 중 물질에 대한 관심이 상당히 증대되었을 가능성이 있다. 또한 근로청년의 경우에도, "제 맡은 일과 관련된 기술실무적 문제는 잘 몰라도 농민시장가격이나 외국제 물건 이름과 값은 환히 꿰뚫고" 있는 청년들이 있다는 지적과, 더 나아가 "그게 큰 자랑거리나 되는 듯 입다물 줄 모르고 주절대는 청년들"이라는 표현도 등장한다.

1980년대에는 '황금만능'과 같은 표현의 경우 주로 자본주의 사회에 대한 비판으로 일관해 왔다. 그러나 1998년에는 사회주의 내부에 발생하게 되는 '황금만능'이 가져오는 위험성에 대한 지적이 매우 반복적으로 등장한다. 즉 구소련 등에서 제국주의 사상문화적 침투가 발생하면서 청년들 속에 황금만능사상이 지배하게 되었으며, 이로 인해 사회주의 전취물을 송두리째 빼앗겼다고 비판하는 식이다. 따라서 만일 청소년들을 혁명적으로 교양하지 못하여 사회주의 의식에 '진공상태'가 형성되면, 그 자리를 '물욕'과 같은 다른 이념이 차지하게 되어 "돈주머니나 채울 줄 아는 자들, 사회주의제도를 때려부시라고 부르짖는 자들"이 될 수 있다고 우려한다.

또한 1998년에는 〈11〉 '외국 상품에 대한 환상'과 관련된 표현의 빈도도 늘어나는 경향을 보인다. 이러한 '환상'은 제국주의자들의 사상문화적 침투에 의해 청년들이 돈과 재물로 현혹되는 데서 말미암은 것이며, 각종 출판물들과 록화물, 방송을 비롯한 선전수단들을 통하여 황금만능주의를 설교하고 사회주의에 대한 비방과 자본주의에 대한 환상을 주입시키려 하는 데서 기인한다고 주장한다. 따라서 청년들이 '자본주의에 대한 환상'과 '비사회주의적 행위'에 빠질 경우, "저도 모르게 황색바람에 말려들게 되며 혁명적으로 일하며 생활하는 것을 싫어하게 된다."는 것이다. 따라서 청년들은 "썩고 병든 자본주의를 옳게 보지 못하고 환상적으로 대하는 그릇된 사상경향" 및 "다른 나라 상품과 외화에 대한 우상화"를 극복하라고 강도 높게 경계하고 있다. 이러한 당국의 태도를 통해서도 1998년의 북한 새세대들 사이에 '물질주의'적인 가치관과 외제에 대한 '우상화'와 '환상'이 실제로 존재하고 있을 가능성을 확인할 수 있다. 연도별 〈경제적 측면〉의 빈도 비교는 다음 〈표 8-2〉와 같다.

〈표 8-2〉 경제적 가치관 항목 취급 기사(연도별)

항목	1983		1988		1993		1998	
	개념을 언급한 기사 수	전체 기사에 대한 비율(%)	개념을 언급한 기사 수	전체 기사에 대한 비율(%)	개념을 언급한 기사 수	전체 기사에 대한 비율(%)	개념을 언급한 기사 수	전체 기사에 대한 비율(%)
〈10〉	20	8.1	4	5.6	128	32.2	13	18.1
〈11〉	6	2.4	3	4.2	23	5.8	2	2.8
〈12〉					6	1.5	2	2.8
〈13〉	7	2.9	7	9.9	11	2.8	4	5.6
합	33편	13.4%	14편	19.7%	168편	42.2%	21편	29.2%
총계		246편		71편		398편		72편

(2) 노동 의식의 약화와 개인주의 확산

우선 1980년대와 1990년대에 나타난 〈사회적 측면〉의 기사 변화 추세를 살펴보면, 최근으로 올수록 〈사회적 측면〉에 대한 지적이 증가하고 있음을 확인할 수 있다.[88] 북한 '새세대'의 가치 항목을 드러내는 전체 기사에

---

88) 이 표에서 사용된 가치 항목은 다음과 같다.

> 〈14〉 노동 사랑, 일하기 싫어함
> 〈15〉 나, 개인주의, 이기주의, 개인의 리익, 공명, 자기만 편안함

서 〈사회적 측면〉이 차지하는 비율은 1980년대에는 13.6%에서 1990년대
에는 16.6%로 다소 증가하고 있다. 그러나 이러한 〈사회적 측면〉의 전체
적인 비중 증가 외에, 기사 내용에 있어서는 항목 〈14〉와 〈15〉가 각각 서
로 다른 특징적인 변화 추세를 보여준다. 즉 〈14〉'노동을 사랑할 것'은
최근으로 올수록 감소하는 추세이되, 〈15〉'개인주의, 이기주의'에 대한 기
사 비중은 급격히 증가하고 있다.

  1980년대에는 일하기 싫어하는 태도를 버리고 〈14〉'노동을 사랑'할 것
에 대한 표현이 상대적으로 자주 등장한다. 북한 사회에서 '로동을 사랑'
하는 것은 단순히 〈경제적 측면〉에서 생산력의 증대를 위한 독려의 의미
에 그치지 않는다. 즉 '로동을 사랑'하는 것은 사회주의 사회의 가장 중심
되는 계급이라 할 수 있는 '로동자'로서의 의식을 고취하는 것과도 관련된
다. 또한, 사회주의 사회에서는 귀하고 천한 직업이 없으며, 사회주의 건
설과 집단의 이익을 위해 노동할 것을 강조하게 된다. 이는 결국 자신의
이익이나 흥미 혹은 그 어떤 '명예나 보수'와 상관없이, 탄광과 농촌 등
사회의 어렵고 힘든 부문의 노동에 적극 진출하라는 의도도 포함된다.

  이에 따라 1980년대에 공산주의 도덕을 강조하는 기사의 경우 대부분
〈14〉'로동을 사랑'할 것을 강조하면서 마무리되는 경우가 많다. 이는 앞
서 살펴본 〈6〉'나태, 안일, 해이, 권태' 등에 대한 빈도가 1980년대에 특
히 높았다는 것과 관련하여 살펴볼 수 있다. 즉 1980년대에도 이미 북한
사회 내에 경제적 침체가 진행되고 있었으며 원자재와 에너지 부족이 심
화되고 있었다. 그러나 당국은 근본적인 개혁을 통한 해결 노력을 벌이기
보다는 기존에 강조해 왔던 노력동원 위주의 정책으로 일관했다. 예컨대
'청년절약초소', '청년절약창고' 등을 통해 예비를 확충하면서 '제2의 천리
마', '제2의 차광수 운동' 등을 벌이게 되었다. 따라서 1980년대의 새세대
들은 '나태, 안일'의 태도를 버려야 하며, 새세대들이 적극적으로 '노동을
사랑'할 것을 강조하게 된 것으로 파악할 수 있다.

앞서 제시한 〈6〉 '나태, 안일'은 이와 같이 〈14〉 '로동을 사랑'할 것을 강조하는 것으로 연결되기도 하지만, 〈15〉 '개인주의, 리기주의'로 연결되는 경우도 많다. 이러한 〈15〉에 대한 비판은 1980년대에는 주로 미국식의 생활양식과 남조선에 대한 비판으로 초점이 맞추어진다. 간혹 북한 내에서 부정적인 것으로 지적되는 개인주의적 행동은 '편안하게 살려고 하는 것'과 관련하여 등장하게 된다. 따라서 1980년대의 〈15〉 항목은 '개인주의'나 '이기주의' 자체로서의 의미보다는 '자기만 편안하려' 드는 행위와 관련하여 등장하는 경우가 많다. 예컨대, 북한 새세대들이 학습을 하거나 혹은 당일꾼들이 과업을 수행할 경우, 혁명적 관점을 앞세우기보다는 자신의 '공명'을 위해 노력하는 등의 태도를 비판하는 맥락에서 사용된다.

반면 1990년대에 들어오게 되면 〈14〉 '노동에 대한 사랑' 항목의 빈도는 이전 시기보다 감소한다. 이는 '로동의식'이 충분히 고양되어 더 이상 교양할 필요성이 없어서라기보다는, 1990년대 이후 북한 사회가 직면한 경제적 위기와 관련하여 살펴보아야 할 부분이다. 즉 에너지와 원자재의 부족으로 인한 공장 가동률의 저하 및 배급 붕괴로 인해 자체적으로 식량을 확보해야 하게 되면서 나타난 변화라 할 수 있다. 따라서 1990년대에는 이전 1980년대와 같이 '나태, 안일'의 태도를 배격하고 '절약' 및 '노동력 고취 운동'을 벌이는 것이 무의미해졌기 때문에 〈14〉 항목에 대한 지적이 감소했을 가능성이 있다.

한편 1990년대에 〈15〉 '개인주의' 항목은 이전 시기에 비해 급격히 증가하고 있다. 북한 사회 내에서 개인주의와 이기주의적인 행동이 나타날 수 있는 사례는 우선 학생 청년들의 경우 학교 졸업 후 진로 문제와 관련되어 지적되는 경우가 많다. 또한 근로 청년의 경우 개인주의적인 태도는 과업 수행에 있어서 '안일과 해이'를 부리거나, 집단주의를 좀먹는 '무규율성'과 연결되어 지적되기도 한다. 새세대들에게 나타나는 구체적인 〈15〉 '개인주의' 현상들로는 직장 배치와 관련된 것이 가장 많다. 이에 따라 북한 당국은 새세대들이 모든 직업에 애착을 갖고 '로동을 사랑할 것'을 강조하고 있으며, 이에 상반되는 행위가 바로 개인주의적인 것이 된다. 또한 북한 새세대가 졸업 후 직장 배치 및 결혼 등에 있어서 '평양'을 선호한다는 것이 종종 지적되고 있다. 이 과정에서 나타나게 되는 개인주의는 '출세주의'와 관련되는 낡은 사상으로서, 집단주의를 좀먹는 행위로서 자주 비판되고 있다. 시대별 기사의 비교는 다음 〈표 9-1〉과 같다.

〈표 9-1〉 사회적 가치관 항목 취급 기사(1980년대, 1990년대)

항목	1980년대			1990년대		
	개념을 언급한 기사 수	전체 개념 항목에 대한 비율(%)	전체 기사에 대한 비율(%)	개념을 언급한 기사 수	전체 개념 항목에 대한 비율(%)	전체 기사에 대한 비율(%)
〈14〉 노동의식	21	3.7	6.6	12	1.2	2.6
〈15〉 개인주의	22	3.9	6.9	66	6.4	14.0
합	43편	7.6%	13.6%	78편	7.6%	16.6%
총계		569개	317편		1031개	470편

1980년대에 「로동청년」 기사에서는 주로 '안일', '해이', '라태'를 배격하면서, 특히 '로동을 사랑하는 것'을 강조하는 특성을 보인다. 구체적 연도별로 살펴보면, 1983년의 경우 〈14〉 '로동에 대한 의식'은 결국 '조직관념'과 같은 맥락에서 사용되는 경우가 많다. 예컨대 '쉬운 일만 찾으면서 편안하게' 살려는 태도는 '나태, 안일'을 넘어서서 노동을 사랑하지 않는 태도가 된다. 또한 이는 결국 사회주의 건설과 집단의 이익에 봉사할 수 있는 일에 대해서는 무관심하고, 자신의 이익만을 위하는 것이 된다. 따라서 북한 당국은 새세대들이 "자기 개인의 향락이나 안일을 위해서가 아니라 오직 인민 대중의 자주성을 실현하기 위하여" 살아나가야 한다고 강조한다.

〈15〉 '개인주의, 이기주의' 항목은 1983년에는 다른 시기에 비해 월등히 적게 등장하고 있으며, 최근으로 올수록 꾸준한 증가세를 보이는 항목이다. 이 시기에는 북한 내부에 대한 비판보다는 남조선과 미국 등의 자본주의 사회를 비판하는 과정에서 '개인주의'와 '리기주의' 등의 개념이 사용되는 경우가 많다. 예컨대 "소년들을 유혹하는 영화, 라지오, 텔레비죤 등도 그들에게 개인리기주의를 고취"하고 있으며, 이러한 개인리기주의로 인해 자본주의 사회에서는 청소년 범죄가 사라질 수 없다고 비판하기도 한다.

1983년 기사를 통해 발견되는 북한 사회 내의 '개인주의'와 관련된 구체적 표현으로는 '자기 리속만 차리는' 행위 식으로 묘사되는 경우가 많다. 그러나 이 시기의 〈15〉 '개인주의' 항목은 이기주의적 행동을 비판하려는 개인적 측면으로서보다는, 조직의 명령에 적극적으로 따르지 않는 경향을 비판하는 등 집단적 측면과 관련하여 사용된다. 즉 집단의 이익을 위하기보다는 '헐하고 쉬운 일'만 하려 들거나, 조직과 당의 명령을 따르지 않는 태도가 개인주의적인 태도로 비판된다. 또한 개인주의적인 사람은 '주인의식'을 갖지 않고 소극적인 태도로 일관하며, 창발성을 발휘하기보다는 조건을 타발하려 들게 된다는 것이다.

한편 1988년 기사에서 가장 특징적인 것은 〈14〉 '노동을 사랑하는 것'을 매우 중시하고 있다는 것이다. 1980년대의 경우 〈6〉 '나태, 안일'의 태도에 대한 지적이 매우 높은데, 1988년 역시 이러한 태도를 극복하고 노동을 사랑할 것을 강조하고 있다. 예컨대 사회주의제도에서 태어난 새세대들은 '간고한 혁명의 시련'을 겪지 못하였으며, 따라서 사회주의제도가 베풀어주는 '은혜로운 혜택'만을 받으며 고이 자라고 있다면서 당국은 우려하고 있다. 따라서 이러한 조건에서 새세대들을 충실히 교양하지 않을 경우 새세대들은 "자기들이 누리는 행복이 저절로 이루어진 것처럼 생각하면서 거기에 도취되어 로동에도 성실히 참가하지 않고 안일하고 라태한 생활을 하게 될 수 있다."는 것이다.

또한 1988년 역시 〈15〉 '개인주의' 항목이 1983년에 비해서 급격히 증가하고 있다. 특징적인 것은 북한 새세대의 '개인주의' 경향을 비판하려는 의도보다는, 제국주의의 반동적 침투와 관련하여 설명하려는 방식을 취하는 경우가 늘어났다는 점이다. 1988년은 평양축전을 앞두고 개방에 대한 부분적인 시도가 이루어지고 있던 시기로, 예술이나 의복 등의 문화적 측면에 있어서도 '현대적 미감'에 대한 강조가 특징적인 시기이다. 따라서 이러한 개방과 관련된 부작용에 대한 우려와 관련하여 '개인주의, 리기주의' 등에 대한 경계가 이루어지는 경우가 많다. 한편 북한 내부를 대상으로 〈15〉 항목을 사용하는 경우에는, "개인주의, 리기주의를 비롯한 낡은 사상에 물젖지 않게 하며 어려서부터 집단주의에 버릇되게" 교양해야 한다는 맥락에서 사용된다.

그러나 이러한 '개인주의'에 대한 지적은 1990년대에 들어서면서 그 사용 맥락에 있어서 급격한 변화를 나타내며, 비판의 논조도 매우 강해지는 특성을 보인다. 1980년대의 '개인주의' 경향은 주로 조직생활에 있어서의 '무규율성'으로 연결되거나, 혹은 '공명 의식'과 '출세'와 관련되어 나타나는 경우가 많았다. 그러나 앞서 살펴본 바와 같이 「로동청년」 1993년의 기사들에서는 특별히 〈10〉 '돈, 물질' 측면의 강조가 매우 두드러지는 시기이다. 따라서 1993년의 〈15〉 '개인주의' 항목 역시 물질적 측면의 개인적인 이익과 관련된 차원에서 드러나는 경우가 많다. 또한 이러한 개인주의는 문화적 측면과 경제적 측면으로 확대되기도 하면서, '술놀이나 장사질'로 귀결되게 만드는 원인으로 제시되기도 한다.

1993년에 북한 새세대들에게 있어서 드러나는 구체적인 개인주의 현상들로는 직장 배치와 관련된 것이 가장 많다. 북한 당국은 사회주의 사회에서는 귀하고 천한 직업이 없기 때문에, 새세대들은 모든 직업에 애착을 갖고 '로동을 사랑할 것'을 강조한다. 따라서 이러한 당국의 방침과 벗어난 행위는 결국 개인주의가 드러났기 때문인 것으로 볼 수 있다. 예컨대 "대학졸업반 학생들 속에서는 지방 대신 평양에 떨어질 것을 바라는 현상

도 있었다."는 표현과 같이, 집단의 이익이나 다른 동료들의 이익과는 상
관없이 자신의 이익을 중시하고자 하는 새세대가 증가하고 있을 가능성을
미루어 짐작할 수 있다.

더 나아가 "그 누구의 도움을 받아 '좋은 곳'으로 가기 위한 '공작'을 계
속하였다."는 표현과 같이, 자신이 희망하는 직장에 배치되기 위하여 뇌물
과 인맥을 동원하기까지 한다는 기사도 존재한다. 이러한 행위들은 모두
'개인리기주의적 사상경향'에서 나타나는 것으로 비판된다. 또한 이러한
사상경향을 제때에 뿌리뽑지 않을 경우 그것이 더 조장될 수 있다고 우려
하면서, "자기를 길러주고 대학공부까지 시켜 준 당도 조국도 모르고 나
아가서 사회주의를 좀먹는 데로 굴러떨어질 수 있다"고 경계한다. 즉 당
국은 이러한 개인주의적 경향이 '더욱 조장될 것'을 우려하는 가운데 교양
에 힘쓰고 있는 것으로 보인다. 이러한 지적들을 통해 북한 새세대들 사
이에 개인주의, 이기주의적 가치관이 1980년대에 비해 상당한 정도로 확
산되어 있을 가능성이 있다고 볼 수 있다.

1990년대의 '개인주의'는 '안일과 해이' 및 '사회 질서'를 문란시키는 뒤
떨어진 '나쁜' 행동을 하는 것과도 연결되기도 하는데, 1998년의 경우에도
이러한 특징이 나타난다. "개인의 리속만을 차리며 비사회주의를 하는 사
람이 있다면 이런 사람들은 다 당을 진심으로 믿지 않는 사람들이며 우리
당에 짐이 되는 사람들"이라면서, "당과 수령에 대한 절대적인 믿음이 없
는 사람은 좋은 때에는 만세도 부르고 눈물도 흘리지만 준엄한 시련의 나
날에는 쉽게 변질되어 뒤골방에서 나쁜 짓을 하며 나중에는 변절과 반역
의 길로 굴러떨어지게 된다."는 것이다.

또한 1998년에는 〈15〉 '개인주의'가 경제적 차원에 그치지 않고 문화적인
측면과 직결되는 특성을 보인다. 즉 "황색바람은 무엇보다도 극단한 개인
리기주의와 자유주의를 고취하고 사람들을 부화방탕한 생활에로 이끌어가
는 독소이다."라면서, "황색바람은 개인주의와 황금만능주의를 퍼뜨리고

조장시켜 사람들 사이의 관계를 비인간적인 관계로 만든다. 그러므로 사회주의 사회에서 사는 사람들이 황색바람에 물들면 사람들 사이의 서로 돕고 이끄는 고상한 인간관계가 개인리기주의적인 관계, 금전관계, 적대적인 관계로 되게 되며, 사회에 무질서와 혼란이 조성되고 각종 범죄가 성행하게 된다."는 비판이 자주 등장한다. 연도별 기사 비교는 다음 〈표 9-2〉와 같다.

〈표 9-2〉 사회적 가치관 항목 취급 기사(연도별)

항목	1983		1988		1993		1998	
	개념을 언급한 기사 수	전체 기사에 대한 비율(%)	개념을 언급한 기사 수	전체 기사에 대한 비율(%)	개념을 언급한 기사 수	전체 기사에 대한 비율(%)	개념을 언급한 기사 수	전체 기사에 대한 비율(%)
〈14〉	11	4.5	10	14.1	12	3.0		
〈15〉	14	5.7	8	11.3	56	14.1	10	13.9
합	25편	10.2%	18편	25.4%	68편	17.1%	10편	13.9%
총계		246편		71편		398편		72편

3. 규범적 측면: 규범의 영향력 약화와 일탈 확산

(1) 규범적 약화와 일탈의 증가

우선 1980년대와 1990년대에 나타난 〈규범적 측면〉의 기사 변화 추세를 살펴보면, 최근으로 올수록 〈규범적 측면〉에 대한 지적이 증가하고 있음을 확인할 수 있다. 북한 '새세대'의 가치 항목을 드러내는 전체 기사에서 〈규범적 측면〉이 차지하는 비율은 1980년대에는 14.2%에서 1990년대에는 21.9%로 증가하고 있다.[89] 특별히 〈16〉 '과오, 말썽, 뒤떨어진 청년' 항목의 경우 1990년대로 오면서 급격하게 증가하는 경향을 보인다. 뿐만 아니라 〈17〉 '술판, 담배, 쾌락' 항목의 경우 1980년대에는 나타나지 않았으나, 1990년대에는 상당한 빈도로 등장한다는 것도 특징이다. 또한 예컨대 〈18〉 '국가사회재산'에 대한 태도의 경우, 비중의 차이뿐 아니라 지적되는 내용이나 그 맥락에 있어서도 1980년대와 1990년대는 차이가 나타난다.

구체적으로 시대별 특징을 살펴보면, 1980년대에는 〈16〉 '말썽, 청년 과오' 등의 항목은 비교적 적게 등장하는 편이다. 또한 등장하는 경우에도 범죄를 저지르거나 사회 질서를 문란케 하는 행위 등의 적극적 형태로 드러나는 경우는 별로 없다. 즉 1980년대에는 학습이나 과업 수행에 있어서 앞서 제시한 〈6〉 '안일, 나태, 해이'와 같은 소극적 일탈의 방식이 더 흔했던 시기이다. 따라서 이 시기에는 〈17〉 '술이나 담배, 먹자판' 등에 대한 언급이 기사상으로는 등장하지 않는 것도 특징이다.

한편 〈18〉 '공공물, 국가사회재산' 항목에는 국가사회재산에 대한 '절취, 략취'와 국가사회재산에 대한 '애호관리, 절약'을 모두 포함하여 조사하였다. 이는 국가 재산에 대한 새세대의 관심사가 어느 정도이며, 어떠한 태도를 지니는 가운데 국가사회재산을 대하고 있는지를 파악하고자 한 항목이다. 즉 새세대가 국가사회재산을 애호하고 절약하고자 하는 긍정적인 규범적 태도를 지니고 있는지, 혹은 자신의 이익 추구를 위한 대상물로 여기는 등 부정적인 규범적 태도를 지니고 있는지를 살펴보고자 하였다. 따라서 부정적 태도가 '절취'의 행위로 드러날 수 있는 기사의 경우에도 이러한 관심사를 파악하는 데 도움이 될 것으로 여겨 이에 포함하였다. 부정적 의도를 담고 있는 국가사회재산 관련 기사의 경우, 그 기사에 함께 드러나고 있는 다른 개념들을 통해 일탈의 의도를 충분히 확인할 수

---

89) 위 표에서 사용한 가치 항목은 다음과 같다.

> 〈16〉 말썽, 뒤떨어진 청년, 과오 범함, 질서 문란, 교양 대상자
> 〈17〉 쾌락, 먹자판, 놀이판, 담배, 술판, 술풍
> 〈18〉 공공물 절취, 국가사회재산, 애호 관리, 설비 관리

있기 때문에 혼동의 여지가 크지 않을 것으로 여기고 포함시켰다.

그런데 1980년대에서 흥미로운 것은 〈18〉 '공공물, 국가사회재산' 관련 구절이 1990년대에 비해서 매우 높은 빈도로 등장한다는 것이다. 1980년대에 〈18〉 항목이 높게 나타나는 것은 이 시기의 경제 동원 방식과 관련이 있다. 즉 대내적 개혁이나 대외 개방을 통한 경제 성장보다는, 내부 자원의 절약과 노동력의 동원 방식으로 경제과업을 수행했던 시기라는 점을 특징으로 한다. 이에 따라 '나라살림살이를 알뜰히' 하자거나, 전기와 자재 등을 '극력으로 아껴쓰자'는 식의 기사가 매우 빈번하게 등장하게 된다. 또한 당국이 원자재를 보장해 줄 것을 기다리지 말고 '청년절약창고' 등을 자체적으로 마련하여 내부 예비를 확충하고 활용하자는 표현도 매우 반복적으로 드러난다.

반면 1990년대의 특징적인 것은 〈16〉 '뒤떨어진 청년, 과오, 말썽, 질서 문란' 등의 표현이 1980년대에 비해 급격히 늘어난다는 것이다. 이러한 행위들은 기존의 사회 규범과 법질서를 인정하는 가운데 '나태, 안일'을 부리는 1980년대 식의 소극적 형태의 저항 행위와는 차이를 보인다. 즉 1980년대와 달리 1990년대의 기사에서는 단순히 소극적으로 나태를 부리는 것에서 벗어나, 국가 법질서와 규율을 어기는 적극적 일탈 행위와 관련된 지적들이 늘어나고 있음을 확인할 수 있다. 이를 확대 해석하면 1980년대에 비해 1990년대의 새세대 청년들의 일탈의 정도가 보다 적극성을 띠고 드러나고 있을 가능성을 짐작할 수 있다.

또한 1990년대 기사에서는 〈17〉 '먹자판, 놀이판, 담배, 술판' 등에 대한 지적도 비교적 자주 등장한다. 1980년대 기사에서는 미국 사회 등에서 만연하고 있는 '마약'에 대한 비판 기사류를 제외하고는 이러한 표현이 등장하지 않고 있다는 것과 비교해 볼 수 있다. 또한 1990년대에는 청년들이 '쾌락'을 위한 '술판'과 '먹자판'을 벌이면서, 그 가운데 자신들의 '의리'를 논하는 청년들에 대한 비판 구절도 등장한다. 이와 같이 사회주의 사상에서 유리된 청년들의 사적인 모임과 자율적인 동료 관계의 확대는 이념과 조직의 영향력을 다소간에 약화시킬 가능성도 있다. 혹은 역으로, 경제 침체로 인한 체제 권위의 약화로 인해 1990년대의 새세대들에 대한 당국의 규범적 영향력이 다소 약화되었을 수 있다. 따라서 청년 단체의 조직 장악력 역시 부분적으로 약화되면서 이러한 사적 모임의 확대가 발생한 것으로 추측할 수도 있다.

한편 1990년대 기사에는 〈18〉 '국가사회재산'에 대한 표현의 빈도는 1980년대에 비해 다소 감소한다. 그러나 이러한 빈도의 차이보다는, 〈18〉 항목이 제시되는 맥락의 차이가 보다 주목할 만하다. 예컨대 1990년대에는 국가사회재산에 대한 당국의 교양 목표가 에너지와 원자재에 대한 '절약'보다는, "국가재산이나 남의 물건에 마음대로 손을 대는 것"을 비판하는 데 집중된다. 따라서 1990년대 새세대들의 '국가사회재산'에 대한 태도와 관심사 역시 다소 변화되었을 것으로 짐작할 수 있다. 즉 새세대들에게 있어서 '국가사회재산'은 '애호관리'와 '절약'의 대상이라기보다는, '절취'와 '략취'를 해서 '제 집 재산을 불리는' 데 도움이 되는 대상물로 전락했을 가능성이 있다. 1980년대와 1990년대의 빈도 비교는 다음 표 〈10-1〉과 같다.

〈표 10-1〉 규범적 가치관 항목 취급 기사(1980년대, 1990년대)

항목	1980년대			1990년대		
	개념을 언급한 기사 수	전체 개념 항목에 대한 비율(%)	전체 기사에 대한 비율(%)	개념을 언급한 기사 수	전체 개념 항목에 대한 비율(%)	전체 기사에 대한 비율(%)
〈16〉 과오	9	1.6	2.8	75	7.3	16.0
〈17〉 술판				15	1.5	3.2
〈18〉 국가재산	36	6.3	11.4	13	1.3	2.8
합	45편	7.9%	14.2%	103편	10.0%	21.9%
총계		569개	317편		1031개	470편

구체적 연도별로 살펴보면, 1983년에는 〈16〉 '뒤떨어진 청년, 과오, 말썽꾼'에 대한 지적은 매우 적게 나타난다. 등장하는 경우라 하더라도 근로청년들이 벌이는 적극적 형태의 일탈행위를 가리키는 경우는 거의 없으며, 단순히 학생 청년들이 학습과 분공수행 등에서 '뒤떨어진' 경우들에 초점이 맞추어진다. 이와 같이 일탈의 수준이 상당히 낮고 소극적 방식을 취하고 있기 때문에 1983년의 경우에는 〈17〉 '담배와 술판'과 같은 도피적 일탈 행위에 대한 지적은 기사상으로는 나타나지 않고 있다. 반면 1983년에는 〈18〉 '국가재산애호'와 관련된 지적이 상당히 자주 등장하고 있다는 것이 특징인데, 때로는 신문 한 면 가득히 기사가 제시되는 경우도 있다. 이 경우에도 '절취'나 '략취'에 대한 비판 기사로서가 아니라, 에너지 절약과 예비창고 마련 등에 초점이 맞추어진다.

반면 1988년은 앞서 제시한 바와 같이 청년축전을 앞두고 부정적 사례보다는 긍정적 감화에 초점을 둔 교양을 행하는 시기이다. 이에 따라 1988년에는 이전 시기인 1983년에 비해 〈규범적 측면〉과 관련된 지적 자체가 매우 급격하게 감소한다. 특히 〈16〉 '뒤떨어진 청년, 사회 질서 문란' 항목이나 〈17〉 '술판, 먹자판' 등에 대한 지적과 같은 비교적 높은 정도의 일탈행위와 관련된 지적은 기사상으로는 발견되지 않는다는 것이 특징이다. 〈18〉 '국가사회재산'과 관련된 기사 역시 1983년에 비해 빈도가 줄어들었으나, 국가사회재산을 애호관리하자는 독려 기사는 종종 등장하고 있다.

한편 1993년이 되면 〈16〉 '사회 질서 문란, 뒤떨어진 청년'에 대한 교양 기사가 급격히 늘어난다. 1993년의 경우 새세대의 가치관을 드러내는 전체 기사 중 항목 〈16〉가 차지하는 비율은 이후 1998년에 비해 약간 낮으나, 빈도 자체는 매우 크다는 것이 특징적이다. 그러나 사용되는 맥락이나 구체적인 부정적 행위의 유형은 이후 1998년에 비해 다소 낮은 수준의 일탈행위에 머문다고 볼 수 있다. 이는 1990년대 초가 부분적인 배급의 지연이 나타나고는 있으나, 기본적인 사회 통제력이 유지되고 있었던 시기라는 것과 관련이 있다. 이러한 사회 규범에 대한 일탈 경향은 그 차지하는 비중과 강도 면에서 이후 계속적으로 증가하게 되며, '고난의 행군'을 겪은 이후인 1998년의 경우에는 일탈의 수준이 보다 강화되는 특성을 보인다.

1993년 기사에서는 〈17〉 '술판, 먹자판' 등에 대한 표현이 종종 등장하는데, 그 빈도가 높지는 않은 편이다. 그러나 과거 1980년대의 경우 〈17〉 항목이 아예 등장하지 않았던 것을 고려할 때 주목할 만한 변화라 할 수 있다. 과거 1983년의 경우에는 배급도 정상적으로 이루어지고 있었으며, 당국이 배당해 주는 원자재의 부족 문제 이외에는 그다지 큰 사회적 불만요소가 존재하지 않았을 수 있다. 또한 1988년은 평양축전이라는 행사와 더불어 부분적인 개방 노력 및 새로운 문화 요소에 관심이 집중되고 있었던 시기이다. 또한 사회 규범과 법질서에 대한 기본적인 존중이 인정되고 있었으며, 행사와 관련된 사회적 동원이 적극적으로 이루어져 사회적 일탈의 수준이 비교적 낮았다. 그러나 1993년이 되면 불충분한 배급, 사회·경제적인 욕구 불만 등이 누적되어 부분적으로 표출되기 시작하게 된다. 그러나 여전히 강력하게 존재하는 사회 통제 기제로 인해, 북한 주민들과 새세대들의 스트레스 해소 창구가 담배, 술 등에 집중되었을 가능성도 있다.

1993년에 사용된 〈18〉 '국가사회재산' 관련 기사들은 대부분 부정적 기사 중심으로 나타난다. 이 역시, 이전 1980년대에는 〈18〉 항목을 '절약'과 '애호 관리' 위주로 설명하였다는 것과 비교해 볼 때 특징적인 변화라 볼 수 있다. 1980년대의 경우에는 '나태, 안일'을 부리고 과업 수행에 있어서 '뒤로 물러서는' 등의 부정적 행위들이 주로 지적되었다. 즉 1980년대의 경우 부족한 에너지와 원자재를 '우에서 보장'해 줄 것을 기다리면서 소극적인 무사안일의 태도 유형이 자주 나타났다. 이에 대응하여 북한 당국은, '우에서 대주면 좋고, 대주지 않아도 하는' 마음가짐을 가지고 노동할 것을 강조하며, 부족한 에너지와 자재를 스스로 절약하고 예비를 마련할 것을 강조하게 된다.

그러나 1993년의 경우 식량 배급 체제가 동요하기 시작하면서, 기본적인 물질적 욕구 충족이 불충분하게 이루어져 불만이 누적되는 시기이다. 따라서 앞서 살펴본 바와 같이 〈10〉 '돈, 물질'에 대한 관심이 급격히 증대되게 되었다. 또한 당국에 대한 순종의 반대급부로서 주어지던 식량 배급이 불충분해지자, 스스로의 힘으로 식량문제를 해결하는 과정에서 '개인주의'적인 노력이 중요하게 인식되기 시작하였다. 또한 당원으로서의 정치적 명예보다는 장사 등을 통한 물질적 성공이 보다 중요하고 긴급한 역할을 하게 되면서, 자신의 욕구 충족을 위해 국가 규범에 대한 순종이 부분적으로 약화되었을 수 있다.

이러한 배경 가운데 1993년의 시기에는 '국가재산'을 절약하고 애호 관리하여야 한다는 당국의 교양과 국가 규범에 대한 의식이 부분적으로 변화할 수 있다. 따라서 이 시기의 '국가사회재산'에 대한 태도와 관심사는 부분적으로 변화할 수 있는데, 즉 자신의 물질적 이익을 얻기 위한 '절취', '략취'의 대상물로 국가 재산을 바라보는 경향이 늘어나고 있다. 이에 따라 '국가와 사회재산을 탐오낭비'하거나, '공동재산으로 제 리속을 차리며 국가물건을 가지고 낯내기를 하는 등'의 부정적 행위에 대한 지적도 나타난다. 북한 당국은 이러한 절취 행위들은 '비사회주의적 현상'으로 파악하면서, 집단주의에 배치되는 '개인주의' 사상으로 인해 발생하는 문제라고 비판한다. 예컨대 "개인주의 사상에 물젖어 남이야 어떻게 되든 자기 한 사람이 안일과 향락만을 추구하면서 국가재산이나 남의 물건에 마음대로 손을 대고" 있는 것이라는 식이다.

한편 1998년의 경우에는 〈16〉 '뒤떨어진 청년, 과오, 말썽꾼'에 대한 언급의 비율과 일탈의 수준이 모두 증가하게 된다. 하나의 기사 내에 다양한 가치 항목들이 복합적으로 제시되는 특성을 지니는 1998년 기사의 특성상, 〈16〉 항목이 등장하는 기사의 빈도 자체는 1993년보다 낮다. 그러나 전체 가치 항목 기사 중 〈16〉이 차지하는 비율은 증가하고 있으며, 행위 수준 역시 보다 부정적인 특성을 보인다. 1993년의 기사에서는 〈16〉의 등장 횟수는 많지만 대부분의 경우 '뒤떨어진 청년'이라는 표현에 그친 경우가 많았으며, 구체적인 일탈의 행위가 묘사되는 경우는 비교적 적었다. 그러나 1998년의 경우에는 그저 '뒤떨어진' 행동이 아니라, 적극적으로 사회 질서를 문란하게 하는 법적, 도덕적 과오를 행하는 청년에 대한 지적이 자주 발견된다. 예컨대, '패싸움, 주먹질' 등과 같은 표현도 자주 나타나며, 사회 질서를 문란하게 하는 근본적인 과오를 범함으로써 '교양 대상자'로 전락하였다는 식의 표현까지 등장한다.

이상과 같은 맥락에서 1998년에는 〈17〉'술판, 담배판, 먹자판' 등의 항목도 그 어느 시기보다 비중이 높게 나타나고 있다. 이는 1990년대 중반의 이른바 '사회주의 고난의 행군'을 지나면서 인간의 가장 기본적인 생리적 욕구 충족이 어려워진 것과도 관련이 있다. 이러한 상황에서는 주민과 새세대의 일차적인 관심은 하루하루 먹고 즐기는 수준에 고착될 가능성이 있다. 또한 이와 같이 장기간에 걸쳐 욕구 불만이 누적되면서, 별다른 스트레스 해소 방법을 지니고 있지 못한 북한 새세대의 경우 이러한 〈17〉 항목의 증가로 귀결될 수밖에 없다.

뒤에서 살펴보겠지만, 1998년은 정치·경제·사회·문화적 측면에서 다양한 변화가 발견되는 시기이다. 특별히 배급제를 비롯하여 기본적인 욕구 충족을 보장해 주지 못하면서 당국의 권위가 실추되면서, 사회 통제력이 약화되고 전반적인 사회 질서의 이완이 드러나는 경우가 많다. 이러한 사회 기강의 해이 현상으로 인해 위에서 제시된 바와 같이 〈16〉'과오, 말썽'을 부리는 청년들의 사회 범죄가 증가하고, 새세대의 의식이 '먹고 즐기는 것'에 고착되어 〈17〉'술판, 담배판, 먹자판' 등을 벌이는 것을 비판하는 기사도 증가했다.

이러한 사회 기강의 해이는 〈18〉'국가사회재산'에 대한 태도에도 영향을 미칠 수 있다. 따라서 1998년의 〈18〉 항목이 사용되는 맥락 역시 '국가사회재산'에 대한 애호관리나 절약에 대한 관심보다는, '공공물 절취'에 초점이 맞추어지는 추세가 계속된다. 따라서 1998년에 들어오면서 새세대의 가치 항목이 드러난 전체 기사 중 〈18〉 '국가사회재산'과 관련된 일탈 행위에 대한 지적이 차지하는 비율이 더욱 증가하고 있다. 이를 정리하면 다음 〈표 10-2〉와 같다.

〈표 10-2〉 규범적 가치관 항목 취급 기사(연도별)

항목	1983년		1988년		1993년		1998년	
	개념을 언급한 기사 수	전체 기사에 대한 비율(%)	개념을 언급한 기사 수	전체 기사에 대한 비율(%)	개념을 언급한 기사 수	전체 기사에 대한 비율(%)	개념을 언급한 기사 수	전체 기사에 대한 비율(%)
〈16〉	9	3.7			62	15.6	13	18.1
〈17〉					10	2.5	5	6.9
〈18〉	31	12.6	5	7.0	10	2.5	3	4.2
합	45편	16.3%	5편	7.0%	82편	20.6%	21편	29.2%
총계		246편		71편		398편		72편

(2) '공산주의도덕기풍'의 약화

우선 1980년대와 1990년대에 나타난 〈도덕적 측면〉의 기사 변화 추세를 살펴보면, 최근으로 올수록 〈도덕적 측면〉에 대한 지적이 감소하고 있음을 확인할 수 있다.[90] 북한 '새세대'의 가치 항목을 드러내는 전체 기사에서 〈도덕적 측면〉이 차지하는 비율은 1980년대에는 27.2%에서 1990년대

---

90) 이 시기에 이루어진 〈도덕적 측면〉의 내용 분류는 다음과 같다.

〈19〉 인사, 예의 자리양보, 례의도덕, 친절, 웃사람 존경
〈20〉 공산주의 도덕규범, 도덕기풍, 도덕교양, 사회주의적 생활양식
〈21〉 교통도덕, 공중도덕, 고속도로, 준법의식
〈22〉 언어예절

에는 19.4%로 다소 감소하고 있다. 구체적으로는 〈20〉 '공산주의도덕기풍'
을 총체적으로 언급하는 기사 지적은 약간 증가하고 있으나, 이러한 '공산
주의도덕기풍'에 대한 세부적 내용과 관련된다고 볼 수 있는 구체적인 언
급들은 급격히 감소한다. 예컨대 〈19〉 '인사, 예의범절, 친절', 〈21〉 '교통
도덕, 준법의식, 공중도덕', 〈22〉 '언어예절' 등의 세부 항목들은 최근으로
올수록 언급의 빈도와 비중이 크게 줄어들었다.

　우선 1980년대에는 〈도덕적 측면〉에 대한 당국의 교양 초점이 주로 '공
동체적 질서 유지와 법질서 준수' 등에 맞추어져 있다. 즉 정치·경제·사
회·문화 등의 총체적인 문제가 발생하는 1990년대의 경우와는 달리,
1980년대의 기사에서는 비교적 단순한 차원의 도덕교양을 시도한다. 특별
히 1980년대는 〈21〉 '공중도덕, 준법의식'을 가장 강조하고 있으며, 이는
이후 1990년대와의 가장 큰 차이를 보이는 항목이기도 하다. 구체적으로
는 '공산주의 법무생활'에 힘쓰고 법 준수에 힘쓸 것, 혹은 평양축전을 위
해 방문하는 외국인들과 관련하여 '공중도덕'을 잘 지켜 모범을 보일 것을
강조하는 경우 등이 빈번하게 나타난다.

　같은 맥락에서 1980년대에는 〈19〉 '친절'과 '례의도덕'도 이후 1990년대
에 비해서 비교적 높은 비중을 차지했다. 대부분의 〈19〉 항목은 위에 제
시된 〈21〉의 경우와 마찬가지로, 조선을 방문하는 외국인들을 의식하면서
교양되는 경우가 많다. 이외에 특징적인 것은 '웃사람에 대한 예절'을 다
할 것을 강조하는 경우도 종종 나타나는데, 이러한 강조점에는 정치적인
의도가 가미되었을 가능성이 있다. 즉 1980년대는 「로동청년」에 등장하는
교시가 김일성의 교시에서 김정일의 교시로 변화되고 있는 시기이다. 따
라서 이러한 '웃사람에 대한 예절'의 강조가, 북한의 1980년대 새세대들이
경로효친 정신이 약화되었기 때문에 강조되는 것으로 해석하는 것은 무리
가 있다고 여겨진다.

　반면 1990년대는 극심한 대내외적인 환경 변화를 경험하면서 복합적인

문제가 총체적으로 발견되는 시기이다. 이에 따라 공산주의도덕교양 역시 단순히 '도덕적 측면'에만 그치지 않고, 사상·경제·사회·문화 등의 복합적인 측면과 연결되어 이루어지는 특성을 보인다. 예컨대 1990년대에는 경제적 곤란으로 인해 북한 새세대의 '물질'적 관심이 증대되고, 사상문화적 침투 가운데 특별히 경계하고 있는 '비사회주의적 현상' 및 새세대의 욕구 불만과 관련된 '불량행위'의 증가가 특징적이다. 또한 1990년대의 특징이라 할 수 있는 사상적 약화 현상을 감안할 때, 기본적인 사상 의식이 고양되어야만 '도덕성'의 증진이 가능할 것으로 당국이 인식한 것으로 보인다.

이에 따라 1990년대에 강조되는 도덕 교양의 큰 틀은 1980년대와 동일하지만, 복합적인 차원의 교양이 서로 관련되어 제시되는 경향이 있다. 이러한 통합적 경향에 따라 교양이 시도됨에 따라, 도덕성 차원에서 요청되는 개념들을 총칭하는 차원의 〈20〉 '공산주의도덕기풍'이 가장 강조되는 용어가 된다. 반면 그 하위에 세분화되어 제시되는 〈19〉, 〈21〉, 〈22〉 등의 항목의 비중은 오히려 줄어들게 된다. 구체적으로는 〈21〉 공중도덕, 준법의식 등에 대한 강조는 급격히 떨어졌으며, 〈19〉 인사 및 예의도덕 항목 역시 감소하였다. 1980년대와 1990년대의 빈도 비교는 다음 표 〈11-1〉과 같다.

〈표 11-1〉 도덕적 가치관 항목 취급 기사(1980년대, 1990년대)

항목	1980년대			1990년대		
	개념을 언급한 기사 수	전체 개념 항목에 대한 비율(%)	전체 기사에 대한 비율(%)	개념을 언급한 기사 수	전체 개념 항목에 대한 비율(%)	전체 기사에 대한 비율(%)
〈19〉 인사, 친절	20	3.5	6.3	16	1.6	3.4
〈20〉 도덕기풍	28	4.9	8.8	53	5.1	11.3
〈21〉 공중도덕	32	5.6	10.1	15	1.5	3.2
〈22〉 언어예절	6	1.1	1.9	7	0.7	1.5
합	86편	15.1%	27.2%	91편	8.8%	19.4%
총계		569개	317편		1031개	470편

구체적 연도별로 살펴보면, 1983년은 새세대의 가치관을 드러내는 전체 기사 중 〈도덕적 측면〉이 차지하는 비중이 10.6%에 불과하다는 특징을 보인다. 1983년의 경우에는 〈20〉 '공산주의적 도덕교양'의 목표 역시 주로 '낡은 생활풍습'과 '낡은 도덕'을 극복하는 데 집중된 시기이다. 따라서 하위 항목 중에서는 〈21〉 '공중도덕 및 준법의식'과 관련된 항목이 가장 높은데, 구체적으로는 '국가의 질서를 엄격히 지키고 위법행위를 근절'할 것을 강조하는 식이다. 또한 이 시기에는 '혁명적인 사회주의적 생활양식'을 확립할 것을 중시하며, '혁명적 경각성'을 가지고 국가의 법 규범을 엄격히 지킬 것을 강조한다. 이외에도 〈19〉 '예의도덕과 친절'에 대한 강조도 종종 나타나는 반면, 〈22〉 '언어예절'은 단 한 번 등장할 정도로 미미한 비중을 차지한다.

그런데 1988년이 되면 이러한 〈도덕적 측면〉의 강조가 두드러지게 되는데, 이는 1983년과 1993년 시기와 각각 비교해 보더라도 상당히 특징적이다. 1988년에 북한 새세대의 가치관을 드러내는 전체 기사 중 〈도덕적 측면〉이 차지하는 비중은 84.5%나 된다. 이를 달리 말하면, 새세대의 가치관을 드러내는 1988년의 기사 10개 중 8개 이상에서는 〈도덕적 측면〉의 교양 기사가 포함되어 있다는 것을 의미한다. 이는 1983년의 10.6%, 1993년의 18.1%, 1998년의 26.4%와 비교해 보았을 때 매우 돌출적인 특징을 보이고 있다. 만일 1988년의 기사 비중을 제외한다면, 이러한 〈도덕적 측면〉에 대한 기사의 비중은 최근으로 올수록 지속적인 증가 추세를 보이는 것으로 해석할 수 있다. 따라서 1988년의 대내외적 환경 요소를 고려하여, 1988년에 이러한 돌출적인 기사 빈도의 증가가 나타난 배경을 살펴보는 것이 필요할 것이다.

1988년의 이러한 기사 빈도의 증가는 제13차 세계 청년학생축전을 앞두고 있는 것과도 관련이 있다. 따라서 언론 매체를 통해 부정적 기사들을 직접 지적하는 대신, '긍정'으로 '부정'을 감화하려는 방식을 취하고자 하였다. 따라서 북한 새세대와 관련된 부정적인 사례를 직접 제시하는 경우가 극히 드물며, 긍정적 사례를 통해 모범을 삼고 따르도록 교양하는 경우가 많다. 새세대의 부정적 가치관이나 태도와 관련된 사례를 제시하는 경우에라도, 직접적인 표현 대신 보다 완곡해진 표현을 사용하는 경우가 많다. 이러한 1988년의 기본 방침은 앞서 살펴본 바와 같은 〈규범적 측면〉에서 제시되는 '일탈 행위'들의 빈도가 낮아지게 되는 결과를 초래했으며, 반면 〈도덕적 측면〉과 같은 완곡한 표현 형태를 취하는 기사의 빈도가 높아지게 하였을 가능성이 있다. 이러한 배경적 요인 및 당국의 교양 방식의 부분적인 변화로 인해, 1988년 기사에서는 〈도덕적 측면〉과 관련된 항목 전체가 매우 중요시되었다고 볼 수 있다.

이러한 변화는 1988년 〈도덕적 측면〉의 하위 세부항목 모두가 고르게 강조되게끔 하는 요인으로 작용한 것으로 보인다. 가장 높은 빈도를 차지하는 〈20〉 '공산주의도덕교양' 항목의 경우, 그 비율이 1983년 2.0%에서 1988년에는 21.1%로 증가하는 등 열 배 이상의 높은 증가율을 보인다. '낡은 사상'의 잔재를 극복하는 데 관심을 두었던 1980년대의 특징을 따르는 가운데, 도덕 교양 과정에서 '낡은 사상'을 극복하고 새로운 '사회주의적 생활양식'을 확립해야 한다는 표현도 자주 등장하는 편이다. 또한 〈21〉 '공중도덕'과 〈19〉 '인사, 예의, 친절' 등에 대한 강조 추세는 1983년과 마찬가지로 계속 이어진다. 특별히 〈22〉 '언어예절'과 관련된 표현의 경우 1983년에 비해 급격히 증가하고 있는 특성을 보인다.

한편 1993년은 〈도덕적 측면〉 중에서는 〈20〉 '공산주의도덕기풍'이 가장 높은 빈도인 것은 1980년대와 유사하지만, 1988년에 비해서는 다소 감소하였다. 그러나 앞서 제시한 바와 같이 1988년의 경우를 예외적으로 보았을 때는 1980년대에서 1990년대로 올수록 〈20〉 항목의 비율은 꾸준히 증가하는 것으로 볼 수 있다. 반면 〈19〉 '예의도덕, 친절'과 〈21〉 '공중도덕, 법 준수' 등의 비율은 1988년은커녕 1983년보다도 다소 낮게 나타난다.

〈22〉 '언어예절' 항목의 빈도는 전체적으로는 매우 낮은 편이지만, 1988년을 예외로 할 경우 1983년 이후 1998년까지 꾸준한 증가 추세를 보이는 항목이 된다.

1993년 기사에서 '공산주의 도덕교양'이 사용되는 맥락은 그 하위에 다양한 세부적 도덕규범들을 포함하여 제시하는 부분에 있어서 1980년대와 크게 다르지 않다. 반면 1990년대로 넘어오면서 발생한 대내외적 상황 변화에 대응하는 가운데, 북한 사회 내에서 새로이 중요해지는 태도 등이 추가되면서 세부 내용은 좀더 구체화된다. 예컨대 1993년의 〈도덕적 측면〉 기사는 1990년대의 특징적인 〈10〉 '물질, 돈, 황금'에 대한 관심의 증가 및 〈16〉 '청년 과오, 말썽꾼, 사회 질서 문란' 등의 증가 추세와 맥을 같이하며 제시된다. 따라서 1993년에는 단순한 슬로건 차원에서 '공산주의 도덕기풍'을 강조하는 것이 아니라, '물질주의' 및 '사회범죄' 등과 관련된 구체적인 교양 의도가 포함되어 있는 것으로 보인다.

구체적으로는 〈21〉 '공중도덕, 준법' 등을 넘어서서 '교통도덕, 출근, 약속' 등의 내용까지 등장하는 등 세부적인 태도나 행위들에 대한 지적이 등장한다는 것도 특징이다. 또한 기사를 통해 새세대들에게 요구되는 교양 내용 자체가 이전 1980년대에 비해 매우 기초적인 수준의 도덕으로 퇴보하기도 한다. 예컨대 이전 1980년대에는 '공중도덕, 준법' 등의 비교적 공적이고 조직적인 형태와 관련된 도덕적 행위를 강조했다. 그러나 1990년대가 되면 이러한 공적인 윤리보다는, '인사, 웃어른 존경, 예의범절, 친절' 등의 보다 기초적인 윤리 사항에 대한 강조가 두드러진다는 것도 특징이다.

한편 1993년에는 새세대들의 부정적 행위 사례가 증가하면서, 이를 어기는 청년들에 대해 적극적인 교양을 벌일 것을 강조한다. 더 나아가 단순한 처벌이나 격리 등이 아니라 '조직으로의 포섭'에 힘쓸 것을 강조하는 등 부분적인 변화를 보이고 있다. 이 시기에 중시한 것이 '긍정 감화' 방식으로, '전국 공산주의미풍선구자대회'를 개최하여 다양한 공산주의적 미풍을 소개하고 토론을 벌이기도 했다. 이러한 과정에서 공중도덕과 사회질서를 위반하는 새세대들의 구체적인 행위들이 세세하게 제시되기도 한다.

1980년대 말부터 강조해 왔던 '긍정 감화'를 중시하는 교양 방식은 1998년에도 계속 이어진다. 예컨대 당국은 「청년전위」 2면에 주로 등장하는 '공산주의도덕교양실' 기사란을 통해 적극적인 청년 교양에 나서고 있다. 그런데 1998년에서 특기할 만한 것은 이전과 같은 단순한 방식의 긍정 감화에 그치지 않고, 오히려 일상생활에서 발견되는 새세대들의 부정적 사례에 대한 언급이 자주 발견된다는 것이다. 즉 1998년 기사들에서는 북한 당국이 강조하는 〈21〉 '공중도덕, 준법'에서 벗어난 새세대들의 비도덕적 행위들을 있는 그대로 드러내는 경우가 많다.

반면 이전 시기까지 강조되던 〈20〉 '공산주의도덕기풍'은 1998년에 들어와 그 빈도가 다소 낮아졌다. 이는 앞서 제시한 바와 같이, 1998년에는 공적 윤리보다는 사적인 윤리적 행위에 대한 지적이 늘어나는 경향이 있다. 즉 언론 매체에서 주로 지적되는 기사 내용이 이전 시기에 비해 좀더 기초적인 도덕 수준으로 떨어지게 된 것과 관련된다. 이에 따라 이전 시기까지 복합적 개념으로 강조되어 오던 '공산주의도덕기풍'의 빈도는 낮아지고, 상대적으로 단순하고 세부적인 하위 항목들이라 할 수 있는 〈19〉 '인사, 예의도덕, 친절' 등의 빈도는 오히려 높아지고 있다. 같은 맥락에서 〈22〉 '언어예절'의 빈도도 1993년보나 높아졌나. 〈노녁석 측년〉의 연노별 빈도 비교는 다음 〈표 11-2〉와 같다.

〈표 11-2〉 도덕적 가치관 항목 취급 기사(연도별)

항목	1983		1988		1993		1998	
	개념을 언급한 기사 수	전체 기사에 대한 비율(%)	개념을 언급한 기사 수	전체 기사에 대한 비율(%)	개념을 언급한 기사 수	전체 기사에 대한 비율(%)	개념을 언급한 기사 수	전체 기사에 대한 비율(%)
〈19〉	5	2.0	15	21.1	9	1.5	7	9.7
〈20〉	7	2.9	21	29.6	48	12.1	5	6.9
〈21〉	13	5.3	19	26.8	11	2.8	4	5.6
〈22〉	1	0.4	5	7.0	4	1.0	3	4.2
합	26편	10.6%	60편	84.5%	72편	18.1%	19편	26.4%
총계		246편		71편		398편		72편

4. 문화적 측면: 자유주의 가치관의 확산

우선 1980년대와 1990년대에 나타난 〈문화적 측면〉의 기사 변화 추세를 살펴보면.[91] 최근으로 올수록 〈문화적 측면〉에 대한 지적이 증가하고 있음을 확인할 수 있다. 북한 '새세대'의 가치 항목을 드러내는 전체 기사에서 〈문화적 측면〉이 차지하는 비율은 1980년대에는 27.1%에서 1990년대에는 44.7%로 급격히 증가하고 있다. 이를 달리 말하면, 북한 새세대의

---

91) 위 표에서 사용된 가치 항목은 다음과 같다.

〈23〉 황색바람, 황색풍조, 황색물, 황색먼지, 황색병균
〈24〉 양풍, 미국식 생활양식, 날라리풍, 왜색왜풍, 이색적, 우리 식이 아닌
〈25〉 록크, 쟈즈음악, 녹화물, 유희집, 라체무용단, 색정적인 그림
〈26〉 퇴폐, 부패타락, 말세기적, 부화방탕, 패륜패덕, 유흥
〈27〉 자유화, 자유주의
〈28〉 옷차림, 몸단장, 몸가짐, 머리단장, 신발차림
〈29〉 청소, 향토꾸리기, 위생, 생산문화, 생활문화

가치관을 반영하는 기사들 중 거의 반수 가까이가 〈문화적 측면〉을 의미하는 가치 항목을 포함하고 있다는 것을 의미한다.

1980년대는 전체적으로 〈문화적 측면〉의 기사 수가 매우 적은 편이다. 〈28〉'옷차림, 머리단장' 및 〈29〉'위생, 생활문화' 등의 일상적 문화생활의 측면을 제외하고는, 대부분의 항목에서 1990년에 비해 월등히 낮은 빈도를 보인다. 가장 특징적인 항목은 〈23〉'황색풍조, 황색바람'으로서, 이는 1990년대에는 가장 주목받는 항목인 반면 1980년대 기사에서는 아예 등장하지 않고 있다. 한편 1980년대 기사에서도 빈도는 낮지만 '퇴폐, 타락, 록크음악, 자유주의' 등의 개념들이 등장하고 있는데, 1980년대에도 이러한 외부 정보나 문화 요소들의 부분적 유입이 존재하고 있다는 것을 감지할수 있다. 그러나 북한 당국은 1980년대까지는 이러한 외부 문화의 영향력이 북한 새세대의 문화적 가치관을 타락하게 할 만큼 심각한 것으로 여기지 않았던 것으로 보인다.

〈24〉'이색적 요소, 왜색왜풍, 양풍, 날라리풍' 항목과, 〈25〉'록크, 쟈즈 음악' 항목은 1980년대에 등장하기는 하지만 매우 드문 편이다. 이러한 개념들이 등장하는 경우에도 거의 대부분이 남조선과 미국 등의 자본주의 국가를 비판하는 용도로 사용되었다. 그러나 자본주의 비판의 용도로 이러한 항목들을 지나치게 자주 사용할 경우, 북한 새세대들의 호기심을 자극하거나 외부의 문화 요소에 대한 정보 제공의 역기능을 할 위험도 있다. 따라서 1980년대 기사에서 자본주의 비판의 용도로 더 자수 사용되는 항목은 〈26〉'퇴폐, 부패, 부화타락, 방탕, 패륜패덕' 등이라 할 수 있다. 이러한 〈26〉 항목은 자본주의 국가의 말세기적인 타락상을 비판하기 위한 용도로 1980년대 기사에서 상당히 반복적으로 등장하고 있다.

한편 〈27〉'자유화, 자유주의' 항목은 1980년대에서 1990년대로 오면서 부분적인 개념 변화가 나타나는 항목이다. 즉 1980년대 기사에서 '자유주의'라는 개념은 문화적 측면의 개념으로서가 아니라 주로 〈조직 생활 측면〉 혹은 〈사회적 측면〉과 관련되는 개념으로 사용된 경우가 많았다. 즉 조직 생활에 충실하지 않고 '자유주의'를 부린다는 표현이 등장하는데, 여기서의 '자유주의'는 문화적 개념이 아니라 '안일과 해이'와 관련된 〈조직 생활 측면〉의 개념에 가깝다고 볼 수 있다. 또한 이러한 조직 이탈의 경향이 확산되고 강화되면서, 집단의 규범에서 이탈하여 '사회 질서를 문란케 하는 행위'와 관련되어 '자유주의' 개념이 사용되기도 한다.

한편 1980년대에 특징적인 것은 〈28〉 '옷차림, 몸단장, 머리단장' 및 〈29〉 '청소, 위생, 생활문화' 등 일상적인 생활 문화 차원의 개념이 높은 빈도를 차지한다는 것이다. 예컨대 〈28〉 '옷차림, 머리단장' 항목의 경우 1980년대의 단일 항목으로 가장 높은 빈도를 자랑하고 있다. 이는 특히 평양축전을 앞두고 있는 시점인 1988년에 '현대적 미감'을 강조하는 과정에서 집중적으로 등장했던 항목이기도 하다. 〈29〉 '위생, 생활문화' 항목의 빈도가 1980년대에 높다는 것도 이러한 개체 위생에 대한 당국의 관심과 관련하여 살펴볼 수 있다.

그런데 1990년대로 들어오면 〈문화적 측면〉에 대한 기사 수가 급증하게 되며, 사용되는 맥락과 표현 방식도 보다 구체화되고 다양해진다. 1990년대 〈문화적 측면〉 기사에서 가장 특징적인 것은 〈23〉 '황색풍조, 황색바람' 항목이다. 이 항목은 1980년대에는 아예 등장하지 않았으나, 1990년대에는 상당한 정도로 빈도 증가가 나타난다. 또한 1990년대에는 '황색바람'의 빈도 증가뿐 아니라, 당국이 인식하는 위험성과 중요도 역시 크게 증가한 항목으로 보인다. 예컨대 '황색바람'을 아예 사설 제목에 포함하여 부각시키는 기사도 있으며, 한 기사 내에서 처음부터 끝까지 강도 높은 비판을 반복하는 기사도 자주 나타난다.

이외에도 〈24〉 '양풍, 날라리풍, 왜색왜풍, 미국식 생활양식' 역시 1990년대 들어서서 급격한 증가를 보이는 항목이다. 특히 '날라리풍'이라는 개념은 단순히 문화적 측면의 개념으로 사용되는 것이 아니라, 사회적 측면과 조직생활 측면에서도 두루 사용되고 있는 개념이기도 하다. 예컨대 사회주의가 좌절된 동구 유럽 청년들의 타락상을 설명하는 과정에서 '수정주의 날라리풍'이라는 개념이 등장하기도 한다. 반면 '조직생활에서 날라리를 부리는' 새세대 청년에 대한 비판과 같이, 〈조직 생활 측면〉에서 사용되는 경우도 있다.

1990년대 기사에서 가장 높은 빈도를 보인 항목은 〈26〉 '퇴폐, 부패타락, 패륜패덕' 항목이다. 1980년대의 경우에도 〈28〉 '옷차림, 머리단장' 항목을 제외하고는 〈26〉 항목이 가장 높은 빈도를 보였으나, 1990년대에는 전체 〈문화적 측면〉 기사에서 가장 중시되는 개념으로 사용된다. 이는 1980년대 말 이후 발생한 사회주의권의 붕괴와 관련하여 고려할 수 있다. 즉 '사회주의가 좌절된 나라'들의 청년들의 대다수가 제국주의의 사상문화적 침투로 인해 부패타락하게 되었으며, 이로 인해 "조상들이 피로 얻어낸 사회주의 전취물들을 헌신짝버리듯 줴버렸다"고 경계하는 식이다. 이처럼 동구 공산권을 비난하는 용도로 〈26〉 항목이 사용된 경우가 많았으나, 간혹 출판물이나 영화, 자본가들의 생활 방식 등을 비난하는 용도로 사용된 경우도 존재한다.

한편 〈27〉 '자유화, 자유주의' 항목은 1990년대 이후 〈26〉 항목과 거의 비슷한 빈도를 보일 정도로 중시되는 항목이다. 특히 〈27〉 항목은 1980년대의 경우에는 비교적 그 사용 빈도가 낮았다는 것을 고려할 때, 1990년대 이후 더욱 큰 증가 추세를 보인 항목이라고 볼 수 있다. 또한, 1980년대에는 '자유주의' 개념을 '비조직성, 무규율성'과 상통하는 〈조직 생활 측면〉 및 〈사회적 측면〉의 개념으로 사용한 경우가 많았다. 그러나 1990년대에는 '자유주의' 개념 사용에 있어서 부분적인 맥락의 변화가 나타난다. 즉 1990년대 이후 기사에서는 동구 사회주의 국가의 청년들을 타락의 길로 내몰게 한 가장 엄중한 후과(後果)를 지니는 개념으로 비판하기 위한 차원에서 '자유주의' 개념이 사용된다. 또한 1990년대에는 이러한 '자유주의' 항목이 주로 〈문화적 측면〉을 지칭하는 데 사용되고 있다는 것도 특징이다. 1980년대와 1990년대의 빈도 비교는 다음 〈표 12-1〉와 같다.

〈표 12-1〉 문화적 가치관 항목 취급 기사(1980년대, 1990년대)

항목	1980년대			1990년대		
	개념을 언급한 기사 수	전체 개념 항목에 대한 비율(%)	전체 기사에 대한 비율(%)	개념을 언급한 기사 수	전체 개념 항목에 대한 비율(%)	전체 기사에 대한 비율(%)
〈23〉 황색바람				22	2.1	4.7
〈24〉 이색적	5	0.9	1.6	38	3.7	8.1
〈25〉 록크음악	6	1.1	1.9	13	1.3	2.8
〈26〉 퇴폐	17	3.0	5.4	56	5.4	11.9
〈27〉 자유주의	10	1.8	3.2	53	5.1	11.3
〈28〉 옷차림	35	6.2	11.0	25	2.4	5.3
〈29〉 위생	13	2.3	4.1	3	0.3	0.6
합	86편	15.1%	27.1%	210편	20.4%	44.7%
총계		569개	317편		1031개	470편

구체적 연도별로 살펴보면, 1983년은 〈문화적 측면〉에 대한 기사 자체가 상당히 적은 편이다. 특히 〈23〉 '황색바람, 황색풍조'에 대한 기사는 등장하지 않는다. 이를 통해, 북한 당국이 '황색바람'에 대한 문제 인식을 1980년대까지는 그다지 심각하게 갖지 않았던 것으로 보인다. 〈27〉 '자유화, 자유주의' 개념은 이후 1988년에 비해서 비중이 높은 편인데, 앞서 제시한 바와 같이 1983년의 시기에는 〈문화적 측면〉에서보다는 〈조직 생활 측면〉 및 〈사회적 측면〉으로 사용된 경우가 많다. 예컨대 〈6〉 '나태, 안일'을 부리고자 하는 청년들의 태도를 '자유주의를 부리는' 행위로 묘사하기도 하며, 혹은 조직의 규범에 충실하지 않고 자신의 편안함을 찾고자 하는 행위와 관련하여 제시되기도 한다.

또한 1983년의 특징은 이러한 〈문화적 측면〉의 개념들이 드물게 사용될 뿐 아니라, 사용되더라도 그 비판 대상이 북한 새세대가 아니라 주로 미제국주의나 남조선에 국한되어 이루어지는 경우가 많다. 같은 맥락에서 항목 〈24〉의 '썩어빠진 양키문화, 미국식 생활양식' 등의 지적이 드러나는 기사는 종종 등장하고 있다. 〈26〉 '부패타락, 부화방탕' 등의 개념 역시 미국 등의 자본주의 사회나 자본가들을 가리키는 용도로 사용된다는 것이 1983년 기사의 특징이라 할 수 있다.

한편 1988년이 되면, 〈문화적 측면〉에 해당하는 기사의 빈도가 전체적으로 약간씩 올라간다. 특히 1983년에 비해 〈24〉 '미국식 생활양식과 날라리풍, 이색적 요소' 등의 개념들의 비율이 높아진다. 이는 1989년의 평양축전 등과 관련된 부분적인 개방 정책으로 인해, 외부 사조와 정보가 유입될 가능성과 관련한 북한 당국의 경계심이 반영된 것으로 보인다. 따라서 1988년에는 당국의 대외 개방이 가져오게 될지 모를 사상문화적 침투와 그 충격에 대비하고자 하는 의도가 엿보이는 차원의 기사들이 많았다.

이러한 맥락에서 1988년에는 서구 자본주의 국가 청년들의 〈26〉 '퇴폐, 부패타락' 등에 비난이 집중되면서, 이러한 행위에 대한 집중적 교양이 시도된다. 또한 '현대적 미감'을 강조해야 하는 시기이면서도 '우리 식'에 대한 강조가 함께 이루어져야 하는 당국의 딜레마를 엿볼 수 있게 하는 기사도 종종 등장한다. 즉 민족적 정서에 맞지 않는 것은 "혁명의식이 마비되고 청년들이 나태한 생활에 빠져들어갈 수 있다."고 우려하기노 한다.

특기할 만한 것은 1983년에 비해 1988년에는 〈27〉 '자유화, 자유주의 항목'이 오히려 빈도가 줄었다는 것이다. 이는 1980년대의 '자유주의' 개념이 〈문화적 측면〉보다는 '조직에 불성실'한 태도나 '나태와 안일'과 같은 태도와 관련되어 사용되는 것과 관련될 수 있다. 즉 1988년 한 해 동안에는 축전 준비와 관련하여 북한 새세대와 주민들이 잠시나마 희망에 부풀어 있었으며, 이에 따라 사회적 불만이 누적되거나 저항의 행위로 표출되는 경우가 감소하게 되었을 수 있다. 또한 이 과정에서 강력한 사회적 동원이 이루어지면서, 상대적으로 '조직 이탈'이나 '나태, 안일'과 관련된 사회적 '무질서'가 줄어든 것으로 보인다.

〈문화적 측면〉 기사들에서 1988년의 가장 특징적인 항목은 〈28〉 '옷차림과 머리단장' 및 〈29〉 '위생, 생활문화' 등과 같은 일상적 생활 문화와 관련된 항목이라 할 수 있다. 이러한 항목들은 1988년 이전과 그 이후에 비해서 상당히 돌출적일 정도로 높은 빈도를 보인다. 특히 〈28〉 항목은 기사의 주제와 상관없이 거의 대부분의 교양 기사들에서 부분적으로라도 등장하는 경우가 많다. 또한, 구체적인 옷차림과 머리단장, 몸단장, 신발차림 등에 대한 세세한 기사를 게재하면서, '현대적 미감'과 관련하여 관심을 기울일 것을 매우 강조하고 있다. 같은 맥락에서 〈29〉 항목도 강조되는데, 옷차림과 같은 생활문화 측면과 공장 및 기업소 등에서의 생산문화 모두에서도 '위생'과 '청결'을 신경쓰도록 강조한다.

한편 1993년이 되면 1980년대의 전체적인 〈문화적 측면〉의 특징을 거의 벗어나 다양한 특징적인 변화를 보여준다. 예컨대 〈23〉 '황색바람, 황색풍조'에 대한 기사가 비교적 드물긴 하지만 조금씩 나타나고 있다는 것이 특징적이다. 이는 주로 1980년대 말 이후의 사회주의권 붕괴와 관련된 기사 내에서 등장하고 있다. 이와 같은 맥락에서 〈24〉 '미국식 생활양식과 날나리풍', 〈26〉 '퇴폐, 부패타락' 항목의 빈도 역시 증가하였다. 따라서 동구권 붕괴를 경험한 이후인 1993년의 경우에는 1980년대와는 달리, 외부의 사상문화적 침투로 인한 사회적 혼란에 대해 당국의 경계심이 크게 증가하고 있는 것으로 보인다.

또한 1993년에 특기할 만한 것은 〈27〉 '자유주의, 자유화' 항목이 급격하게 늘어나고 있다는 것이다. 1988년에는 〈28〉 '옷차림, 머리단장'과 관련된 항목이 〈문화적 측면〉 기사에서 가장 높은 빈도를 보였다면, 1993년에는 항목 〈27〉이 가장 높은 빈도를 보이는 항목이 되었다. 이 역시 동구 공산주의 나라들의 붕괴를 소개하는 과정에서, 붕괴의 원인이자 붕괴 이후 청년들의 비참한 현실에 관한 기사를 자주 싣는 과정에서 그 빈도가 높아졌다. 또한 1993년에는 〈27〉 '자유주의, 자유화'가 〈조직 생활 측면〉만이 아니라 〈문화적 측면〉으로 표현되기 시작한다는 특징을 지닌다.

1993년은 구소련과 동구 붕괴로 인한 국제적 고립과 우호무역의 감소, 누적된 제도의 모순으로 인해 경제적 위기가 가시화되기 시작하는 시기이다. 따라서 기본적인 생리적 욕구, 즉 생존을 위한 식량 문제에 보다 많은 관심이 집중되는 시기이다. 이에 따라 〈29〉 '위생, 생활문화'와 관련된 언급은 단 한 번 등장할 정도로 급격히 감소하고 있다. 예컨대 원자재의 부족으로 가동률이 낮아지기 시작하고 유휴 노동력이 발생하면서, 마을과 공장 등에서 청결과 위생 등을 강조하는 '생산문화'의 확립과 관련된 언급은 줄어들 수밖에 없다고 보인다.

한편 1993년의 〈28〉 '옷차림, 머리단장'과 관련된 지적은 1988년에 비해 그 빈도가 상당히 낮아졌다. 1988년을 제외한 다른 기간에 비해서는 아주 조금 높은 편이지만, 사용되는 맥락은 큰 차이를 보인다. 1980년대에는 '옷차림'과 관련된 기사에서는 주로 계절별로 어울리는 색깔이나 옷감에 대한 설명, 얼굴형에 맞는 옷차림 등에 대한 설명이 많았다. 혹은 축전 교양 기사들 속에서는 '우리 식'을 중시하면서도 '현대적 미감'에 맞는 옷차림에 신경쓸 것을 강조하기도 했다. 혹은 "매일 세수를 하는 것과 같이 매일 옷차림을 신경쓰고 머리를 잘 빗고 다녀야 한다"고 수상하기도 한다.

반면 1993년에 옷차림과 머리단장이 드러나는 기사에서는 주로, 외부에서 유입된 다른 나라 식의 '불건전한 생활양식'을 비판하고 교양하는 경우가 많다. 예컨대 '긴머리 청년'은 '보기도 싫다'는 처녀들의 이야기가 드러나기도 하며, 옷차림에서 '추세'나 '류행'을 따르는 경향 등을 비한다. 또한 잘못된 옷차림에 대해서도 세세한 설명을 곁들이면서, 외국식을 본 딴 짧은 치마 등은 '본래 우리 식'이 아니라면서 반복하여 비판하기도 한다. 특별히 진바지(청바지)의 해악성을 강도 높게 비난하면서, '황색문화독소를 내뿜는 제국주의 독사'라는 표현까지 사용한다.

이러한 1993년의 변화 추세는 대부분 1998년까지도 이어지는 가운데 조금씩 증가하는 특징을 보인다. 따라서 1998년에는 〈문화적 측면〉이 차지하는 비중이 상당히 늘어나 95.8%에 이르는데, 이는 새세대의 가치 특성을 드러내는 전체 기사 중 거의 대부분에서 〈문화적 측면〉의 개념들을 한 번 이상씩 포함하고 있다는 것을 의미한다. 1998년의 가장 특징적인 것은 〈23〉'황색풍조, 황색바람'에 대한 지적이 급격히 증가한다는 것이다. 1980년대에는 한 번도 나오지 않았던 '황색풍조'에 대한 지적이 1998년에는 26.4%로 증가하는데, 이는 북한 새세대의 가치 특성이 드러나는 전체 기사 4개 중 하나 이상에서 '황색풍조'라는 개념이 한 번 이상씩 등장한다는 것을 의미한다.

〈문화적 측면〉 항목의 비중이 늘어나면서 1980년대에는 극도로 낮은 빈도를 보이던 세부 항목들의 빈도도 대부분 증가하였다. 예컨대 〈24〉'미국식 생활양식, 날라리풍' 항목의 경우 이전 1993년보다도 두 배 가까이 증가했으며, 1983년보다 10배 이상 증가했다는 특징을 보인다. 같은 맥락에서 〈28〉'옷차림과 머리단장'의 비중 역시 급격히 증가하고 있는데, 생활양식과 옷차림에 있어서 외부의 사상문화적 침투에 대한 당국의 우려를 엿볼 수 있다. 또한 1998년의 경우 '고난의 행군'을 관통하고 조금씩 경제 회복이 이루어지면서, 〈29〉'위생, 청결, 생산문화, 생활문화'와 관련된 기사의 빈도가 다시 상승되고 있다.

한편 1998년의 경우 1993년에 비해 〈27〉'자유화, 자유주의' 항목의 빈도가 급격히 줄었다는 것이 특징적이다. 이는 북한 사회 내에 '자유주의'로 인한 문제점이 해결되어 더 이상 문제로 인식되지 않아서라고 보기는 어렵다. 1993년의 경우 동구권에 대한 비난의 열기가 상대적으로 높았던 시기였다. 반면, 1998년은 자본주의로 복귀한 동구권에 대해 비판을 가하기에는, 사회주의를 고수하고 있는 북한 사회가 겪고 있는 경제난이 너무도 심대하기 때문이었을 가능성이 있다. 또한 1990년대의 경우 〈27〉 항목이 〈조직생활 측면〉보다는 〈문화적 측면〉에서 사용되는 경우가 많아진 것과도 관련이 있다. 즉 동일하게 〈문화적 측면〉에 포함된 항목 중 〈23〉 '황색문화'와 관련된 표현방식이 1998년 동안 가장 부각되면서, 문화적 자유주의의 사용 빈도가 줄어들었을 가능성이 있다. 〈문화적 측면〉에 관한 연도별 빈도 비교는 다음 표 〈12-2〉와 같다.

〈표 12-2〉 문화적 가치관 항목 취급 기사(연도별)

항목	1983		1988		1993		1998	
	개념을 언급한 기사 수	전체 기사에 대한 비율(%)	개념을 언급한 기사 수	전체 기사에 대한 비율(%)	개념을 언급한 기사 수	전체 기사에 대한 비율(%)	개념을 언급한 기사 수	전체 기사에 대한 비율(%)
〈23〉					3	0.8	19	26.4
〈24〉	2	0.8	3	4.2	29	7.3	9	12.5
〈25〉	4	1.6	2	2.8	7	1.8	6	8.3
〈26〉	11	4.5	6	8.5	44	11.1	12	16.7
〈27〉	8	3.3	2	2.8	48	12.1	5	6.9
〈28〉	11	4.5	24	33.8	21	5.3	11	15.3
〈29〉	7	2.9	6	8.5	1	0.3	7	9.7
합	45편	18.3%	43편	60.6%	153편	38.4%	69편	95.8%
총계		246편		71편		398편		72편

5. 「청년전위」에 나타난 연도별 가치 변화 추세

앞서 제시된 장에서는 「청년전위」 기사에 나타난 29개의 가치 항목을 〈사상적 측면〉, 〈조직 생활 측면〉, 〈경제적 측면〉, 〈사회적 측면〉, 〈규범적 측면〉, 〈도덕적 측면〉, 〈문화적 측면〉 등으로 나누어 살펴보았다. 또한 1980년대와 1990년대의 시대별 및 연도별 빈도 분석을 통해, 각 기간별로 중심 되는 가치 항목의 빈도의 변화 추세를 파악하고자 하였다. 본 장에서는 29개의 전체 가치 항목을 대상으로 하여, 각 연도별로 가장 빈도가 높았던 가치 항목부터 가장 적게 나온 가치 항목까지 순위를 두어 비교하고자 하였다. 각 연도별로 가장 중시된 가치 항목이 무엇인지를 확인하는 과정을 통해, 그 연도에 북한 당국과 새세대가 가장 관심을 가진 가치 항목이 어떠한지를 살펴보고자 하였다.

우선 1983년의 경우에는 그 빈도에 있어서 상위 7항목 중 〈18〉 '절약, 국가사회재산 애호 관리'를 제외하고는 대부분이 〈사상적 측면〉과 〈조직 생활 측면〉에 치우쳐 있다는 특징을 지닌다. 따라서 청년 교양에 있어서 1983년의 주된 관심사는 사상성 및 조직 생활의 강화에 집중되어 있었음을 감지할 수 있다. 특별히 〈4〉 '수정주의와 사대주의, 종파주의' 등과, 이를 총칭하는 〈3〉 '낡은 사상'이라는 표현의 사용 빈도가 가장 높았다. 이는 1983년 「로동청년」 기사에서는 김일성의 혁명 력사에 대한 연재가 상당히 자주 이루어진 것과 관련된다. 이에 따라 1983년 한 해 동안 '혁명'이라는 개념이 상당히 자주 사용되게 되었으며, 이러한 혁명의 걸림돌이 되는 '낡은 사상'에 대한 지적 역시 증가하게 되었다고 볼 수 있다.

그 다음으로는 〈18〉 '국가사회재산 애호, 절약' 항목이 강조되고 있는데, 이는 1983년 당시의 경제 과업 수행 방침과 관련되는 것으로 보인다. 즉 자력갱생을 부르짖으면서 물자 절약에 힘쓰며, 자체적으로 예비를 마련하고 노동력을 고취하는 등의 동원책에 치우쳐 있었음을 의미한다. 1983년에는 〈18〉 항목의 초점이 '청년절약창고' 등을 마련하고 원자재와 시설물을 아끼자는 데 맞추어지며, 1990년대와 같은 국가사회재산에 대한 '절취'에 대한 지적은 거의 드러나지 않는다. 한편 이러한 '절약'과 '애호 관리' 정신은 '국가 재산의 국유·공유'를 중시하는 사회주의 체제에 대한 확고한 신념을 지닐 때 가능한 것이기 때문에, 〈18〉 항목 역시 넓은 의미에서는 사상적 측면에 대한 강조점과 상통하는 측면이 있다고 볼 수 있다.

다음으로는 북한 새세대와 교양 일꾼들에 대한 교양 목표가 〈조직 생활 측면〉에 집중된다. 〈7〉 '형식주의, 보수주의, 소극성, 주인의식 부재' 항목은 1983년에 특히 강조되는 특징을 보이는데, 이는 사회주의 체제와 같은 대규모의 집단 내에서 나타날 수 있는 관료주의적 병폐와 관련되는 것으로 보인다. 또한 '주인답지 못한' 행위는 에너지와 자재를 '알뜰하고 깐지게' 사용할 줄 모르거나, 난관에 봉착한 과업을 적극적으로 수행하려 들지 않고 자포자기하는 경우를 포함하여 등장하는 개념이다. 이와 관련하여 〈8〉 '요령주의, 조건타발, 흥정' 등의 개념도 매우 자주 등장한다.

〈표 13-1〉 1983년 가치관 항목의 취급빈도 순위

순위	항목	항목별 내용	전체 기사에 대한 비율(%)
1	〈4〉	수정주의, 교조주의, 사대주의, 허무주의, 종파주의	17.5
2	〈3〉	낡은 사상	13.0
3	〈18〉	공공물과 국가사회재산의 애호 관리	12.6
4	〈7〉	무관심, 무책임, 형식주의, 소극성, 주인답지 못한.	11.8
5	〈8〉	요령주의, 조건타발, 말공부, 흥정, 5분열도함	11.0
6	〈6〉	불성실, 출근 안함, 권태, 나태, 안일, 해이, 편안	10.6
7	〈9〉	무력, 시무룩, 울상, 찡그림, 뒤구멍, 패배주의	9.8
8	〈10〉	황금만능, 물욕, 돈, 재물, 물질, 금전, 농민시장	8.1
9	〈5〉	비조직성, 무규율성, 총화에 빠짐, 반발심	6.9
10	〈15〉	나, 개인주의, 이기주의, 개인의 리익, 공명	5.7
11	〈21〉	교통도덕, 공중도덕, 고속도로, 준법의식	5.3
12	〈1〉	비사회주의적 요소, 자본주의, 부르죠아, 잡사상	4.9
13	〈14〉	노동 사랑, 일하기 싫어함	4.5
14	〈26〉	퇴폐, 부패타락, 말세기적, 부화방탕, 패륜패덕	4.5
15	〈28〉	옷차림, 몸단장, 몸가짐, 머리단장, 신발차림	4.5

순위	항목	항목별 내용	전체 기사에 대한 비율(%)
16	〈16〉	말썽, 뒤떨어진 청년, 과오, 질서 문란, 교양 대상	3.7
17	〈27〉	자유화, 자유주의	3.3
18	〈13〉	경제 도덕, 청렴, 순박성, 검박, 깨끗한 양심	2.9
19	〈20〉	공산주의 도덕기풍, 사회주의적 생활양식	2.9
20	〈29〉	청소, 향토꾸리기, 위생, 생산문화, 생활문화	2.9
21	〈11〉	호화, 부귀영화, 사치, 향락, 허례허식	2.4
22	〈19〉	인사, 예의, 자리양보, 친절, 웃사람 존경	2.0
23	〈25〉	록크, 쟈즈음악, 녹화물, 유희집, 색정적 그림	1.6
24	〈2〉	제국주의에 대한 환상, 자본주의 환상	0.8
25	〈24〉	양풍, 날라리풍, 왜색왜풍, 이색적	0.8
26	〈22〉	언어예절	0.4
27	〈12〉	남의 것, 외제, 다른 나라 상품, 색다른 물건	0
28	〈17〉	쾌락, 먹자판, 놀이판, 담배, 술판, 술풍	0
29	〈23〉	황색바람, 황색풍조, 황색물, 황색먼지, 황색병균	0
계		1983년 『로동청년』 가치관과 태도 관련 기사 총 246편	

한편 1988년에 강조되는 가치는 상당수가 축전과 관련을 지니고 있다. 빈도에 있어서 상위권에 속하는 대부분의 항목은 '공중도덕, 인사, 예의' 등의 〈도덕적 측면〉 혹은 '옷차림, 머리단장' 등의 〈문화적 측면〉에 치우쳐 있다. 또한 1983년의 경향을 이어가면서 〈사상적 측면〉과 〈조직 생활 측면〉이 함께 강조되고 있는 특성을 보인다.

1988년 기사에서 빈도가 가장 높았던 항목은 〈28〉 '옷차림, 몸단장, 머리단장' 등으로서, 독립적인 사설이나 기사에서뿐 아니라 비교적 상관이 없는 것으로 보이는 주제의 기사 내에서도 부분적으로라도 포함되는 경우가 많이 있었다. 1983년 시기의 〈28〉 항목과의 차이점은, 대외적인 개방 분위기가 조금씩 확산되는 1988년에는 '현대적 미감'에 대한 표현도 자주 등장한다는 것이다. 즉 '위생' 차원에서 옷차림과 몸단장을 강조했던 이전 시기와 달리, 옷차림을 '고상하고 화려하게' 할 것 혹은 '단정하게' 할 것 등을 강조하는 것으로 변화하고 있다. 이 과정에서 '우리 식'에 대한 표현이 등장하기는 하지만, 외부의 사상 문화적 침투를 두려워하는 듯한 표현은 거의 등장하지 않고 있다는 특징을 보인다. 이는 이후 '우리 식이 아닌' 혹은 '이색적인' 옷차림에 대한 경계 및 '추세, 류행' 등을 비판하는 것으로 일색인 1990년대와도 부분적인 차이를 지니는 것이다.

다음으로는 '공산주의도덕교양' 및 그 세부 항목인 '공중도덕, 교통도덕, 준법의식', '예의도덕, 인사, 친절' 항목들이 자주 등장한다. 이들은 앞서 제시한 '옷차림' 항목과 마찬가지의 맥락으로 다양한 주제의 기사에서도 말미 부분에 포함되는 경우가 늘어나면서 그 빈도가 높아진 개념들이라 볼 수 있다. 또한 '우리 나라를 방문하는 외국 손님들'에게 본이 되도록 하라는 차원에서 등장하는 경우가 매우 많은데, 이는 〈도덕적 측면〉의 기사들이 내부적인 사회 질서 유지를 위해서라기보다는 대외적인 광고 효과와 좀더 많은 관련성이 있는 것으로 보인다.

그 다음으로 자주 등장하는 것은 〈1〉 '비사회주의적 요소, 불건전한 잡사상' 항목과 〈3〉 '낡은 사상' 항목으로서, 이는 '낡은 사상'에 대한 비판 기사가 매우 높은 빈도를 보였던 1983년의 경향을 이어 받고 있는 특징으로 볼 수 있겠다. 또한 〈조직 생활 측면〉 중 강조되는 항목 역시 마찬가지로서, 〈14〉 '로동을 사랑할 것, 일하기 싫어함' 항목과 〈6〉 '라태, 안일' 항목과 같이 비교적 소극적 방식의 부정적 행위들에 비판이 집중되고 있다. 1988년 가치관 항목의 취급빈도 순위는 다음 〈표 13-2〉과 같다.

〈표 13-2〉 1988년 가치관 항목의 취급빈도 순위

순위	항목	항목별 내용	전체 기사에 대한 비율(%)
1	〈28〉	옷차림, 몸단장, 몸가짐, 머리단장, 신발차림	33.8
2	〈20〉	공산주의 도덕기풍, 사회주의적 생활양식	29.6
3	〈21〉	교통도덕, 공중도덕, 고속도로, 준법의식	26.8
4	〈19〉	인사, 예의, 자리양보, 친절, 웃사람 존경	21.1
5	〈1〉	비사회주의적 요소, 자본주의, 부르죠아, 잡사상	19.7
6	〈3〉	낡은 사상	19.7
7	〈14〉	노동 사랑, 일하기 싫어함	14.1
8	〈6〉	불성실, 출근 안함, 권태, 나태, 안일, 해이, 편안	11.3
9	〈15〉	나, 개인주의, 이기주의, 개인의 리익, 공명	11.3
10	〈13〉	경제 도덕, 청렴, 순박성, 검박, 깨끗한 양심	9.9
11	〈26〉	퇴폐, 부패타락, 말세기적, 부화방탕, 패륜패덕	8.5
12	〈29〉	청소, 향토꾸리기, 위생, 생산문화, 생활문화	8.5
13	〈7〉	무관심, 무책임, 형식주의, 소극성, 주인답지 못한	7.0
14	〈18〉	공공물과 국가사회재산의 애호 관리	7.0
15	〈22〉	언어예절	7.0
16	〈4〉	수정주의, 교조주의, 사대주의, 허무주의, 종파주의	5.6
17	〈8〉	요령주의, 조건타발, 말공부, 흥정, 5분열도함	5.6
18	〈10〉	황금만능, 물욕, 돈, 재물, 물질, 금전, 농민시장	5.6
19	〈11〉	호화, 부귀영화, 사치, 향락, 허례허식	4.2
20	〈24〉	양풍, 날라리풍, 왜색왜풍, 이색적	4.2
21	〈25〉	록크, 쟈즈음악, 녹화물, 유희집, 색정적 그림	2.8
22	〈27〉	자유화, 자유주의	2.8
23	〈5〉	비조직성, 무규율성, 총화에 빠짐, 반발심	1.4
24	〈2〉	제국주의에 대한 환상, 자본주의 환상	0
25	〈9〉	무력, 시무룩, 울상, 찡그림, 뒤구멍, 패배주의	0
26	〈12〉	남의 것, 외제, 다른 나라 상품, 색다른 물건	0
27	〈16〉	말썽, 뒤떨어진 청년, 과오, 질서 문란, 교양 대상자	0
28	〈17〉	쾌락, 먹자판, 놀이판, 담배, 술판, 술풍	0
29	〈23〉	황색바람, 황색풍조, 황색물, 황색먼지, 황색병균	0
계		1988년 「로동청년」 가치관과 태도 관련 기사 총 71편	

1993년은 주로 〈사상적 측면〉과 〈사회적 측면〉, 〈경제적 측면〉에 초점이 맞추어지고 있다. 우선 1993년은 인간의 가장 기본적인 욕구라 할 수 있는 의식주 차원의 생리적 욕구 충족에 있어서 문제가 발생하기 시작하는 시기이다. 이에 따라 〈10〉 '돈, 황금만능, 물욕' 항목이 가장 빈도가 높게 나타났는데, 이는 1980년대까지 그다지 높지 않은 빈도를 보여 왔던 항목이라는 것을 고려할 때 상당한 변화라 볼 수 있다. 이와 같이 〈10〉 '돈, 물질' 항목의 빈도가 높아지면서, 이러한 기사 내용 중 '부르죠아, 자본주의 사상'에 대한 비판이 함께 발견되는 경우가 늘어나게 되었다.

이에 따라 〈사상적 측면〉의 기사 중 〈1〉 '비사회주의적 요소, 불건전한 잡사상, 부르죠아' 항목에 대한 지적 기사의 빈도가 높아졌다. 이는 주로 〈3〉 '낡은 사상'에 〈사상적 측면〉의 비판이 집중되었던 1980년대와 차이를 보이는 것이다. 이는 붕괴된 사회주의 국가 비판 기사가 늘어난 것과 더불어, 평양축전 이후 개방의 후유증에 대한 당국의 경계심이 증가한 것과 관련된다. 따라서 '사회주의가 좌절된 나라들'에 대한 단순한 비판 의도를 넘어서서, 실제로 북한 새세대들 사이에서 확산되고 있을 가능성이 있는 사상적 혼란을 반영하는 것으로 확대 해석할 수도 있다.

한편 이 시기에는 〈16〉 '뒤떨어진 청년, 과오 범함, 질서 문란' 항목이 급격히 늘어난다는 특징을 지닌다. '나태, 안일' 위주의 1980년대와는 달리 1993년은 조직 생활에 있어서 사회질서를 문란케 하는 등과 같은 보다 적극적인 방식의 저항 행위 등이 상당수 발견된다는 것이 특징적이다. 또한 북한 당국이 이러한 말썽꾼 청년들에 대해 단순한 처벌을 가하기보다는 적극적인 교양과 포섭을 통해 조직 내에 묶어 두도록 강조하는 기사들이 증가하고 있다. 이는 결국 이러한 청년들의 수가 증가했거나, 혹은 당의 조직 장악력이 과거에 비해 상대적으로 약화했을 가능성도 암시해준다.

또한 1993년은 이러한 개인적인 생리적 욕구 충족을 위해 더 이상 당국의 배급에 의존하지 못하게 되면서, 스스로의 자구적 노력이 중요한 역할을 하기 시작하는 시기이기도 하다. 이에 따라 '집단주의 가치관'에 벗어나는 〈15〉'개인주의, 이기주의' 등에 대한 구체적인 지적이 자주 등장한다. 또한 개인주의 가치관의 발생 배경으로서 기존의 '낡은 사상'과 더불어, 외부에서 유입된 자본주의적 요소를 적극적으로 비판한다. 또한 동구권에 대한 비판 지적이 늘어나면서 〈27〉'자유주의, 자유화' 항목도 자주 등장한다. 1993년의 가치관 항목의 취급빈도 순위는 다음 〈표 13-3〉과 같다.

〈표 13-3〉 1993년 가치관 항목의 취급빈도 순위

순위	항목	항목별 내용	전체 기사에 대한 비율(%)
1	〈10〉	황금만능, 물욕, 돈, 재물, 물질, 금전, 농민시장	32.2
2	〈1〉	비사회주의적 요소, 자본주의, 부르죠아, 잡사상	20.9
3	〈16〉	말썽, 뒤떨어진 청년, 과오, 질서 문란, 교양 대상자	15.6
4	〈3〉	낡은 사상	14.3
5	〈15〉	나, 개인주의, 이기주의, 개인의 리익, 공명	14.1
6	〈27〉	자유화, 자유주의	12.1
7	〈20〉	공산주의 도덕기풍, 사회주의적 생활양식	12.1
8	〈26〉	퇴폐, 부패타락, 말세기적, 부화방탕, 패륜패덕	11.1
9	〈6〉	불성실, 출근 안함, 권태, 나태, 안일, 해이, 편안	9.8
10	〈4〉	수정주의, 교조주의, 사대주의, 허무주의, 종파주의	9.6
11	〈5〉	비조직성, 무규율성, 총화에 빠짐, 반발심	9.1
12	〈24〉	양풍, 날라리풍, 왜색왜풍, 이색적	7.3
13	〈11〉	호화, 부귀영화, 사치, 향락, 허례허식	5.8
14	〈28〉	옷차림, 몸단장, 몸가짐, 머리단장, 신발차림	5.3
15	〈7〉	무관심, 무책임, 형식주의, 소극성, 주인답지 못한	3.5
16	〈14〉	노동 사랑, 일하기 싫어함	3.0
17	〈13〉	경제 도덕, 청렴, 순박성, 검박, 깨끗한 양심	2.8
18	〈21〉	교통도덕, 공중도덕, 고속도로, 준법의식	2.8
19	〈17〉	쾌락, 먹자판, 놀이판, 담배, 술판, 술풍	2.5
20	〈18〉	공공물과 국가사회재산의 애호 관리	2.5

순위	항목	항목별 내용	전체 기사에 대한 비율(%)
21	〈2〉	제국주의에 대한 환상, 자본주의 환상	2.3
22	〈19〉	인사, 예의, 자리양보, 친절, 웃사람 존경	2.3
23	〈25〉	록크, 쟈즈음악, 녹화물, 유희집, 색정적 그림	1.8
24	〈8〉	요령주의, 조건타발, 말공부, 흥정, 5분열도함	1.5
25	〈12〉	남의 것, 외제, 다른 나라 상품, 색다른 물건	1.5
26	〈22〉	언어예절	1.0
27	〈9〉	무력, 시무룩, 울상, 찡그림, 뒤구멍, 패배주의	1.0
28	〈23〉	황색바람, 황색풍조, 황색물, 황색먼지, 황색병균	0.8
29	〈29〉	청소, 향토꾸리기, 위생, 생산문화, 생활문화	0.3
계		1993년 「로동청년」 가치관과 태도 관련 기사 총 398편	

1998년은 북한의 공식적 가치지향과 어긋나는 가치들이 정치, 경제, 사회, 문화 등 다양한 측면에서 총체적으로 드러나고 있는 시기라고 볼 수 있다. 즉 북한 당국은 정치사회화 과정을 통해 공식적 가치를 주입해 왔으나, 최근의 북한 새세대의 경우 이에서 벗어난 가치관을 형성하게 되었을 수 있다. 1998년은 특히 〈사상적 측면〉의 변화가 가장 눈에 띄는 해로서, 〈1〉 '비사회주의적 요소, 불건전한 잡사상'이 가장 높은 빈도를 보이고 있다. 또한 이러한 '불건전한 잡사상'을 통한 사상문화적 침투를 시도하는 제국주의에 대한 비판이 자주 등장한다. 이에 따라 1998년 기사에서는 〈23〉 '황색풍조, 황색바람'에 대한 빈도 역시 그 어느 때보다도 높게 나타난다. 이러한 〈23〉 항목의 경우 1980년대에는 아예 나타나지 않았던 항목이라는 것도 주목할 만하다.

　1998년 기사의 특징은 한 기사 내에 다양한 측면의 가치 항목들이 한꺼번에 복합적으로 등장하는 경우가 많다는 것이다. 이는 이 시기의 새세대들이 직면하고 있는 혼란의 원인이 매우 다양한 측면에서 복합적인 요인들에 있다는 것으로도 볼 수 있다. 따라서 1998년 기사에서는 어느 한 측면에 새세대의 가치 특성이 치우쳐 있지 않고, 정치·경제·사회·문화 각 측면에서 고루 드러난다는 특징을 보인다. 이에 따라 이 시기에는 당국이 중시하는 교양 목표 역시 앞서 제시한 제국주의의 사상·문화적 침투 문제뿐 아니라 다양한 측면에서 고르게 발견되고 있다.

예컨대 〈16〉 '뒤떨어진 청년, 과오, 질서 문란' 등의 〈조직 생활 측면〉과 〈10〉 '금전, 물욕, 돈' 등의 〈경제적 측면〉 등도 상당히 높은 빈도로 나타난다. 특별히 1998년에는 그 이전 시기들에 비해 청년들의 조직 이탈 경향이 보다 적극적인 형태로 발견되고 있다. 이는 청년들의 저항의 경향이 보다 심각해지고 있는 것으로 볼 수도 있으나, 역으로 이러한 청년들에 대한 당국의 통제력이 다소 약해지고 있어서일 가능성도 있다. 또한 〈26〉 '퇴폐, 부화방탕' 등의 〈문화적 측면〉, 〈3〉 '낡은 사상' 및 〈2〉 '자본주의에 대한 환상' 등의 〈사상적 측면〉에 대한 지적도 자주 등장한다. 즉 1998년에는 다양한 측면의 가치 특성이 고르게 등장하고 있으나, 특별히 사상적 측면과 문화적 측면에 대한 지적이 주를 이루는 편이다. 1998년 가치관 항목의 취급빈도 순위를 정리하면 다음 〈표 13-4〉과 같으며, 1983년부터 1998년까지 4년에 대한 종합적 순위는 다음 〈표 13-5〉에 제시하였다.

〈표 13-4〉 1998년 가치관 항목의 취급빈도 순위

순위	항목	항목별 내용	전체 기사에 대한 비율(%)
1	〈1〉	비사회주의적 요소, 자본주의, 부르죠아, 잡사상	30.6
2	〈23〉	황색바람, 황색풍조, 황색물, 황색먼지, 황색병균	26.4
3	〈16〉	말썽, 뒤떨어진 청년, 과오, 질서 문란	18.1
4	〈10〉	황금만능, 물욕, 돈, 재물, 물질, 금전, 농민시장	18.1
5	〈26〉	퇴폐, 부패타락, 말세기적, 부화방탕, 패륜패덕	16.7
6	〈3〉	낡은 사상	15.3
7	〈28〉	옷차림, 몸단장, 몸가짐, 머리단장, 신발차림	15.3
8	〈2〉	제국주의에 대한 환상, 자본주의 환상	13.9
9	〈15〉	나, 개인주의, 이기주의, 개인의 리익, 공명	13.9
10	〈5〉	비조직성, 무규율성, 총화에 빠짐, 반발심	12.5
11	〈24〉	양풍, 날라리풍, 왜색왜풍, 이색적	12.5
12	〈9〉	무력, 시무룩, 울상, 찡그림, 뒤구멍, 패배주의	11.1
13	〈19〉	인사, 예의, 자리양보, 친절, 웃사람 존경	9.7
14	〈29〉	청소, 향토꾸리기, 위생, 생산문화, 생활문화	9.7
15	〈4〉	수정주의, 교조주의, 사대주의, 허무주의, 종파주의	8.3
16	〈25〉	록크, 쟈즈음악, 녹화물, 유희집, 색정적 그림	8.3
17	〈17〉	쾌락, 먹자판, 놀이판, 담배, 술판, 술풍	6.9
18	〈27〉	자유화, 자유주의	6.9
19	〈20〉	공산주의 도덕기풍, 사회주의적 생활양식	6.9
20	〈13〉	경제 도덕, 청렴, 순박성, 검박, 깨끗한 양심	5.6
21	〈21〉	교통도덕, 공중도덕, 고속도로, 준법의식	5.6
22	〈7〉	무관심, 무책임, 형식주의, 소극성, 주인답지 못한	4.2
23	〈8〉	요령주의, 조건타발, 말공부, 흥정, 5분열도함	4.2
24	〈18〉	공공물과 국가사회재산의 애호 관리	4.2
25	〈22〉	언어예절	2.8
26	〈6〉	불성실, 출근 안함, 권태, 나태, 안일, 해이, 편안	2.8
27	〈11〉	호화, 부귀영화, 사치, 향락, 허례허식	2.8
28	〈12〉	남의 것, 외제, 다른 나라 상품, 색다른 물건	2.8
29	〈14〉	노동 사랑, 일하기 싫어함	0
계		1998년 「로동청년」 가치관과 태도 관련 기사 총 71편	

〈표 13-5〉 연도별 가치관 항목의 취급빈도 순위

순위	1983		1988		1993		1998	
	항목	전체 기사에 대한 비율 (%)	항목	전체 기사에 대한 비율 (%)	항목	전체 기사에 대한 비율 (%)	항목	전체 기사에 대한 비율 (%)
1	〈4〉	17.5	〈28〉	33.8	〈10〉	32.2	〈1〉	30.6
2	〈3〉	13.0	〈20〉	29.6	〈1〉	20.9	〈23〉	26.4
3	〈18〉	12.6	〈21〉	26.8	〈16〉	15.6	〈16〉	18.1
4	〈7〉	11.8	〈19〉	21.1	〈3〉	14.3	〈10〉	18.1
5	〈8〉	11.0	〈1〉	19.7	〈15〉	14.1	〈26〉	16.7
6	〈6〉	10.6	〈3〉	19.7	〈27〉	12.1	〈3〉	15.3
7	〈9〉	9.8	〈14〉	14.1	〈20〉	12.1	〈28〉	15.3
8	〈10〉	8.1	〈6〉	11.3	〈26〉	11.1	〈2〉	13.9
9	〈5〉	6.9	〈15〉	11.3	〈6〉	9.8	〈15〉	13.9
10	〈15〉	5.7	〈13〉	9.9	〈4〉	9.6	〈5〉	12.5
11	〈21〉	5.3	〈26〉	8.5	〈5〉	9.1	〈24〉	12.5
12	〈1〉	4.9	〈29〉	8.5	〈24〉	7.3	〈9〉	11.1
13	〈14〉	4.5	〈7〉	7.0	〈11〉	5.8	〈19〉	9.7
14	〈26〉	4.5	〈18〉	7.0	〈28〉	5.3	〈29〉	9.7
15	〈28〉	4.5	〈22〉	7.0	〈7〉	3.5	〈4〉	8.3
16	〈16〉	3.7	〈4〉	5.6	〈14〉	3.0	〈25〉	8.3
17	〈27〉	3.3	〈8〉	5.6	〈13〉	2.8	〈17〉	6.9
18	〈13〉	2.9	〈10〉	5.6	〈21〉	2.8	〈27〉	6.9
19	〈20〉	2.9	〈11〉	4.2	〈17〉	2.5	〈20〉	6.9
20	〈29〉	2.9	〈24〉	4.2	〈18〉	2.5	〈13〉	5.6
21	〈11〉	2.4	〈25〉	2.8	〈2〉	2.3	〈21〉	5.6
22	〈19〉	2.0	〈27〉	2.8	〈19〉	2.3	〈7〉	4.2
23	〈25〉	1.6	〈5〉	1.4	〈25〉	1.8	〈8〉	4.2
24	〈2〉	0.8	〈2〉	0	〈8〉	1.5	〈18〉	4.2
25	〈24〉	0.8	〈9〉	0	〈12〉	1.5	〈22〉	2.8
26	〈22〉	0.4	〈12〉	0	〈22〉	1.0	〈6〉	2.8
27	〈12〉	0	〈16〉	0	〈9〉	1.0	〈11〉	2.8
28	〈17〉	0	〈17〉	0	〈23〉	0.8	〈12〉	2.8
29	〈23〉	0	〈23〉	0	〈29〉	0.3	〈14〉	0
계	246편		71편		398편		72편	

Ⅷ. 결 론

본 글은 북한 사회가 1980년대 후반에서 1990년대 중반까지 경험했던 대내외적 환경 변화로 인해 청소년들의 가치 지향이 변화할 가능성이 있다고 보고, 김일성사회주의청년동맹 기관지 「청년전위」 분석을 통해 그 변화를 살펴보고자 하였다. 모든 국가는 체제 안정과 발전을 위해 바람직하다고 생각하는 가치(價値)들을 지니며, 그 구성원들이 이러한 가치를 내면화할 수 있도록 사회화를 시도한다. 생물체 혹은 사회 체계는 환경 변화의 정도가 약하거나 점진적일 경우 안정적으로 적응할 수 있으나, 급격하거나 혹은 예기치 못한 환경 변화가 발생할 경우에는 적응에 곤란을 겪을 수 있다. 또한 생물체나 사회 체계가 환경에 적응하기 위한 다양한 수단과 기제들을 충분히 보유하고 있을 경우에는 적응에 어려움이 없으나, 단순하고 미분화된 기제만을 지니고 있을 경우에도 어려움을 겪을 수 있다.

북한과 같은 사회주의 체제는 당을 장악하고 있는 지도자 한 사람의 가치관과 대내외적 인식이 대부분의 정책과 제도의 유형을 결정짓는 단순한 대내적 정치 형태를 지닌다. 또한 북한은 대외적으로 폐쇄적인 구조를 지니면서 수십 년간 지도자의 교체 없이 비교적 안정적으로 유지되어 왔다. 이와 같은 단순하고 폐쇄적인 구조하에서 북한 당국은 오랫동안 유지되어 온 공식적 가치를 지향하며 사회 안정을 시도해 왔다. 그러나 1980년대에 들어서면서 북한 사회는 사회주의권의 변화로 인한 고립과 경제 침체, 핵문제와 관련한 외교적 불안, 지도자의 사망, 자연재해 등의 대내외적 환경 변화를 경험하였다.

1980년대 이후의 급격한 대내외적 환경 변화는 그에 적합한 새로운 제도와 가치관이 형성되기 전까지는 아노미(anomie)적인 혼란 상태를 발생시킨다. 아노미 상태는 과거의 규범과 현재의 규범이 갈등하거나 혹은 규범이 존재하지 않는 듯한 상태로서, 이러한 상태에서는 일탈 행동이 증가하면서 다양한 새로운 규범과 가치가 공존하게 된다. 이러한 환경 변화는 북한 주민과 새세대들로 하여금 기존의 제도와 가치관으로는 안정적인 적응이 어렵다는 것을 인식하게 하였다. 더구나 북한의 배급제 붕괴 이후 사회 구성원의 기본적인 욕구 충족이 이루어지지 않는 상태에서 가해지는 사회 통제는 당국의 규범에 대한 비판 의식 성장의 배경이 된다. 또한 경제 침체 이후 계획 부문의 생산에 필요한 원자재 및 식량의 부족은 사회 일탈 행위 증가의 직접적인 배경이 될 수 있다. 이러한 배경 가운데 당국의 규범과 제도들은 구성원들에게 있어서 과거와 같은 영향력을 행사하기 어렵게 되었다.

특별히 본 글에서 주목하고 있는 청소년기는 신체적 성숙과 함께 인격적인 성숙이 이루어지는 시기로서, 생존에 필요한 지식과 기술을 획득하면서 인간관계가 확대되는 시기이다. 또한 청소년 시기는 피아제(Piaget)가 말한 형식적 조작 사고가 발달하면서 추상적이고 연역적인 추론을 통해 가치관을 형성할 수 있게 하는 시기이다. 따라서 이 시기에 경험하게 되는 다양한 사회적 상황과 인간관계들은 도덕적인 가치와 태도를 결정하는 데 매우 중요한 역할을 한다. 그러나 이 시기에 기본적인 욕구 충족이 결핍되거나 스트레스 혹은 정신적 충격이 발생할 경우, 청소년들의 가치관 형성에 문제가 발생할 가능성이 있다. 또한 청년기는 또래집단과의 교류가 증가하고 그에 대한 의존성도 강해지는 시기로서, 상기한 요인들이 복합적으로 작용하여 새세대의 일탈의 확산을 초래할 가능성이 있다.

새세대라 불리는 북한의 청소년 계층은 혁명의 제3, 제4 세대로서 식민통치나 전쟁 경험은 없으나, 1990년대 중반경의 식량난과 경제 위기로 인한 욕구의 결핍과 가족의 사망을 경험하였다. 또한 학교 등의 사회화 기제를 통해 지식과 기술을 배우는 대신, 생존을 위한 물질적 필요성에 따라 자구적인 경제 활동에 개입하였다. 이들은 가족을 통한 정서적 안정을 경험하는 대신, 정규화된 집단에 소속되어 경직된 규율에 따라 생활하는 과정에서 스트레스를 경험하게 된다. 더구나 흥미를 자극할 수 있는 여가 수단이 존재하지 않는 가운데 또래 집단에 소속되어 일탈 행위를 학습할 가능성도 존재한다. 이러한 상황이 지속될 경우 청소년의 정상적인 도덕적 발달이 이루어지지 못할 위험이 있으며, 북한 당국이 공식적으로 인정하는 가치들에서 벗어난 가치관과 태도가 형성될 가능성이 있다. 요컨대 본 글에서 북한 새세대의 가치관 변화를 유발할 가능성이 있을 것으로 예측하는 배경들로는 사회주의 ‘고난의 행군’으로 지칭되는 국가적 위기, 제2 경제의 확산, 혁명 세대의 교체, 자유주의 ‘황색풍조’ 등을 들 수 있다.

이러한 배경 요인 가운데 본 글에서는 「청년전위」 기사 속에서 청소년들의 가치관과 태도를 드러내는 것으로 여겨지는 개념들을 분석하여 새세대의 가치 지향의 변화 특성들을 찾고자 하였다. 사회주의 언론은 본래 ‘펠레통(feuilleton)’과 같은 부정적 기사가 좀처럼 발견되기 힘들며, 북한 역시 사실적인 사건 보도보다는 ‘긍정적 감화’를 통한 교양을 중시한다. 「청년전위」 역시 김일성사회주의청년동맹 기관지로서 공식적 가치관을 주입하고자 하는 사회화 기제라는 점에서 근본적인 자료상의 한계를 지닌다. 그러나 분석을 통해 이전 시대에 비해 어떤 가치를 유독 강조하고 있다는 특징이 발견될 경우, 이는 그 시대의 특징적인 관심사와 문제의식을 반영하고 있다고 볼 수 있다. 즉 특정 가치의 강조는 그 상황하에서 사회 구성원들에게 그러한 가치관이 잘 확립되어 있다는 의미라기보다는, 오히려 그러한 측면이 부족하거나 긴급하게 필요해서일 가능성이 있다. 따라서 자료 속에서 청소년들의 가치나 태도를 암시한다고 여겨지는 개념들을 모두 골라 기간별로 빈도를 분석할 경우, 북한 새세대의 개인적인 내면적 가치관은 확인하지 못할지라도 전체적인 새세대들의 가치지향(價値志向)은 추측할 수 있다고 여겨진다. 이러한 과정을 통해 확인한 북한 새세대의 가치지향의 특성들은 다음과 같다.

첫째, 북한 당국이 사회 통제의 기본 수단으로 삼아 왔던 식량과 생필품의 배급이 사회주의 ‘고난의 행군’기 동안 정상화되지 못하였다. 이러한 과정에서 ‘불건전한 잡사상’과 ‘부르죠아 사상문화적 침투’가 이루어짐으로

인해 혁명 의식이 약화되었다는 「청년전위」 기사의 빈도가 증가하고 있
다. 또한 1980년대에는 '자본주의에 대한 환상'에 대한 지적이 극소수이지
만, 1990년대에는 증가하고 있다. 또한 1980년대에 학생 청년과 근로 청년
들에게 지적된 주 내용은 '안일, 나태'한 생활이었으나, 1990년대로 오면서
'조직 이탈', '조직을 싫어함', '무규율성'이 증가하고 있다. 즉 1980년대에
는 일상적인 안일이나 총화에 빠지는 정도의 소극적인 일탈이 특징적이었
다면, 1990년대의 경우 조금 더 적극적인 수준의 일탈 행위가 발생하고
있는 것으로 판단할 수 있다. 즉 당과 조직이 생존을 위한 기본적인 경제
적 조건을 마련해 주지 못하면서, 새세대들이 합법적 권위에 대한 순종을
철회하는 행위로도 볼 수 있다.

　이러한 가치 변화의 배경을 살펴보면, 식량의 곤란을 매일 경험하면서
혈육의 죽음과 질병을 목격하는 과정은 중대한 심리적 외상의 역할을 한
다. 그러나 북한 사회 내에서는 이러한 상태에 대해 불만을 표현하거나
비판을 해소할 수 있는 통로가 존재하지 않기 때문에 심리적 충격으로 인
한 스트레스가 누적되게 된다. 또한 북한 사회의 식량난과 생필품의 부족
은 주민들과 새세대의 자구적인 생존 노력을 필요로 하게 하지만, 그 과
정에서 확인하게 되는 북한 사회의 제도적 억압과 간부들의 부정부패는
당국에 대한 비판 의식을 증가시키는 요인이 된다. 그러나 집단적이고 적
극적인 저항을 하기는 거의 어려운 상황에서, 술이나 문화생활 등의 도피
처를 찾는 것도 한계가 있기 때문에 이러한 스트레스는 더욱 심화될 수
있다.

　이러한 상황에서는 일반적으로 당과 체제에 대해 '무관심'으로 대응하는
방법이 있으나, 북한 체제 내에서는 유치원 이후부터 죽을 때까지 조직에
들어가 개인의 모든 것을 노출하기 때문에 이 역시도 용이하지 않다. 결
국 저항 의식을 표현하지 못한 채 좌절과 심리적인 장애를 경험할 가능성
이 매우 높다. 1980년대와 같이 사회단체와 사회 통제 기제가 적극적인

조직 장악력과 통제력을 보유하고 있을 경우, 새세대들은 '무관심'의 차원에서 조직의 일에 '나태, 안일' 등의 무관심하고 무기력한 태도로 대응하게 된다. 그러나 집단 동조에 있어서 집단 규모와 만장일치 여부가 중요한 역할을 한다고 볼 때, 극소수의 부동의자라 할지라도 집단의 동조를 실질적으로 감소시키는 결과를 초래한다. 따라서 동조하지 않는 새세대들의 이탈이 비록 소수라 할지라도, 이들의 영향력이 점차로 확산되어 보다 적극적인 조직 이탈이 증가할 수 있다.

둘째, 경제적 위기 가운데 개인의 능력에 따른 자구적 경제 활동이 중요해지면서 사회·경제적 측면의 기사 빈도에 변화가 나타났다. 북한과 같은 집단주의 체제에서 가장 경계하는 가치관인 '개인심', '리기주의' 개념은 1980년대까지는 주로 남조선과 미 제국주의 등을 비판하는 데 사용되었다. 그러나 1990년대에 들어서면서 북한 새세대들을 향하여 '개인리기주의'에 대한 경계가 매우 강도 높게 이루어지고 있다. 또한 1980년대까지는 '돈'에 대한 지적은 매우 적게 나타나는 반면, '일하기 싫어함'에 대한 경계 구절의 빈도가 높았다. 그러나 1990년대에는 '황금만능, 돈' 항목과 '남의 것, 외제, 색다른 물건' 등에 대한 빈도가 급격하게 증가하였다.

북한 사회가 경험한 경제적 위기와 식량난은 더 이상 집단에 의존하기만 해서는 생존을 유지하는 것이 곤란하다는 것을 인식하게 하였다. 따라서 생존을 위한 자구적 경제 활동은 스스로의 개인적 노력과 능력을 중시하도록 이끌며, 이 가운데 개인주의 가치관이 확산되고 이기적 행동이 증가하게 된다. 또한 북한 사회는 전통적으로 소박성, 검소, 금욕주의 등의 가치를 강조해 왔으나, 사회·경제적 상황의 변화로 인해 생존을 위한 물질적 가치가 우선적 관심사로 부각된다. 이 과정에서 더 많은 물질적 이익을 위해 국가 규범을 의도적으로 어기는 등의 '비사회주의적 현상'이 나타날 수 있는데, 그러한 행위의 결과가 개인의 생존에 기여했을 경우 이러한 물질 추구 행위는 정당화될 수 있다.

특별히 북한과 같은 극단적인 경제적 위기상황에서 이러한 행위가 가져오는 유익 점에 대해 주변 사람들이 지지를 보일 경우 이러한 태도는 더욱 강화될 수 있다. 1980년대까지는 경제적으로 여유로운 북송 교포나 해외에 친척을 둔 북한 주민을 부러워하거나, 장마당 등에서 '상행위'에 종사하여 경제적인 이익을 취득하는 일이 그다지 선호되지 않았다. 그러나 1990년대 이후 생존을 위한 제2 경제 활동이 중요한 역할을 하게 되면서, 사적인 경제 활동을 통해 경제적인 부(富)를 축적한 계층을 발생하게 하였다. 이러한 '부자'들에 대한 선호의 증가와 동경심 등의 요인으로 인해 물질주의적 관심이 강화될 수 있으며, 새세대 중에는 입당을 통한 정치적 성공보다는 장사를 통한 경제적 성공을 더욱 가치 있게 여기는 경우도 늘어나게 된다.

셋째, 외집단과의 갈등이 발생할 경우 집단 내부의 결속의 정도가 높아지듯이, 항일투쟁이나 전쟁을 경험한 혁명의 제1, 제2세대의 경우 비교적 조직 결속력이 높고 동질적인 가치 체계를 공유하기 쉽다. 반면 '혁명의 간고한 시련'을 경험하지 못한 새세대의 경우, 혁명 선배 세대에 비해 보다 자율적이고 개성적일 수 있다. 이러한 자율성의 증가는 사회·경제적 불만 요소와 결합하면서, 1990년대 이후 '과오, 뒤떨어진 청년'과 같은 적극적 일탈 항목의 빈도가 급증하게 되는 배경이 된다. 같은 맥락에서 1990년대 이후 '쾌락, 먹자판, 놀이판, 담배, 술판' 항목과 '국가재산 략취' 항목의 빈도 증가가 발견된다. 또한 이러한 자율성의 증가는 '공산주의적 도덕 기풍'의 약화를 초래할 수 있는데, 1990년대 이후에 지적되는 도덕의 수준은 '자리 양보, 인사, 웃어른 존경' 등으로 퇴보한다.

일반적으로 욕구 불만이 해소되거나 승화되지 못하고 개인의 내면에 누적될 경우에는 이로 인한 스트레스와 좌절감이 분노와 공격성으로 표출될 위험이 있다. 북한의 새세대들은 불투명한 미래를 자각하게 되거나 자신의 힘으로 통제 불가능한 상황에 처하거나 되었을 때 무기력감과 좌절 및 분노를 경험하게 된다. 그러나 북한과 같이 강력한 통제력을 보유하는 사회 구조하에서는 이러한 감정이 체제를 향해 표출되지 못하고 자신 혹은 주변으로 대상을 옮기기 쉽다. 감정이나 욕구는 사라지지 않지만 대상물은 변경될 수 있다는 프로이트의 지적처럼, 이러한 자극에 대한 방어 차원에서 술이나 담배 등의 도피처를 찾거나, 폭력이나 자포자기식의 행동이 늘어나게 된다.

또한 1990년대 이후 김일성의 사망과 지도자 교체, 식량난, 자연재해 등은 북한 당국에 대한 청년들의 호감을 감소시키게 된다. 이는 결국 청년 교양에 있어서 당국이 지니는 영향력을 약화시키며, 새세대들은 당국이 제시하는 가치를 수용하고자 하는 균형 압력을 느끼기보다는, 당국과의 관계를 관심 대상에서 지우고 사적인 자율성을 추구하고자 할 가능성이 높아진다. 더 나아가 당국이 공식적으로 지향하는 가치를 거스르는 비공식적 가치를 지니는 것이 오히려 인지적인 균형과 일치를 회복하는 길로 작용할 수도 있다. 이러한 당국의 영향력 약화는 경제적 위기에 가족 단위로 대처하는 과정에서 가족 구성원 간의 유대와 가치 전수가 강화된 것과도 관련된다. 또한 획일적인 사상 교육과 정보에 식상한 새세대들은 어리게는 꽃제비 집단, 성장해서는 무리 지어 생산 활동을 벌이는 '돌격대' 등 청년 집단 내의 가치관에 좌우되는 경우가 늘고 있다. 이러한 경향은 '배짱맞는 청년들'끼리 '술판과 먹자판' 속에서 나름의 사적인 의리 관계가 형성될 것을 우려하는 기사에서도 감지할 수 있다.

넷째, 재미교포의 북한 방문, 재일교포 북송 및 평양축전을 거쳐 식량난 시기에 중국을 다녀온 주민들에 의해 유입되어 온 서방의 상품과 정보 등의 영향이 가치관 변화에 있어서 중요한 역할을 하게 된다. 학습 이론에서 중시하는 연합 과정은 동일 장소에서 동시에 발생할 때 가능한 것으로, 기존에 학습된 내용과 현실적으로 경험한 내용이 다를 경우 혼란이 발생할 수 있다. 즉 식량을 구하기 위해 중국으로 이탈하는 주민이 늘어나는 과정에서 새로운 정보가 유입되고 새로운 학습이 발생할 수 있으며, 이는 기존의 학습된 가치관에 갑작스런 혼란과 좌절감을 가져올 가능성이 있다. 따라서 강력한 정치사회화 교육과 정보의 통제하에 있었던 북한 기성세대와, 불충분한 정치 학습과 새로운 정보의 유입을 경험한 새세대의 경우 가치와 태도 형성에 있어서 차이가 발생하게 된다.

1980년대에는 주로 남조선이나 서방 자본주의 국가들의 '퇴폐, 부패타락' 등에 대한 언급 이외에 '황색풍조'에 대한 지적은 드러나지 않았다. 그러나 1990년대에는 '황색바람, 황색풍조, 황색물, 황색먼지, 황색병균' 등의 단어가 급증했으며, 특히 최근으로 올수록 가장 높은 빈도를 보이는 항목이 되고 있다. '자유주의, 자유화' 개념은 1980년대에는 정치·사회적 차원에서 '나태, 안일' 혹은 약한 수준의 일탈을 가리키면서 비교적 낮은 빈도를 보인다. 그러나 1990년대 이후 급증한 '자유주의' 개념은 주로 문화적 차원에서, 구소련과 동구 사회주의권의 비참한 생활상과 경제난을 초래한 요인으로 비판된다.

이외에도 일상적 문화 차원에서 '옷차림, 머리단장' 항목의 경우 1980년대까지는 개체위생 및 미관을 중시하고 있으나, 1990년대에 들어오면 '제국주의 사상문화적 침투'로 인한 이색적 요소에 대한 경계가 주를 이룬다. 1980년대에는 옷차림에 관심을 둘 것과 청결을 강조하지만, 1990년대 이후에는 '남의 식', '무슨 글자가 씌여 있는 옷', '너무 짧게 해입는 치마' 등 이색적인 '추세, 류행'에 대한 구체적 비판이 등장한다. 또한 '긴머리 청년'이나 '길게 풀어헤쳐 잘 빗지도 않는' 머리 등을 비판하기도 하며, 특별히 '진바지'의 해독성을 방대한 양에 걸쳐 설명하면서 '절대로 입어서는 안되고 들여와서도 안된다'는 식으로 결론내리고 있다.

이상에서 살펴본 바와 같이 「청년전위」 기사 내용을 토대로 볼 때, 기사 속에서 강조되고 있는 가치나 태도들은 대부분 북한 사회가 공식적으로 강조해 온 가치관들과 차이를 보이거나 정반대의 것들이기도 하다. 이러한 차이는 1980년대에서 1990년대에 걸쳐 나타난 것으로, 이 두 시기의 사이에 발생했던 일련의 정치·경제·사회·문화적 측면의 환경 변화들을 함께 고려하여 이해하는 것이 필요할 것이다. 대내외적 환경 변화라는 상황요인에 대하여 북한 당국은 공식적 가치지향을 제시함으로써 체제 안정을 추구하려 하게 된다. 그러나 동일한 가치관을 제시받는다 할지라도 세대별 대응 양식에는 차이가 나타날 수 있다. 또한 환경 변화로 인한 자극이 당국을 거쳐서 유입되기도 하지만, 일부는 직접 북한 주민들에게 전달되는 경우도 발생하는데, 이 경우 당국의 영향력은 보다 약화될 수 있다.

이러한 관점에서 앞서 제시한 결과들을 다른 측면에서 살펴볼 수 있다. 29개 조사 항목들 중 각 시기별로 가장 중시되어 온 상위 항목을 확인하게 되면, 그 시기의 특징적인 관심사를 확인할 수 있게 된다. 또한 어느 시기가 어떤 항목을 특별히 강조하였다는 사실은 그러한 가치 항목을 중요하게 여기고 있다는 것이며, 이는 때에 따라서 그러한 가치 항목이 그 사회 내에서 부족하기 때문일 수도 있다. 또한 시대별 변화 특징과 변화 과정을 이해하게 되면, 더 나아가 과거와 현재의 연장선상 가운데 미래가 놓여 있다는 추세외삽법의 전제하에 북한 새세대들의 가치 지향의 향후 변화 방향을 막연하게나마 추측할 수 있는 여지도 있다.

1983년의 경우에는 '수정주의와 사대주의, 종파주의' 등의 '낡은 사상'들의 사용 빈도가 가장 높았다. 넓은 관점에서 보았을 때 1983년 전체적으로 자주 사용된 단어가 '혁명'이었으며, 이에 따라 김일성의 혁명 력사에 대한 기사가 많이 게재되는 과정에서 '낡은 사상'의 빈도가 높아졌다고 볼 수 있다. 그 다음으로는 '국가사회재산 애호, 절약' 항목인데, 이는 당시의 경제 과업 수행 방침이 물자 절약과 노력 동원에 치우쳐 있었다는 데 기인한다. 그 다음으로는 '형식주의, 보수주의, 소극성, 주인의식 부재' 항목으로서, 이는 사회주의 내에서 관료주의가 나타날 경우 흔히 드러나는 특징이라고 볼 수 있다. 또한 '주인답지 못한'의 표현은 에너지와 자재를 알뜰하고 깐지게 사용할 줄 모르거나, 난관에 봉착한 과업을 적극적으로 수행하려 들지 않고 자포자기하는 경우를 포함하여 등장하는 개념이다. 이와 관련하여 '요령주의, 조건타발, 흥정' 등의 개념도 매우 자주 등장한다. 즉 1983년은 그 이전부터 진행되어 왔던 북한 체제의 가치 지향이 기본적으로 유지되고 있는 것으로 보이며, 단지 경제적인 침체가 조금씩 나타나는 정도라고 볼 수 있다. 또한 빈도가 높은 상위 7항목 중 '절약, 국가사회재산'을 제외하고는 전체가 사상·이념적 측면과 정치적 측면에 치우쳐 있다.

1988년은 해마다 거의 같은 날 같은 기사를 정해 놓고 게재하곤 하는 일반적인 북한의 언론 매체 특성과 달리 다소 돌출적인 기사 유형들이 자주 등장했던 해이다. 또한 한 해 내내 제13차 세계청년학생축전 준비로 여념이 없었던 해이기 때문에, 이 시기에 강조되는 가치는 상당수가 축전과 관련을 지니고 있다. 빈도가 가장 높았던 항목은 '옷차림, 몸단장, 머리단장' 등으로 상당수의 사설과 기사에 부분적으로라도 포함되는 경우가 많이 있었다. 다음으로는 '공산주의도덕교양', '공중도덕, 교통도덕, 준법의식', '예의도덕, 인사, 친절'의 순서로 자주 등장한다. 이들은 모두 같은 맥락에서 사용될 수 있는 개념들이라 볼 수 있다. 이들을 제외할 경우 그 다음으로 자주 등장하는 것은 '비사회주의적 요소, 불건전한 잡사상' 항목과 '썩어빠진, 낡은' 항목이다. 이외에 '로동 사랑, 일하기 싫어함' 항목과 '라태, 안일' 항목이 뒤를 잇고 있다. 이를 정리하자면, 평양축전과 관련된 가치 특성들을 우선적으로 강조하면서 도덕적 측면과 사상·이념·정치적 측면이 함께 강조되고 있다. 1983년에 강조되었던 '낡은, 썩어빠진' 항목의 중요성이 계속 이어지고 있으면서, 무사안일과 권태 등 소극적 방식의 부정적 행위들을 경험하고 있었던 시기로 보인다.

1993년은 '돈, 황금만능, 물욕' 항목이 가장 빈도가 높게 나타났다. 그 다음으로는 '비사회주의적 요소, 불건전한 잡사상, 부르죠아' 항목과 '낡은,

썩어빠진' 항목이 높았으며, '뒤떨어진 청년, 과오 범함, 질서 문란' 항목과
'개인주의, 리기주의' 항목, '자유주의, 자유화' 항목이 뒤를 잇고 있다.
1980년대의 연장선상 가운데서 '썩어빠진 부르죠아 요소'를 경계하고 있으
며, 이로 인해 개인주의, 이기주의, 사회질서 문란 등이 등장하는 것으로
보인다. 또한 동구 공산권에 대한 비판 지적이 늘어나면서 '자유주의'에
대한 비판이 늘어나고 있던 시기로서, 주로 사상적 측면과 사회적 측면에
초점이 맞추어지고 있다.

　1998년은 '비사회주의적 요소, 불건전한 잡사상'이 가장 빈도가 높았으
며, 그 다음으로는 '황색풍조', '뒤떨어진 청년, 과오 범함', '금전, 물욕, 돈',
'퇴폐, 부화방탕', '낡은, 썩어빠진', '자본주의에 대한 환상', '개인주의, 리
기주의' 등의 순서로 나타난다. 즉 1998년은 북한의 공식적 가치지향과 어
긋나는 가치들이 정치, 경제, 사회, 문화 등 다양한 측면에서 총체적으로
드러나고 있는 시기라고 볼 수 있다. 공식적 가치에서 벗어나 있을 뿐 아
니라, 정치사회화 과정을 통해 북한 내 기성세대에게 주입되어 온 가치와
도 차이가 나타날 가능성이 있다. 반면 상대적 차이는 있을지언정 부분적
으로는 남한 주민 및 청소년들과 유사한 방향으로 특성이 변화하는 부분
도 존재하는 듯하다.

　하나의 문화 체계 속에는 다양한 하위문화가 존재하게 되는데, 문화 요
소들은 문화 체계 내에서 유기적 관련성을 맺고 기능적으로 연결되어 있
다. 따라서 하나의 부분적인 문화 요소가 변화하게 될 경우 이러한 변화는
다른 문화 요소에 영향을 미치게 된다. 또한 이러한 변화가 확산될 경우
문화 체계가 변화하기도 한다. 앞서 「청년전위」 기사 분석에서 '미국 록크
음악단, 쟈즈음악'이나, '10대 소련 청소년들을 대상으로 하여 만든 미국
록화물들', '무시무시한 활극장면, 추잡한 성행위장면, 치고 받고 찌르는 장
면의 록화영화들', 혹은 '색정적인 그림과 록화물, 록음카세트, 출판물들'과
'종교와 미신' 등을 경계하는 표현이 늘어나고 있음을 확인한 바 있다. 이

는 역으로 북한 사회 새세대들이 이러한 록음악과 디스코 춤, 한국 가요 테이프 등에 이미 관심을 보이고 있다는 것을 미루어 짐작할 수 있다.

강력한 단속을 행하고 있음에도 불구하고 외래 문물에 대한 관심이 줄어들지 않자, 결국 당국은 남한 노래 중 허용 가능한 건전한 곡을 선정하여 개방하는 쪽으로 정책이 선회되기도 했다. 또한 새세대 청년들의 외면으로 인해 가장 중요한 사상적 무기로 기능할 수 있었던 영화와 소설의 인기가 떨어지자, 당국은 '흥미'와 '사랑성'을 강조하면서 '자본주의적 냄새'가 나는 영화를 구하거나 제작하려 하고 있다. 또한 '사회적으로 오락을 장려할 데 대하여 주신 위대한 장군님의 말씀'을 강조하면서, 새세대 청소년들의 흥미를 자극할 수 있는 컴퓨터와 전자오락을 허용하고 신문한 면 가득 전자오락에 대한 설명을 싣고 있기도 하다.

이상과 같이 북한의 새세대들은 '고난의 행군'과 제2경제, 사회적 분화, 정보의 유입 등을 통하여 북한 사회의 공식적 가치관에서 다소 벗어난 자율적인 인성과 비공식적 가치관을 지니고 있으며, 때로는 당국의 희망과 정반대의 인성과 가치관을 지니는 경우도 있다. 이는 당국의 공식적 가치 지향과 다를 뿐 아니라 북한의 기성세대와도 부분적으로 차이가 있으며, 오히려 남한 청소년들의 경우와 좀더 유사한 특성을 나타내는 방향으로 변화를 보이고 있는 듯하다. 특별히 외부 세계의 현실을 접할 기회가 많은 대학생들 사이에서 남한 문화에 대한 관심이 커지면서, 남한 방송을 몰래 청취하거나 자본주의적 생활양식에 대한 모방이 유행하고 있다고 한다. 새세대들의 이러한 행위들은 학교에서 일탈 행동으로 취급되면서 때에 따라서는 처벌받기도 하지만 지속되고 있으며, 오히려 더욱 빠른 속도로 확산되면서 변화를 가속화할 가능성도 존재한다.

그러나 본 글에서 기사 빈도 분석을 통해 확인된 변화가 실제적인 북한 새세대의 가치 변화를 확인하게 해 준다고 볼 수는 없다. 즉 북한 새세대의 실제적인 가치관을 확인하는 것이라기보다는, 북한 당국의 관심사와 교양 목표의 변화를 확인하게 하는 데 그칠 수도 있다. 그러나 가치 항목의 변화 추세에서 발견되는 특징은 실제적인 새세대의 가치 변화 추세를 일부분이나마 반영해 주는 것으로 해석할 수 있다. 또한 과거에서 현재로 올수록 특히 강조되는 가치 항목이 있다면, 이는 실제적인 새세대의 가치관의 변화에 있어서 중심 되는 항목으로 눈여겨봐야 할 부분이라고 여겨진다. 따라서 기사 분석을 통한 간접적 방식임에도 불구하고 이를 바탕으로 북한 새세대의 가치관의 변화 방향과 특징을 살펴보고자 하는 것은 북한 사회를 연구하는 데 있어서 의의를 지닐 수 있다고 생각하는 바이다.

✻ 참고문헌

1. 국내서

(1) 단행본

강광식, 「북한의 실태-분야별 경험 자료 및 예비적 고찰」, 서울: 한국정신문화원, 1987.

강석승 외, 「북한의 실상과 주변 정세」, 서울: 반도출판사, 1993.

강정구 편, 「북한의 사회」, 서울: 을유문화사, 1990.

_____, 「통일시대의 북한학」, 서울: 당대, 1996.

고범서, 「가치관연구」, 서울: 나남, 1992.

고영근 편, 「북한의 말과 글」, 서울: 을유문화사, 1990.

고영복, 「현대 사회심리학」, 서울: 법문사, 1983.

_____, 「사회심리학개론」, 서울: 사회문화연구소, 1997.

고영환, 「평양 25시」, 서울: 고려원, 1992.

고태우, 「북한현대사 101장면」, 서울: 가람, 2001.

고현욱 외, 「북한사회의 구조와 변화」, 서울: 경남대학교 극동문제연구소, 1987.

공성진 외, 「미리 가본 통일 한국」, 서울: 동화출판사, 1994.

구인회, 「경제위기와 청소년 발달-가족의 경제적 상실이 청소년 교육성취에 미치는 영향」, 서울: 집문당, 2003.

국토통일원, 「북한주민의 의식구조 변화실태」, 서울: 국토통일원, 1983.

_____, 「통일백서」, 서울: 국토통일원, 2001.

_____, 「통일백서」, 서울: 국토통일원, 2003.

권영민, 「북한의 문학」, 서울: 을유문화사, 1989.

김갑철 외, 「북한학개론」, 서울: 문우사, 1990.

김경동, 「한국인의 가치관과 사회의식」, 서울: 박영사, 1992.

김문환 편, 「북한의 예술」, 서울: 을유문화사, 1990.

_____, 「분단조국과 통일문화」, 서울: 서울대학교출판부, 1994.

김병로, 「주체사상의 내면화 실태」, 서울: 민족통일연구원, 1994.

김병로, 「탈북자 발생 배경분석」, 서울: 민족통일연구원 정책자료, 1994.

김성철, 「북한 관료부패 연구」, 서울: 민족통일연구원, 1994.

_____, 「북한 지식인정책의 변화」, 서울: 민족통일연구원, 1995.

김수곤 외, 「통일 이후의 사회와 생활」, 서울: 미래인력연구센터, 1996.

김승철, 「북한동포들의 생활문화양식과 마지막 희망」, 서울: 자료원, 2000.

김신일, 「교육사회학」, 서울: 교육과학사, 1985.

김영성, 「오, 수령님 해도 너무합니다」, 서울: 조선일보사, 1995.

김영주, 「이범수, 북한언론의 이론과 실천」, 서울: 나남, 1991.

김 용, 「머리를 빠는 남자」, 서울: 도서출판 자작나무, 1992.

_____, 「빨래하는 남자」, 서울: 도서출판 자작나무, 1993.

김윤식, 「북한문학사론」, 서울: 새미, 1996.

김재용, 「북한문학의 역사적 이해」, 서울: 문학과 지성사, 1994

김정희 외, 「심리학의 이해」, 서울: 학지사, 1993.

김태현, 노치영, 「재중북한이탈여성들의 삶」, 서울: 하우, 2003.

김현준, 「북한의 인권실태」, 서울: 민족통일연구원, 1993.

나창주, 「정치발전론」, 서울: 대왕사, 1986.

노승우, 「민족통일의 이론과 실천」, 서울: 전예원, 1996.

대통령 21세기위원회 편, 「21세기의 한국」, 서울프레스, 1994.

또 하나의 문화 통일 소모임, 「통일된 땅에서 더불어 사는 연습」, 서울: 도서출판
　　　또 하나의 문화, 1996.

민병천, 「통일문화에 관한 국민의견 조사」, 국토통일원 제2 정책관실, 1989.

민족통일연구원, 「북한 가족 정책의 변화」, 서울: 민족통일연구원, 1993.

_____, 「탈북자 발생 배경 분석」, 서울: 민족통일연구원, 1994.

_____, 「통일문화연구 (상·하)」, 서울: 민족통일연구원, 1994.

_____, 「통일과 북한 사회문화 (상·하)」, 서울: 민족통일연구원, 1995.

민족화해협력범국민협의회 정책위원회 편, 「북한주민의 일상생활과 대중문화」, 서
　　　울: 오름, 2003.

박영호, 「통일 이후 국민통합방안 연구」, 서울: 민족통일연구원, 1994.

박종철, 김영윤·이우영, 「북한이탈 주민의 사회적응에 관한 연구: 실태조사 및
　　　개선방안」, 민족통일연구원, 1996.

박현선, 「현대 북한사회와 가족」, 서울: 한울, 2003.

박형중, 「북한적 현상의 연구」, 서울: 연구사, 1994.

백영옥, 「북한 이탈 주민 대책 연구」, 세종연구소, 1998.

북한연구소, 「북한 가족법과 가정실태」, 서울: 북한연구소, 1991.

북한연구소 편, 「북한총람」, 서울: 북한연구소, 1994.

사회과학연구소 편, 「해방 40년」, 가치의식의 변화와 전망, 서울대학교출판부, 1990.

서동익, 「인민이 사는 모습」, 인천: 도서출판 자료원, 1995.

서재진, 「북한주민의 인성연구」, 서울: 민족통일연구원, 1992.

_____, 김태일, 「북한 주민의 인성 연구」, 서울: 민족통일연구원, 1992.

_____, 「북한주민들의 가치의식변화: 소련 및 동구와의 비교연구」, 민족통일연구
　　　원, 1994.

_____, 「또 하나의 북한사회: 사회구조와 사회의식의 이중성 연구」, 서울: 나남
　　　출판사, 1995.

_____, 「북한사회의 계급갈등 연구」, 서울: 민족통일연구원, 1996.

_____, 「북한의 사회심리 연구」, 서울: 통일연구원, 1999.

선한승, 「북한 주민의 직장생활과 노동」, 공보처, 1994.

손봉숙 외, 「북한의 여성생활」, 서울: 나남, 1991.

송두율, 「통일의 논리를 찾아서」, 서울: 한겨레신문사, 1995.

송 자, 이영선 공편, 「통일사회로 가는 길」, 서울: 오름, 1996.

신상성 외, 「북한소설의 역사적 이해」, 서울: 두남, 2001.

안청시, 정진영 편, 「현대 정치경제학의 주요 이론가들」, 서울: 아카넷, 2000.

안 혁, 「네가 남이냐 내가 남이냐」, 서울: 오대양출판사, 1994.

안 혁, 강철환, 「대왕의 제전 I, II, III」, 서울: 도서출판 향실, 1993.

양호민 편, 「남과 북 어떻게 하나가 되나─한반도 통일의 현실과 전망」, 서울: 나
　　　　남, 1992.

여만철 외, 「와 헛바쿠를 돕네까?」, 서울: 다나출판사, 1995.

역사문제연구소 편, 「분단 50년과 통일시대의 과제」, 서울: 역사비평사, 1995.

연합뉴스 편, 「북한용어 400선집」, 서울: 연합뉴스, 1999.

유재근 외, 「북한의 문화정보」, 서울: 고려원, 1991.

유재천 편, 「북한의 언론」, 을유문화사, 1990.

윤덕희, 김도태, 「남북한 사회·문화공동체 형성방안─사회·문화적 동질성 증대방
　　　　안 중심」, 서울: 민족통일연구원, 1992.

윤미량, 「북한의 여성정책」, 서울: 한울, 1991.

윤재근 외, 「북한의 문화정보 1」, 서울: 고려원, 1991.

이경훈, 이용숙, 「통일, 그날 이후」, 서울: 길벗, 1994.

이상우, 「함께 사는 통일」, 서울: 나남, 1995.

이서행, 「새로운 북한학─분단시대 통일문화를 위하여」, 서울: 백산서당, 2002.

이영선 편, 「북한의 현실과 통일과제」, 서울: 연세대학교 동서문제연구원, 1993.

_____ 편, 「북한의 개혁 전망과 통일 과제」, 서울: 연세대학교 동서문제연구원, 1994.

이옥형, 「아동 · 청년 발달」, 서울: 집문당, 2002.

이온죽, 「북한사회의 구조와 변화」, 경남대학교 극동문제연구소, 1987.

_____, 「북한사회연구 - 사회학적 접근」, 서울: 서울대출판부, 1988.

_____, 「북한사회의 체제와 생활」, 서울: 법문사, 1993.

_____ 외 공저, 「남북한 사회통합론」, 서울: 삶과 꿈, 1997.

이우영, 「남북한 문화정책 비교연구」, 민족통일연구소 보고서, 1994.

_____, 「북한 정치 사회화에서 전통 문화의 역할: 북한 영화 분석을 중심으로」, 서울: 민족통일연구원, 1993.

_____, 「통일문제에 대한 세대 간 갈등 해소방안」, 민족통일연구소 보고서, 1995.

이인정, 최해경 공저, 「인간행동과 사회환경」, 서울: 나남출판사, 1995.

이종석, 「현대 북한의 이해」, 서울: 역사비평사, 1995.

_____ 외, 「북한주민의 의식구조 및 가치관 조사」, 통일연수원, 1996.

이현수, 「이상행동의 심리학」, 서울: 대왕사, 1976.

임순희, 「남북한 이산 가족 재결합시 문제점과 대책」, 서울: 민족통일연구원, 1998.

임채욱, 「서울문화와 평양문화」, 서울: 신원문화사, 1989.

임희섭 편, 「한국사회의 발전과 문화」, 서울: 나남, 1988.

장휘숙, 「청년심리학」, 서울: 학지사, 1999.

전경수, 「문화의 이해」, 서울· 일지사, 1994.

전병재, 「사회심리학」, 서울: 경문사, 1982.

전상인, 「남북 가족정책의 변화」, 서울: 민족통일연구원, 1993.

_____, 「북한 민족주의 연구」, 서울: 민족통일연구원, 1994.

전우택, 「통일 후 예상되는 북한주민들의 통일사회 적응에 대한 연구」, 서울: 통일원, 1995.

전철우, 「평양놀새 서울오렌지」, 서울: 자유시대사, 1994.

_____, 「나는 행복하지 않다」, 서울: 웅진출판, 1995.

정병호 외, 「북한의 공연예술 2」, 서울: 고려원, 1991.

정용석, 「분단국 통일과 남북통일」, 서울: 다나, 1992.

조광동, 「더디가도 우리식대로 살지요」, 서울: 정보믹스, 1994.

조복희, 정옥분, 유가효, 「인간발달: 발달심리적 접근」, 서울: 교문사, 1988.

조찬래, 이상환, 주미영, 「가치변화에 따른 투표행태: 1990년대 한국과 미국의 대통령선거에 대한 비교분석」, 서울: 집문당, 2003.

좋은벗들 편, 「두만강을 건너온 사람들」, 정토출판, 1999.

_____ 편, 「사람답게 살고 싶소」, 서울: 정토출판, 1999.

_____ 편, 「북한 이야기」, 서울: 정토출판, 2000.

_____ 편, 「북한사회-무엇이 변하고 있는가」, 서울: 정토출판, 2001.

주강현, 「북한민속학사」, 서울: 이론과 실천사, 1991.

_____, 「풍습으로 본 북한의 주민생활」, 서울: 공보처, 1993.

_____, 「북한의 민족생활풍습-북한생활풍습 50년사」, 서울: 대동, 1994.

_____, 「북한의 우리식 문화」, 서울: 당대, 2000.

진덕규 외, 「북한사회의 변화와 그 전망」, 서울: 이화여대 한국문화연구원, 1992.

진덕규, 「북한통치이념에 있어 민족주의 원용에 대한 분석」, 통일원, 1991.

최 명 편, 「북한 개론」, 서울: 을유문화사, 1991.

최성철 편, 「북한인권의 이해」, 북한인권운동개선본부, 1995.

최수영, 「북한의 제2경제」, 서울: 민족통일연구원, 1998.

최문환, 「막스베버연구」, 서울: 삼영사, 1981.

최종고, 「북한법」, 서울: 박영사, 1993.

최 철, 전경욱, 「북한의 민속예술」, 서울: 고려원, 1990.

통일부 통일교육원, 「2002 북한 이해」, 서울: 통일부, 2002.

통일연수원, 「북한이해」, 서울: 통일원 통일연수원, 1995.

통일원, 「북한주민 의식구조 변화실태」, 서울: 통일원, 1988.

_____ 편, 「남북한 문화현황비교」, 서울: 통일원, 1992.

_____, 「북한주민의 의식변화와 사회통제」, 서울: 통일원, 1994.

_____, 「북한영화의 이해」, 서울: 통일원, 1994.

_____, 「북한의 인권실태」, 서울: 통일원, 1994.

_____, 「최근 북한주민 의식 변화 동향」, 서울: 통일원, 1993

_____, 「북한주민의 의식변화와 사회통제」, 통일원, 1994.

_____, 「정보분석실, 최근 북한주민 의식변화동향」, 통일원,1991.

_____, 「정보분석실 편, 최근 북한주민의 의식구조 변화」, 서울: 통일원, 1992.

한국심리학회, 「남북의 장벽을 넘어서: 통일과 심리적 화합」, 1993년도 통일 문제 학술 심포지움, 1993.

한국심리학회, 「심리학에서의 비교문화 연구」, 서울: 성원사, 1997.

한국정신문화연구원, 「통일문화창조를 위한 연구」, 한국정신문화연구원, 1985.

_____, 「통일한국의 미래상과 삶의 양식」, 성남: 정문연, 1991.

_____, 「남북한 사회의 변화와 이질적 가치관의 극복과제」, 정문연, 1992.

_____, 「통일한국의 삶의 양식과 가치체계 탐색」, 성남: 정문연, 1993.

_____, 「통일후유증 극복방안 연구-민족사회적 가치체계의 융화」, 성남: 정문연, 1994.

한승조 외, 「남북한의 인성사상교육」, 아산재단 연구논총 제42집, 집문당, 1998.

홍대식 편, 「사회심리학」 서울: 양영각, 1994.

황병덕, 「독일통일 후 동독지역에서의 사유화정책 연구」, 민족통일연구원, 1993.

황장엽, 「나는 역사의 진리를 보았다: 황장엽회고록」, 서울: 한울, 1999.

(2) 글류

고영복, "북한 청소년의 사회화 추세", 국토통일원조사연구실, 북한 청소년의 사회화 과정 연구, 1978.

고태우, "북한 주민의 사회적 성격 형성에 관한 연구", 동국대학교 행정대학원 석사학위 글, 1985.

국가안전기획부, "북한주민 의식조사 연구", 1990.

국토통일원, "김만철일가 북한실태 증언록", 서울: 국토통일원, 1987. 12.

김경동, "교과서 분석에 의한 한국인의 유교가치관 연구", 「상백 이상백박사 회갑 기념글」, 서울: 을유문화사, 1964.

김기환, "북한의 명절", 통일한국, 1995. 1.

김명세, "'우열'과 '다름'의 남북 문화", 연세대학교 통일연구원 연구총서 5, 서울: 도서출판 오름, 1998.

_____, "북한 사회와 남한 사회의 차이점: 사회문화적 접근", 흥사단 통일 아카데미 제1기 강좌 발표 자료, 1999.

김수행·조혜정, "반공반제 규율 사회의 문화권력: 한 남한 지식인의 탈북 지식인을 향한 말걸기", 연세대학교 통일연구원, 통일 연구 2(2), 1998.

김영국, "남북한 사회의 변화와 이질적 가치관의 극복과제", 『정신문화연구』제15권 2호, 정신문화연구원, 1992.

김영훈, "북한 영화의 성격 규명과 과제", 연세대학교 통일연구원, 통일 연구 제2권 제2호, 1998.

김의철, "한국 청소년의 가치 체계", 한국정신문화연구원, 한국 청소년 문화: 심리사회적 형성 요인, 1997.

김정길, "남북한의 문화적 이질성 극복의 과제", 「사회과학논총」 제7집, 경기대 사회과학연구소, 1989. 2.

김진윤, 윤여상, "탈북주민의 사회 적응을 위한 단계별 프로그램에 관한 연구, 통일원, 통일 교육·홍보(Ⅴ), '97 신진 연구자 북한 및 통일 관련 글집, 1997.

김창희, "북한의 정치사회화에 대한 연구", 전북대 대학원 박사학위글, 1988

김택환, "독일통일후 정치경제사회통합의 애로가 한국통일에 줄 교훈", 한국교원
　　　대학교 교수 논총, 제9집 제1호, 1993. 6.

김학성, "독일의 통일후유증과 내적 통합의 제문제", 통일문제연구, 제4권 3호,
　　　1992. 가을.

김한초, "남북한의 사회적 이질성 극복의 과제", 한국정신문화연구원 편, 통일한
　　　국의 미래상과 삶의 양식, 성남: 정문연, 1991.

김현경, "통일 담론의 해체적 분석: 남한 대학생을 중심으로", 초고, 1994.

남북사회문화연구소, 북한이탈주민 한국사회 적응에 관한 정책세미나, 남북사회문
　　　화연구소, 1997.

남인숙, "북한의 체제유지를 위한 사회문화적 배경", 통일원, 통일문제연구, 제5권
　　　3호, 1993. 가을.

노혜련, "실직자가족 중 해체된 가족과 해체되지 않은 가족간의 사회심리적 특성
　　　과 욕구에 관한 비교 연구", 「한국가족복지학」 5, 2000.

_____, "김정일 시대의 사회정책 전망", 「북한」 1994. 9.

도흥열, "북한 청소년의 사회화 실태", 국토통일원조사연구실, 북한 청소년의 사
　　　회화 과정 연구, 1978.

_____, "북한사회의 변화요인", 통일문제연구(통일원), 제3권 4호, 1991. 겨울.

_____, "분단 이후 남북한 체제변화과정과 주요 사회적 관행의 변용 양상: 사
　　　회 · 문화분야, 정문연 편, 통일후유증 극복방안 연구 민족시회적 가치체
　　　계의 융화-", 성남: 정문연, 1994.

_____, "남북한 주민 의식과 사회 통합 전망", 경희대 개교 50주년 기념 학술 대
　　　회, 1999.

문용린, "통일지향적 가치체계 형성방안 모색", 통일한국의 삶의 양식과 가치 체
　　　계 탐색, 서울: 한국 정신문화연구원, 1993.

박갑수, "북한사회의 집단 적개심과 남북한 관계에 미치는 영향", 한국심리학회통

일문제 학술 심포지움, 남북의 장벽을 넘어서-통일과 심리적 화합, 1993. 6.

박영규, "귀순자 사회적응 어떻게 할 것인가", 월간북한 5집, 1996.

박영호, "통일한국의 정치사회적 갈등양태와 해소방안: 신정치문화의 구축을 위하여", 한국 정치학회, 세계질서의 변화와 한반도 통일, 1994. 7.

박용헌, "북한의 문화정책과 전통문화", 북한학보, 1981.

박재주, "민족동질성회복을 위한 통일교육", 교육연구, 제12권 제9호, 1992. 9.

박홍규, "남북한 관계변화와 국민의식", 통일원, 「통일문제연구」, 제4권 4호, 1992.

서재진, "남북한 현존 가치체계의 갈등양상 진단", 정문연 편, 통일한국의 삶의 양식과 가치 체계 탐색, 성남: 정문연, 1993.

_____, "한국전쟁과 북한주민의 생활변화-신민적 인성형성을 중심으로", 경남대학교 극동문제연구소 편, 한국전쟁과 북한사회주의 체제 건설, 1992.

_____, "통일한국의 계급문제: 통일이 북한주민의 직업적 위신의 변화에 미칠 영향을 중심으로", 통일한국의 새로운 이념과 질서의 모색, 서울: 한국정치학회, 1993

성영신, 서정희 심진섭, "남북한의 경제심리 비교-귀순자의 심층면접을 토대로", 한국심리학회 통일문제 학술 심포지움, 남북의 장벽을 넘어서-통일과 심리적 화합, 1993. 6.

송의호, "귀순자들의 내면세계", 월간중앙, 1995. 1.

신 율, "북한탈출주민의 사회적응에 대한 고찰", 「통일연구」 2권, 서경대 통일문제연구소, 1997. 12.

신의진, 천근아, "북한의 기아상태가 소아 정신건강에 미치는 영향", 연세대학교 통일연구원 학술발표회, 북한사람-삶의 질, 굶주림, 남한사회 적응, 1999. 12. 8.

신정현, "남북한 현존 삶의 갈등양상 진단", 정문연 편, 통일한국의 삶의 양식과 가치체계 탐색, 성남: 정문연, 1993.

양문규, "북한 문학을 통해 본 북한의 일상", 강릉대학교 통일 문제 연구소, 통일문제 연구, 제14집, 1998.

오수성, "적색공포(Red Complex)의 본질과 심리적 작용", 한국심리학회 통일문제 학술 심포지움, 남북의 장벽을 넘어서-통일과 심리적 화합, 1993. 6.

유석렬, "일탈: 원인, 유형, 통제방법", 경남대극동문제연구소 편, 북한사회의 구조와 변화, 서울: 극동문제연구소, 1987.

유세희, "정치사회화과정에서 남북한주민의 의식형성비교", 북한통치이데올로기연구, 정신문화연구원, 1984.

유영옥, "남북한 이질성 극복을 위한 심리사회적 조망", 한국정치학회보, 제31집 2호, 1997, 여름.

윤덕룡·강태규, "탈북자의 실업과 빈부격차에 의한 갈등 및 대책", 통일연구 1권 2호, 연세대 통일연구원, 1997.

윤여령, "남북한 사회 문화 통합을 위한 과제: 동질성 회복을 위하여", 통일문제 연구, 제10권 2호, 하반기, 1998.

이금순, "남북한 여성 비교연구: 사회적 역할을 중심으로", 통일문화연구(하), 민족통일연구원, 1994.

_____, 송정호, "북한이탈주민의 사회적응교육방안", 통일연구논총 6권 1호, 1997.

이문웅, "남북한 사회의 변화와 전통유교변화: 가족과 친족을 중심으로", 분단 반세기 남북한의 사회와 문화, 경남대 극동문제연구소, 1996.

이병용, "통일과 북한 사회문화", 민족통일연구원 보고서, 1995

이상두, "남북한 이질화 현상과 동질성 회복을 위한 대응방향", 「북한학보」, 제9집, 1985.

이서행, "남북한 사회관 및 일상적 사회생활 관련 가치관의 갈등양상", 통일후유증 극복방안 연구 -민족 사회적 가치체계의 융화-, 성남: 정문연, 1994.

이서행, "통일환경변화와 통일교육 발전방향", 「교육공론」, 서울: 교육공론사, 1995년 2월호.

이소래, 남한 이주 북한 이탈 주민의 문화적응 스트레스에 관한 연구, 이화여자대학교 대학원 사회복지학과 석사학위 글, 1997.

이승종, 문화 이입 과정 스트레스와 유학생의 신념 체계 및 사회적 지지와의 관계, 연세대학교 석사학위 글, 1995.

이영희, "남북한 정치사회상의 이질감과 극복", 남북한 이질감과 그 극복 전망, 효성여대 현대사상연구소 주최 1993년 통일문제교수세미나, 1993. 9. 23.

이온죽, "북한주민의 의식구조와 변화전망", 한국안전보장논총, 17호, 1990.

_____, "통일시대 민족통합의 정신적 구심점 및 사회통합의 하부구조 모색을 위한 기초연구", 세종연구소 연구글, 1996. 10

_____, "북한동포 수용의 제 문제", 북한학보 18집, 1994.

이우영, "통일이후 단계에서의 융화방안", 정문연 편, 통일후유증 극복방안 연구 -민족사회적 가치체계의 융화-, 성남: 정문연, 1994.

_____, "남북한 사회의 문학 예술: 개념과 사회적 역할의 차이", 연세대학교 통일연구원, 통일 연구 제2권 제2호, 1998.

이장호, "남북통일의 문화심리적 장애요인", 한국심리학회 통일문제 학술 심포지움, 남북의 장벽을 넘어서-통일과 심리적 화합, 1993. 6.

_____, "남북간 심리적 동질성 회복", 「사회과학과 정책연구」 제15권 3호, 서울대학교 사회과학연구소, 1993.

_____, "북한 출신 남한이주자 (탈북자) 문제의 사회통합적 대응", 크리스챤 아카데미 남북 관계 대화모임 발제문, 1996.

_____ 외, 북한 이탈주민의 사회적응을 위한 문화적 갈등 해소방안 연구, 한국문화정책개발원, 1998.

_____, "북한 사회와 남한 사회의 차이점: 심리학적 접근", 흥사단 통일 아카데미 제1기 강좌 발표 자료, 1999.

이정식, "남북한의 이질화와 동질화 가능성", 국제문제, 1986. 2.

이정우, "북한출신 주민(탈북자 포함) 심리사회 적응 프로그램의 개발", 성곡논총 28집 4권, 1997.

이종석, "남북한의 규범적 가치 비교", 남북한의 이질화현상과 통합모델의 모색, 세종연구소 주최 남북한 통합모델 학술회의 발표글, 1995. 8. 25.

이춘길, "북한문화정책의 이념과 전개에 관한 연구", 북한문화연구, 제1집, 1993.

이훈구, 윤소연, 정혜경, "실직가정 아동과 비실직가정 아동의 정서문제 비교연구", 한국심리학회, 「98 연차대회 학술발표글집」, 1998.

장경섭, "사회주의와 가족", 한국가족학회 편, 현대 가족과 사회, 교육과학사, 1994.

장원석, "통일 이후의 사회경제체제: 우리식 사회적 시장경제의 하나의 시론", 「경제논집」 제50 호, 1993.

장필화, "북한사회의 성별분업", 이화여자대학교 한국여성연구소 주최 통일문제 학술세미나 발표글, 1992. 11. 30.

장하진, "남북한의 가족제도 및 여성의 역할", 분단 반세기 남북한의 사회와 문화, 경남대 극동문제연구소, 1996.

전병재, "사회의식구조 동질화의 과제: 남북한 인성차이의 극복 방안에 관한 연구", 연세대학교 동서문제연구원, 통일을 위한 남북한 주민의 의식구조 동질화의 과제, 서울: 연세대학교 동서문제연구원, 1994.

전병재, "북한 사회의 갈등 구조 연구", 이영선 편, 북한의 현실과 통일 과제, 연세대학교 동서문제연구원, 1993.

전상인, "남북한체제 내 사회갈등과 사회통합 비교연구", 남북한의 이질화현황과 통합모델의 모색, 세종연구소주최 남북한 통합모델 학술회의 발표글, 1995. 8. 25.

전우영·이훈구, "한국 대학생이 북한 및 북한 내 하위집단에 대하 고정 관념", 통일연구, 제2권 제1호, 1998.

전우택, "통일후 예상되는 북한주민들의 통일사회 적응에 관한 연구-난민, 한국인 이민자, 북한귀순자를 중심으로", 통일원 95 북한 및 통일연구글집, 1995.

_____, "난민들의 정신건강과 생활적응에 관한 고찰 및 한반도 통일 과정에서의 전망과 대책", 신경정신의학, 1996.

_____, 민성길, "탈북자들의 심리와 적응상의 문제", 연세대학교 통일연구원 연구총서2, 서울: 도서출판 오름, 1996.

_____, "탈북자들의 주요 사회배경에 따른 적응과 자아 정체성에 관한 연구", 통일연구 1권 2호, 연세대 통일연구원, 1997.

정기선, "탈북자에 대한 이미지 연구", 통일문제 연구, 제11권 2호 상반기, 1999.

_____, "경제위기가 정신건강에 미치는 영향", 「한국사회학」 34, 2000.

정득규 외, "남북한의 이질성 극복에 관한 연구", 통일문제연구 제4집, 전남대 통일문제연구소, 1980.

정석홍, "북한 주민의 의식구조 변화실태: 귀순자조사 중심", 통일문제연구(목포대), 1984.

정용석, "통일지향적 삶의 양식 형성방안 모색", 정문연 편, 통일한국의 삶의 양식과 가치체계 탐색, 성남: 정문연, 1993.

정유선, 탈북 귀순자의 적응 과정과 일상생활에서의 실천 방식, 서울대학교 대학원 인류학과 석사학위 글, 1998.

정진경, "남북한 간 문화 이해지의 제작", 연세대학교 통일연구원, 통일 연구 제2권 제2호, 1998.

정천구, "통일준비 단계에서의 융화방안", 정문연 편, 통일후유증 극복방안 연구 -민족사회적 가치 체계의 융화-, 성남: 정문연, 1994.

조남국, "사회적 지위의 획득수단에 관한 남북한 주민들의 의식구조 비교", 한국심리학회 통일문제 학술 심포지움, 남북의 장벽을 넘어서-통일과 심리적 화합, 1993. 6.

조 형, "북한 사회 체계와 가부장제", 이화여자대학교 한국여성연구소 주최 통일문제학술세미나 발표글, 1992. 11. 30.

조혜정, "'남한'과 '북조선'의 문화적 동질성과 이질성 -민족주의와 진보주의의 담론을 중심으로-", 통일사회로 가는 길, 연세대학교 통일연구원 개원 기념 심포지움, 1995. 11. 28.

주강현, "북한의 주민생활에 나타난 전통문화적 요인 연구", 민족통일연구원 편, 통일문화연구(하), 서울: 민족통일연구원, 1994. 12.

차재호, "남북한 통일에 대한 심리학적 조망", 한국심리학회 통일문제 학술 심포지음, 남북의 장벽을 넘어서-통일과 심리적 화합, 1993. 6.

_____, "한국사회에서의 가치관 변화와 가치에 관한 명제의 도출", 심리과학 vol.3. no.1, 1994.

최용학, "조선 주민의 생활실상과 대외개방전망", 명지대학교 북한연구센터 창립 학술대회발표글, 1995. 5. 2.

최재현, "북한사회 이념 속의 전통적 요소", 동아연구 제14집, 1988.

최평길, "남북한 주민의 정치·사회의식 비교연구", 연세논총, 1985.

_____, "남북한 주민의 정치, 사회의식 비교 연구", 연세논총 사회과학편 제21호, 1993.

최 현, 김지영, "청소년의 동질성 회복을 위한 예비 연구", 「남북의 장벽을 넘어서: 통일과 심리적 화합」, 한국 심리학회, 1993.

_____, _____, "청소년의 성격형성과정에 대한 남북한 비교연구", 「남북의 장벽을 넘어서」, 서울: 중앙적성출판사, 1995.

한국정신문화연구원, 한국 청소년 문화: 심리-사회적 형성 요인, 연구논총 97-8, 1997.

한규석, "사회심리학에서의 문화 비교 연구: 현황 및 '세계화' 속의 과제", 한국심리학회 학술위원회 편, 심리학에서의 비교 문화 연구, 서울: 성원사, 1997.

홍승직, "남북한 관계에 있어서의 공통가치 모색", 영남대 통일문제연구, 제16집, 1994. 2.

2. 북한문헌

강 철, "례의도덕에 관한 주체적 리해", 철학연구, 1994, 제1호.

강능수, "시대와 함께 전진하는 우리의 주체문화예술", 근로자, 1991, 제4호.

김경숙, "공산주의도덕에 대한 주체적 리해", 사회과학, 1986, 제1호.

김려현, "〈하나는 전체를 위하여, 전체는 하나를 위하여〉라는 공산주의적 원칙을
　　　철저히 구현하는 것은 우리식 사회주의의 우월성을 높이 발양시키기 위한
　　　중요과업", 근로자, 제5호, 1991.

김일성, "문화인들은 문화전선의 투사로 되여야 한다", 김일성저작집 2, 평양: 조
　　　선로동당출판사, 1979.

_____, "인민들의 물질문화생활을 향상시키기 위한 몇가지 과업", 김일성저작집
　　　4, 평양: 조선로동당출판사, 1979.

_____, "우리의 예술은 전쟁승리를 앞당기는데 이바지하여야 한다", 김일성저작
　　　집 6, 평양: 조선로동당출판사, 1980.

_____, "문화선전사업을 강화하며 대외무역을 발전시킬데 대하여", 김일성저작집
　　　5, 평양: 조선로동당출판사, 1980.

_____, "현실을 반영한 문학예술작품을 많이 창작하자", 김일성저작집 10, 평양:
　　　조선로동당출판사, 1980.

_____, "작가, 예술인들 속에서 낡은 사상잔재를 반대하는 투쟁을 힘있게 벌릴데
　　　대하여", 김일성저작집 12, 평양: 조선로동당출판사, 1981.

_____, "사회주의예술의 우월성을 온 세상에 널리 시위하자", 김일성저작집 13,
　　　평양: 조선로동당 출판사, 1981.

_____, "기록영화를 잘 만들데 대하여", 김일성저작집 20, 평양: 조선로동당출판
　　　사, 1982.

_____, "깊이있고 내용이 풍부한 영화를 더 많이 창작하자", 김일성저작집 20,
　　　평양: 조선 로동당출판사, 1982.

_____, "문학예술작품에서의 갈등문제에 대하여", 김일성저작집 18, 평양: 조선로동당출판사, 1982.

_____, "혁명적이며 통속적인 노래를 많이 창작할데 대하여", 김일성저작집 20, 평양: 조선로동당출판사, 1982.

김정일, "추석의 유래와 민속", 「조선녀성」 1991년 5호.

_____, "주체사상에서 제기되는 몇 가지 문제에 대하여", 1986. 7. 5.

_____, "영화예술론", 「주체혁명위업의 완성을 위하여 2: 1972-1973」, 평양: 조선로동당출판사, 1987.

_____, "혁명적 문학예술작품창작에서 새로운 앙양을 일으키자", 「주체혁명위업의 완성을 위하여 5: 1983-1986」, 평양: 조선로동당출판사, 1988.

김최원, "민족적인 것과 우리식의 노래 간의 호상관계에 대하여", 「조선예술」, 1978. 10.

류순찬, "수령에 대한 충실성은 공산주의도덕의 최고표현", 근로자, 1989, 제3호.

리수립, "사회주의제도의 우월성을 주제로 한 시문학의 사상예술적특성", 근로자, 1991, 제8호.

리제오, "음력설과 설날", 「천리마」 1993년 2월호.

리현민, "인격의 심리적 특징에 대한 주체적 리해", 철학연구, 1994, 제1호.

박선영, "민요를 바탕으로 통속적인 노래를 만드는 것은 우리 당의 일관된 방침", 근로자, 1988, 제10호.

박승덕, 「사회주의문화건설리론」, 평양: 사회과학출판사, 1985.

박정학, "사회주의적 생활양식은 혁명하는 사람들이 지녀야 할 중요한 활동방식", 근로자 1989, 제3호.

박태준, "동지애에 기초한 혁명적 의리의 원리는 사회주의 사회의 고유한 도덕적 원리", 근로자, 1989, 제7호.

백설향, "수령에 대한 참다운 충실성은 도덕화된 충실성", 철학연구, 1994, 제3호.

사회과학원 민속학연구실 편, 「조선민족풍습」 평양: 사회과학출판사, 1990.

사회과학원 어학연구소 편, 현대조선말사전, 서울: 백의, 1988.

사회과학출판사 편, 「정치용어사전」, 평양: 사회과학출판사, 1970.

＿＿＿＿＿＿ 편, 문화예술사전, 평양: 사회과학출판사, 1972.

＿＿＿＿＿＿ 편, 「조선말대사전 2」 평양: 사회과학출판사, 1992.

엄영찬, "18-19세기 우리나라의 민간명절행사", 「고고민속론문집」 1973년 5집.

전용석, "일심단결의 정신도덕적 기초", 근로자, 1990, 제7호.

조선민주주의인민공화국 가족법. 1990년 10월24일 채택.

조선민주주의인민공화국 민법. 1990년 9월5일 채택.

조선민주주의인민공화국 사회주의헌법(1998년 9월5일 채택), 통일연구원, 1999, 북한 인권백서.

최원희, "과거 우리나라의 민간명절행사", 「고고민속」 1965년 3호.

한중모·정성무, 「주체의 문예리론 연구」, 평양: 사회과학출판사, 1983.

허백산, "불건전한 사상문화의 침습을 반대하는 것은 제국주의자들의 반사회주의적 책동을 짓부시기 위한 중요고리", 근로자, 1990, 제12호.

3. 외국문헌

Abramson, Paul & Ronard Inglehart, "Generational replacement and value change in the Six western European Societies", *American Journal of Political Science 30*, 1986.

Appelbaum, R. P., *Theories of Social Change*, 김지화 역, 「사회변동의 이론」, 서울: 한울아카데미, 1990.

Austin, L., *Saints and Samurai: The Political Culture of The American and Japanese Elites*, New Haven and London: Yale U. Press, 1975.

Bandura, *Social learning theory*, Englewood Cliffs, N.J.: Prentice Hall, 1977.

Barker, R. G., T. Dembo & K. Lewin, Frustration and regression, *University of Iowa Studies in Child Welfare*, 1941, 18, No.1.

Bell, D., *The Coming of postindustrial society*, N.Y.: Basic Books, 1973.

Benedict, R., *The Chrysanthemum and the Sword: Patterns of Japanese Culture*, New York: Meridian Books, 1967.

Blos, P., *The Adolescent passage*, NY: International Universities Press, 1979.

Brockman, J., 김태규 역, 「제 3의 문화」, 서울: 대영사, 1996.

Brody, G. H., Stoneman, Z., & Flor, D., "Linking family processes and academic competence among rural African American youths", *Journal of Marriage and the Family*, 57, 1995.

Bruner, J. S., "Do we 'acquire' culture of vice versa?" *Behavioral and Brain Sciences*, 16, 1993.

Brzezinski, Z., *The Grand Failure: The Birth and the Death of Communism in the Twentieth Century*. Macmillan Publishing Co., 1989.

Buckley, W., *Sociology and modern systems theory*, Englewood Cliffs, Nj: Prentice-Hall, 1967

Cartwright, D., "The Nature of Group Cohesiveness", ch. 7, In Cartwright, D. & Zander, A. (eds.), *Group Dynamics*, 3rd ed. New York: Harper & Row, 1968.

Chinn, J. & Kaiser, R., *Russian as the New Minority: Ethnicity and Nationalism in the Soviet Successor States*, Boulder, Colorado: Westview Press, 1996.

Chodak, S., *Societal Development*, New York: Oxford Univ. Press, 1973.

Conger, R. D., Conger, K. J., & Elder, G., "Family economic hardship and adolescent adjustment: Mediating and moderating processes", In G. J. Duncan & J. Brooks-Gunn (Eds.), *Consequences of Growing Up Poor*, New York: Russell Sage Foundation, 1997.

Coser, L. A. & Rosenberg, B., *Sociological Theory*, N.Y.: Macmillan Publish Company, 1976.

Crowe, B. J., Bochner, S. & Clark, A. W., "The Effects of Subordinates Behavior on Managerial Style", *Human Relations*, 1972, 25.

Deutsch, K., *Nationalism and Social Communication*, 2nd ed., Cambridge: MIT Press, 1966.

Dollard, J., L. Doob, N. E. Miller, O. H. Mowrer & R. R. Sears, *Frustation and aggression*, New Haven, Conn.: Yale University Press, 1939.

Douvan E. & J. Adelson, *The adolescent experience*, N. Y.: Wiley, 1964.

_____ & M. Gold, Model patterns in american adolescence, in L. M. Hoffman(ed.), *Review of child development research Vol.2*. N. Y.: Russell Sage Foundation, 1966.

Dubois, D. L., Eitel, S. K., & Relner, R. D., "Effects of family environment and parent-child relationships on school adjustment during the transition to early adolescence", *Journal of Marriage and the Family*, 56, 1994.

Durkeim, E., *The Division of Labor in Society*, New York: McMillan, 1935.

Elder, G & Caspi, A., "Economic stress in lives: Developmental perspectives", *Journal of Social Issues*, 44(4), 1988.

Elder, G., *Children of the Great Depression*, Chicago: University of Chicago Press, 1974.

England, G. W., *The Manager and His Values: An International Perspective from The United States, Japan, Korea, India, and Australia*, Cambridge: Ballinger Publishing Co., 1975.

Engler, B., *Personality Theories*, Boston: Houghton Miflin co., 1991.

Erikson, E., *Identity and the Life Cycle*, New York: W. W. Norton & Co., 1980.

_____, *The life cycle completed: A review*, New York: Norton, 1982.

Festinger, L., *A Theory of Cognitive Dissonance*, Row & Peterson Co., 1957.

Freud, A., *The ego and the mechanisms of defense*, C. Baines (Trans.), New York: International university Press, 1936.

_____, Adolescence, *In the psychoanalytic study of the child*, N. Y.: International Universities Press, 1958.

Friedberg, R. M. and J. Hunt, "The Impact of Immigrants on Host Country Wages, Employment and Growth", *Journal of Economic Perspectives*, Vol.9, No.2, 1995.

Fromm, E., *Escape from Freedom*, New York: Holt, Rinehart & Winston, 1964.

Fryer, D. & Paine, R., "Being unemployed: A review of the literature on the psychological experience of unemployment", 61, 1986.

Furnham, A., & S. Bochner, *Culture Shock Psychological Reaction to Unfamiliar Environment*, New York: Routledge, 1986.

Galtung, J., "A Structural Theory of Integration", *Journal of Peace Research*, Vol.5, No.4, 1968.

Gellner, E., *Nations and Nationalism*, Ithaca, N.Y.: Cornell University Press, 1983.

Giddens, A., *Capitalism and Modern Social Theory*, N.Y.: Cambridge Univ. Press, 1971.

_____, 김미숙 외 역, 「현대사회학」, 서울: 을유문화사, 1992.

Gurney, J. N. & K. Tierney, "Relative Deprivation and Social Movements: A Critical Look at Twenty Years of Theory and Research", *The Sociological Quarterly 23*, Winter 1982.

Gurr, T. R., *Why Men Rebel*, Princeton: N.J.: Princeton University Press, 1970.

Hall, C. S., *The Primer of Freudian Psychology*, 설영환 편역, 「프로이트 심리학 해설」, 서울: 선영사, 1985.

Harsanyi, J., "Advances in Understanding Rational Behavior", in J. Elster ed., *Rational Choice*, New York: New York University Press, 1986.

Heider, F., *The Psychology of Interpersonal Relations*, New York: Wiley, 1958.

Hough, J., "The Bureaucratic Model and the Nature of Soviet System", *Journal of Comparative Administration*, Vol.5, 1973.

Huntington, S. P., "Post-Industrial Politics: How Benign Will It Be?" *Comparative Politics 6*, 1974.

_____, *Political Order in Changing Societies*, 민준기, 배성동 역, 「정치발전론」, 서울: 을유문화사, 1992.

Inglehart, R., "The Silent revelution in Europe: Intergenerational change in postindustrial societies", *American Political Science Review 65*, 1971.

_____, *The Silent revolution: Changing values and political styles among western publics*, N.J.: Princeton University Press, 1977.

_____, 정성호 역, 「조용한 혁명」 서울: 종로서적, 1983.

_____, *Culture shift in advanced industrial society*, N.J.: Princeton University Press, 1990.

Inhelder, B., & J. Piaget, *The growth of logical thinking: from childhood to adolescence*, N.Y.: Basic Books, 1958.

Jackson, E., "Status Consistency & Symptoms of Stress", *American Sociological*

Review, vol.21, 1962.

Jahoda, M., "Economic recession and mental health: Some conceptual issues", *Journal of Social Issues*, 44 (4), 1988.

Janis, I. L., 이윤식 역, 「스트레스와 욕구불만」, 서울: 학문사, 1999.

Jones, E. E., Gergen, K. J., Gumtert, P. & Thibaut, J. W. "Some Conditions Affecting the Use of Ingratiation to Influence Performance Evaluation", *Journal of Personality and Social Psychology*, 1965, 1.

Kerbo, H., "Movements of Crisis and Movements of Affluence: A Critique of Deprivation and Resource Mobilization Theories", *Journal of Conflict Resolution*, vol.26, no.4, December 1982.

Kluckhohn F. R. and Strodbeck, F. L., *Variations in Value Orientations*, New York: Row, Peterson & Co., 1961.

Langer, W. L., "Infanticide: A historical survey", *History of children quarterly 1*, 1974.

Laswell, H. D. & Kaplan, A., *Power and Society*, New Haven: Yale Univ. Press, 1965.

Lauer, R. H., *Perspectives on Social Change*, 정근식, 김해식 역, 「사회변동의 이론과 전망」, 서울: 한울아카데미, 1991.

Lerner, R. M., M. Karson, M. Meisels & J. R. Knapp, "Actual and perceived attitudes of late adolescents and their parents: the phenomenon of the generation gaps", *Journal of Genetic Psychology*, 126

Lewin, K., *Resolving social conflict*, N.Y.: Garper & Row, 1948

Liker, J. K., & Elder, G., "Economic hardship and marital relations in the 1930s", *American Sociological Review*, 48, 1983.

Los, M., "The double economic structure of communist societies", *Contemporary crisis 11*, 1987.

Maaz, H. J., *Der Gefuhlsstau. Argon Verlag*, 1990; 송동준 역, 「사이코의 섬: 감정정체·분단체제의 사회심리」, 서울: 민음사, 1994.

Maier, H., *Three theories of child development: The contributions of Erik H. Erikson, Jean Piaget, R. R. Sears, and Their applications*, New York: Harper & Row, 1969.

Marcia, J. E., "Identity six years after: A follow-up study", *Journal of Youth and Adolescence*, 5, 1966.

Martin, W. "Socially Induced Stress: Some Converging Theories", *The Pacific Sociological Review*, vol.8, 1965.

Maslow, A., *Motivation and Personality*(2nd ed.), New York: Harper & Row, 1970.

McLanahan, S., & Sandefur, G., *Growing Up with a Single Parent*, Cambridge, MA: Harvard University Press, 1994.

Mead, G. H., *Mind, Self and Society*, Chicago: The University of Chicago Press, 1967.

Mead, M., *Sex and Temperament in Three Primitive Societies*, New York: Dell, 1935.

Mitrany, D., *A Working Peace System* Chicago: Quadrangle Books, 1966.

Mollica, R. F., G. Wyshak, and J. Lavelle, "The Psychosocial Impact of War Trauma and Torture on Southeast Asian Refugees", *American Journal of Psychiatry*, No.144, 1987.

Morse, C., "The Functional Imperatives", in M. Black, ed., *The Social Theories of T. Parsons: A Critical Examination*, Englewood Cliff, NJ: Prestice-Hall, 1961.

Newman, B. M., & P. R. Newman, *Development through life: A psychosocial approach 4th ed.*, Chicago: The Dorsey Press, 1987.

Parsons, T., & Shils, E. A. *Toward a general theory of action*, N.Y.: Harper and Row, 1962.

Rae, W. A., "Teen-parent problems: In C. E. Walker & M. C. Roberts (eds.)", *Handbook of clinical child psychology*, N.Y.: Wiley, 1983.

Ramsey, G. E., *Problems of youth*, Belmont, CA: Dickinson, 1967.

Scott, J., *Weapon of the Weak: Everyday Forms of Resistance*. New Haven:

Yale University Press, 1985.

_____, *Domination and the Arts of Resistance: Hidden Transcript* New Haven: Yale University Press, 1990.

Sebald, H., *Adolescence: A sociological analysis*, N.Y.: Appleton-Century Crofts, 1968.

Shlapentokh, V., "Two levels of Public Opinion", *Public Opinion Quarterly*, vol.49, 1985.

Simons, R. L., Lorenz, R. O., Conger, R. D., & Wu, C. "Support from spouse as mediator and moderator of the disruptive influence of economic strain of parenting", *Child Development*, 63, 1992.

Snyder, M. L., W. G. Stephan & D. Rosenfield, "Egotism & Attribution", Journal of Personality and Social Psychology, 33, 1976.

Specht, R., & G. J. Craig, *Human development: A social Work perspective*, N.J.: Prentice-Hall, Inc., 1987.

Starr, F., "Soviet Union: A Civil Society", *Foreign Policy*, vol.70, Spring, 1988.

Sullivan K., & A. Sullivan, Adolescent-parent separation, *Developmental psychology*, 16.

Swidler, A., "Culture in Action", *American Sociological Review*, Vol.51, 1986.

Tong, Y., "Mass Alienation Under State Socialism and After", *Communist and Post-Communist Studies*, Vol.28, No.2.

Turner, J. H. & Beeghley, L., *The Emergence of Sociological Theory*, Homewood: Dorsey Press, 1981.

_____, "Analytical Theorizing", in *Social Theory Today*, edited by A. Giddens and J. H. Turner, Stanford, CA: Stanford Univ. Press, 1987.

Voydanoff, P., "Economic distress and family relations: A review of the eighties", *Journal of Marriage and the Family*, 52, 1990.

Willianms, Robin M. Jr., *American Society*, New York: Alfred A. Knopf, 1952.

Wrong, D., "The Oversocialized Conception of Man in Modern Sociology", *American Sociological Review*, vol.26. no.2, 1961.

Yoo, Young Ock, Promoting a Correct Understanding About North Korea ; A Shortcut to Unification, *East Asian Review*, Vol. V, No.4, Win, 1993.

Yoon, In-Jin, "On the State of Adjustment of North Korean Refugees in South Korean Society", *Annual Meeting of the American Sociological Association*, Chicago, August, 1999.

Zimring, F. E., *The changing legal world of adolescence*, N.Y.: Free Press, 1982.

✳ 부 록

≪조선사회주의로동청년동맹 규약≫

(출처:「로동청년」 1993. 2. 25.)

조선사회주의로동청년 동맹

　조선사회주의로동청년 동맹은 위대한 수령 김일성동지께서 무어주시고 영광스러운 조선로동당이 령도하는 주체형의 혁명적 청년조직이며 우리 나라 청년들의 공산주의적 대중단체이다. 조선사회주의로동청년 동맹은 조선로동당의 정치적후비대이며 당과 수령을 앞장에서 옹호보위하는 당의 믿음직한 청년전위부대이다. 조선사회주의로동청년 동맹은 당의 령도밑에 주체의 혁명위업을 대를 이어 계승완성하는 것을 자기의 사명으로 한다. 조선사회주의로동청년 동맹은 위대한 수령 김일성동지의 혁명사상, 주체사상을 유일한 지도적 지침으로 한다. 조선사회주의로동청년 동맹은 위대한 수령 김일성동지께서 창시하시고 조선로동당에 의하여 계승발전되는 주체의 혁명전통, 조선청년운동의 전통을 직접 이어받고 있으며 그것을 견결히 옹호고수하고 영원히 빛내여 나간나.

　조선사회주의로동청년 동맹은 조선로동당의 령도밑에 인민대중중심의 우리 식 사회주의를 튼튼히 옹호고수하여 공화국북반부에서 사회주의의 완전한 승리를 이룩하여 전국적 범위에서 민족해방인민민주주의혁명의 과업을 수행하며 온 사회를 주체사상화하고 공산주의 사회를 건설하기 위하여 투쟁한다. 조선사회주의로동청년동맹은 청년들을 주체혁명위업의 믿음직한 계승자로 키워 당과 수령의 두리에 일심단결시키며 그들을 당의 로선과 정

책 관철에로 힘있게 조직동원하는 것을 기본임무로 한다. 조선사회주의로
동청년 동맹은 조선로동당의 령도를 제일생명으로 삼고 동맹 건설과 활동
에서 당의 사상과 령도를 충실히 받들어나가는 것을 근본원칙으로 한다.

조선사회주의로동청년 동맹은 사람과의 사업, 청년들과의 사업을 사로청
사업의 기본으로 한다. 조선사회주의로동청년 동맹은 조선로동당의 계급로
선과 군중로선을 철저히 관철한다. 조선사회주의로동청년 동맹은 위대한
수령님식 사업방법, 우리 당의 청년사업방법을 전면적으로 구현한다. 조선
사회주의로동청년 동맹은 사로청원들에 대한 정치사상교양과 조직생활지
도를 기본으로 하면서 이에 당의 경제정책 관철을 위한 실천활동을 옳게
결합시키며 학생사업의 절반 이상의 힘을 돌리는 원칙에서 사업한다. 조선
사회주의로동청년 동맹은 전체 청소년들을 당과 수령의 두리에 튼튼히 묶
어세우며 동맹 안에 당의 령도밑에 하나와 같이 움직이는 강한 조직규률을
세우며 당의 로선과 정책을 끝까지 관철하는 혁명적 기풍을 세운다.

조선사회주의로동청년 동맹은 사상혁명, 기술혁명, 문화혁명을 힘있게
벌려 청소년들을 당과 수령에게 끝없이 충실한 주체혁명위업의 믿음직한
계승자로, 지덕체를 갖춘 전면적으로 발전된 공산주의적 혁명인재로 교양
육성하며 인민경제의 주체화, 현대화, 과학화를 다그치고 사회주의제도를
더욱 공고히 하며 사회주의의 완전한 승리를 앞당기기 위한 투쟁에서 청
년들의 선봉대, 돌격대적 역할을 높이며 조국의 부강발전과 사회주의건설
에 이바지하는 여러 가지 혁신운동과 좋은일하기운동을 힘있게 벌린다.

조선사회주의로동청년 동맹은 위대한 수령 김일성동지께서 제시하신 자주
적 조국통일방침을 높이 받들고 북과 남, 해외의 모든 조선청년학생들의 단
합된 힘으로 조국의 통일을 앞당기기 위하여 투쟁한다. 조선사회주의로동청
년 동맹은 자주, 평화, 친선의 리념에 기초하여 세계 진보적 청년학생들과의
친선과 단결을 강화하며 제국주의를 반대하고 온 세계의 자주화를 위하여 투
쟁한다. 조선사회주의로동청년 동맹은 조선로동당의 지도밑에 사업한다.

제1장 조선사회주의로동청년 동맹원

1. 사회주의로동청년 동맹원은 당과 수령을 정치사상적으로, 목숨으로 옹호보위하며 당의 로선과 정책을 무조건 철저히 관철하며 주체혁명위업의 승리를 위하여 모든 것을 다 바쳐 투쟁하는 주체형의 청년혁명가이다.

2. 사회주의로동청년 동맹원으로는 열네살부터 서른살까지의 조선청년으로서 당과 수령에게 충실하고 당의 로선과 정책을 관철하기 위하여 투쟁하며 사로청규약을 지키려는 청년이 될 수 있다. 특수한 경우에는 열네살이 못된 청년들을 가맹시킬 수 있다.

3. 사회주의로동청년 동맹에 가입하는 절차는 다음과 같다.

   1) 사로청에 들어오려는 청년은 가맹청원서를 초급단체에 내야 한다. 가맹청원서에는 소년단 단위원회의 가맹보증이 있어야 하며 소년단위원회의 보증이 없는 경우에는 사로청원 한사람의 가맹보증이 있어야 한다.

   2) 가맹문제는 개별적으로 심의하되 초급단체총회에서 가맹청원자의 참가밑에 토의결정한다.

   3) 초급단체총회의 가맹결정은 시(구역), 군 사로청위원회의 비준을 받아야 한다. 시(구역), 군 사로청위원회는 초급단체에서 결정한 가맹문제를 한달 안에 심의하고 처리하여야 한다.

   4) 가맹날짜는 초급단체총회에서 가맹을 결정한 날로 한다.

4. 사로청원의 의무는 다음과 같다.

   1) 사로청원은 혁명적 수령관을 확고히 세우고 위대한 수령님에 대한 충실성을 신념화, 량심화, 도덕화, 생활화하여야 한다.

   2) 사로청원은 당의 령도를 제일생명으로 간직하고 당의 령도를 충성으로 받들어나가며 우리 당을 앞장에서 보위하는 청년전위가 되어야 한다.

3) 사로청원은 영생불멸의 주체사상으로 튼튼히 무장하고 우리 당의 로선과 정책을 무조건 끝까지 관철하여야 한다.

4) 사로청원은 우리 당의 빛나는 혁명전통을 견결히 옹호하며 인민대 중중심의 우리 식 사회주의를 튼튼히 고수하고 빛내여 나가는 데 앞장서야 한다.

5) 사로청원은 높은 조직관념을 가지고 사로청생활에 성실히 참가하 여 자신을 혁명적으로 단련하여야 한다.

6) 사로청원은 혁명과 건설에 필요한 여러 가지 지식과 현대과학기술 을 습득하고 고상한 공산주의 도덕품성과 높은 문화적 소양을 가 지며 체력을 튼튼히 단련하여야 한다.

7) 사로청원은 당이 부르는 어렵고 힘든 부문에 적극 진출하며 사회 주의건설의 모든 전선에서 선봉대, 돌격대가 되어야 한다.

8) 사로청원은 조국을 열렬히 사랑하고 계급적 원쑤들을 끝없이 미워 하며 미일제국주의와 그 앞잡이들의 침략과 전쟁도발 책동을 단호 히 짓부시고 사회주의조국을 목숨으로 지켜야 한다.

9) 사로청원은 사회정치활동에 적극 참가하며 소년단원들의 학습과 생활을 잘 돌봐주어야 한다.

10) 사로청원은 매달 규정된 맹비를 제때에 바쳐야 한다.

5. 사로청원의 권리는 다음과 같다.

1) 사로청원은 사로청회의와 사로청출판물을 통하여 당의 로선과 정 책을 관철하며 사로청사업을 발전시키는 데 도움이 되는 의견을 발표할 수 있다.

2) 사로청원은 사로청회의에서 결의권을 가지며 각급 사로청지도기관 선거에서 선거할 권리와 선거받을 권리를 가진다.

3) 사로청원은 정당한 리유와 근거가 있을 때에는 어떤 사로청원이나 사로청일군에 대하여 비판할 수 있으며 어떤 지시라도 그것이 당 의 로선과 정책에 어긋날 때에는 그 집행을 거부할 수 있다.

4) 사로청원은 자기의 사업과 생활에 대한 문제를 토의결정하는 사로 청회의에 참가할 것을 요구할 수 있다.

5) 사로청원은 사로청중앙위원회에 이르기까지의 각급 사로청위원회 에 신소와 청원을 할 수 있으며 그에 대한 심의를 요구할 수 있다.

6. 사회주의로동청년동맹은 당의 유일사상체계가 튼튼히 서고 당의 령도 를 충실히 받들어나가며 사로청생활과 혁명과업수행에서 모범인 사로 청원들과 사로청조직들을 표창한다. 사로청표창은 사로청중앙위원회가 만든 규정에 따라 한다.

7. 사로청규률을 어긴 사로청원에게는 사로청책벌을 준다.

1) 당의 유일사상체계와 당의 령도에 어긋나는 행동을 하거나 적들과 타협하는 등으로 당과 혁명, 사로청사업에 엄중한 손실을 끼친 사 로청원은 출맹시킨다.

2) 출맹시키지 않을 정도의 과오를 범하였거나 정당한 리유 없이 석 달 이상 조직생활에 참가하지 않은 사로청원에게는 그 과오의 크 기에 따라 경고, 엄중경고, 권리정지, 후보사로청원으로 내려놓는 책벌을 준다.

3) 사로청책벌을 주는 목적은 과오를 범한 사로청원을 교양하는 데 있 다. 책벌은 사로청원들의 준비정도와 과오를 범하게 된 동기와 원 인, 과오의 후과 등을 구체적으로 알아보고 신중하게 주어야 한다.

4) 사로청책벌은 본인을 참가시키고 그가 속한 초급단체총회에서 토의 결정한다. 특수한 경우에는 본인의 참가 없이 토의결정할 수 있다. 사로청원에게 책벌을 줄 데 대한 초급단체의 결정은 시(구역), 군 사로청위원회의 비준을 받아야 하며 사로청원을 출맹시킬 데 대한 초급단체의 결정은 도(직할시) 사로청위원회의 비준을 받아야 한다. 사로청원을 출맹시키거나 후보사로청원으로 내려놓을 데 대한 초급 단체의결정이 비준되기 전에는 특수한 경우를 제외하고 본인에게서 맹원증을 회수하지 말며 그를 사로청생활에 참가시켜야 한다.

5) 사로청중앙위원회와 도(직할시), 시(구역), 군 사로청위원회는 사

로청규률을 어긴 사로청일군들과 사로청원들에게 직접 사로청책벌을 줄 수 있다.

6) 사로청중앙위원회와 도(직할시) 사로청위원회 위원, 후보위원, 준후보위원, 시(구역), 군사로청위원회 위원, 후보위원에 대한 사로청책벌은 해당 사로청위원회 전원회의에서 결정한다. 초급단체는 상급사로청위언회 위원, 후보위원, 준후보위원이 사로청규률을 어겼을 때에는 그에게 사로청책벌을 줄 데 대한 의견을 해당 사로청위원회에 제기할 수 있다. 그러나 초급단체는 상급사로청위원회 위원, 후보위원, 준후보위원이 해당 사로청위원회 사업과 직접적인 관련이 없는 과오를 범하였을 때에는 그에게 엄중경고까지의 책벌을 줄 것을 결정할 수 있으며 그 결정은 해당 사로청위원회의 비준을 받아야 한다.

7) 사로청중앙위원회와 도(직할시), 시(구역), 군 사로청위원회는 사로청책벌문제와 관련한 사로청원의 신소를 제때에 심의하고 처리하여야 한다.

8. 초급단체는 사로청책벌을 받은 사로청원이 자기의 과오를 고치도록 늘 도와주어야 하며 그가 자기의 과오를 깊이 뉘우치고 고치기 위하여 힘쓰며 실지 사업과 생활에서 개선이 있을 때에는 총회에서 책벌을 벗겨줄 데 대하여 토의결정하여야 한다. 사로청책벌을 벗길 데 대한 초급단체총회의 결정은 시(구역), 군 사로청위원회의 비준을 받아야 하며 사로청중앙위원회의 비준을 받아야 하며 사로청중앙위원회와 도(직할시) 사로청위원회 위원, 후보위원, 준후보위원, 시(구역), 군 사로청위원회 위원, 후보위원이 받은 책벌을 벗기는 것은 그 책벌을 최종적으로 결정한 사로청위원회에서 한다.

9. 오래 동안 병으로 조직생활에 참가하기 곤난한 사로청원에 대하여서는 본인의 요구에 따라 초급단체총회에서 그의 제명문제를 심의결정하여야 하며 그 결정은 시(구역), 군 사로청위원회의 비준을 받아야 한다.

10. 출맹, 제명되었던 이전 사로청원이 사로청생활을 다시 할 것을 요구할

때에는 그의 복맹에 대하여 초급단체총회에서 심의결정하여야 하며
그 결정은 시(구역), 군 사로청위원회의 비준을 받아야 한다.

11. 사로청원의 등록과 이동은 사로청중앙위원회가 만든 규정에 따라 한다.

12. 서른살이 넘는 사로청원은 다른 근로단체들에 전맹시킨다. 전맹은 사
로청중앙위원회가 규정한 절차와 방법에 따라 한다.

제 2 장 사회주의로동청년 동맹의 조직원칙과 조직구조

13. 사회주의로동청년동맹은 민주주의중앙집권제원칙에 의하여 조직한다.

   1) 각급 사로청조직의 지도기관은 민주주의적으로 선거하며 선거된
      지도기관은 선거받은 사로청조직앞에 자기의 사업을 정기적으로
      총화보고한다.

   2) 사로청원은 사로청조직에, 소수는 다수에, 아래사로청조직은 상급
      사로청조직에, 모든 사로청조직은 사로청중앙위원회에 복종한다.

   3) 모든 사로청조직은 조선로동당의 로선과 정책, 그 관철을 위한 상
      급사로청조직의 결정을 의무적으로 집행한다. 상급사로청조직의
      결정을 의무적으로 집행한다. 상급사로청조직은 아래사로청조직의
      사업을 계통적으로 지도검열하며 아래사로청조직은 상급사로청조
      직에 자기의 사업정형을 정상적으로 보고한다.

14. 각급 사로청조직은 지역단위, 생산 및 사업 단위에 따라 조직한다. 어
   느 한 지역을 맡은 사로청조직은 그 지역의 일부를 맡은 모든 사로청
   조직들의 상급사로청조직으로 되며 한 부문의 전체 사업을 맡은 사로
   청조직은 그 부문의 일부 사업을 맡은 모든 사로청조직들의 상급사로
   청조직으로 된다.

15. 각급 사로청위원회는 해당 단위의 사로청사업을 직접 책임지고 조직지
   도하는 집체적지도기관이다. 사로청위원회의 활동에서 기본은 집체적지

도이다. 각급 사로청위원회는 당의 로선과 정책을 관철하기 위한 사업을 비롯하여 새롭고 중요하게 나서는 문제들을 반드시 집체적으로 토의결정하고 집행하며 이에 개인의 책임성과 창발성을 밀접히 결합시켜야 한다. 각급 사로청조직은 해당 지역 또는 부문 앞에 나서는 문제들을 자립적으로 토의결정할 수 있다. 그러나 그 결정은 당의 로선과 정책, 그 관철을 위한 상급사로청위원회의 결정에 어긋나지 말아야 한다.

16. 각급 사로청조직의 최고지도기관은 다음과 같다.

1) 사회주의로동청년동맹의 최고지도기관은 사로청대회이며, 사로청대회와 사로청대회 사이에는 사로청대회가 선거한 사로청중앙위원회이다. 도(직할시), 시(구역), 군 사로청조직의 최고지도기관은 해당 사로청대표회이며 사로청대표회와 사로청대표회 사이에는 사로청대표회가 서거한 해당 사로청위원회이다. 기층사로청조직의 최고지도기관은 사로청총회(사로청대표회)이며 사로청총회(사로청대표회)와 사로청총회(사로청대표회) 사이에는 사로청총회(사로청대표회)가 선거한 해당 사로청위원회이다.

2) 사로청대회, 사로청대표회 대표자는 한급 낮은 사로청조직의 사로청대표회 또는 사로청총회에서 선거한다. 사로청에서 대표자선출비률은 사로청중앙위원회가 만든 기준에 따라 해당 사로청위원회가 규정한다.

3) 사로청중앙위원회 위원, 후보위원, 준후보위원수는 사로청대회에서 결정한다. 도(직할시) 사로청위원회 위원, 후보위원, 준후보위원수와 시(구역), 군 사로청위원회 위원, 후보위원수 및 기층사로청조직의 위원수는 사로청중앙위원회가 규정한 기준에 따라 해당 사로청대표회 또는 사로청총회에서 결정한다.

4) 각급 사로청위원회는 당과 수령에게 충실하고 조직적 수완과 군중의 신망이 높은 사로청일군들과 생산현장에서 일하는 공산주의 청년핵심들, 청소년교양관계부문 일군들을 적절히 배합하여 지역 및 부문별 균형을 보장하는 원칙에서 선거하여야 한다. 사로청중앙위

원회와 도(직할시) 사로청위원회 준후보위원으로는 생산로동에 직
접 참가하고 있는 공산주의청년핵심들을 선거하여야 한다.

5) 각급 사로청조직의 지도기관선거는 사로청중앙위원회가 만든 선거
세칙에 따라 한다.

17. 사로청중앙위원회와 도(직할시) 사로청위원회 위원, 후보위원, 준후보
위원, 시(구역), 군 사로청위원회 위원, 후보위원의 소환과 보선은 해
당 사로청위원회 전원회의에서 한다. 사로청중앙위원회와 도(직할시),
시(구역), 군 사로청위원회 위원이 결원되었을 때에는 그 수만큼 해당
사로청위원회 후보위원가운데서 보선한다. 필요에 따라 후보위원이 아
닌 일군 또는 사로청원을 위원으로 보선할 수 있다. 기층사로청조직의
집행기관성원들의 소환과 보선은 해당 사로청총회(사로청대표회)에서
한다. 규모가 크며 아래사로청조직들이 멀리 널려져 있거나 사업상 특
성이 있는 관계로 사로청총회(사로청대표회)를 제때에 소집할 수 없
는 초급사로청위원회에서 위원을 보선할 수 있다. 상급사로청위원회는
결원된 아래사로청위원회 위원장, 부위원장들을 파견할 수 있다. 각급
사로청위원회 후보위원, 준후보위원은 해당 사로청위원회 전원회의에
서 발언권만 가진다.

18. 사로청회의는 해당사로청조직에 소속된 사로청원(위원, 대표자) 총수
의 3분의 2 이상이 참가하여야 성립되며 제기된 문제의 가결은 참가
자의 절반을 넘는 찬성을 받아야 확정된다.

19. 사로청중앙위원회와 도(직할시), 시(구역), 군 및 초급사로청위원회는
당의 로선과 정책 관철에로 사로청원들을 불러일으키기 위한 사로청
열성자회의 또는 사로청궐기대회를 소집할 수 있다.

20. 각급사로청위원회에는 필요한 부서를 둔다. 부서를 새로 내오거나 없
애는 권한은 사로청중앙위원회가 가진다.

21. 도(직할시), 시(구역), 군 사로청위원회 및 그와 같은 기능을 수행하는
사로청위원회의 조직과 해체는 사로청중앙위원회에서, 초급사로청위원
회와 분초급사로청위원회의 조직과 해체는 도(직할시) 사로청위원회에

서, 부문사로청위원회와 사로청초급단체(분조)의 조직과 해체는 시(구역), 군 사로청위원회에서 비준한다. 각급 사로청위원회는 사로청조직의 조직과 해체정형을 상급사로청위원회에 정상적으로 보고하여야 한다.

22. 사로청중앙위원회는 어떤 사로청조직이든지 당의 로선과 정책, 사로청 규약을 엄중하게 어기거나 집행하지 않을 때에는 해체하며 거기에 소속되였던 사로청원들을 개별적으로 심사하고 다시 등록하여 사로청조직을 새로 조직할 수 있다.

23. 사로청중앙위원회는 정치, 경제, 군사적으로 중요한 지역 및 부문과 특수한 환경에 맞는 사로청조직의 형식과 활동방법, 그밖의 사로청건설에서 나서는 문제들을 따로 결정할 수 있다.

제 3 장 사회주의로동청년 동맹의 중앙 조직

24. 사회주의로동청년 동맹의 최고기관은 사로청대회이다.

   1) 사로청대회는 5년에 한 번씩 사로청중앙위원회가 소집한다. 사로청중앙위원회는 필요에 따라 사로청대회를 앞당기거나 미루어 소집할 수 있다. 사로청중앙위원회는 필요에 따라 사로청대회를 앞당기거나 미루어 소집할 수 있다. 사로청중앙위원회는 사로청대회 소집날자와 의정을 석달 전에 발표하여야 한다.

   2) 사로청대회는 다음과 같은 사업을 한다. 사로청중앙위원회와 사로청중앙검사위원회의 사업을 총화하고 조선로동당의 로선과 정책을 관철하기 위한 대책을 토의결정한다. 사회주의로동청년 동맹의 강령과 규약을 채택 또는 수정보충한다. 사로청중앙위원회와 사로청중앙검사위원회를 선거한다.

25. 사로청중앙위원회는 사로청대회와 사로청대회 사이에 사로청의 모든 사업을 조직지도한다. 사로청중앙위원회는 사로청안에 당의 유일사상

체계와 유일적지도체제를 튼튼히 세우고 모든 청년들을 당과 수령에게 끝없이 충실한 청년전위로 키우며 당의 로선과 정책을 관철하기 위한 전동맹적인 사업을 조직지도한다. 사로청간부대렬을 튼튼히 꾸리고 간부후비를 키우며 사로청원들의 조직생활에 대한 지도를 강화하며 동맹 안에 강철같은 조직규률을 확립하고 각급 사로청조직들의 기능과 역할을 높이기 위한 사업을 조직지도한다. 청년들에 대한 사상교양사업을 중심과업으로 틀어쥐고 사로청원들속에서 충실성교양을 기본으로 하는 여러 가지 사상교양사업을 그들의 특성과 준비정도에 맞게 실속있게 벌려나가기 위한 사업을 조직지도한다. 청년들이 3대혁명붉은기, 청년전위붉은기 쟁취운동을 비롯한 여러 가지 대중운동에 적극 참가하며 사회주의경제건설과 조국보위사업에서 선봉대, 돌격대적 역할을 수행하도록 하기 위한 사업을 조직지도한다. 소년단사업을 강화발전시키기 위한 대책을 세우고 그 집행을 장악지도한다. 남조선과 해외동포 청년학생들과의 사업을 진행하며 다른 나라 청년학생단체들과의 관계에서 조선사회주의로동청년 동맹을 대표하여 활동한다. 현실발전의 요구에 맞게 일군들의 사업방법을 개선한다. 사로청중앙위원회 기관지를 발행하며 전동맹의 재정을 관리한다.

26. 사로청중앙위원회 전원회의는 해당 시기 사로청앞에 나선 중요한 문제들을 토의결정하며 사로청중앙위원회 집행위원회와 위원장, 부위원장들을 선거하며 조직위원회를 구성한다.

27. 사로청중앙위원회 집행위원히는 전원회의와 전원회의사이에 사로청중앙위원회의 이름으로 사로청의 모든 사업을 조직지도한다. 사로청중앙위원회 집행위원회는 한달에 한번 이상 한다.

28. 사로청중앙위원회 조직위원회는 간부사업을 비롯한 사로청 내부사업과 관련하여 제기되는 실무적 문제들을 수시로 토의결정하고 그 집행을 조직지도한다.

29. 사로청중앙위원회는 사로청의 재정경리사업을 검사한다.

30. 사로청중앙위원회는 사로청대회와 사로청대회 사이에 사로청대표자회

를 소집할 수 있다. 사로청대표자회 대표자선출비률과 대표자선거절차
는 사로청중앙위원회가 규정한다. 사로청대표자회는 사로청앞에 나선
긴급한 문제를 토의결정하며 자기의 임무를 수행하지 못한 사로청중
앙위원회 위원, 후보위원, 준후보위원을 소환하고 보선한다.

31. 사로청중앙위원회는 사로청 기발과 휘장을 제정한다.

제4장 사회주의로동청년 동맹의 도(직할시) 조직

32. 사회주의로동청년 동맹 도(직할시) 조직의 최고지도기관은 도(직할
    시) 사로청대표회이다.

    1) 도(직할시) 사로청대표회는 3년에 한번씩 도(직할시) 사로청위원회
       가 소집한다. 도(직할시) 사로청대표회는 필요에 따라 앞당기거나
       미루어 소집할 수 있다. 도(직할시) 사로청위원회는 도(직할시) 사
       로청대표회 소집날자와 의정을 두달 전에 아래사로청조직들에 알려
       주어야 한다.

    2) 도(직할시) 사로청대표회는 다음과 같은 사업을 한다. 도(직할시)
       사로청위원회와 도(직할시) 사로청검사위원회의 사업을 총화하며
       당의 로선과 정책을 관철하기 위한 과업을 토의결정한다. 도(직할
       시) 사로청위원회와 도(직할시) 사로청검사위원회를 선거한다. 사
       로청대회에 보낼 대표자를 선거한다.

33. 도(직할시) 사로청위원회는 다음과 같은 사업을 한다. 사로청안에 당
    의 유일사상체계와 유일적 지도체제를 튼튼히 세우고 모든 청년들을
    당과 수령에게 끝없이 충실한 청년전위로 키우며 당의 로선과 정책을
    관철하기 위한 사로청중앙위원회의 결정지시집행을 조직지도한다. 사
    로청원들이 당과 수령에 대한 충실성을 신념화, 량심화, 도덕화, 생활
    화하도록 하며 주체사상으로 튼튼히 무장하고 당의 로선과 정책을 무
    조건 끝까지 관철하도록 하기 위한 사업을 조직지도한다. 사로청간부

대렬과 청년핵심대렬을 튼튼히 꾸리고 사로청원들의 조직생활에 대한 지도를 강화하며 아래사로청조직들을 합리적으로 꾸리고 그 활동을 장악지도한다. 사로청원들속에서 충실성교양, 주체사상교양, 혁명전통교양, 계급교양, 사회주의애국주의교양, 민족제일주의교양, 집단주의교양, 반수정주의교양을 비롯한 사상교양사업을 대상의 특성과 준비정도에 맞게 여러 가지 형식과 방법으로 실속있게 벌리기 위한 사업을 조직지도한다. 사로청원들이 3대혁명붉은기, 청년전위붉은기 쟁취운동을 비롯한 여러 가지 대중운동에 적극 참가하며 사회주의경제건설과 조국보위사업에서 선봉대, 돌격대적 역할을 수행하도록 하기 위한 사업을 장악지도한다. 대학사로청조직들과의 사업을 직접 진행하며 소년단사업을 장악지도한다. 사업방법을 끊임없이 개선한다. 도(직할시) 사로청위원회 재정을 관리한다. 자기의 사업정형을 사로청중앙위원회에 정상적으로 보고한다.

34. 도(직할시) 사로청위원회는 전원회의를 넉달에 한번 이상 소집한다. 도(직할시) 사로청위원회 전원회의는 매 시기 도(직할시) 사로청위원회 앞에 나서는 중요한 문제들을 토의결정하며 도(직할시) 사로청위원회 집행위원회와 위원장, 부위원장들을 선거하고 조직위원회를 구성한다.

35. 도(직할시) 사로청위원회 집행위원회는 한달에 두번 이상 한다. 도(직할시) 사로청위원회 집행위원회는 전원회의와 전원회의 사이에 도(직할시) 사로청위원회의 이름으로 모든 사업을 조직집행한다.

36. 도(직할시) 사로청위원회 조직위원회는 간부사업을 비롯한 사로청내부사업과 관련하여 제기되는 실무적 문제들을 수시로 토의결정하고 조직집행한다.

제5장 사회주의로동청년 동맹의 시(구역), 군조직

37. 사회주의로동청년 동맹의 시(구역), 군 조직의 최고지도기관은 시(구역), 군 사로청대표회이다.

   1) 시(구역), 군 사로청대표회는 3년에 한번씩 시(구역), 군 사로청위원회가 소집한다. 시(구역), 군 사로청대표회는 필요에 따라 앞당기거나 미루어 소집할 수 있다. 시(구역), 군 사로청위원회는 시(구역), 군 사로청대표회 소집날자와 의정을 한달 전에 아래사로청조직들에 알려주어야 한다.

   2) 시(구역), 군 사로청대표회는 다음과 같은 사업을 한다. 시(구역), 군 사로청위원회와 시(구역), 군 사로청검사위원회의 사업을 총화하며 당의 로선과 정책을 관철하기 위한 과업을 토의결정한다. 시(구역), 군 사로청위원회와 시(구역), 군 사로청검사위원회를 선거한다. 도(직할시) 사로청대표회에 보낼 대표자를 선거한다.

38. 시(구역), 군 사로청위원회는 다음과 같은 사업을 한다. 사로청원들속에서 당의 유일사상체계와 유일적 지도체제를 튼튼히 세우고 모든 청년들을 당과 수령에게 끝없이 충실한 청년전위로 키우며 당의 로선과 정책을 관철하기 위한 상급 사로청조직의 결정, 지시들을 조직집행한다. 사로청원들을 주체사상으로 튼튼히 무장시키고 그들이 당과 수령을 정치사상적으로, 목숨으로 옹호보위하며 당의 로선과 정책을 무조건 끝까지 관철하도록 하기 위한 사업을 조직진행한다. 사로청의 기층조직들을 합리적으로 조직하고 그 기능과 역할을 끊임없이 높이며 특히 초급단체를 강화하기 위한 사업을 지도방조한다. 가맹대상자들을 료해장악하고 교양하여 사로청에 받아들이며 사로청원등록사업을 조직진행한다. 사로청초급일군대렬을 튼튼히 꾸리며 청년핵심들을 체계적으로 료해장악하여 그 대렬을 늘이고 당원의 후비를 키우며 사로청원들 속에서 조직생활을 강화하기 위한 사업을 조직진행한다. 사로청원들 속에서 충실성교양, 주체사상교양, 혁명전통교양, 계급교양, 사회

주의애국주의교양, 민족제일주의교양, 집단주의교양, 반수정주의교양을
비롯한 사상교양사업을 여러 가지 형식과 방법으로 참신하게 벌리며
사로청선전선동체계를 정연하게 세우고 운영하기 위한 사업을 조직진
행한다. 청년들이 3대혁명붉은기, 청년전위붉은기 쟁취운동을 비롯한
여러 가지 대중운동을 힘있게 벌리며 사회주의경제건설과 조국보위사
업에서 선봉대, 돌격대적 역할을 수행하도록 하기 위한 사업을 조직집
행하며 청소년들의 사회정치활동을 장악지도한다. 사로청원들에게 조
선로동당 입당보증을 준다. 청소년들에게 표창을 주며 조직규률문제를
심의처리한다. 소년단단체들을 튼튼히 꾸리고 그들이 본신임무를 옳게
수행하도록 지도방조한다. 사업방법을 끊임없이 개선한다. 시(구역),
군 사로청위원회의 재정을 관리한다. 자기의 사업정형을 상급사로청위
원회에 정상적으로 보고한다.

39. 시(구역), 군 사로청위원회는 전원회의를 석달에 한번 이상 소집한다.
시(구역), 군 사로청위원회 전원회의는 시(구역), 군 사로청위원회 앞
에 나서는 중요한 문제들을 토의결정하며 시(구역), 군 사로청위원회
집행위원회와 위원장, 부위원장들을 선거하고 조직위원회를 구성한다.

40. 시(구역), 군 사로청위원회 집행위원회는 한달에 두 번 이상 한다. 시
(구역), 군 사로청위원회 집행위원회는 전원회의와 전원회의 사이에
시(구역), 군 사로청위원회의 이름으로 모든 사업을 조직진행한다.

41. 시(구역), 군 사로청위원회 조직위원회는 간부사업을 비롯한 사로청내
부사업과 관련하여 제기되는 실무적 문제들을 수시로 토의결정하고
조직집행한다.

제6장 사회주의로동청년 동맹의 기층조직

42. 사회주의로동청년 동맹의 말단기층조직은 초급단체이다. 초급단체는 사로청원들의 정치생활의 거점이며 사로청원들을 당과 수령의 두리에 튼튼히 묶어세우고 당의 로선과 정책 관철에로 조직동원하는 전투단위이다.

43. 사로청의 기층조직은 다음과 같이 조직한다.

1) 사로청원이 5명부터 35명까지 있는 단위에 초급단체를 조직한다. 사로청원이 5명이 못되는 단위에는 따로 초급단체를 조직하지 않고 그 단위의 사로청원들을 가까이에 있는 초급단체에 소속시키거나 사업의 성격과 린접관계 등을 고려하여 두개 이상 단위의 사로청원들을 합하여 하나의 초급단체를 조직할 수 있다. 특수한 경우에는 사로청원이 3-4명 있거나 35명이 넘어도 초급단체를 조직할 수 있다.

2) 사로청원이 36명 이상 있는 단위에는 초급사로청을 조직한다. 특수한 경우에는 사로청원이 36명이 못 되어도 초급사로청을 조직할 수 있다.

3) 초급사로청 아래에 두개 이상의 초급단체가 조직되어 있는 하나의 생산 및 사업 단위가 있을 때에는 거기에 부문사로청을 조직한다.

4) 초급사로청, 부문사로청, 초급단체의 조직형식만으로 사로청의 기층조직을 합리적으로 조직할 수 없을 때에는 초급사로청과 부문사로청 사이의 생산 및 사업 단위에 분초급사로청을 조직한다.

5) 초급단체 밑에 필요에 따라 분조를 조직할 수 있다.

6) 이상의 사로청조직형식들이 실정에 맞지 않을 때에는 사로청 중앙위원회의 비준 밑에 다른 형식의 사로청조직을 내올 수 있다.

44. 기층사로청조직의 최고지도기관은 사로청총회(대로청대표회)이다.

1) 초급단체총회는 한달에 한번 이상 한다.

2) 초급사로청, 분초급사로청, 부문사로청총회(사로청대표회)는 석달에 한번 이상 한다. 사로청원이 1000명이 넘거나 아래 사로청조직이 멀리 널려져 있을 때에는 사로청총회(사로청대표회)를 1년에 한번 이

상 할 수 있다.

45. 기층사로청조직에서는 1년을 기간으로 하는 집행기관을 선거한다.

　1) 초급단체는 총회에서 위원장과 부위원장들을 선거한다. 초급단체의 규모가 큰 단위에는 초급단체위원회를 선거하고 위원회에서 위원장과 부위원장들을 선거한다.

　2) 초급사로청위원회, 분초급사로청위원회, 부문사로청위원회는 해당 사로청총회(사로청대표회)에서 선거하며 위원회에서 위원장과 부위원장들을 선거한다. 초급사로청위원회는 필요에 따라 집행위원회를 선거할 수 있다. 초급사로청위원회는 한달에 세번 이상, 분초급사로청, 부문사로청위원회는 한달에 두번 이상 하며 집행이원회가 조직된 초급사로청위원회에서는 한달에 위원회를 한번 이상, 집행위원회는 두번 이상 한다.

46. 기층사로청조직은 다음과 같은 사업을 한다.

　1) 사로청원들을 당과 수령에게 끝없이 충실한 충신, 효자로 키우는 사업을 조직진행한다. 사로청원들속에서 위대한 수령님과 친애하는 지도자동지를 충성으로 우러러 모시며 우리 당의 로선과 정책으로 튼튼히 무장하고 그것을 절대성, 무조건성의 원칙에서 철저히 관철하도록 조직정치사업을 진행한다.

　2) 초급단체의 기능과 역할을 높이며 사로청초급열성자들을 비롯한 청년핵심들과의 사업을 강화한다. 청년전위모범초급단체쟁취운동을 힘있게 벌려 초급단체를 충성의 청년전위집단으로 마두다. 사로청초급열성자들을 튼튼히 꾸리고 그들의 정치실무수준을 높이기 위한 사업을 조직진행한다. 청년핵심들을 료해장악하고 교양하며 그 대렬을 끊임없이 늘이며 당원의 후비를 키운다.

　3) 사로청조직생활에 대한 조직과 지도를 강화하여 사로청원들을 조직성과 규률성이 강한 혁명가로 키운다. 사로청원들이 정치적 생명을 귀중히 여기고 그를 끊임없이 빛내여 나가도록 교양한다. 사로청원들속에서 사로청규약학습을 정상적으로 조직하며 사로청원

들에게 분공을 주어 그들이 동맹사업을 위하여 늘 생각하고 움직이도록 한다. 사로청회의와 사로청생활총화를 높은 정치사상적 수준에서 조직진행하며 사로청원들속에서 조직생활을 정규화, 습성화하도록 하고 비판의 방법으로 사상투쟁을 힘있게 벌려 그들을 끊임없이 혁명화, 로동계급화한다. 가맹대상자들을 료해장악하고 교양하여 받아들이며 사로청원들을 등록하고 맹비를 받으며 사로청원들에 대한 조선로동당입당보증추천과 인민군대입대, 상급학교 입학 추천을 비롯한 여러 가지 추천사업을 진행한다.

4) 사로청원들에 대한 사상교양사업을 강화한다. 사로청원들이 당과 수령에 대한 충실성을 신념화, 량심화, 도덕화, 생활화하도록 교양하며 그들 속에서 위대한 수령님과 친애하는 지도자 동지의 영광스러운 청소년시절을 따라배우는 운동을 힘있게 벌린다. 사로청원들속에서 충실성교양, 주체사상교양, 혁명전통교양, 계급교양, 사회주의애국주의교양, 민족제일주의교양, 집단주의교양, 반수정주의교양 등 정치사상교양과 지덕체교양을 강화한다. 사로청초급선전일군대렬을 튼튼히 꾸리고 그들의 역할을 높이며 긍정감화교양을 적극 강화하고 모든 사상교양사업을 대상의 특성과 준비정도에 맞게 여러 가지 형식과 방법으로 실속 있게 조직진행한다.

5) 사로청원들이 사회주의경제건설과 조국보위사업에서 선봉대, 돌격대적 역할을 훌륭히 수행하도록 한다. 사로청원들이 자기 맡은 혁명과업을 모범적으로 수행하며 어렵고 힘든 일에 앞장서서 집단적 혁신을 일으키며 청년돌격대운동과 청년작업반운동, 사회주의경쟁운동에 적극 참가하며 대중적 기술혁신운동으로 로동생산능률을 높이며 로동규률을 자각적으로 지키고 국가재산과 사회재산을 애호절약하도록 조직동원한다. 사로청원들이 사회주의조국을 보위하는 것을 가장 신성한 의무로 여기고 인민군대에 열렬히 탄원하며 군사훈련에 잘 참가하여 당이 부를 때에는 언제나 동원될 수 있도록 정치사상적으로, 군사기술적으로 튼튼히 준비하며 간첩 및 반혁명분자들과의 투쟁에 적극 나서며 군민일치의 미풍을 높이 발양하도록 한다.

6) 사로청원들이 사회주의문화건설을 위한 사업에 앞장서며 주체의
인생관, 미학관, 도덕관을 지니고 언제나 혁명적으로 일하고 생활
하도록 한다. 사로청원들이 혁명과 건설에 필요한 깊은 지식을 소
유하고 현대과학기술을 습득하며 고상한 공산주의도덕품성을 가
지며 문화적 소양을 끊임없이 높이도록 한다. 사로청원들이 제국
주의, 수정주의의 반동적인 사상문화와 생활양식, 낡은 사회의 생
활인습을 단호히 배격하고 사회주의제도의 본성과 시대적 요구에
맞는 사회주의적 문화생활양식을 전면적으로 확립하기 위하여 적
극 투쟁하도록 한다.

7) 사로청원들을 사회정치활동에 적극 참가시켜 산 정치활동가로 키
운다. 사로청원들이 군중 속에 들어가 당의 로선과 정책, 우리 당
의 혁명전통을 일상적으로 해설선전하며 청소년출판물에 글을 많
이 써내도록 하며 당정책선전대, 과학기술선전대, 위생선전대를 비
롯한 여러 가지 선전대 활동을 널리 벌리도록 한다.

8) 사로청원들속에서 키크기운동을 기본으로 하는 여러 가지 체육활동
을 대중화, 생활화하며 그들을 로동과 국방에 튼튼히 준비시킨다.

9) 사업방법을 끊임없이 개선하며 자기의 사업정형을 상급사로청위원
회에 정상적으로 보고한다.

10) 소년단원들의 학습과 생활을 늘 돌봐준다.

제 7 장 조선인민군안의 사회주의로동청년 동맹 조직

47. 조선인민군 각급 단위에 사로청조직을 두며 그를 망라하는 조선인민군
사로청위원회를 조직한다. 조선인민군사로청위원회는 도(직할시) 사로청
위원회와 같은 기능을 수행한다. 조선인민군사로청위원회는 사로청중
앙위원회에 직속되어 그 지도밑에 사업하며 자기의 사업정형을 사로청

중앙위원회에 정상적으로 보고한다.

48. 조선인민군안의 각급 사로청조직들은 조선사회주의로동청년 동맹 규약과 사로청중앙위원회가 비준한 지도서와 규정에 따라 조직되며 사업한다. 조선인민군안의 각급 사로청조직들은 주둔 지역의 사로청조직들과 긴밀한 연계를 가지고 사업한다.

제 8 장 사회주의로동청년 동맹과 조선소년단

49. 조선사회주의로동청년동맹은 위대한 수령 김일성 동지께서 항일혁명투쟁시기에 조직지도하신 새날소년동맹과 항일아동단의 빛나는 혁명전통을 직접 이어받은 우리 나라 소년들의 대중단체인 조선소년단을 자기의 믿음직한 교대자로 한다.

50. 조선사회주의 로동청년동맹은 조선소년단 단체들의 모든 활동을 조직지도한다. 조선소년단 단체들은 사로청중앙위원회가 비준한 조선소년단 규약에 따라 사업한다. 사로청 각급 조직들은 소년단단체들을 조직하고 소년단열성자대렬을 튼튼히 꾸리며 소년단단체들이 본신임무를 자립적으로 수행하도록 사업방향과 방도를 정확히 가르쳐주며 그들의 활동을 장악지도한다.

제 9 장 사회주의로동청년 동맹의 재정

51. 조선사회주의로동청년 동맹의 재정은 맹비와 그밖의 수입으로 보장한다.

52. 사로청원과 후보사로청원의 맹비는 월수입의 2%로 한다. 수입이 없는 사로청원과 후보사로청원의 맹비는 월 10전으로 한다.

• 저자 •

이인정   •약 력•
서울대학교 사범대학 국민윤리교육과 졸업
동 대학원 석·박사
공주교육대학교 강사

•주요논저•
「남북한 사회통합을 위한 전통문화의 역할에 관한 연구」
「1980년대 이후 북한 '세새대'의 가치 변화 연구-「청년전위」분석을 중심으로-」
「북한사회의 체제유지 기제의 성격과 변화에 관한 연구-외곽단체(김일성 사회주의
   청년동맹, 조선민주여성동맹)의 영향력을 중심으로-」(공저)

『남북한 사회통합론』(공저)
『도덕윤리』(편저)

외 다수

북한 '새세대'의
가치지향 변화

• 초판 인쇄 │ 2007년 8월 10일
• 초판 발행 │ 2007년 8월 10일

• 지 은 이 │ 이인정
• 펴 낸 이 │ 채종준
• 펴 낸 곳 │ 한국학술정보㈜
            경기도 파주시 교하읍 문발리 526-2
            파주출판문화정보산업단지
            전화 031) 908-3181(대표) · 팩스 031) 908-3189
            홈페이지 http://www.kstudy.com
            e-mail(출판사업부) publish@kstudy.com
• 등   록 │ 제일산 115호(2000. 6. 19)
• 가   격 │ 38,000원

ISBN 978-89-534-7051-4 93100 (Paper Book)
      978-89-534-7052-1 98100 (e-Book)